D1830998

हिन्दी रीतिकाव्य का विकास और महाराजा मानसिंह 'द्विजदेव' की काव्य–साधना

हिन्दी रीतिकाव्य का विकास और महाराजा मानसिंह 'द्विजदेव' की काव्य-साधना

अपर्णा मिश्र

वाणी प्रकाशन

वाणी प्रकाशन
4695, 21-ए, दरियागंज, नयी दिल्ली 110 002
फ़ोन : +91 11 23273167 फ़ैक्स : +91 11 23275710
शाखाएँ
अशोक राजपथ, पटना 800 004, बिहार
कॉफ़ी हाउस कैम्पस, महात्मा गांधी मार्ग, इलाहाबाद 211 001, उत्तर प्रदेश
महात्मा गांधी अन्तरराष्ट्रीय हिन्दी विश्वविद्यालय, वर्धा 442 001, महाराष्ट्र
सुल्तानिया रोड, मोतिया पार्क, भोपाल 462 001, मध्य प्रदेश
www.vaniprakashan.com
marketing@vaniprakashan.in
sales@vaniprakashan.in

In Association with

ESTD.-1986
Ayodhya Shodh Sansthan
presents

HINDI REETIKAVYA KA VIKAS AUR MAHARAJA MANSINGH 'DWIJDEV' KI KAVYA-SADHNA
by Aparna Mishra

ISBN : 978-93-89563-75-7
Criticism

प्रथम संस्करण 2020

मूल्य : ₹ 499

सिटी प्रेस, दिल्ली-110 095 में मुद्रित
वाणी प्रकाशन का लोगो मक़बूल फ़िदा हुसेन की कूची से

परमपूज्य अम्मा एवं बाबूजी को,
जिनकी पुण्य स्मृति-प्रेरणा
ही मेरा पाथेय है

प्राक्कथन

हिन्दी साहित्य में रीतिकाल अनेक दृष्टियों से, शोधकों, समीक्षकों, साहित्येतिहास लेखकों तथा विद्वानों के बीच विशिष्ट चर्चा का विषय रहा है। रीतिवादी कवियों के काव्यादर्श से कोई सहमत हो या न हो, पर यह तो हर किसी को स्वीकार करना ही पड़ता है कि इस युग में कविता के रचनाशिल्प का अनूठा विकास हुआ। इसी युग में प्रत्यक्ष रूप से हिन्दी साहित्यशास्त्र की नींव भी रखी गयी और काव्य-रचना के एक-एक अवयव के व्यापक सैद्धान्तिक विमर्श को लक्षण ग्रन्थों में अवधारित किया गया। इसी क्रम में रस-विवेचन पर, बहुत से लक्षण-ग्रन्थ तथा लक्ष्य-लक्षण-ग्रन्थ रचे गये, जिनमें सर्वाधिक कृतियाँ रसराज श्रृंगार की सैद्धान्तिक चर्चा के ब्याज से सामने आयीं। रीतिकाल के यशस्वी कवि महाराजा मानसिंह 'द्विजदेव' की रचनाएँ इसी प्रकार की काव्यमाला की मनोहारी मणियाँ हैं।

'हिन्दी रीतिकाव्य का विकास और महाराजा मानसिंह 'द्विजदेव' की काव्य साधना' विषय पर शोध कार्य करने की प्रेरणा मुझे अयोध्या राज-परिवार की कन्या होने के कारण स्वाभाविक रूप से मिली थी। महाराजा मानसिंह 'द्विजदेव' छह-सात पीढ़ी पहले के हमारी मातृ शाखा के पूर्वज थे और मेंहदौना स्टेट (बाद में अयोध्या) के महाराज थे। शैशवावस्था से ही अयोध्या राज-सदन में रहने के कारण मैंने यहाँ के राज-दरबार से जुड़ी हुई साहित्य सेवियों की परम्परा के बारे में बहुत-सी चर्चाएँ सुनी थीं। हिन्दी साहित्य के अनेक अध्येता भी इन रचनाकारों के बारे में जानकारी प्राप्त करने हेतु यहाँ आते रहे हैं। इनमें कवि 'द्विजदेव' के अध्येता ही सबसे अधिक होते हैं। उनके समय में अयोध्या राज्य के प्रसिद्ध ग्रन्थागार 'करी लाइब्रेरी' की अवशिष्ट ग्रन्थ राशि में मैंने बहुत पहले ही 'श्रृंगार लतिका-सौरभ' नाम की पुस्तक देखी थी, जो कवि द्विजदेव कृत काव्य रचना 'श्रृंगार-लतिका' का सुसज्जित सटीक संस्करण है। यही रचना उनकी कवि कीर्ति का मुख्य आधार भी है, जो हिन्दी जगत् में सुविदित है। श्रृंगार लतिका के अतिरिक्त द्विजदेव की अन्य रचनाएँ जो बड़े परिश्रम से प्राप्त हुई हैं, जैसे श्रृंगार बत्तीसी, श्रृंगार चालीसी, मानमयंक और

अविमुक्त पंचदशी, ये सभी रचनाएँ इस शोध का आधार हैं। इन सभी रचनाओं का समग्र अनुशीलन रीतिकाव्य की पृष्ठभूमि में किया गया है।

प्रस्तुत शोध-प्रबन्ध को पाँच अध्यायों में विभक्त किया गया है।

प्रथम अध्याय 'हिन्दी रीतिकाव्य : पृष्ठभूमि और परिचय' है। जिसमें 'रीति' शब्द की व्युत्पत्ति एवं अर्थ-विकास, हिन्दी साहित्य में रीतिकाल का उद्‌गम, रीतिकालीन कविता की परिस्थितियाँ, रीतिकाल के नामकरण सम्बन्धी मत-मतान्तर, पूर्ववर्ती हिन्दी कविता में रीतिकाव्य के तत्त्व, प्रमुख कवि तथा रचनाएँ, रीतिकाव्य की धाराएँ और प्रवृत्तियाँ तथा हिन्दी रीति ग्रन्थकारों की उपलब्धियों का विवेचन किया गया है।

द्वितीय अध्याय में कवि द्विजदेव का जीवन-परिचय, शिक्षा तथा कार्य-कौशल, आश्रित कविगण तथा उनकी पाँचों रचनाओं का सविवरण उल्लेख किया गया है।

तृतीय अध्याय 'द्विजदेव का श्रृंगार-वर्णन' है। इसमें श्रृंगार रस के दोनों पक्षों (संयोग तथा वियोग श्रृंगार) का सांगोपांग वर्णन किया गया है, जिसमें संयोग वर्णन में अनुभाव योजना, हावों का वर्णन, संयोग वर्णन के संचारी भाव, दूती वर्णन, प्रेमोदय के कारक तत्त्व तथा संयोग वर्णन में अश्लीलता का विवेचन है, तथा वियोग श्रृंगार में वियोग के प्रकारों, विरह की एकादश दशाएँ आदि का वर्णन है।

इसके अतिरिक्त नायक-नायिका भेद का विस्तृत तथा सूक्ष्म विवेचन किया गया है तथा श्रृंगार सम्बन्धी अन्य विशेषताओं का विश्लेषण भी इस अध्याय में किया गया है।

चतुर्थ अध्याय 'द्विजदेव का काव्य-कौशल' में उनकी समस्त रचनाओं के अनुभूति पक्ष तथा अभिव्यक्ति पक्ष के विभिन्न उपादानों का विश्लेषण प्रस्तुत किया गया है। इसके अन्तर्गत अनुभूति पक्ष में—कृष्ण चरित का गहरा प्रभाव वर्णन वैविध्य यथा—रूप-वर्णन, वस्तु-वर्णन तथा प्रकृति-वर्णन, भक्ति भावना, लोक-संस्कृति का चित्रण, दार्शनिकता, पौराणिक आख्यानों का सांकेतिक प्रयोग आदि का विवेचन किया गया है। इसके बाद अभिव्यक्ति पक्ष में—रस-योजना, अलंकार-विधान, छन्द-योजना, भाषा-वैशिष्ट्य, काव्य रूढ़ियों का प्रयोग, कल्पना तत्त्व का समावेश तथा अन्य तत्त्वों का सूक्ष्म विश्लेषण किया गया है।

पंचम अध्याय 'प्रेरणा और प्रभाव' है। इसमें पूर्ववर्ती कवियों का द्विजदेव पर प्रभाव तथा परवर्ती कवियों पर द्विजदेव के प्रभाव का सर्वेक्षण किया गया है। अन्त में समग्र अनुशीलन के कुछ सुविचारित निष्कर्ष दिये गये हैं।

हमारी संस्कृति की यह अविचल धारणा है कि जीवन का कोई भी श्रेयस्कर उपक्रम शुभेक्षुओं के सहयोग और बड़ों के आशीष के बिना निर्विघ्न पूर्ण नहीं होता। ऐसी बातें हमारे साथ भी चरितार्थ हैं और इस कार्य की पूर्णता के क्षणों में उन सबका

कृतज्ञतापूर्ण स्मरण मुझे अपूर्व सुख-सन्तोष प्रदान कर रहा है। इस घड़ी में सर्वप्रथम मैं अपनी अम्मा (स्व. राजकुमारी बिमला देवी) और बाबूजी (स्व. डॉ. रमेन्द्र मोहन मिश्र) को कोटिशः नमन करती हूँ, जिनका स्मरण और आशीष सदा ही मेरे विकास पथ के लिए पाथेय रहा है। इस ज्ञान यज्ञ की पूर्णता के अवसर मैं अपने देवतुल्य माता-पिता को अपनी श्रद्धा का मंगल अक्षत अर्पित करती हूँ।

अपने आध्यात्मिक गुरु श्रद्धेय पं. रामकृष्ण पाण्डेय 'आमिल' जी के चरणों में मेरी सविनय प्रणति समर्पित है, जिनका पितृतुल्य अनुग्रह ही मुझे सदैव अभीष्ट है। प्रस्तुत शोध कार्य की प्रेरणा मुझे पूज्य गुरु डॉ. जनार्दन उपाध्याय जी, रीडर हिन्दी विभाग, का.सु.साकेत स्नातकोत्तर महाविद्यालय, अयोध्या ने प्रदान की थी। मेरे द्वारा प्रस्तावित शोध विषय एवं उसके प्रारूप को संशोधनोपरान्त स्वीकार करके उन्होंने ही सर्वप्रथम इस शोध यात्रा पर मुझे अग्रसर किया। उनकी इस शिष्य वत्सलता के लिए मैं सदैव श्रद्धानत हूँ। आदरणीय श्री उपाध्याय जी ने मुझे शोध विषयक सभी प्रक्रियाओं से भली-भाँति अवगत कराते हुए पग-पग पर प्रोत्साहित किया, तथा उन्हीं के सुयोग्य निर्देशन में मेरा यह शोध-प्रबन्ध पूरा हो सका, अतः उनके प्रति मैं हृदय से आभारी और ऋणी हूँ। उनके प्रति आभार प्रदर्शन की औपचारिकता मात्र शब्दों द्वारा सम्भव नहीं, मेरे अन्तस के हर भाव में उनकी विद्वता और गुरुता की छाप अंकित है।

इसके अतिरिक्त हिन्दी रीतिकाव्य के मर्मज्ञ डॉ. किशोरीलाल जी (पूर्व रीडर, हिन्दी विभाग, इलाहाबाद विश्वविद्यालय, इलाहाबाद) की शोध-विषयक प्रकृष्ट प्रतिभा का लाभ मुझे समय-समय पर सुलभ रहा है। 'शृंगार-बत्तीसी' की छायाप्रति मुझे इन्हीं के सौजन्य से प्राप्त हुई। इनके चरणों में विनम्र कृतज्ञता का भाव सुमन सादर रागर्गित है। द्विजदेव की एक अन्य अप्राप्त रचना 'मानमयंक' की छायाप्रति मुझे हिन्दी के अग्रणी अन्वेषी विद्वान् पं. उदय शंकर दुबे के प्रयत्न तथा माननीय मनीषी डॉ. किशोरीलाल गुप्त जी की अनुकम्पा से प्राप्त हो सकी, जिसने मेरा कार्य पर्याप्त सुगम बना दिया। उक्त दोनों विद्वानों के प्रति मैं श्रद्धापूर्ण नमन करती हूँ।

प्रख्यात साहित्यकार, पद्मभूषण पं. श्री विद्यानिवास मिश्र जी की गुरुतुल्य अनुकम्पा मुझे सदैव सुलभ रही है तथा उन्होंने मेरा समुचित मार्गदर्शन किया है। उनके प्रति मेरा सश्रद्ध प्रणाम निवेदित है। इस शोध के अध्ययन के कार्य में मुझे अपने परिवार के सभी वरिष्ठ एवं कनिष्ठ सदस्यों का यथायोग्य संरक्षण, स्नेहाशीष एवं शुभकामना से परिपूर्ण प्रोत्साहन मिला है। इस प्रसंग में मेरे लिए अपने दोनों सहृदय वात्सल्यमूर्ति अग्रजों श्रीयुत विमलेन्द्र मोहन प्रताप मिश्र तथा डॉ. शैलेन्द्र मोहन प्रताप मिश्र का प्रेरणाप्रद आशीष एवं उत्साहवर्धन अविस्मरणीय है।

सभी वांछित साधनों को जुटाने तथा मेरे मनोबल को बढ़ाने में इनका मनोयोग मेरे लिए सर्वोत्तम पाथेय बना है। आदरणीय भाभी श्रीमती ज्योत्स्ना मिश्र तथा श्रीमती उषा मिश्र ने अपने अनूठे स्नेह, सद्‌भाव और आशीष से कार्य में मेरी संलग्नता को बराबर बढ़ाया है। बड़ी दीदी श्रीमती ज्योत्स्ना पाठक और आदरणीय जीजाजी डॉ. ओंकार नाथ पाठक ने कार्य की प्रगति के बारे में पूछ-पूछ कर अपनी स्नेहानुकम्पा से मेरे अध्यवसाय को उत्तरोत्तर गतिशील बनाया। अपनी दूसरी बड़ी दीदी श्रीमती स्वर्गीय डॉ. ज्वलन्ती मिश्र से मुझे इस कठिन कर्म को यथाविधि सफलतापूर्वक सम्पन्न करने के लिए अनन्त शुभकामनाएँ प्राप्त हुई हैं। मैं इन सबके प्रत्यक्ष एवं परोक्ष अनुग्रह के लिए इन्हें सविनय नमन करती हूँ।

परिवार के कनिष्ठ सदस्यों में प्रिय भतीजे यतीन्द्र मोहन मिश्र तथा भांजों आशुतोष, अंशुमान तथा अनुराग मेरे इस शोध कार्य सम्बन्धी उपक्रम के अनेक प्रकार से निमित्त बने हैं। औपचारिक कृतज्ञता की अपेक्षा न रखने वाले ये सभी सहजतः मेरे स्नेहाशीष के अधिकारी हैं। इस अवसर पर मुझे अपनी प्रिय भ्रातृजा सुश्री मंजरी मिश्र का उत्साहपूर्ण एवं अथक सहयोग सर्वाधिक उल्लेखनीय लगता है जिसने अपनी अनूठी सामर्थ्य से सहयोग की हमारी हर अपेक्षा को अपना ज़रूरी काम रोक-रोक कर पूरा किया है मैं उसके प्रगतिशील एवं सुखमय भविष्य के लिए अनन्त शुभकामनाएँ करती हूँ। इस कार्य में ऊब और थकान के क्षणों को छिन्न-भिन्न करके मुझे नयी स्फूर्ति देने का अद्‌भुत कार्य प्यारी बेटी शुभांगी 'बड़ी दीदी की आत्मजा' ने निर्मल हास और बाल सुलभ क्रीड़ाओं से किया है।

इस शोध-प्रबन्ध पर मुझे पीएच.डी. की उपाधि सन् 2000 में मिली। यह मेरे लिए गौरव की बात है कि अपने आत्मीय पूर्वजों और आदरणीय गुरुओं के आशीष से मैं अपने परिवार परम्परा में महाराजा मानसिंह 'द्विजदेव' की कार्य-प्रतिभा पर यह लेखन सम्भव कर पायी। आज दो दशकों के उपरान्त अयोध्या शोध संस्थान (उत्तर प्रदेश संस्कृति विभाग) के सहयोग से यह कार्य हिन्दी के सम्मानित प्रकाशन संस्थान वाणी प्रकाशन, नयी दिल्ली द्वारा पुस्तक रूप में प्रकाशित हो रहा है। मेरे लिए इसलिए भी प्रसन्नता की बात है कि किताब के रूप में प्रकाशित होते ही मेरी मेहनत का सुफल इस क्षेत्र में नये ढंग से शोध करने वाले छात्र-छात्राओं को मिलेगा। रीतिकाल को आधुनिक दृष्टि से समझने के लिए यदि मेरा यह श्रम काम आ सका, तो इसे मैं अपना सौभाग्य समझूँगी। अयोध्या शोध संस्थान और वाणी प्रकाशन को इसे सुरुचिपूर्ण ढंग से करने के लिए धन्यवाद अर्पित करती हूँ।

–अपर्णा मिश्र

अनुक्रम

हिन्दी रीतिकाव्य : पृष्ठभूमि एवं परिचय

'रीति' शब्द की व्युत्पत्ति एवं अर्थ-विकास

(क) संस्कृत-साहित्य की परम्परा में 'रीति' का शब्दार्थ : 'रीति' शब्द की व्युत्पत्ति 'रीङ्' धातु से मानी जाती है, जिसका अर्थ पन्थ-प्रणाली, काव्य-मार्ग या पद्धति होता है। 'रीति' का कोशगत अर्थ है—'गमन प्रणाली', जिससे जाया जाये या गतिशील हुआ जाये। अतः मार्ग, पन्थ, पद्धति, प्रणाली, शैली आदि इसके पर्यायवाची शब्द हैं।[1] संस्कृत में इस शब्द का प्रयोग विशिष्ट अर्थ में हुआ है और इसे साहित्यशास्त्र के एक सम्प्रदाय विशेष 'रीति सम्प्रदाय' के लिए ही व्यवहृत किया गया है।

हमारे प्राचीन संस्कृत आचार्यों ने काव्य की आत्मा का अनुसन्धान करते हुए छह काव्यशास्त्रीय सम्प्रदायों की अवधारणा की थी—रस, अलंकार, रीति, ध्वनि, वक्रोक्ति और औचित्य। विद्वानों ने इन्हीं को काव्य की आत्मा या प्रमुख तत्त्व के रूप में ग्रहण किया था। 9वीं शती में **आचार्य वामन** ने 'रीति' को ही काव्य की आत्मा घोषित कर 'रीति सम्प्रदाय' की स्थापना की। उन्होंने स्पष्ट रूप से घोषित किया कि—**'विशिष्ट-पद रचना रीतिः'**[2] अर्थात् विशेष प्रकार की पदरचना ही रीति है तथा 'विशेषो गुणात्मा'[3] अर्थात् पदरचना में गुणों का होना ही उसकी विशिष्टता है। इस प्रकार आचार्य वामन काव्य का आधार 'रीति' को तथा 'रीति' का आधार 'गुण' को मानते हैं। यद्यपि आचार्य वामन को रीति सम्प्रदाय का प्रवर्तक माना जाता है, परन्तु उनसे पूर्व भी अनेक आचार्यों ने 'रीति' का विवेचन किया है। अन्य सम्प्रदायों के आचार्यों ने भी अपने-अपने ढंग से 'रीति', की चर्चा की है। रस के अनुयायी **आचार्य विश्वनाथ** ने **'उपकर्त्री रसादीनाम्'**[4] कहकर रीति को रस का उपकार करने वाली माना है। वह इसे शैली के रूप में ग्रहण करते हैं, जिसका आधार वर्ण संघटन, गुण और समास है।

बाणभट्ट ने **'हर्षचरित'** में उत्तरी, पश्चिमी, दक्षिणी और पूर्वी प्रदेशों की साहित्यिक शैली की विशेषताओं के उल्लेख रूप में जिसका संकेत किया था,

वही आगे चलकर **भामह** एवं **दण्डी** आदि आचार्यों द्वारा 'रीति' या मार्ग के रूप में ग्रहण किया गया। आचार्य भामह ने वैदर्भ और गौड़ीय मार्ग का उल्लेख किया है। दण्डी ने इसका सम्बन्ध गुण से स्थापित किया है।[5]

श्लेषः प्रसादः समता माधुर्य सुकुमारता।
अर्थव्यक्तिरुदारत्वमोजः कान्ति समाधयः।।
इति वैदर्भमार्गस्य प्राणाः दश गुणाः स्मृता।
एषां विपर्यय प्रायो दृश्यते गौडवर्त्मनि।।[6]

इनके विचार से जिसमें दसों गुणों का समावेश होता है, तथा 'रीङ्ःगतौ' धातु से 'रीति' शब्द की व्युत्पत्ति स्वीकार कर इस शब्द का पथ अथवा काव्यमार्ग का पर्याय माना है–

वैदर्भादिकृतः पन्था काव्ये मार्ग इति स्मृतः।
रीङ्ः गताविति धातोः सा व्युत्पत्या रीति रुच्यते।।[7]

आचार्य कुन्तक ने भी पन्थ को रीति का पर्याय माना है–

तत्र तस्मिन् काव्ये मार्गाः पन्थानस्त्रयः सम्भवन्ति।।[8]

इन दोनों आचार्यों ने 'रीति' शब्द का उल्लेख काव्यांग विशेष के अर्थ में किया है न कि काव्यशास्त्रीय विधान के रूप में।

'रीति' शब्द में मूलतः परम्परा की मान्यता के अतिरिक्त उसकी निरन्तरता में जुड़े रहने का भाव भी विद्यमान है। अतीत की स्वीकृति के साथ वर्तमान की समस्त भंगिमाओं को ग्रहण करने का आग्रह 'रीति' शब्द का प्रमुख लक्षण है। तटों से बँधकर नदी की धार की तरह मर्यादा में बँधकर चलते या बहते रहने का भाव भी इस शब्द में निहित है। जब कभी किसी व्यक्ति विशेष द्वारा लोक व्यवहार की मर्यादा अर्थात् 'मार्ग' या 'पन्थ' का उल्लंघन होता है, तब बोलचाल की भाषा में यही कहा जाता है कि 'रीति में चलो, अनरीति न करो'। 'रीति' शब्द की अर्थ व्यापकता इतनी अधिक है कि इसके प्रयोग से भाषा-काव्य की महिमा में अतिशय वृद्धि होती है। 'रीति' शब्द के व्यावहारिक अर्थ के अनुसार रीति युग का काव्य, परम्परा, युग परिवेश तथा रचनाकारों की व्यक्तित्व चेतना के साथ पूर्णतः सम्बद्ध है।[9]

(ख) हिन्दी साहित्य की परम्परा में 'रीति' शब्दार्थ : संस्कृत के आचार्यों के समान हिन्दी के भी अनेक काव्यशास्त्रीय आचार्यों ने 'रीति' का विवेचन किया है। हिन्दी में काव्यरचना-पद्धति के अर्थ में भी 'रीति' शब्द का प्रयोग चिन्तामणि के समय से होता चला आया है, जिसका तात्पर्य 'पन्थ' या रचना की परिपाटी से है। कवियों के रीति सम्बन्धी कथन ये हैं–

'रीति सुभाषा कवित की बरनत बुध अनुसार' —चिन्तामणि
'समुझै वाला बालकन वर्णन पन्थ अगाध' —केशवदास
'सुकविन हूँ की कछु कृपा, समुझि कविन को पन्थ' —भूषण
'सोविश्रबधनबोद्ध सो बरनत कवि रसरीति्' —मतिराम
'अपनी-अपनी रीति के काव्य और कवि रीति' —देव
'काव्य की रीति सिख्यौ सुकवीन्ह सों' —भिखारीदास
'बरनन मनरंजन जहाँ रीति अलौकिक होइ।
निपुन कर्म कवि कौ जु तिहि काव्य कहत सब कोइ।।' —सुरति मिश्र
'छन्दरीति समुझै नहीं बिन पिंगल के ज्ञान' —सोमनाथ
'ताही को रति कहत है रस ग्रन्थन की रीति' —पद्माकर
'कबित रीति कछु कहत हौं व्यंग्य अर्थ चितलायै' —प्रताप साहि

उक्त कथन सम्बन्धित कवियों के प्रतिनिधि लक्षण ग्रन्थों में प्राप्त होते हैं, जो उनके काव्य-चिन्तन के प्रबल साक्ष्य हैं। इन आचार्य कवियों ने 'रीति' या 'पन्थ' शब्द का प्रयोग अकेले नहीं किया है। उनके साथ कोई न कोई विशेषण अवश्य लगाया है जैसे—कवित्त रीति, कवि रीति, काव्य रीति, छन्द रीति आदि। वस्तुतः हिन्दी में जहाँ और जितना कुछ 'रीति' शब्द का प्रयोग हुआ है, वह मूलतः कवियों की मान्य रचना पद्धति के सम्यक् ज्ञान के अर्थ में है। रीतिकाल के पहले यद्यपि यह शब्द प्रयोग इस रूप में न था, पर रचना-पद्धति के ज्ञान के महत्त्व की चर्चा किसी न किसी रूप में पहले भी थी। साहित्य महोपाध्याय आचार्य वैद्यनाथ सिंह ने लिखा है—"यदि कहना चाहें तो कह सकते हैं कि गोस्वामी जी ने भी 'रीति' के अर्थ में 'विवेक' या 'विधान' शब्द का व्यवहार किया है। उदाहरणार्थ—'कवित विवेक एक नहीं मोरे' तथा 'छन्द प्रबन्ध अनेक विधाना' आदि।"[10]

एक उल्लेखनीय सन्दर्भ-ग्रन्थ में हिन्दी साहित्य के परिप्रेक्ष्य में 'रीति' का विवेचन करते हुए **डॉ. भगीरथ मिश्र** ने लिखा है—" 'रीति' शब्द का हिन्दी साहित्य में विशेष अर्थ में प्रयोग हुआ है। यहाँ पर रीति का तात्पर्य, लक्षण देते हुए या लक्षण को ध्यान में रखकर लिखे गये काव्य से होता है। इस प्रकार 'रीतिकाव्य' वह है जो लक्षण के आधार पर या उसको ध्यान में रखकर रचा जाता है। अलंकार, रस, ध्वनि, आदि को लेकर इनके उदाहरण रूप में रचित हिन्दी काव्य इस साहित्य के अन्तर्गत है।"[11]

डॉ. भगीरथ मिश्र ने ही अन्यत्र एक स्थान पर लिखा है कि—"रीति शास्त्र या रीतिकाव्य लिखने की परम्परा हिन्दी को संस्कृत साहित्य से प्राप्त हुई। संस्कृत साहित्य शास्त्र के पाँच काव्य-सिद्धान्तों में से प्रायः सभी का कुछ-न-कुछ प्रभाव हिन्दी रीतिशास्त्र पर पड़ा है।"[12]

2. हिन्दी साहित्य के इतिहास में रीतिकाल का उद्‌गम

रीतिकाल के उद्‌गम से पूर्व हिन्दी साहित्य के भक्तिकाल में राधा-कृष्ण के ललित, लोकरंजनकारी और शृंगारिक रूप की प्रचुरता रही थी। इसने रीतिकालीन कवियों के लिए शृंगार की पूर्वपीठिका का कार्य किया। तत्कालीन वातावरण उनके अनुकूल था, अन्तर्मन में रसमय अनुभूति थी। बस, काव्यस्रोत शृंगार की बँधी-बँधायी धारा में प्रवाहित हो चला। राधा-कृष्ण का आध्यात्मिक रूप नष्ट हो गया। वे साधारण लौकिक रँगीले नायक-नायिका मात्र रह गये।

धार्मिक क्षेत्र में कोई नयी उद्‌भावना नहीं हुई थी। अनेक सम्प्रदाय पन्थों का रूप धारण करने लगे थे। कृष्ण भक्तों की शृंगारिकता ने जनता को आकर्षित कर रखा था। राधा और कृष्ण की अनुराग लीलाओं के साथ जनता का तादात्म्य हो चुका था। शृंगार के प्रति-जनता का सहज आकर्षण रहता है, यह एक मनोवैज्ञानिक तथ्य है। इसलिए इस आकर्षण में कोई अस्वाभाविकता नहीं थी। धीरे-धीरे रासलीला और राधा-कृष्ण का प्रेम प्रसंग ही लौकिक शृंगार के चरम उत्कर्ष का प्रतीक बन गया। राधा-कृष्ण के रसात्मक स्वरूप के समक्ष रामोपासना की मर्यादा की शुष्क धारा फीकी पड़ती चली गयी। राधा-कृष्ण की आड़ में रीतिकालीन कवियों ने अपनी उन्मुक्त वासना का नग्न चित्रण किया। शृंगार पूर्णतः ऐहिकतामूलक हो उठा। उस काल के कवि यह जानते थे कि राधा-कृष्ण के नाम पर की गयी शृंगारिक रचनाओं को जनता निःसंकोच ग्रहण कर लेगी। कवि **भिखारीदास** की निम्नलिखित पंक्तियाँ इसी भावना की द्योतक हैं:—

"आगे के सुकवि रीझिहैं तो कविताई न तौ
राधिका कन्हाई के सुमिरन को बहानो है।"[13]

द्विजदेव की भावना भी यही है—

"रसिक रीझिहैं जानि, तौ है है कवितौ सुफल।
नतरु सदा सुखदानि, श्री राधिका हरि को सुजस है।।"

(शृंगार लतिका, पृ. 65)

(क) रीतिकाल की परिस्थितियाँ : समकालीन परिस्थितियाँ अपने युग के जन-जीवन को पूरी तरह से प्रभावित करती हैं। यथार्थपरक साहित्य में उन परिस्थितियों और उनके प्रभावों का अंकन होता है। परन्तु जो साहित्य अधिक कलाप्रिय तथा प्रदर्शनप्रिय होता है, उसमें युग-जीवन को पूर्ण अभिव्यक्ति नहीं मिल पाती। ऐसे साहित्य में कला साधना का स्वर ही सर्वोपरि एवं सर्वप्रधान रहता है। हिन्दी साहित्य में रीतिकाल का आरम्भ संवत् 1700 से माना जाता है। अठारहवीं से उन्नीसवीं

सदी तक के काल को आचार्य रामचन्द्र शुक्ल जी ने 'रीतिकाल' की संज्ञा दी है। इस काल का साहित्य शृंगार प्रधान तथा कलाप्रिय रहा था। इसी विशेषता को लक्ष्य कर शुक्ल जी ने यह लिखा था–"हिन्दी काव्य अब पूर्ण प्रौढ़ता को पहुँच गया था।"[14] यह वाक्य इस युग के सन्दर्भ में अत्यन्त महत्त्वपूर्ण है। किसी भी काल के साहित्य पर युग चेतना युगीन वातावरण तथा परिस्थितियों का बहुत प्रभाव पड़ता है। यह युगीन वातावरण राजनीतिक, धार्मिक, सांस्कृतिक, साहित्यिक एवं सामाजिक मूल्यों द्वारा निर्मित होता है। रीतिकालीन साहित्य के विवेचन में इसका विश्लेषण अति आवश्यक है:–

(1) **राजनीतिक परिस्थितियाँ :** राजनीतिक दृष्टि से यह काल शक्तिशाली मुग़ल साम्राज्य के पतन का काल था। अकबर से लेकर शाहजहाँ तक मुग़ल दरबार कला साधना का प्रमुख केन्द्र एवं प्रेरणास्रोत बना रहा था। शाहजहाँ के समय की सबसे बड़ी विशेषता उस काल की शान्तिपूर्ण समृद्धि है। उनके समय में साहित्य, संगीत, स्थापत्य, चित्र, वास्तु आदि विभिन्न कलाओं की पर्याप्त उन्नति हुई थी। छोटे-छोटे स्थानीय व्रिदोहों को यदि महत्त्व न दिया जाये तो लगभग सम्पूर्ण देश में सुख और शान्ति का साम्राज्य स्थापित था और ऐसा ही वातावरण कला साधना के लिए उपयुक्त होता है। मुग़लकाल में राम भक्ति, कृष्ण भक्ति, निगुर्णोपासना, नीतिपरक एवं काव्यशास्त्रीय आदि विभिन्न प्रकार के साहित्य का निर्माण हुआ था, तानसेन और बैजू बावरा जैसे संगीत सम्राट संगीत साधना में निरत रहते थे। अनेक सुन्दर एवं भव्य इमारतों का निर्माण हुआ था, राजपूत शैली, मुग़ल शैली, कांगड़ा शैली जैसी चित्र शैलियों का उद्भव एवं विकास हुआ था। इसलिए यह काल साहित्य एवं कला साधना की दृष्टि से स्वर्णिम काल कहा जा सकता है। डॉ. रामकुमार वर्मा के अनुसार–"जब भारत की राजनीति, वास्तु, चित्र, संगीत और नृत्य के माध्यम से कला की अनवरत साधना कर रही थी और समस्त वातावरण राग से अनुरंजित हो रहा था तब यह कैसे सम्भव था कि काव्य भी कला की उपासना में रत न होता और मयूर सिंहासन के रत्नों की भाँति अलंकार भी काव्य में विजड़ित न हो जाते।"[15]

डॉ. नगेन्द्र ने लिखा है कि–"शाहजहाँ के समय की सबसे बड़ी विशेषता उस काल की शान्तिपूर्ण समृद्धि है। इसी कारण उसे अपने जीवन की सबसे बड़ी महत्त्वाकांक्षाओं और प्रदर्शन प्रधान वृत्तियों की अभिव्यक्ति का अवसर मिला। निरंकुश राजतन्त्र में शासक ही एक विशिष्ट जीवन दर्शन का नियामक होता है। शाहजहाँ की प्रदर्शन वृत्ति से प्रेरणा प्राप्त कर अलंकरण तथा प्रदर्शन का स्वर उस युग में प्रधान हो गया। रीतिकाल का आरम्भ शाहजहाँ के शासनकाल के उत्तरार्ध से होता है। प्रदर्शन प्रधान रीतिबद्ध काव्य शैली के काव्य में शृंगारपरक

जीवन दर्शन की अभिव्यक्ति का श्रेय काफ़ी सीमा तक इस युग में प्रधान इसी प्रदर्शन वृत्ति को है।[16]

औरंगज़ेब की धर्मान्ध, पक्षपातपूर्ण राजनीति और साम्राज्य विस्तार लिप्सा ने देश की शान्ति को भंग कर विद्रोहों और निरन्तर चलने वाले युद्धों को जन्म दे दिया था, जिसका अन्तिम परिणाम एक ओर मराठा राजशक्ति के उदय और दूसरी ओर शक्तिशाली मुग़ल साम्राज्य के विघटन में दिखाई पड़ा। वस्तुतः इस युग में इन राजाओं और शासकों की लगभग वही स्थिति थी जो अंग्रेज़ी शासन के युग में राजाओं की रही थी। इनकी दो विशेषताएँ थीं—निरंकुश शासन, जनता की उपेक्षा, विलासपूर्ण वातावरण और कला साधना। दरबारों में कवि, संगीतज्ञ तथा अन्य गुणी जनों को आश्रय मिलता था और वे अपनी कला प्रतिभा द्वारा अपने आश्रयदाताओं का मनोरंजन करते थे। वहाँ कवि प्रतिभा द्वारा मनोरंजन करना ही प्रधान उद्देश्य रह गया था, इसलिए इस प्रदर्शन में चमत्कार उत्पन्न करने की भावना प्रधान रहती थी। इसी कारण हमें इस युग में रचित काव्य में चमत्कार प्रदर्शन और श्रृंगार के लौकिक रूप का चित्रण करने वाली प्रवृत्ति का प्राधान्य मिलता है। परन्तु इस काल की राजनीतिक स्थिति का एक दूसरा पक्ष भी था, जो हिन्दू राजा विलास को ही जीवन का एकमात्र उद्देश्य न मान, मुसलमानों के अत्याचारों का विरोध कर हिन्दू राज्य की स्थापना का प्रयत्न कर रहे थे, उनके आश्रय में रहने वाले कविगण हिन्दू गौरव का प्रशस्ति गायन करते हुए आश्रयदाताओं की वीरता का गान गाया करते थे। **भूषण, लाल, सूदन** आदि इस युग के ऐसे ही वीर रस पूर्ण काव्य की रचना करने वाले कवि थे। इन दोनों ही प्रकार की काव्य रचनाओं में एक समान विशेषता मिलती है, अतिशयोक्तिपूर्ण कथन की।

उस समय राजकीय भाषा फ़ारसी थी। अकबर के समय से ही फ़ारसी में सौष्ठव लाने का यत्न प्रारम्भ हो गया था। “अबुल फ़ज़ल ने क्लिष्ट तथा शब्दालंकृत भाषा के विकास को ऐसे स्तर तक पहुँचा दिया था कि जिसकी नक़ल करना असम्भव था। फिर भी शाहजहाँ ने अपने समय के इतिहासकारों को यही आदेश दिया कि वे अबुल फ़ज़ल की शैली में अपने ग्रन्थों की रचना करें। जहाँगीर और शाहजहाँ के समय में जो रचनाएँ फ़ारसी भाषा में लिखी गयीं उनमें भावों की अपेक्षा शब्दों के जड़ाव पर अधिक ध्यान दिया गया है। जिस प्रकार आभूषण रत्नजटित होते थे और इमारतों में सुन्दर पच्चीकारी का काम होता था, उसी प्रकार फ़ारसी साहित्य में अलंकार का आधिक्य हुआ। कवि तथा गद्यकार की प्रशंसा इसी पर निर्भर थी कि उसको उसके शब्द-विन्यास में कितना चातुर्य प्राप्त है।”[17] यदि समकालीन हिन्दी काव्य फ़ारसी भाषा और साहित्य की प्रेरणा से अलंकारमय होकर अधिक कलात्मक हो गया तो

इसमें आश्चर्य ही क्या।[18] राजनीतिक परिस्थिति ने केवल इसी रूप में इस युग के साहित्य को प्रभावित किया था। **डॉ. ईश्वरी प्रसाद** ने लिखा है कि–"मुसलमानी राज्य के प्रभाव से शासक वर्ग में विलासिता उत्पन्न होती थी।"[19] इसलिए यह कहा जा सकता है कि शासकों की विलासिता के कारण उन पर विलासपूर्ण साहित्य का प्रभाव पड़ना स्वाभाविक था। "राजनीतिक उथल-पुथल और सत्ता एवं वैभव की क्षणभंगुरता ने जीवन के दो अतिरेकपूर्ण दृष्टिकोण विकसित करने में सहायता की। एक ने जीवन के प्रति पूर्ण विरक्ति और त्याग का भाव जाग्रत किया, जबकि दूसरे ने पूर्ण भोग का दृष्टिकोण। जितना भी जीवन है उसका पूरा उपभोग किया जाये, क्योंकि न जाने कब नियति या सम्राट का कोपभाजन होने से वैभव और जीवन समाप्त हो जाये। अतः ऐहिक काव्य को इस प्रकार का विलासपूर्ण चित्रण करने की प्रेरणा देने में राजनीतिक स्थिति का भी कम हाथ न था।"[20]

"रीतिकाल का समय राजनीतिक इतिहास की दृष्टि से शाहजहाँ के राज्यकाल से लेकर मुग़ल साम्राज्य के अन्तिम सम्राट बहादुर शाह ज़फ़र तक माना जा सकता है। विशेषता यह है कि इस युग ने मुग़ल साम्राज्य का मध्याह्न भी देखा और जीवन सन्ध्या भी। इसी युग ने मुग़ल साम्राज्य के लहराते हुए चमन को भी देखा। और उसका परिवर्तित रूखा-सूखा और मरा-सड़ा अन्त भी।"[21]

इस प्रकार, "राजनीतिक दृष्टि से यह काल मुग़लों के शासन के वैभव के चरमोत्कर्ष और उसके बाद उत्तरोत्तर ह्रास, पतन तथा विनाश का युग कहा जा सकता है।"[22] राजनीतिक दशाओं का संक्रमण इस काल की काव्यरचना को जनचेतना से जोड़ने वाला सिद्ध नहीं हुआ, यह एक विचित्र बात थी। इसका कारण कदाचित् यही रहा होगा कि देशकाल की बड़ी सत्ता का अतिचार सीधे सामान्य जनता को प्रभावित कर रहा था। मध्यवर्ती स्थिति वाले छोटे-छोटे राजे-महराजे उन चिन्ताजनक परिस्थितियों से पराङ्मुख थे और काव्य रचना ज़्यादातर उन्हीं के राज्याश्रय में चल रही थीं।

2. सामाजिक परिस्थितियाँ : मुग़ल साम्राज्य के राजनीतिक विघटन ने सामाजिक स्थिति पर भी गहरा प्रभाव डाला था। अराजकतापूर्ण स्थिति ने सामाजिक जीवन को आक्रान्त कर रखा था। न किसान की खेती सुरक्षित थी, न व्यापारी का व्यापार, मुसलमान शासक हिन्दू जनता पर मनमाना अत्याचार करते थे। समाज का उच्च, धनी, सामन्त वर्ग विलास में डूबा रहता था और सामान्य जनता शोषित और पीड़ित थी। इस स्थिति ने जनता को हताश बना दिया था। वह अन्धविश्वासी बन गयी थी। ज्योतिष, शकुन विचार, सामुद्रिक शास्त्र आदि पर उसका विश्वास बढ़ गया था। सम्भवतः इसी कारण इस युग के कुछ सामान्य कोटि के कवियों ने उपर्युक्त विषयों

से सम्बन्धित ग्रन्थों की रचना की थी। इन कवियों में घाघ, भड्डरी, वैताल आदि प्रमुख थे। सामाजिक स्थिति के सन्दर्भ में एक उल्लेखनीय तथ्य यह है कि इस युग के काव्य में युग का सामाजिक जीवन अर्थात् सामान्य जनता का सामाजिक जीवन प्रतिबिम्बित होता हुआ नहीं मिलता। इसके कारण थे—दरबारी कवियों की काव्य साधना, दरबारी जीवन और आशा-आकांक्षा एवं रुचियों तक ही सीमित होकर रह गयी थी। वीर रस के कवि भी अपने आश्रयदाता वीर नरेशों के प्रशस्ति गायन में ही डूबे रहते थे। घनानन्द आदि स्वच्छन्द प्रेम भावना वाले कवि अपनी एकान्तिक प्रेम-साधना में मग्न रहते थे और इस युग में ब्रह्म के सगुण-निर्गुण दोनों रूपों के उपासक भक्तों को अपने आराध्यों से ही फ़ुर्सत नहीं मिलती थी। केवल नीतिकाव्य की रचना करने वाले कवियों के नीति वाक्यों में सामाजिक जीवन की थोड़ी-सी झलक मिल जाती है; मगर वह भी प्राचीन नीति-वाक्यों का अनुसरण मात्र है। इस प्रकार इस युग का काव्य, इस अर्थ में लोक जीवन से कटा हुआ दिखाई पड़ता है।

इस काल में जनता नैतिक मूल्यों से रहित हो गयी थी। विलासिता एवं भोग उसके जीवन का मूल-मन्त्र हो गया था। किसी की भी कन्या का अपहरण आम बात थी; कदाचित् इसीलिए बाल-विवाह का प्रचलन बढ़ गया था। सर्वत्र शोषण एवं अत्याचार का बोलबाला था।

"मध्य युग का समाज सामन्तवादी पद्धति पर आधारित था, जिसमें सम्राट शीर्ष पर था, जिसके बाद उच्च वर्ग के अन्तर्गत राजा, अधिकारी और सामन्त थे जिन्हें समाज में विशेष अधिकार और सम्मान प्राप्त थे।"[23]

"शाही दरबार सुख-समृद्धि, शिष्टता और सभ्यता का केन्द्र था, परन्तु उसके बाहर देश के अन्य स्थानों में जीवन दुर्दशाग्रस्त, असन्तोषजनक, अति दयनीय एवं घोर विपत्तिपूर्ण था।"[24] ...ये अमीर और सामन्त अत्यन्त विलासपूर्ण ढंग से रहते थे, क्योंकि उनको हर प्रकार की सुविधाएँ और अधिकार प्राप्त थे। अतः वे आमोद-प्रमोद में अपना जीवन व्यतीत करते थे। अपने धन और साधनों का उपयोग वे विलासिता, असंयम, शान-शौकत और ठाठ-बाट में करते थे। उस समय उनकी विलासिता की भावना दुर्दम्य और अद्वितीय थी।"[25] एक राजा, अमीर अथवा सामन्त के यहाँ दो, तीन, चार या इससे भी अधिक रानियाँ थीं। "जो स्वयं विलास, ईर्ष्या, काम और वासना के समुद्र में डूबी हुई अपने पति नायक आदि के लिए स्वयं एक चेतन सजीव विलास की सामग्री बन बैठी थी। अपने हाव-भाव, कटाक्ष, अलंकरण और सज-धज से नायक को तथा अपने सहज रूप, गुण, शील, प्रेम से अपने पति को रिझाना यही उसके जीवन का चरम लक्ष्य था। इसमें सन्देह नहीं कि नारी का यह रूप भी अपना महत्त्व रखता है और वह महत्त्व उस काल में चरम सीमा पर था।

सारा समाज उसके रूप और विलास का उपासक था, अतः हमारे साहित्य में भी उसका भरपूर वर्णन मिलता है।"[26]

उस समय के जनसाधारण के जीवन में भी इसी प्रकार के सामन्ती विलासपूर्ण जीवन की आकांक्षा जग रही थी। परन्तु नैतिकता की दृष्टि से जनसाधारण का चरित्र इन विलासी दरबारियों की अपेक्षा कहीं अच्छा था। उस पर भक्ति युग का प्रभाव था। "केवल इसी युग के कारण भारतीय नाश से बच गये। अन्यथा उनकी भी रोमनों की-सी दशा होती। हिन्दुओं के धार्मिक आन्दोलन तथा उच्च कवि एवं साधु-सन्तों की कविताओं ने उनके नैतिक स्तर को उच्चतर बना दिया। तुलसी कृत रामचरितमानस तथा अन्य आचार्यों के उपदेश ने लोगों को शुद्ध विचारों से परिपूर्ण कर दिया। जितने यूरोपीय यात्री भारत में आये, हिन्दुओं के सदाचार की प्रशंसा करते हैं।"[27]

इस प्रकार रीतिकाल में जनसाधारण में धार्मिक एवं नैतिक चेतना को जाग्रत करने वाली साहित्यिक धारा बराबर बहती रही है। इसमें कृष्ण भक्ति के अन्तर्गत समकालीन विलासिता का रंग भी ख़ूब चढ़ गया और रीतिकाव्य के भीतर कृष्ण-राधा और गोपिकाओं के भाव-चित्रण के बहाने उस युग के अति ऐहिक और विलासपूर्ण जीवन की झाँकी ही प्रस्तुत की गयी।

जीवन के प्रति निवृत्ति और प्रवृत्ति दोनों ही पक्षों का महत्त्व है। इस मध्ययुगीन भारत में प्रमुखतया उच्च वर्ग में प्रवृत्ति पक्ष को देखा जा सकता है। **डॉ. भगीरथ मिश्र** के अनुसार, "भारत में मध्ययुगीन मुग़ल शासन के परिणामस्वरूप हमें कई बातें जीवन में परिव्याप्त हुई दीखती हैं। प्रथम तो एक केन्द्रीय सुदृढ़ शासक हांने से देश के भीतर तुलनात्मक दृष्टि से शान्ति का वायुमण्डल बन गया। द्वितीय इस शान्ति के अवसर पर जीवन में कला और संस्कृति को विशेष महत्त्व और प्रोत्साहन प्राप्त हुआ। शिष्ट और सुसंस्कृत व्यवहार का सम्मान बढ़ा, तीसरी बात यह है कि इसी शान्ति और समृद्धि के परिणामस्वरूप कला, प्रेम और विलासिता की भावना भी प्रखरता से जाग्रत हुई। जीवन में धर्म, चाहे वह संकीर्ण अर्थ में ही क्यों न हो, को प्रमुख स्थान मिला। इसके अतिरिक्त चौथी बात यह है कि भाषा साहित्य को राजाओं और सामन्तों का संरक्षण और आश्रय मिला। इन सभी बातों का रीतिकालीन हिन्दी काव्य पर प्रभाव परिलक्षित होता है।"[28]

मध्यकालीन मुग़ल शासकों ने यद्यपि राजनीति के क्षेत्र में हिन्दू और मुसलमानों को एक स्तर पर लाने का प्रयत्न किया था और वैवाहिक सम्बन्धों के स्थापित होने पर सहिष्णुता को प्रश्रय मिला था, परन्तु सामाजिक दृष्टि से हिन्दू और मुसलमान स्वतन्त्र और निरपेक्ष थे। हिन्दू समाज की व्यवस्था मुग़लकाल में जर्जर हो रही थी

फिर भी सामाजिक मर्यादा किसी-न-किसी रूप में स्थिर थी। इधर जब राजनीति और धर्म में उदार मनोवृत्ति ने प्रवेश किया तब समाज भी अपने विस्तार एवं विवेक में उदार होने लगा। कला के विकास में हिन्दू और मुसलमान दोनों ने ही योग दिया। भारतीय संस्कृति के उत्थान के सम्बन्ध में लिखते हुए **डॉ. बनारसी प्रसाद सक्सेना** ने लिखा है, "सीकरी के निर्माण में यदि सम्राट की कल्पना ने योग दिया तो उसकी रूपरेखा को पत्थर में ढालने का श्रेय हिन्दू-मुस्लिम कारीगरों के सामूहिक परिश्रम को है...। इनकी रचनात्मक प्रतिद्वन्दिता का परिणाम भारतीय संस्कृति के उत्थान के लिए हितकर ही सिद्ध हुआ। वास्तुकला ने प्रगतिशील दिशा में क़दम उठाया। शिल्पकार बन्धनों से मुक्त होकर अपने व्यक्तित्व को स्पष्ट करने में लग गया, जिससे कला निखरने लगी। यदि हम सत्रहवीं शताब्दी की सांस्कृतिक रूपरेखा पर दृष्टिपात करें, तो हमारे सामने नाना प्रकार की धारणाओं से रँगा हुआ रंग-बिरंगा चित्र प्रस्तुत होता है समस्त वातावरण में सामान्य रूप से शासक वर्ग का प्रभाव स्पष्ट है। यदि एक ओर भोग-विलास की प्रवृत्ति ने ज़ोर मारा तो दूसरी ओर ललित कलाओं का उत्थान तथा संरक्षण भी हुआ।"[29]

इस प्रकार यह परिणाम सामने आया कि सामाजिक और नैतिक जीवन का स्तर आदर्शों की ओर अग्रसर तो नहीं हुआ, किन्तु वह विलास एवं वैभव के नाना उपकरण खोजने में व्यस्त हो गया। इस काल में जनता नैतिक मूल्यों से रहित हो गयी थी। विलासिता एवं भोग इनके जीवन का मूलमन्त्र हो गया था।

"सामाजिक दृष्टि से भी इस काल को आदि से अन्त तक घोर अधःपतन का युग ही कहा जाना चाहिए। इस काल में सामन्तवाद का बोलबाला था और सामन्तशाही के जितने भी दोष हुआ करते हैं, उनका प्रत्यक्ष अथवा अप्रत्यक्ष प्रभाव जन-सामान्य के जीवन पर पड़ रहा था।"[30]

(3) धार्मिक परिस्थितियाँ : धार्मिक स्थिति की दृष्टि से भी यह युग ह्रासोन्मुख माना जा सकता है। भक्ति युग में जिन गहन, उदात्त धार्मिक भावनाओं का उत्कर्ष दिखाई पड़ा था, इस काल में उन सबका पराभव हो गया था। राम भक्ति रसिक सम्प्रदाय के मायाजाल में उलझकर घोर विलासमयी बन गयी थी। कृष्ण भक्ति की भी यही परिणति हुई थी। निर्गुण सम्प्रदाय के भक्त सम्प्रदाय स्थापना के चक्कर में पड़ भौतिक साधन जुटाने में लगे रहते थे। सूफ़ी कवियों का शृंगार वर्णन अतिशय स्थूल हो गया था। वस्तुतः ये विभिन्न भक्ति-सम्प्रदाय जनता के मार्गदर्शन की क्षमता खोकर, बाह्य प्रदर्शन के साधन बन गये थे। परन्तु इस युग की एक उल्लेखनीय विशेषता यह भी है कि रात-दिन शृंगार साधना में डूबे रहने वाले कवि भी कहीं-कहीं वैराग्य की बातें कहते दिखायी पड़ते हैं, यह अतिशय मानसिक विलास

की प्रतिक्रियास्वरूप ही हुआ था। **डॉ. नगेन्द्र** लिखते हैं—"नैतिक और बौद्धिक ह्रास के इस युग में धर्म की उदात्त भावना पूर्ण रूप से लुप्त हो गयी थी धर्म का उद्देश्य होता है—व्यक्ति और समाज के नैतिक स्तर को ऊँचा बनाना तथा जनता में लौकिक संघर्षों से टक्कर लेने की शक्ति उत्पन्न करना। परन्तु रीतिकाल में धर्म के नाम पर भी अनेक विकृतियाँ ही अवशिष्ट रह गयी थीं। उस युग में अन्धविश्वास, रूढ़ियों का अनुसरण और बाह्याडम्बरों का पालन ही धर्म की परिभाषा थी।"[31]

डॉ. वेंकटरमण राव ने लिखा है कि—"प्रत्येक सम्प्रदाय का श्रृंगारीकरण और श्रृंगार में स्थूल काम चेष्टाओं की गणना और उनके चित्रण की प्रवृत्तियाँ ही उस सेतु का निर्माण करती हैं, जो भक्तिकाल और रीतिकाल को जोड़ता है। धार्मिक और साम्प्रदायिक साहित्य में इस रूपान्तरण ने आध्यात्मिक उन्नयन को लुप्त कर दिया था। फिर भी उसका सम्बन्ध सम्प्रदाय से बना रहा। रीतिकालीन साहित्य साम्प्रदायिक भावना से निरपेक्ष हो गया और स्थूल कामशास्त्रीय चेष्टाओं, और काव्यशास्त्रीय अनुभावों के बीच रखकर भक्तिकालीन इष्ट प्रतीकों को अपने काव्य में चित्रित करने लगा। सामान्य नायक-नायिका निरूपण वाले अंश और राधा-कृष्ण के नाम पर आधारित निरूपण और उदाहरण परस्पर कोई भिन्नता नहीं रखते। इन कवियों की जो कुछ धार्मिक भावना व्यक्त-अव्यक्त रूप से प्रगट हुई वह भी माधुर्य में सराबोर है। भक्तिकालीन धार्मिक सम्प्रदायों का यही प्रभाव रीतिकाल पर परिलक्षित होता है।"[32] इस समय भक्तिकाल के बहुत से प्रमुख सम्प्रदायों ने अपनी यथास्थिति बनाये रखी। इन सम्प्रदायों के कवियों ने साहित्य रचना भी की। इसके अतिरिक्त रीतिकाल में कुछ नवीन सम्प्रदायों का विकास हुआ, लेकिन इनके उपासकों ने भी युगधर्म के अनुसार विलासिता के रंग में अपने आपको डुबो दिया। डॉ. रामकुमार वर्मा ने लिखा है कि—"सत्रहवीं शताब्दी में धर्म और उसके अन्तर्गत सम्प्रदायों का जो विकास हुआ, वह उसी प्रकार है जैसे बसन्त ऋतु में रसाल वन मंजरित हो जाता है कोकिल की भाँति प्राणों की पुकार अपने प्रियतम का आवाहन करने लगती है राम और कृष्ण भक्ति के सम्प्रदायों का वैभव इतनी विपुलता के साथ विवर्द्धित हुआ कि भक्तों ने अलौकिक के साथ सभी लौकिक सुख भी प्राप्त कर लिए।"[33]

इस प्रकार इस काल में सभी धार्मिक सम्प्रदाय श्रृंगारपरक होने लगे थे, क्योंकि रीतिकाल की पृष्ठभूमि में भक्ति के विभिन्न सम्प्रदाय और उनका दर्शन व्याप्त था। उसी की परम्परा इन सम्प्रदायों के परवर्ती रूपों में चलती रही जो आज तक चली आ रही है। इन सम्प्रदायों ने रीतिकालीन श्रृंगार भावना को गति और तीव्रता प्रदान की। रीतिबद्ध कवियों का अधिकांश श्रृंगारी साहित्य यद्यपि संस्कृत काव्यशास्त्रीय और नायिका-भेद की परम्परा के लिए हुआ था। परन्तु इन कवियों पर भक्ति

सम्प्रदायों का भी बहुत प्रभाव पड़ा था। इन रीतिबद्ध कवियों ने राधा और कृष्ण का नाम ही नहीं वरन् उनसे सम्बन्धित भावनाएँ भी ग्रहण की हैं। "स्वतन्त्र रूप से ब्रज कृष्ण की लीलाओं का गायन भक्ति की रीतिकालीन परम्परा का परिचय देता है। इन कवियों में से कुछ ने प्रेम और भक्ति के दर्शन के सम्बन्ध में स्फुट सिद्धान्तोक्तियाँ भी की हैं स्वच्छन्द धारा के कवि तो भक्ति के गहरे रंग में रँगे हुए थे ही। कुल मिलाकर यह मानना पड़ता है कि धर्म और दर्शन के नाम पर इस काल के स्पन्दन भक्ति दर्शन से ही संचालित थे।"[34]

(4) **साहित्यिक परिस्थितियाँ :** इस युग का साहित्य विलासिता के भावों से पूर्ण अतिशय अलंकरण प्रधान, चमत्कार और बाह्य प्रदर्शन की चमत्कारी भावना से प्रभावित था। राजदरबारों के संरक्षण में रहने वाले कवियों की रचनाओं में इन्हीं प्रवृत्तियों का प्राधान्य मिलता है। वीर रस की भावना से सम्बन्धित साहित्य में भी केवल बाह्य प्रदर्शन और अतिशयोक्तिपूर्ण कथनों की प्रधानता ही मिलती है। इस युग का भक्ति-साहित्य भी आन्तरिक अनुभूतियों के स्थान पर बाह्य प्रदर्शन का ही अधिक प्रेमी रहा है। उसमें भक्तिकालीन उक्तियों और भावनाओं का ही उथला विश्लेषण होता रहा है। शृंगार इस युग के काव्य का प्रधान स्वर माना जा सकता है। भाव-पक्ष एवं कला-पक्ष दोनों पक्षों की दृष्टि से इस युग का काव्य समृद्धि की ओर अग्रसर होता रहा। यद्यपि भाव-पक्ष कला-पक्ष के निखार का पूरा-पूरा साथ नहीं दे पाया था। भाव प्रदर्शन में चमत्कार का अधिक समावेश होने लगा था। काव्य और भाषा नियमन एवं परिष्कार करने के लिए काव्यशास्त्र का विवेचन किया जाता था। यह प्रवृत्ति इस युग की एक प्रधान प्रवृत्ति थी। इस युग के अनेक कवियों का ध्यान काव्य को एक सुव्यवस्थित, शुद्ध, कलात्मक रूप प्रदान करने की ओर गया था। इन कवियों के प्रयास से ही रीतिकाव्य के कला-पक्ष का उल्लेखनीय उत्कर्ष हुआ।घनानन्द आदि के काव्य में भाव और कला का सुन्दर समन्वयजनित उत्कर्ष मिलता है।

"शाहजहाँ के समय से ही फ़ारसी साहित्य का ह्रास आरम्भ हो गया। अकबर के समय जो साहित्य रचा गया था– उसमें तत्कालीन सम्राट के व्यक्तित्व और उससे प्रभावित लोक जीवन की उदारता, उच्चाशा-आकांक्षाओं का विस्तार और बल था। परन्तु उसके बाद विस्तार और मुक्त प्रगति में अवरोध आरम्भ हो गया, शान्ति की स्थिरता आने लगी; जो क्रमशः विलास और अलंकरण की ओर झुकती गयी। फलतः साहित्य में भी नैतिक स्फूर्ति और सशक्त शैली के स्थान पर अलंकृति का प्राधान्य होने लगा। इस समय का फ़ारसी गद्य भी अत्यन्त अलंकृत है–उसमें सर्वत्र शब्द और अर्थ का चमत्कार और भाषा की ललित क्रीड़ा मिलती है।"[35]

युग की परिस्थितियों के फलस्वरूप भाषा और साहित्य में भी ऐसी प्रवृत्तियाँ कार्य कर रही थीं, जो नवीन प्रयोगों और नवीन विषयों की ओर अग्रसर होकर जीवन की बहुमुखी अभिव्यंजना में सहायक हो रही थीं। इस युग का प्रमुख गुण चमत्कार प्रदर्शन था। यह तड़क-भड़क, वैभव-विलास का युग था अतः उक्ति-वैचित्र्य और चमत्कारवादिता की प्रवृत्ति स्वाभाविक थी। इस समय प्रेम और शृंगार के अतिरिक्त अन्य विषयों पर भी ख़ूब काव्य लिखा गया। चिन्तामणि, भूषण, मतिराम, बिहारी, देव, घनानन्द, दास, पद्माकर आदि प्रतिभासम्पन्न कवि इसी युग की बहुमूल्य देन हैं। **डॉ. भगीरथ मिश्र** ने इस युग की विशेषताओं का उल्लेख करते हुए लिखा है, "मानव जीवन की विविध अवस्थाओं, प्रकृतियों और परिस्थितियों के सौन्दर्य का चित्रण शास्त्रीय ढंग पर तो हुआ ही, प्रकृति के सौन्दर्य को पहचानकर उसमें भी मानव सौन्दर्य और भावों का आरोप हुआ। ऋतु वर्णन, नख-शिख-सौन्दर्य-चित्रण, उद्दीपन आदि में प्रकृति के सुन्दर और मुग्धकारी रूप सामने आये।"[36]

इस प्रकार रीतिकाव्य क्षेत्र की संकीर्णता, रूढ़ियों की परिधि एवं नियमों की शृंखलाओं में ही आबद्ध रहा, किन्तु इन परिस्थितियों में भी उसने जैसी सरसता, कोमलता एवं मार्मिकता प्राप्त की वह कम महत्त्व की बात नहीं है। चाहे उन्होंने केवल शृंगार को ही लिया, किन्तु उसके विभिन्न अंगों का जैसा चित्रण उन्होंने किया, वह अन्यत्र सुलभ नहीं। उसकी दृष्टि चाहे नायिका भेद तक ही सीमित रही, किन्तु उसकी जैसी सजीव एवं हाव-भाव पूर्ण अनेकानेक मूर्तियाँ उन्होंने प्रस्तुत की हैं, वैसी किसी अन्य साहित्य में दृष्टिगोचर नहीं होतीं। इन कवियों ने कला को शुद्ध कला के रूप में देखा, सौन्दर्य की साधना को ही अपने कर्तव्य का चरम लक्ष्य स्वीकार किया।

इसलिए यह कहा जा सकता है कि इस युग के कवियों की कला-दृष्टि अत्यन्त जागरूक थी वे काव्य की समस्याओं को समझते थे और उन्हें सुलझाने के लिए काव्य रचना करते थे। सम्पूर्ण हिन्दी साहित्य में हमें इस युग के साहित्य में ही इस प्रवृत्ति का इतने स्पष्ट उद्देश्यपूर्ण रूप में विकास और सम्वर्द्धन होता हुआ पहली बार दिखाई पड़ता है। जो युग साहित्य की समस्याओं का सुचारू विवेचन करने की सामर्थ्य रखता है। उस युग में काव्य कला का उन्नत विकास होना एक सहज सम्भाव्य सत्य बन जाता है, यही कारण है कि इस युग का साहित्य काव्योत्कर्ष, काव्य सौन्दर्य, भाषा परिष्कार, सुरुचिपूर्ण काव्य दृष्टि, अनुभूति की गहनता आदि की दृष्टि से अत्यन्त समृद्ध और उन्नत रहा है। परन्तु दुर्भाग्य यह रहा है कि अधिकांश आलोचकों की दृष्टि इस युग के काव्य में वर्णित शृंगार तक ही सीमित होकर रह गयी है। इसी कारण वे इस काव्य की उपलब्धि का मूल्यांकन उचित प्रकार से नहीं कर सके हैं। "यह सब होते हुए भी इस युग में साहित्य और कला

का अपना महत्त्व है। और दोनों की ऐसी विशेषताएँ हैं जो सहज ही दूसरे युगों की तत्सम्बन्धी रचनाओं से पृथक् देखी जा सकती हैं।"[37] "हिन्दी रीति साहित्य का जिन परिस्थितियों में विकास हुआ उनका पूरा प्रभाव आत्मसात् करके भी इस साहित्य की अपनी सांस्कृतिक और सामाजिक देन है। इस साहित्य ने अन्य साहित्यिक धाराओं पर प्रभाव अवश्य डाला है, पर किसी का मार्ग अवरुद्ध नहीं किया। यही नहीं अन्य धाराओं को भी अपने क्षेत्र में लाने का प्रयत्न किया।"[38]

(ख) रीतिकाल का नामकरण : हिन्दी साहित्य के इतिहास में 17वीं शती से 19वीं शती तक के काल को आचार्य रामचन्द्र शुक्ल जी ने 'उत्तर मध्यकाल' या 'रीतिकाल' के नाम से अभिहित किया है। शुक्ल जी ने इस काल का नामकरण काव्य रचना में एक पद्धति विशेष के प्रयोग के आधार पर किया है। हिन्दी साहित्य का इतिहास लिखने वाले विभिन्न विद्वानों ने इस काल को विभिन्न नामों से विभूषित किया है। शुक्ल जी से बहुत पहले **मिश्र बन्धुओं** ने हिन्दी साहित्य का इतिहास 'मिश्रबन्धु-विनोद' नाम से लिखा था। उन्होंने इस काल की कविता में अलंकार की बहुलता को लक्ष्य करते हुए इसका नाम 'अलंकृत काल' रखा था, और इसका विवेचन अलंकृत प्रकरण (पूर्वालंकृत और उत्तरालंकृत) के अन्तर्गत किया है।[39] इस नाम से मिश्र बन्धुओं का तात्पर्य अलंकरण के एक व्यापक अर्थ से था, क्योंकि इस काल की कविता में संस्कृत साहित्य के पुष्ट अलंकारशास्त्र की लोकप्रियता भी आश्रयदाताओं की चमत्कारी मनोवृत्ति के कारण बढ़ गयी थी। आचार्य शुक्ल इसे 'रीतिकाल' कहते हैं। यह नाम तत्कालीन लक्षण-उदाहरण शैली की प्रमुख प्रवृत्ति को तो व्यक्त करता है। परन्तु रीतिबद्ध शैली से इतर रचनाएँ इस नाम द्वारा उपेक्षित होती हैं। **डॉ. भगीरथ मिश्र** ने आचार्य रामचन्द्र शुक्ल के इस नामकरण का औचित्य खोजने का प्रयास किया है–"हिन्दी साहित्य के कुछ इतिहासकारों, विशेष रूप से आचार्य रामचन्द्र शुक्ल ने हिन्दी साहित्य के उत्तर मध्यकाल को 'रीतिकाल' की संज्ञा प्रदान करते हुए 'रीति' को व्यापक अर्थ में ग्रहण किया है उन्होंने 'रीति' या 'मार्ग' को संस्कृत की उपलब्ध धारणा से भिन्न 'काव्य रीति' या 'काव्यलक्षण' के रूप में ग्रहण कर उस काल को 'रीतिकाल' कहा है; जिसमें इस प्रकार के काव्य लक्षण देने वाले ग्रन्थों के लिखने की प्रमुख प्रवृत्ति देखने को मिलती है। ऐसी दशा में रीतिशास्त्र (या काल) के अन्तर्गत केवल रीति सिद्धान्त की चर्चा करने वाले ग्रन्थ ही नहीं आते, वरन् उन समस्त ग्रन्थों का समावेश हो जाता है, जिनमें काव्य के स्वरूप को स्पष्ट करने का प्रयत्न किया गया है, चाहे वे अलंकार के ग्रन्थ हों, चाहे रस, ध्वनि, वक्रोक्ति अथवा रीति के ग्रन्थ हों।"[40]

डॉ. नगेन्द्र ने भी शुक्ल जी की ही तरह इसे 'रीतिकाल' की संज्ञा दी है।

पं. विश्वनाथ प्रसाद मिश्र ने इसे 'शृंगार काल' कहा है। यह नाम इस युग की अधिसंख्य कृतियों को समेटकर चलने में समर्थ है। आचार्य शुक्ल को भी इस नाम से कोई परहेज़ नहीं था। उन्होंने लिखा है–"वास्तव में शृंगार और वीर दो रसों की कविता इस काल में हुई, प्रधानता शृंगार की ही रही थी। इस काल को रस के विचार से कोई शृंगार काल कहे तो कह सकता है।"[41]

इस युग में शृंगार की भावना तत्कालीन समाज और वातावरण की प्रधान और व्यापक प्रवृत्ति थी। काव्य का कोई भी अंग इससे अछूता न बचा था। "रस सम्बन्धी ग्रन्थों में प्रमुख विषय शृंगार रस का विवेचन है। अतः इसके आलम्बन नायक और नायिका का विशेष विस्तार से वर्णन हुआ है। नायिकाओं के अनेक भेदों (जाति, कर्म, गुण, वय, अंग, रचना, कुल इत्यादि आधारों पर) का बड़े विस्तार से वर्णन मिलता है, किन्तु रीति के कवियों में शृंगार की संयोग और वियोग दोनों दिशाओं का भी बड़ा अलंकृत वर्णन मिलता है, किन्तु रीति के आधार पर बाँधे गये इस बन्धन में सर्वत्र कला-पक्ष की प्रधानता है, हृदय-पक्ष या अनुभूति-पक्ष दब गया है।"[42]

इस काल के कवियों की कलाप्रियता को लक्ष्य करके ही **डॉ. रामशंकर शुक्ल** 'रसाल' ने इस काल का नामकरण–'कला-काल' किया है। काव्य के कला-पक्ष का जितना उत्कर्ष इस काल में हुआ, उतना पहले कभी नहीं हुआ था। रसाल जी ने लिखा है, "भाव, भाषा तथा कलात्मकता के समन्वित उत्कर्ष की दृष्टि से रीतिकाल हिन्दी के अन्य काव्य युगों में सर्वाधिक सम्पन्न है।"[43]

सम्भवतः कला-पक्ष के उत्कर्ष के कारण ही आचार्य शुक्ल ने इस काल को पूर्ण प्रौढ़-काव्य का युग माना था।

इस युग में अलंकरण, रीति शैली, कलात्मकता तथा शृंगार-भावना का प्राधान्य रहा था और इन्हीं पृथक्-पृथक् विशेषताओं के आधार पर विभिन्न विद्वानों ने इसके उपर्युक्त विभिन्न नामों का निर्धारण किया था परन्तु इन सब में शृंगार की प्रवृत्ति ही सर्वप्रधान रही थी, उसी का आधार ग्रहण कर अन्य सारी प्रवृत्तियाँ आगे बढ़ी थीं इसी कारण इसका 'शृंगार काल' नाम भी बहुत उपयुक्त एवं संगत माना जाता है।

रीतिकाल के विभिन्न नामों की विवेचना करते हुए डॉ. भगीरथ मिश्र ने लिखा है, "इस युग के नाम के सम्बन्ध में मतभेद मिलता है– मिश्र बन्धु इसको 'अलंकृत काल' कहते हैं। आचार्य विश्वनाथ प्रसाद मिश्र इसे 'शृंगार युग' के नाम से अभिहित करते हैं तथा डॉ. नगेन्द्र इसे 'रीतियुग' कहने के पक्ष में हैं। प्रत्येक विद्वान् के अपने-अपने तर्क हैं और उस आधार पर इन नामों का औचित्य भी ठहरता है। अलंकरण की प्रधान प्रवृत्ति के कारण इसका अलंकृत काल नाम जहाँ अपना औचित्य रखता है। वहीं शृंगारिक रचना की प्रधानता के कारण इसे 'शृंगार काल' कहा जा सकता है।

परन्तु उस युग के समग्र काव्य को ध्यानपूर्वक देखने पर हमें लगता है कि न तो अलंकरण ही स्वच्छन्द हैं और न श्रृंगार वर्णन ही। वरन् ये दोनों ही एक परिपाटी पर चलते हैं; रीति मे बँधे हैं अलंकरण के विपरीत उस युग में निरलंकृत भक्ति व रस काव्य भी कम नहीं है और श्रृंगार के विपरीत वीर, नीति और भक्तिकाव्य भी बहुत प्रचुर मात्रा में मिलता है। पर यह समग्र काव्य अपनी-अपनी परिपाटी का पालन करते हुए लिखा गया है। चाहे वह भक्ति, वीर, नीति, श्रृंगार कोई भी काव्य क्यों न हो, एक रीतिबद्धता इस युग की कविता में देखने को मिलती है। वीर काव्य युद्ध वर्णन की पद्धति को अपनाकर चलता अथवा काव्यशास्त्रीय लक्षणों का आधार ग्रहण किये हुए है। इसी प्रकार निर्गुण भक्तिकाव्य विभिन्न अंगों में विभाजित है। कृष्ण भक्तिकाव्य रागों या अष्टयाम पूजा या लीला पद्धति में ढलकर आया है। इतना ही नहीं इस युग के संगीत काव्य में भी एक परिपाटी का पालन है। श्रृंगार काव्य भी अलंकार, नायिका भेद अथवा रसभाव वर्णन की परिपाटी को अपनाये हुए है। अतः यह कहा जा सकता है कि इस युग के काव्य की प्रमुख विशेषता रीतिबद्ध ता है। ऐसी दशा में इस युग का नाम 'रीतियुग' ही स्वीकार करना अधिक उपयुक्त है। इस नाम से उस युग के समग्र काव्य का स्वरूप स्पष्ट हो जाता है और यह रीतिबद्धता की विशेषता चेतन या अचेतन रूप में उस युग की समस्त काव्यधाराओं पर लागू होती है इसलिए मेरे विचार से इसे 'रीतियुग' नाम देना ही उचित है।"[44]

परन्तु रीतिकाल के नामकरण के प्रसंग में श्रृंगार के आग्रही **पण्डित विश्वनाथ प्रसाद मिश्र** के ये तर्क विचारणीय हैं– " 'रीतिकाल' नाम ग्रहण करने का दुष्परिणाम यह हुआ है कि उस काल के अच्छे-अच्छे श्रृंगारी कवियों को छाँटकर पृथक् करना पड़ा। आलम, ठाकुर, घनानन्द, बोधा, द्विजदेव ऐसे प्रेम के उमंग भरे कवि किसी रीति ग्रन्थकार से काव्योत्कर्ष में कम नहीं; पर 'रीति' की सीमा में ये न समा सके। रीतिकाल की श्रृंगारगत व्यापक प्रवृत्ति रीतिकाल नाम देने वालों ने भी लक्षित की है, और अलंकृत काल नाम देने वालों ने भी, पर रीति या अलंकार शास्त्र की ग्रन्थ-राशि ने एकत्र होकर इन्हीं नामों की ओर उन्हें आकृष्ट किया। फलतः श्रृंगार की सर्वनिष्ठ प्रवृत्ति नामकरण के सम्बन्ध में पीछे छूट गयी।"[45]

(ग) पूर्ववर्ती हिन्दी कविता में रीतिकाल के तत्त्व : श्रृंगार जैसे विशिष्ट भाव की असाधारण व्यापकता और प्रौढ़ता तथा काव्य कला के सर्वतोन्मुखी प्रचुर विकास से भरपूर हिन्दी का रीतिकाव्य वस्तुतः अपने अस्तित्व में दीर्घकाल से पनपती हुई सम्भावनाओं के फलस्वरूप आया था। विद्वानों ने साहित्य का इतिहास लिखते हुए उसकी एक कालावधि भले सोच ली है, पर उसके बीज पूर्ववर्ती हिन्दी कविता में विद्यमान मिलते हैं। आदिकाल की वीरगाथाओं में, विद्यापति की पदावली में,

सूर और उनके समकालीन कृष्ण भक्त कवियों में शृंगार की विविध परिस्थितियों का प्रमाण मिलता है। शृंगारकालीन साहित्य उत्तराधिकार में उन्हीं प्रवृत्तियों और काव्यरूपों को लेकर आगे बढ़ा था, जो भक्ति साहित्य में प्रसार पा चुकी थीं। वही प्रवृत्तियाँ न्यूनाधिक रूप में शृंगारकालीन साहित्य में विकास पाती रहीं। लक्षण ग्रन्थों की काव्यशास्त्रीय परम्परा, शृंगार का प्राधान्य, अतिशय अलंकरण की प्रवृत्ति, भाषा परिष्कार, कला-पक्ष का उत्कर्ष आदि इस काल के साहित्य की प्रधान प्रवृत्तियाँ रही हैं। शुक्ल जी ने इस काल की प्रधान प्रवृत्तियाँ दो मानी हैं–काव्यशास्त्र की, और शृंगार की। इन दोनों ही प्रवृत्तियों का पर्याप्त विकास कृष्ण भक्ति साहित्य में देखने को मिलता है। इसी तरह रीतिकाव्य की प्रमुख काव्य-शैलियों के बीजबिन्दु भी पूर्ववर्ती काव्य में यथेष्ट मात्रा में विद्यमान हैं। कवित्त-सवैया शैली जो रीति कविता में सबसे अधिक अपनायी गयी, वास्तव में अकबर के दरबारी कवियों (गंग आदि) के द्वारा प्रचलित की गयी थी और गोस्वामी जी ने इसी शैली में अपनी प्रसिद्ध रचना 'कवितावली' का प्रणयन किया।

नीति-विषयक दोहे रीतिकालीन दरबारी काव्य की असाधारण उपलब्धि माने जाते हैं, उनकी परम्परा भी रहीम जैसे कवियों से प्रारम्भ होती है। अतः कथ्य और शिल्प दोनों दृष्टियों से कही जाने वाली यह बात कि– "भक्तिकालीन कविता हिन्दी रीतिकाव्य के निर्माण की प्रयोगशाला है।"–बहुत ही युक्तिसंगत लगती है।

शृंगार का अतिशय उन्मुक्त चित्रण, रूढ़िबद्ध शृंगार प्रणाली, रीति का स्वरूप, लक्षण ग्रन्थों की परम्परा, रीतिबद्ध अभिव्यंजना शैली, अलंकार आदि इन सभी विशेषताओं और परम्पराओं का जनक तो वस्तुतः आदिकाल व भक्तिकाल ही रहा है। हिन्दी साहित्य के आरम्भिक युगीन साहित्य में भी हमें अतिशय शृंगारिकता और अलंकरण की प्रवृत्तियाँ समृद्ध रूप में उपलब्ध होती हैं और कालान्तर में ये भक्तिकाव्य और रीतिकाव्य में क्रमशः विकसित होती रही हैं।

हिन्दी के आदिकालीन रासो ग्रन्थों में इस शृंगार और वीर रस के मिश्रण में शृंगार को एक मनोरम रूप प्रदान किया गया है। इन ग्रन्थों में वर्णित प्रत्येक युद्ध का मूल कारण कोई-न-कोई रमणी रही है तथा इन रमणियों के वर्णन में शृंगार सम्बन्धी सभी तत्त्वों का अस्तित्व मिलता है।

'श्रीमद्भागवत' और महाकवि जयदेव के 'गीत गोविन्द' आदि संस्कृत ग्रन्थों से ही विद्यापति तथा सूर आदि कवियों को शृंगार वर्णनों की प्रेरणा मिली थी। जयदेव जैसे कवि ने शृंगार और भक्ति को परस्पर समन्वित भावधारा के रूप में ग्रहण किया। जयदेव ने स्पष्ट कहा कि यदि हरि स्मरण में मन सरस हो और विलास कला में कुतूहल हो तो जयदेव की मधुर कोमलकान्त पदावली को सुनो–

"यदि हरि स्मरणे सरसं मनो यदि विलासकलासु कूतूहलम्।
मधुर कोमलकान्त पदावली शृणु तदा जयदेव सरस्वतीम्।।"[46]

विद्यापति के काव्य में भी शृंगार और भक्ति का समन्वित रूप मिलता है। विद्यापति संस्कृत के प्रकाण्ड पण्डित थे, किन्तु उन्होंने अपने काव्य में विद्वता का प्रदर्शन कहीं नहीं किया है। उनकी पदावली में उनका काव्यशास्त्रीय दृष्टिकोण एवं चिन्तन भी स्पष्टतः दृष्टिगोचर होता है।

डॉ. रमेश कुमार शर्मा ने लिखा है, "रीतिकाल में जो शृंगार वर्णन है, वह उसी काल में उत्पन्न और विकसित नहीं हुआ था, अपितु वह तो शताब्दियों से क्रमशः विकसित होने वाली शृंगार परम्परा का विकास मात्र था और उसके वर्णन की पद्धति (रीति) भी प्राचीनकाल से चली आ रही थी तथा रीतिकालीन कवियों ने केवल भक्तिकालीन अलौकिक शृंगार भावना को मानवीय बनाया।"[47]

प्रेमाख्यानक काव्यधारा में तो प्रेम और शृंगार के अतिरिक्त और किसी भावना का उतनी प्रधानता से चित्रण ही नहीं किया गया है। इस काव्यधारा के कवियों की रचनाओं में भी परकीया, स्वकीया आदि नायिकाओं के विभिन्न भेद मिल जाते हैं। इन कवियों की शृंगार भावना तो इतनी प्रबल रही कि इन्होंने रति-क्रीड़ा का भी खुला वर्णन किया है। सन्तकाव्य तथा रामकाव्य में हमें शृंगार भावना का मर्यादित रूप मिलता है।

डॉ. सत्येन्द्र ने रीतिकाल को भक्तिकाल की प्रतिक्रिया बताते हुए लिखा है— "भक्ति एक भावावेश की चरमावस्था है। वह हृदय के भावों की उत्ताल गति चाहती है। ऐसी भावाविष्ट दशा सदा नहीं बनी रह सकती, न सदा रुचिकर ही हो सकती है। रीतिकाव्य ने उसी प्रेमतत्त्व को दिव्य धरातल से उतारकर शरीर के हाड़-मांस से अनुरक्त कर दिया, यह एक प्रतिक्रिया थी। ईश्वर में से उन्होंने ईश्वरत्व निकालकर अपने जैसा नग्न मानव नायक अथवा नायिका का रूप दे दिया।"[48]

जहाँ तक शृंगार के प्राधान्य का प्रश्न है, कृष्ण भक्ति साहित्य इसके लिए एक दृढ़ आधार प्रदान कर चुका था, जो संस्कृत, प्राकृत, अपभ्रंश और आरम्भिककालीन हिन्दी साहित्य में व्याप्त शृंगारिक भावना का ही विकसित रूप था। शृंगारकालीन कवियों में हम इसी परम्परा का अधिक विकसित रूप पाते हैं। अन्तर केवल यह रहता है कि भक्तिकाल के शृंगार वर्णन में प्राप्त तन्मयता और उदारता का रूप इस काल में कला प्रदर्शन और कुछ सीमा तक संकुचित शृंगार के अतिशयोक्तिपूर्ण वर्णन का रूप धारण कर लेता है, इसमें हमें अपूर्व तन्मयता का अभाव और चमत्कार प्रदर्शन की भावना का प्राधान्य मिलता है। अन्य बातों में शृंगारकालीन शृंगारिक वर्णन कृष्ण भक्तिकाव्य का ही अनुवर्ती रहा है।

शृंगारकालीन काव्य में कला-पक्ष की प्रधानता रहने के कारण भाषा परिष्कार और अलंकारों का प्रचुर प्रयोग आदि विशेषताएँ आ गयी थीं। कृष्ण भक्तिकाव्य में हमें इन सम्पूर्ण विशेषताओं का अस्तित्व मिलता है। शृंगारकालीन काव्य में हम उन्हीं का आगे विकास होता देखते हैं। **डॉ. रामकुमार** वर्मा ने लिखा है, "ऐसी बात नहीं है कि सत्रहवीं शताब्दी में भक्तिकाल समाप्त हो गया और उसके स्थान पर रीतिकाव्य आरम्भ हुआ। कोई भी साहित्यिक प्रवृत्ति घड़ी की सूई की भाँति काल की सीमा निर्धारित नहीं करती है। वह जनमानस में हलकी लहर की भाँति आन्दोलित होती रहती है। इस प्रकार यह भी देखा जा सकता है कि भक्तिकाल में रीतिकाव्य की रचनाएँ हुई हैं, जिस प्रकार रीतिकाल में भक्तिकाव्य की। इसमें कोई सन्देह नहीं कि भक्तिकाव्य में धर्म के प्रति जो जनजागरण हुआ था वह इतना शक्तिशाली था कि उसके समक्ष 'रीति' की प्रवृत्तियों पर किसी का ध्यान विशेष रूप से जा ही नहीं सकता था। यदि कवि अपनी साहित्यिक रसज्ञता के कारण काव्य के शास्त्रीय पक्ष को ग्रहण भी करता था, तो वह उसके विश्लेषण में अधिक विचार प्रवण नहीं हो सकता था। रस का आधार लेकर यदि कोई कवि अपने वर्ण्य-विषय का विस्तार भी करता था, तो वह स्थूल की अपेक्षा सूक्ष्म भावाभिव्यंजना में परिस्थिति या वस्तु का चित्र उपस्थित करता था। भक्तिकाल में शृंगार का आधार लेकर अनेक कवियों ने अपने इष्ट के प्रति भावनाएँ व्यक्त की हैं।"[49]

डॉ. जगदीश गुप्त ने रीतिकाव्य पर अपनी प्रतिक्रिया व्यक्त करते हुए अपने ग्रन्थ 'रीतिकाव्य' में लिखा है, "मेरे विचार से रीतिकाल को सर्वांशः में भक्तिकाल की प्रतिक्रिया कहना युक्तियुक्त नहीं है। दोनों दो ऐसी भिन्न परम्पराओं के विकास रूप हैं, जिनकी जड़ें सहस्रों वर्ष पुरानी हैं। धार्मिक साहित्य के साथ धर्मनिरपेक्ष साहित्य का विकास भी अपना स्वतन्त्र इतिहास रखता है। जहाँ दोनों को पूर्वापर क्रम देकर हिन्दी साहित्य के इतिहास में स्थान दिया जाता है। वहाँ यह भी सत्य है कि भक्तिकाल में भक्ति रीति की प्रवृत्ति दोनों ही न्यूनाधिक मात्रा में समानान्तर प्रवाहित होती रहीं।"[50]

भक्तिकाल में लक्षण ग्रन्थों की परम्परा का विकास भी हो चुका था। **कृपाराम** की 'हिततरंगिणी' को हिन्दी का प्रथम उपलब्ध लक्षण-ग्रन्थ माना जाता है। इसके अतिरिक्त **करनेस** कवि के 'कर्णाभरण', 'भूपभूषण', और 'श्रुति-भूषण', **मोहनलाल मिश्र** के 'शृंगार सागर', **रहीम** के 'बरवै नायिका भेद', **सूरदास** की 'साहित्य लहरी' और **नन्ददास** की 'रसमंजरी' आदि को भी मूलतः लक्षण ग्रन्थ का ही स्वरूप प्राप्त है जो इसी काल में रचे गये थे। इन सभी ग्रन्थों में शृंगार रस का और विशेष रूप से शृंगार रस के उपांग नायिका भेद का ही विवेचन किया गया है।

'हिततरंगिणी' के नायक-नायिका राधा-कृष्ण हैं। कवि ने आरम्भ में शृंगार रस के भेदोपभेदों का उल्लेख कर विस्तार के साथ नायिका भेद का वर्णन किया है।

सूर की 'साहित्य-लहरी' में भी प्रधान रूप से नायिका भेद का ही वर्णन किया गया है इसमें शृंगार के अतिरिक्त वीर, भयानक, रौद्र, अद्भुत आदि रसों का विवेचन भी हुआ है। इसके साथ ही अलंकारों के भी लक्षण उदाहरण दिये गये हैं। इस प्रकार रस, अलंकार, नायिका भेद, संचारी भाव आदि के विवेचन के कारण 'साहित्य लहरी' काव्यशास्त्र का एक सुन्दर लक्षण ग्रन्थ बन गया है।

नन्ददास की 'रसमंजरी' भी नायिका-भेद सम्बन्धी लक्षण ग्रन्थ है। उन्होंने लिखा है–

"एक मीत हम सौं अस गुन्यो, मैं नायिका भेद नहीं सुन्यौं।"
"तू तो सुनि लै रसमंजरी, नख सिख परम प्रेम रस भरी।।"[51]

नन्ददास ने इसमें सभी प्रकार की नायिकाओं का लक्षण-उदाहरण सहित विवेचन किया है। नन्ददास की 'विरह-मंजरी' भी लक्षण ग्रन्थ मानी जा सकती है। इसमें उन्होंने विरह के भेदों का सांगोपांग वर्णन किया है।

इस प्रकार भक्तिकाल में लक्षण ग्रन्थों के रूप में संस्कृत काव्यशास्त्र की उस परम्परा का पुष्ट रूप मिलता है, जो परवर्ती रीतिकालीन काव्य के रूप में और अधिक विकसित हुआ।

रीतिकालीन कवियों की तरह ही चमत्कार प्रदर्शन की भावना इस काल के कवियों में भी काफ़ी कुछ दृष्टिगोचर होती है। चमत्कार प्रदर्शन की इसी भावना ने कृष्ण भक्त कवियों में अतिशय अलंकरण की प्रवृत्ति को उत्पन्न किया था। परन्तु दोनों में इतना अन्तर था कि कृष्ण भक्तों के लिए अलंकार साधन थे जबकि रीतिकालीन कवियों के लिए साध्य बन गये। उन्होंने अधिकतर अलंकारों का चमत्कार दिखाने के लिए ही काव्य रचना की। **डॉ. राजकुमारी मित्तल** ने कृष्ण भक्तिकाव्य की अभिव्यंजना शैली का विवेचन करते हुए लिखा है, "कृष्ण भक्तों के काव्य में भी कला-पक्ष को उतनी ही प्रधानता व मुख्यता प्राप्त थी, जैसी परवर्ती रीतिकालीन कवियों में पायी गयी। कृष्ण भक्तों ने अभिव्यंजना के समस्त अंगों का सांगोपांग चित्रण किया है और अपनी पदयोजना को अधिक-से-अधिक अलंकृत, चमत्कृत, पाण्डित्य से पूर्ण, रीतिबद्ध एवं कवि परम्परानुसार निर्मित करने का सूक्ष्म प्रयास किया है। उन्होंने ऋतु वर्णन में भी उन्हीं उपमानों और कवि-प्रसिद्धियों को अपने पदों का सार बनाया है, जो परम्परा से चली आ रही थीं। जहाँ भक्ति प्लावित पद हैं, वहाँ भक्ति में किसी भी प्रकार की न्यूनता नहीं है। लेकिन जहाँ नख-शिख वर्णन, नायक-नायिका भेद, शृंगार के संयोग व विप्रलम्भ, ऋतु वर्णन, मान आदि विषयों

का चित्रण है वहाँ भक्त कवियों ने उसी रीतिबद्ध मार्ग का अनुसरण किया है, जो संस्कृत आचार्यों द्वारा प्रदर्शित हुआ था, और जो परवर्ती कवियों के काव्य का प्राण बना। अतः रीतिकाल की अभिव्यंजना के लिए भी भक्तिकालीन कृष्ण भक्त कवियों ने परिपाटी का निर्माण किया था।"[52]

शृंगारकाल में कुछ अन्य प्रवृत्तियों का रूप भी देखने को मिलता है जैसे—भक्ति भावना, वीर भावना, नीतिपरक, हास्य, प्रकृति-चित्रण, प्रबन्ध-काव्य रचना आदि। यद्यपि भक्ति-भावना का इस युग में प्राधान्य नहीं रहा, फिर भी इस युग में कुछ कवि ऐसे हुए हैं, जिन्हें विशुद्धरूपेण भक्त कवि माना जा सकता है जैसे—चाचा हित वृन्दावन दास, रीवां नरेश महाराज विश्वनाथ सिंह, मधुसूदन दास, नवल सिंह कायस्थ आदि। इनमें राम भक्त और कृष्ण भक्त दोनों ही रहे हैं भक्तिकाल में हमें वीर भावना का अधिक स्पष्ट और प्रखर रूप नहीं मिलता। उस समय राजस्थान में ही प्रधानतः वीर काव्य रचे गये थे। शृंगारकाल में आरम्भिकयुगीन हिन्दी के रासो ग्रन्थों एवं भक्तिकालीन राजस्थानी वीर-काव्यों का प्रभाव भूषण, सूदन, लाल, पद्माकर आदि की रचनाओं में मिलता है। रहीम, तुलसीदास आदि के साहित्य का विकास गिरधर कविराय, दीनदयाल गिरि, घाघ आदि की नीतिकाव्य-सम्बन्धी रचनाओं में मिल जाता है। यह काव्य लोक जीवन के साथ सटा हुआ चलता है। घाघ का रचा हुआ ग्रामीण और विशेषकर किसान जीवन से सम्बन्धित नीतिकाव्य आज भी हमारे किसानों में लोकप्रिय है।

"शृंगारकालीन कवियों ने प्रकृति-चित्रण की वही परम्परा अपनायी थी, जो चन्दबरदाई, जायसी, तुलसी, सूर आदि द्वारा उन्हें विरासत में मिली थी, अर्थात् उद्दीपन रूप में प्रकृति का चित्रण। प्रबन्ध-काव्य रचना की आरम्भिककालीन एवं भक्तियुगीन परम्परा का भी इस युग में पर्याप्त विकास हुआ। इस युग में लगभग तीन-चार सौ प्रबन्ध काव्य लिखे गये थे, जिनमें कई महत्त्वपूर्ण माने जाते हैं। परन्तु सामान्य धारणा यही रही है कि शृंगारकाल मुक्तक काव्य का युग था और प्रबन्ध-रचना की ओर कवियों का रुझान नहीं रहा था। परन्तु प्रबन्ध काव्यों की उपर्युक्त विशाल संख्या यह प्रमाणित कर देती है कि इस युग में अपने पूर्ववर्ती दोनों ही युगों की प्रबन्ध और मुक्तक—दोनों परम्पराओं का पर्याप्त विकास हुआ था।"[53]

शृंगारकाल में कुछ ऐसे विषयों से सम्बन्धित रचनाएँ भी पायी जाती हैं, जिनका पूर्व रूप हिन्दी साहित्य में नहीं मिलता जैसे—इस युग में हास्य, राजनीति, कामशास्त्र, शालिहोत्रा, ज्योतिष, रमल, सामुद्रिक शास्त्र, पाकशास्त्र, सुरापान, मैत्री, संगीतशास्त्र आदि विभिन्न विषयों पर अनेक ग्रन्थ लिखे गये थे। इन विषयों में हास्य के अतिरिक्त अन्य विषयों से सम्बन्धित रचनाओं को यद्यपि साहित्यिक रचनाएँ नहीं माना जा

सकता, परन्तु इससे यह सिद्ध होता है कि इस युग का साहित्य लोक जीवन से कटा हुआ नहीं था। कवियों में सामाजिक जीवन से सम्बन्धित विषयों का विवेचन करने की प्रवृत्ति विद्यमान थी। इससे यह सिद्ध होता है कि इस युग में केवल श्रृंगार ही कवियों का एकमात्र प्रिय विषय नहीं रहा था। वे जीवन-सम्बन्धी अन्य समस्याओं को भी महत्त्व देते थे। विषय वैविध्य की दृष्टि से यह युग अपने पूर्ववर्ती भक्ति युग से बहुत अधिक समृद्ध रहा है।

प्रमुख कवि और उनकी रचनाएँ

1. आचार्य केशवदास : ओरछा नरेश के भाई इन्द्रजीत सिंह के आश्रय में केशव की कविता का पल्लवन हुआ। ऐतिहासिक दृष्टि से केशव की स्थिति दो युगों की सन्धि पर है। उनके साहित्य में भक्ति साहित्य की धीमी अनुगूँज है और साथ ही श्रृंगारकालीन काव्य की प्रवृत्तियों का सशक्त उदय भी। यों तो इनकी 'रामचन्द्रिका' रामकथा पर लिखा उत्कृष्ट प्रबन्ध-काव्य है, जिसमें इनकी भक्ति भावना प्रदर्शित हुई है किन्तु ये मूलतः रीतिवादी कवि एवं आचार्य ही थे। इन्होंने सर्वप्रथम रीतिशास्त्र पर भाषा में पदबद्ध ग्रन्थ की रचना की।

आचार्य शुक्ल ने यद्यपि कृपाराम का समय संवत् 1598 वि. मानकर इन्हें केशव का पूर्ववर्ती माना है किन्तु श्री चन्द्रबली पाण्डेय ने माना है कवि केशव उनके पूर्ववर्ती कवि हैं। केशव ने सर्वप्रथम 'कविप्रिया' एवं 'रसिक-प्रिया' लिखकर अलंकारों तथा रस का सर्वांगपूर्ण विवेचन भाषा में प्रस्तुत किया। अलंकार विवेचन में केशव ने भामह, उद्भट, दण्डी आदि प्राचीन अलंकारवादी आचार्यों का अनुसरण किया। आचार्य केशव के रामचन्द्रिका, कविप्रिया, रसिकप्रिया, विज्ञान गीता, रतनाबावनी, वीरसिंह देव चरित, जहाँगीर जसचन्द्रिका, नख-शिख, रामालंकृत मंजरी और छन्द-शास्त्र का कोई एक ग्रन्थ बताये जाते हैं। इसमें 'रतनाबावनी' पूजा मूलक तथा 'विज्ञान-गीता' रूपकमय प्रबन्ध है। केशवदास अपने कवि रूप में चमत्कारी अलंकार वृत्ति के लिए बहुत प्रसिद्ध हैं। इन्होंने बिना अलंकार के कविता को हीन माना है। डॉ. हजारी प्रसाद द्विवेदी के शब्दों में—"कवि को जिस प्रकार का संवेदनशील एवं प्रेषण धर्म वाला हृदय मिलना चाहिए वैसा केशवदास को नहीं मिला था। यही कारण है कि इनकी 'रामचन्द्रिका' में अलंकारों का बाहुल्य हो गया और काव्य-पक्ष बिल्कुल दब गया।"[54]

केशव संस्कृत और हिन्दी के प्रकाण्ड पण्डित थे इन्होंने संस्कृत में 'शीघ्रबोध' नामक एक ज्योतिष-ग्रन्थ की भी रचना की थी। कवि समाज में इनकी इतनी अधिक प्रसिद्धि थी कि इनके काव्य को कवियों की बुद्धि की कसौटी मान लिया

गया था। इसी कारण इनके सम्बन्ध में यह उक्ति प्रसिद्ध थी कि—"कवि को देन न चहै विदाई, पूछै केशव की कविताई।।"

इनके काव्य की क्लिष्टता को देखकर ही शुक्ल जी ने इन्हें 'कठिन काव्य का प्रेत' की उपाधि दे डाली थी। "केशव के काव्य में हमें अलंकारों और छन्दों का वैविध्यपूर्ण प्रयोग तो मिलता ही है, साथ ही सफल और मार्मिक संवादों के क्षेत्र में वे हिन्दी साहित्य के अद्वितीय कवि माने गये हैं जहाँ उनका हृदय रमा है वहाँ उच्चकोटि के साहित्य के दर्शन होते हैं। युद्ध, सेना की तैयारी, राजदरबार, उपवन शृंगार, वीर आदि के चित्रण में उनका कवि पर्याप्त ओज, कला, सौन्दर्य और प्रभविष्णुता के साथ प्रकट हुआ। केशव की सर्वाधिक महत्त्वपूर्ण उपलब्धि वह काव्यशास्त्रीय परम्परा है, जिसे उन्होंने विकसित किया था और जिसने परवर्ती शृंगारकालीन समृद्ध काव्यशास्त्रीय परम्परा को आगे बढ़ाने में ऐतिहासिक योग प्रदान किया था। वे अलंकारवादी होते हुए भी रस को पर्याप्त महत्ता प्रदान करते थे। इसलिए उन्हें हिन्दी साहित्य का प्रथम सफल काव्यशास्त्र रचयिता, प्रबन्धकार और कवि माना जा सकता है।"[55]

डॉ. जगदीश गुप्त ने लिखा है, "केशवदास, आचार्य और कवि दोनों ही रूपों में अपने तथा अपने बाद के युग के लिए प्रेरक शक्ति रहे हैं, भले ही स्वतन्त्र रूप से उनका महत्त्व इतना अधिक न हो।"[56]

केशव ने अलंकारों के विषय में लिखा है कि—

"जदपि सुजाति सुलच्छनी सुबरन सहस सुवृत्त।
भूषण बिनु न विराजई कविता वनिता मित्त।।"[57]

रीतिकाल का प्रमुख कवि होते हुए केशव ने शृंगार रस का भी सुन्दर चित्रण अपने काव्य में किया है—"शृंगार रस के वर्णन पर उनकी अपनी रुचि तथा आसपास की परिस्थितियों का प्रभाव पड़ा है। परिस्थितियों से ऊपर उठने की सामर्थ्य बहुत कम प्रतिभासम्पन्न कवियों में होती है पर यहाँ तो बात ही दूसरी थी। जैसी परिस्थितियों में वे रहते थे उन्हीं के अनुकूल उनकी अपनी भावनाएँ भी थीं।"[58]

2. चिन्तामणि त्रिपाठी : ये तिकवाँपुर (ज़िला-कानपुर) के निवासी थे। इनका जन्म 17वीं शती के आरम्भ में हुआ था। भूषण और मतिराम इनके छोटे भाई थे। ये नागपुर के सूर्यवंशी भोंसला मकरन्द शाह के आश्रित कवि थे। अभी तक इनके रचे हुए पाँच ग्रन्थ मिले हैं—काव्य-विवेक, कविकुल कल्पतरू, काव्य-प्रकाश, छन्द-विचार, और रामायण। 'रस-मंजरी' नामक इनकी एक और रचना का उल्लेख मिलता है। परन्तु इनका सर्वाधिक प्रसिद्ध ग्रन्थ 'कविकुल कल्पतरू' ही रहा है, जिसकी रचना संवत् 1707 वि. में हुई मानी जाती है। यह काव्यशास्त्रीय लक्षण ग्रन्थ है यह पुस्तक

काव्य-प्रकाश के आदर्श पर लिखी गयी है। इसके पीछे हिन्दी में लक्षण ग्रन्थों की एक अखण्ड परम्परा चली।

शुक्ल जी ने इन्हें शृंगारकालीन काव्यशास्त्रीय लक्षण ग्रन्थ-परम्परा का प्रवर्तक माना है। उनके यह मानने का कारण यह रहा है कि चिन्तामणि ने संस्कृत के परवर्ती रसवादी काव्यशास्त्रीय आचार्यों—आनन्दवर्द्धन, मम्मट और विश्वनाथ की परम्परा का अनुगमन किया था, न कि पूर्ववर्ती—भामह, उद्‌भट आदि आचार्यों की अलंकारवादी परम्परा का। हिन्दी के परवर्ती लक्षण ग्रन्थकारों ने चिन्तामणि द्वारा स्थापित इस रसवादी परम्परा को ही अपनाया था। चिन्तामणि ने संस्कृत के 'चन्द्रोलोक', 'कुवलयानन्द' आदि काव्यशास्त्रीय ग्रन्थों को अपना आधार बनाया और रस को प्रधानता दी। काव्य-स्वरूप, शब्द-शक्ति, ध्वनि, गुण-दोष विवेचन में ये मम्मट से प्रभावित हैं और रस-विवेचन में मम्मट और विश्वनाथ—दोनों से। अलंकारों के सम्बन्ध में कवि चिन्तामणि के विचार आचार्य विश्वनाथ से मिलते हैं। इनकी भाषा ललित एवं सानुप्रास होती थी। अवध के पिछले कवियों की भाषा देखते हुए इनकी ब्रज भाषा विशुद्ध दिखाई पड़ती है। विषय वर्णन की प्रणाली भी प्रभावपूर्ण है। अन्य विषयों की अपेक्षा इनका मन शृंगार रस का विवेचन करने और उसके सरस उदाहरण देने में अधिक रमा है इसी कारण इनके काव्य में सरसता अधिक मिलती है। कवि चिन्तामणि की प्रसिद्धि का एक कारण यह भी रहा है कि इन्होंने अत्यन्त सरल रूप में काव्यशास्त्र का निरूपण किया है। हिन्दी के लक्षण ग्रन्थकारों में इनसे बढ़कर सुगम, स्पष्ट और स्मरणीय लक्षण-उदाहरण देने वाला दूसरा कोई आचार्य नहीं हुआ है।

डॉ. जगदीश गुप्त ने लिखा है—"चिन्तामणि वास्तव में आचार्य पद के अधिकारी हैं, मौलिकता तथा काव्य सौष्ठव के लिए तो उनकी ख्याति विशेष नहीं है। परन्तु काव्यशास्त्र के सभी पक्षों को व्यवस्थित एवं सुस्पष्ट रूप में व्यक्त करने का महत्त्वपूर्ण एवं सराहनीय कार्य उन्होंने किया है।"[59]

आचार्य चिन्तामणि के विषय में अनेक विद्वानों ने अपने-अपने विचार दिये हैं जैसे—"आचार्य चिन्तामणि हिन्दी काव्यशास्त्र में रसवादी धारा के आचार्य हैं। काव्य-विवेक, कविकुल कल्पतरू, काव्य-प्रकाश, रसमंजरी तथा पिंगल इनकी काव्यशास्त्रीय कृतियाँ हैं। अलंकारों का विवचेन 'कविकुल कल्पतरू' में ही हुआ है। इस कृति में आठ प्रकरण हैं जिनमें दूसरे और तीसरे प्रकरण में क्रमशः शब्दालंकारों और अर्थालंकारों का विवेचन है। यद्यपि शब्दालंकारों के प्रति इनकी कोई निष्ठा नहीं है और शब्दालंकारों से युक्त काव्य को ये अधम काव्य मानते हैं तथापि इन्होंने परम्परा का निर्वाह करने के लिए रसवादी आचार्य मम्मट और विश्वनाथ के अनुकरण पर अर्थालंकारों से पहले शब्दालंकारों का विवेचन किया है।"[60]

चिन्तामणि की रचना का एक उदाहरण इस प्रकार है—

"इक आजु मैं कुन्दन बेलि लखी, मनि मन्दिर की रुचि वृन्द भरैं।
अरबिन्द के पल्लव इन्दु तहाँ, अरविन्दन ते मकरन्द झरैं।।
उत बुन्दन के मक्तागन है, फल सुन्दर भ्वै पर आनि परैं।
लखि यों दुति कन्द अनन्द कला, नँद-नँद सिला द्रव रूप धरैं।।[61]

3. देव : इनका जन्म संवत् 1730 में इटावा में हुआ था। ये शृंगारकाल के प्रसिद्ध एवं लोकप्रिय कवि थे। इनके रचे ग्रन्थों के आधार पर विद्वानों ने यह निष्कर्ष निकाला है कि इन्हें जीवन में बहुत अधिक भटकना पड़ा था और इन्होंने अनेक आश्रयदाताओं के आश्रय में रह अनेक ग्रन्थ रचे थे। इनका विचार क्षेत्र बहुत विस्तृत है। ये आचार्य एवं कवि दोनों रूपों में ही अग्रणी हैं। इन्होंने रीति सम्बन्धी कई ग्रन्थ लिखे हैं। इनके प्रमुख ग्रन्थों के बारे में लेखकों में मतभेद है। कुछ लोग इन्हें 52 तथा कुछ 72 ग्रन्थों का रचयिता मानते हैं। आचार्य रामचन्द्र शुक्ल ने इनके 25 ग्रन्थों की सूची 'हिन्दी साहित्य का इतिहास' में दी है। इनके लिखे ग्रन्थों में भाव-विलास, अष्टयाम, राग रत्नाकर, जाति-विलास, रस-विलास, काव्य-रसायन, राधिका-विलास, नीति-शतक, नख-शिख, प्रेमदर्शन, वृक्ष-विलास आदि प्रसिद्ध हैं। इन ग्रन्थों में नायिका भेद, नख-शिख वर्णन, ऋतु वर्णन, रस, अलंकार, शब्द-शक्ति, काव्य पिंगल, नीति, दर्शन आदि का निरूपण किया गया है। परन्तु इनका प्रमुख वर्ण्य-विषय शृंगार ही रहा है।

रीति की दृष्टि से इनके दो ग्रन्थ ही प्रमुख हैं। जो 'भाव-विलास' एवं 'काव्य-रसायन' या 'शब्द-रसायन' के नाम से विख्यात हैं। शब्द-रसायन में रसों और अलंकारों का विस्तार से निरूपण मिलता है। 'भाव-विलास' में रस के अतिरिक्त अंगों एवं रस परिपाक का सम्यक् विवेचन है, परन्तु इसमें केवल शृंगार रस को ही लिया गया है। अलंकारों का विवेचन दण्डी के अनुसार हुआ है। छन्द के उदाहरण एवं लक्षण एक ही छन्द में प्रस्तुत करना इनकी विशेषता है। दोषों को छोड़कर काव्य के प्रायः सभी अंगों का विवेचन इनके ग्रन्थों में पाया जाता है। काव्यशास्त्र के क्षेत्र में इन्होंने कहीं परम्परागत मान्यताओं का समर्थन किया है और कहीं-कहीं नयी मौलिक मान्यताओं की भी उद्‌भावना की है। इनकी रचनाओं में इनके आचार्य रूप की तुलना में इनका कवि रूप ही अधिक उभरा हुआ मिलता है। देव को शृंगारकाल का एक अत्यन्त उच्च कोटि का रससिद्ध कवि माना गया है। आचार्य रामचन्द्र शुक्ल के अनुसार—"इनका-सा अर्थ-सौष्ठव और नवोन्मेष बिरले ही कवियों को मिलता है। रीतिकाल के कवियों में ये बड़े ही प्रगल्भ और प्रतिभासम्पन्न कवि थे।"[62]

डॉ. भगीरथ मिश्र ने देव के काव्य का वर्णन करते हुए लिखा है—"देव को आचार्य और कवि दोनों रूपों में सफलता प्राप्त हुई। मौलिकता और कवित्व शक्ति दोनों ही देव की रचनाओं में देखने को मिलती है। भाव की पकड़, सूक्ष्म निरीक्षण, भाषा पर अधिकार, छन्द की मस्त गति, शब्द वर्ण मैत्री, सरसता और उक्ति वैचित्र्य सब मिलकर देव की रचना को अत्यन्त उत्कृष्ट कोटि प्रदान करते हैं।"[63]

देव के काव्य के कुछ उदाहरण इस प्रकार हैं—

नन्द जू के मन्दिर, बुलाई राति जगे सुनि,
आनन्द बधाई सब धाई ब्रज नागरे।
जसुमति भीर जानि, भीतरे भवन पार्यो,
पालक पै बालक सदीपक उज्यागरे।।
हाऊ फाऊ खेलत, अगाऊ पद लागत,
उलटि गयो सकट लगाये लै लला गरे।
बन्धन से टूटि, छिटि छूटि, फटि फूटि,
फैलि रही चहूँ ओर, रस गोरस की गागरे।।[64]

कवि देव ने भगवान कृष्ण और राधा के प्रेम का वर्णन यों किया है—

रीझि-रीझि, रहसि-रहसि, हँसि-हँसि उठै,
सासै भरि आँसू भरि कहत दई दई।
चौंकि-चौंकि, चकि चकि, औंचक उचक देव,
छकि छकि बकि बकि परत बई बई।।
दुहून को गुन रूप दोऊ बरनत फिरै,
धर न थिरात, रीति नेह की नई नई।
मोहि-मोहि मोहन को मन भयो राधामय,
राधा मन भयो मोहि मोहन मई मई।।[65]

4. मतिराम : इनका जन्म संवत् 1674 के लगभग हुआ था। ये बूँदी नरेश महाराज भाव सिंह के बहुत समय तक आश्रित रहे थे। रीतिकाव्य में मतिराम की प्रवृत्ति रस की ओर अधिक है। इनके रचे मुख्य ग्रन्थों में 'ललित ललाम', 'रसराज़', 'मतिराम सतसई', 'छन्दसार', 'साहित्य-सार' और 'लक्षण शृंगार' आदि हैं। 'मतिराम सतसई', 'बिहारी सतसई' के समान सरस मुक्तकों का संग्रह ग्रन्थ है। अन्य सारे लक्षण ग्रन्थ हैं। इनके 'अलंकार पंचाशिका' और 'ललित ललाम' ये दो अलंकार ग्रन्थ और 'रसराज' रस ग्रन्थ है। 'ललित ललाम' का आधार चन्द्रलोक है, 'अलंकार पंचाशिका' के लक्षण दोहों में और उदाहरण कवित्तों में हैं। 'ललित ललाम' ग्रन्थ संवत् 1716 वि. एवं संवत् 1745 वि. के बीच लिखा गया, इसके लक्षण दोहों में

तथा उदाहरण कवित्त सवैयों में हैं। वस्तुतः मतिराम मूलतः कवि थे, इसलिए उनकी रचनाओं में श्रेष्ठ कलात्मक, सरस काव्य का ही रूप अधिक प्रस्फुटित हुआ है। मतिराम की भाषा में समान भावों में भी अकृत्रिमता तथा भावों के व्यंजक व्यापारों एवं चेष्टाओं में सहजता है। यदि ये रीति लीक पर चलने को विवश न होते तो इनकी भावानुभूति और भी सच्ची एवं सरल होती। भारतीय जीवन से छाँटकर लिए हुए मार्मिक चित्रों में जो भाव हैं वो अद्‌भुत हैं।

शृंगार रस के अतिरिक्त इन्होंने अपने आश्रयदाता की प्रशंसा में वीर रस का भी चित्रण किया है इनके काव्य में अलंकार एवं भाव का सुन्दर मिश्रण है। उनमें व्यंग्य का चमत्कार अधिक है, जो उनकी विलक्षण सूझ का परिचय देते हैं। **आचार्य शुक्ल** के अनुसार—"रीतिकाल के प्रतिनिधि कवियों में पद्‌माकर को छोड़ और किसी कवि में मतिराम की-सी चलती भाषा और सरल व्यंजना नहीं मिलती।"[66]

शुक्ल जी ने इनके काव्य की प्रशंसा करते हुए लिखा है—"भाषा के ही समान मतिराम के न तो भाव कृत्रिम हैं न ही उनके व्यंजक व्यापार और चेष्टाएँ। भावों को आसमान पर चढ़ाने और दूर की कौड़ी लाने के फेर में ये नहीं पड़े हैं। नायिका के विरह ताप को लेकर बिहारी के समान इन्होंने मज़ाक़ नहीं किया है। इनके भाव व्यंजक व्यापारों की शृंखला सीधी और सरल है, बिहारी के समान चक्करदार नहीं। वचन-वक्रता भी इन्हें बहुत पसन्द न थी। ...इनका सच्चा कवि हृदय था।"[67]

मतिराम के भाव और भाषा—दोनों में एक सहज स्वाभाविकता और प्रवाह मिलता है। इनके वाक्य-विन्यास स्वाभाविक, सरल एवं मधुर हैं। इनके कवित्व सवैयों में भारतीय जीवन के घरेलू मर्मस्पर्शी चित्रों की प्रतिष्ठा के साथ, ध्वनि का अपूर्व सौन्दर्य मिलता है।

डॉ. जगदीश गुप्त ने लिखा है—"मतिराम सम्पूर्ण ब्रज भाषा-काव्य के मधुरतम कवियों में से हैं। स्वाभाविक शब्द-योजना तथा सरस एवं रमणीय कोमल भाव-निरूपण उनकी कविता की प्रमुख विशेषता है।"[68]

"भावुकता के विचार से युग प्रभावित होकर भी वे उत्कृष्ट कलाकार हैं, शास्त्रज्ञ होकर भी वे ललित काव्य के स्रष्टा हैं, मनोरम और हृदयस्पर्शी भावों की अभिव्यक्ति के वे निपुण शिल्पी हैं। उनकी रचना में ललित संकल्प चित्रों, भाव चित्रों और वर्ण्य मूर्तियों का समर्थ अंकन हुआ है, उनके द्वारा अभिव्यक्त भावों और अनुभूतियों में संवेदना की गहराई है। सहज ऋजुता के कारण उनकी उक्तियों में रसिक मन को मोहित करने की क्षमता है। परन्तु युग के अनुरोध से चमत्कार, अलंकरण और आमण्डन की प्रवृत्ति का आसंजन भी रचना में कम नहीं है फिर भी उनके कारण कवि के भावों और संकल्पात्मक चित्रों की अभिव्यक्ति प्रायः विकृत अथवा अत्यधिक

बोझिल नहीं होने पायी है। अधिकतर उनकी कविता में कविजनोचित काव्य प्रतिभा का सहज और अकृत्रिम उन्मेष है।"[69]

मतिराम के काव्य के कुछ उदाहरण इस प्रकार हैं—

"कुन्दन को रंग फीकौ लगै, झलकै अति अंगनि चारु गोराई।
आँखिन में अलसानि, चितौन में मंजु विलासन की सरसाई।।
को बिनु मोल बिकात नहीं मतिराम लहे मुसकानि मिठाई।
ज्यों-ज्यों निहारिए न्येरे ह्वै नैननि, त्यों-त्यों खरी निकरै सी निकाई।।"[70]

"दोऊ अनन्द सो अनन्द माँझ बिराजै असाढ़ की साँझ सुहाई।
प्यारी के बूझत और तिया को अचानक नाम लियो रसिकार।।
आई उनै मुँह में हँसी, कोहि तिया पुनि चाप सी भौंह चढ़ाई।
आँखिन तें गिरे आँसुन के बूँद, सुहास गयो उड़ि हँस की नाई।।"[71]

5. भूषण : वीर रस के प्रसिद्ध कवि भूषण का जन्म संवत् 1670 वि. में हुआ था। चित्रकूट के सोलंकी राजा रुद्रदेव ने इन्हें कवि भूषण की उपाधि दी थी, जिसकी वजह से ये 'भूषण' के नाम से प्रसिद्ध हो गये। इनका परलोक वास संवत् 1772 में माना गया है।

रीतिकाल के भीतर श्रृंगार रस की प्रधानता रही, परन्तु कुछ कवियों ने अपने आश्रयदाताओं की स्तुति के लिए वीर रस का भी वर्णन किया। परन्तु ऐसे वर्णनों से जनता की सहानुभूति नहीं जुड़ पायी, पर भूषण ने जिन दो नायकों को अपनी रचना में स्थान दिया वो अन्याय-दमन में तत्पर, न्यायप्रिय, हिन्दू धर्म के समर्थक इतिहास प्रसिद्ध वीर थे। उनके प्रति भक्ति और सम्मान हिन्दू जनता में उस समय भी था और आज भी है। शिवाजी एवं छत्रसाल की वीरता के वर्णनों को कोई झूठी खुशामद नहीं कह सकता है। ये आश्रयदाताओं की प्रशंसा प्रथा के अनुसरण मात्र नहीं हैं।

भूषण की लिखी 'शिवराज भूषण', 'शिवा बावनी', और 'छत्रसाल दशक' तीन रचनाएँ ही मिलती हैं। इसके अलावा इनके तीन ग्रन्थ और कहे जाते हैं, जो 'भूषण उल्लास', 'दूषण उल्लास' और 'भूषण हजारा' हैं। रीतिकाल के कवि होने के कारण भूषण ने अपने प्रधान ग्रन्थ 'शिवराज भूषण' को अलंकार ग्रन्थ रूप में बनाया। परन्तु इस ग्रन्थ में लक्षणों की भाषा स्पष्ट नहीं है और उदाहरण भी सुबोध नहीं हैं। व्याकरण का उल्लंघन प्रायः है और वाक्य रचना भी कहीं-कहीं गड़बड़ है। परन्तु जो कवित्त इनसे मुक्त हैं, वे बड़े शक्तिशाली एवं प्रभावशाली हैं।

भूषण इस युग के वीर रस के सर्वश्रेष्ठ कवि माने जाते हैं, वस्तुतः इनकी इतनी

अधिक प्रसिद्धि का मुख्य कारण उनके द्वारा वीर रस का अपनाया जाना ही रहा है। प्रेम और विलासिता की प्रधानता वाले उस युग में उन्होंने वीर-काव्य का सृजन कर एक ओर तो एक नयी काव्य प्रवृत्ति को आगे बढ़ाया था और दूसरी ओर हिन्दू संगठन की आवाज उठाई थी। भूषण ने उस युग चेतना को नवीन उद्‌बोधन दिया था, जो अन्याय और अत्याचार का विरोध कर रही थी। उन्होंने यह देखकर अत्यन्त क्षोभ और ग्लानि का अनुभव किया कि अन्य कवि अपने-अपने आश्रयदाता ऐसे राजाओं का तो गुणगान करते हैं—जिनका इस व्यापक युग-चेतना की दृष्टि से कोई महत्त्व नहीं है, परन्तु शिवाजी और छत्रसाल जैसे जननायकों का यशगान नहीं करते उनका यह क्षोभ उनकी इन पंक्तियों में फूट पड़ा है—

"भूषन यों कलि के कवि राजन, राजन के गुण गाय हिरानी।
पुण्य चरित्र शिवा सरजे, सर न्हाय पवित्र भई पुनि बानी।।"[72]

इसी राष्ट्रोद्धार की भावना के कारण उन्हें आधुनिक स्वतन्त्रता-आन्दोलन में बहुत अधिक सम्मान प्रदान किया गया था।

भूषण की भाषा का विवेचन करते हुए डॉ. जगदीश गुप्त ने लिखा है—"भाषा की दृष्टि से भूषण का काव्य महत्त्वपूर्ण है, जिस ब्रज भाषा के सहज गुण कोमलता तथा मधुरता ही रहे हैं, उसको उन्होंने सफलता के साथ ओजस्विता और पौरुष प्रदान किया। अवधी, बुन्देली और फ़ारसी शब्दावली का मिश्रण स्थान-स्थान पर मिलता है। कहीं-कहीं पूरे का पूरा छन्द खड़ी बोली में लिखा हुआ लगता है। कृत्रिम रूप से अपभ्रंश का आभास देने का प्रयत्न भी उन्होंने किया है। कदाचित् उस काल के वीर रस के कवियों में ऐसी परिपाटी प्रचलित रही होगी, क्योंकि ब्रज भाषा की वीर रस की कविता बहुत कुछ अपभ्रंश की अनुवर्तिनी है।"[73]

भूषण के कुछ कवित्त तो बड़े ही सशक्त तथा प्रभावशाली हैं जैसे—

"इन्द्र जिमि जंभ पर, बाड़व सु अंभ पर,
रावन सदंभ पर रघुकुल राज है।
पौन बारिवाह पर, सम्भु रतिनाह पर,
ज्यों सहस्रबाहु पर राम द्विजराज हैं।।
दावा द्रुमदण्ड पर, चीता मृगझुण्ड पर,
भूषण बितुण्ड पर जैसे मृगराज हैं।
तेज तम अंस पर, कान्ह जिमि कंस पर,
त्यों म्लेच्छ बंस पर सेर सिवराज हैं।"[74]

6. बिहारी : बिहारी का जन्म संवत् 1660 में ग्वालियर के पास बसुवा गोविन्दपुर गाँव में हुआ था। ये महाराजा जयसिंह के दरबार में रहे और यहीं पर इन्होंने सात

सौ दोहों की रचना की जो 'बिहारी सतसई' के नाम से प्रसिद्ध हुए। शृंगार रस के ग्रन्थों में जितनी ख्याति एवं मान 'बिहारी सतसई' का हुआ, उतना किसी और ग्रन्थ का नहीं। इसकी पचासों टीकाएँ लिखी गयीं। यही एक ग्रन्थ इनकी अक्षय कीर्ति का आधार है। मुक्तक कविता में जो गुण होने चाहिए वे बिहारी के दोहों में अपने शिखर पर हैं।

रस व्यंजना का पूर्ण वैभव उनके अनुभावों के विधान में दिखाई देता है। कई स्थलों पर इनकी योजना की निपुणता एवं कल्पना की मधुरता झलकती है अनुभावों एवं भावों की ऐसी सुन्दर योजना कोई शृंगारी कवि नहीं कर सका है।

बिहारी के बहुत से दोहे 'आर्यासप्तशती' और 'गाथा सप्तशती' की छाया लेकर बने हैं। बिहारी की भाषा चलती होने के साथ-साथ साहित्यिक भी है। शब्द रचना व्यवस्थित है एवं शब्दों के रूप का व्यवहार एक निश्चित प्रणाली पर है। बिहारी ने यद्यपि लक्षण ग्रन्थ के रूप में अपनी सतसई नहीं लिखी, पर नख-शिख, नायिका भेद, षट् ऋतु के अन्तर्गत उनके सभी शृंगारी दोहे आ जाते हैं भावों का बहुत उत्कृष्ट एवं उदात्त स्वरूप इनके दोहों में नहीं मिलता है। इनकी कविता शृंगारी है, परन्तु प्रेम की उच्च भूमि पर नहीं पहुँचती, नीचे ही रह जाती है। "दोहे जैसे छोटे से छन्द में बिहारी ने ऐसे-ऐसे भाव ठूँस-ठूँस कर भरे हैं कि उनके इस अद्‌भुत काव्य कौशल को देख आश्चर्यचकित रह जाना पड़ता है। इन दोहों में मौलिक सूझ, अर्थ-गाम्भीर्य, अर्थ-विस्तार, भाषा की कसावट, कल्पना की समाहार शक्ति और अलंकारों की छटा आदि सभी गुण एक साथ मिल जाते हैं। इनके जैसे अर्थगर्भित और भावपूर्ण, सुगठित और अलंकृत दोहे हिन्दी में विरल ही हैं।"[75]

डॉ. भगीरथ मिश्र ने बिहारी की काव्य भाषा के बारे में लिखा है कि—"भाषा पर बिहारी का असाधारण अधिकार है शब्द और वर्ण के स्वभाव की परख जितनी बिहारी को है, उतनी शायद ही किसी को हो। शब्द और वर्ण दोहों में नगों के समान जड़े हैं और रत्नों के समान चमकते हैं। शब्द को माँजने, चमकाने, मोड़ने और सँवारने की कला में बिहारी अत्यन्त दक्ष हैं। ...बिहारी की रचना में ब्रज भाषा इठलाती और अठखेलियाँ करती हुई चलती है। कहीं-कहीं उसकी मस्त गति में संगीत की झमक एक विलक्षण मिठास प्रदान करती है।"[76]

इस प्रकार रीतिकाल के कवियों में बिहारी अग्रगण्य हैं। नमूने के लिए इनके कुछ दोहे इस प्रकार हैं—

"मेरी भव बाधा हरौ राधा नागरि सोय।
जा तन की झाँई परे, स्याम हरित दुति होय।।"[77]

"नहि पराग नहिं मधुर मधु, नहिं विकास इहि काल।
अली कली ही सों बिन्ध्यों, आगे कौन हवाल।।"[78]

"डिगत पान डिगलात गिरि, लखि सब ब्रज बेहाल।
कम्प किशोरी दरश कें, खरे लजाये लाल।।"[79]

"अनियारे दीरघ दृगनि, किती न तरुणि समान।
वह चितवन औरैं कछू, जिहि बस होत सुजान।।"[80]

7. घनानन्द : शुक्ल जी ने इनका जन्म संवत् 1746 के लगभग और देहावसान संवत् 1796 में नादिरशाह आक्रमण के समय हुआ माना है। स्वानुभूति पर आधारित वियोग श्रृंगार के चित्रण के लिए रीतिकालीन कविता में घनानन्द को सर्वाधिक ख्याति मिली। 'समुझै कविता घनआनन्द की, हिय आँखिन नेह की पीर तकी' आदि कहकर उनकी कविता के भाव-गाम्भीर्य की अतीव सराहना की गयी है। ये पहले मोहम्मद शाह रंगीले के आश्रित कवि थे, पर बाद में एक मार्मिक घटना ने इन्हें प्रेमभक्ति से जोड़ दिया। रचना प्रक्रिया की सहजता और स्वाभाविकता के लिए तथा छन्दों की दोहरी (लौकिक तथा अलौकिक) अर्थ छवियों के लिए घनानन्द बहुत-बहुत प्रसिद्ध हुए हैं। इनकी कुल 41 रचनाएँ बताई जाती हैं जिनमें 'सुजान हित', 'कृपाकन्द निबन्ध', 'प्रेम सरोवर', 'ब्रज विलास', 'सरस बसन्त', 'अनुभव चन्द्रिका', 'भावना प्रकाश', 'गोकुल विनोद', 'छन्दाष्टक' आदि मुख्य हैं। आचार्य विश्वनाथ प्रसाद मिश्र ने इनकी चुनी हुई रचनाओं का एक संग्रह 'घनानन्द कवित्त' के नाम से तैयार किया है।

अपनी अत्यन्त प्रभावशाली और मार्मिक अभिव्यक्ति क्षमता और भाषा सामर्थ्य के कारण रीतिकाव्य में घनानन्द को अपूर्व ख्याति मिली है। इनकी प्रसिद्धि का एक अन्य कारण यह भी है कि इनकी कविता का भिन्न, विशिष्ट और मौलिक स्वरूप देखकर ही रीतिकाल का विश्लेषण करने वाले विद्वानों को इस काल की स्वच्छन्द काव्यधारा की परिकल्पना करनी पड़ी। यों रीतिकाव्य के भीतर स्वच्छन्द मार्ग का अनुसरण एक परस्पर विरोधी बात जैसी लगती है, पर घनानन्द के काव्य वैशिष्ट्य ने इसे सत्य प्रमाणित करके दिखाया। सभी रीतिकालीन कवियों की भाँति घनानन्द के काव्य में भी श्रृंगार की प्रधानता है। श्रृंगार में भी वियोग श्रृंगार अपने पूर्ण उन्मेष के साथ व्यक्त हुआ है।

डॉ. मनोहर लाल गौड़ ने लिखा है—"जो प्रेम वासनामूलक है, उसका पर्यवसान भोग में होता है। ऐसा प्रेम किसी वस्तु जैसे भोगादि का साधन नहीं बनता। इस साध्यभूत प्रेम का मिलन संयोग कहा जाना चाहिए। घनानन्द जी ने अनुभूत्यात्मक

प्रेम के प्रसंग से संयोग वर्णन किया है और साधनात्मक प्रेम में राधा और कृष्ण के मिलन में संयोग का वर्णन पदों में किया है।"[81]

इन सब गुणों के आधार पर घनानन्द रीतिकाल के सर्वश्रेष्ठ कवि कहे जा सकते हैं। उन्होंने प्रेम का जैसा यथार्थ, मनोवैज्ञानिक और प्रभविष्णु रूप अंकित किया है वह समस्त हिन्दी साहित्य में अनुपम और विरल ही है।

डॉ. रामफेर त्रिपाठी के अनुसार—"घनानन्द रीतिमुक्त या स्वच्छन्द धारा के प्रधान कवि हैं।"[82]

आचार्य रामचन्द्र शुक्ल ने लिखा है कि—"संवत् 1796 में जब नादिरशाह की सेना के सिपाही मथुरा तक आ पहुँचे तब कुछ लोगों ने उनसे कह दिया कि वृन्दावन में बादशाह का मीर मुंशी रहता है; उसके पास बहुत कुछ माल होगा। सिपाहियों ने इन्हें आ घेरा और जर-जर-जर (अर्थात् धन, धन, धन लाओ) चिल्लाने लगे। घनानन्द जी ने शब्द को उलटकर 'रज-रज-रज' कहकर तीन मुट्ठी वृन्दावन की धूल उन पर फेंक दी। उनके पास सिवा उसके था ही क्या? सैनिकों ने क्रोध में आकर इनका हाथ काट डाला। कहते हैं कि मरते समय इन्होंने अपने रक्त से यह कवित्त लिखा था—

"बहुत दिनान की अवधि आस पास परे,
खारे अरबरन भरे हैं उठि जान को।
कहि-कहि आवन छबीले मनभावन को,
गहि गहि राखति ही दै दै सनमान को।।
झूठी बतियानि की पत्यानि तें उदास है के,
अब ना घिरत घन आनन्द निदान को।
अधर लगे हैं आनि करि कै पयान प्रान,
चाहत चलन ये सन्देसो लै सुजान को।।"[83]

8. भिखारीदास : भिखारीदास अवध के प्रतापगढ़ ज़िले के हयौंगा ग्राम के निवासी थे। ये प्रतापगढ़ नरेश पृथ्वीपति सिंह के भाई हिन्दूपति सिंह के आश्रित थे। इनका रचनाकाल संवत् 1799 से संवत् 1807 तक माना गया है। भिखारीदास जो साहित्य में 'दास' के नाम से प्रसिद्ध हैं शृंगारकालीन काव्यशास्त्रीय परम्परा के सर्वाधिक प्रसिद्ध और काव्यशास्त्र के मर्मज्ञ कवि माने जाते हैं। इनके लिखे प्रमुख ग्रन्थों में—'रस सारांश', 'छन्दार्णव पिंगल', 'शृंगार निर्णय', 'नामप्रकाश' (कोश), 'छन्द प्रकाश', 'शतरंज शतिका' आदि हैं। इनका लिखा 'काव्य निर्णय' हिन्दी काव्यशास्त्र के उत्कृष्ट ग्रन्थों में एक माना जाता है। भिखारीदास ने इसका निर्माण मम्मट के 'काव्य प्रकाश' और जयदेव के 'चन्द्रालोक' के आधार पर किया है। दास जी मूलतः रस

और ध्वनिवादी कवि आचार्य हैं। इनका विवेचन स्पष्ट और वैज्ञानिक है। अलंकारों का वर्गीकरण, काव्य भाषा और तुक आदि पर इन्होंने मौलिक रूप से प्रकाश डाला है। इन्होंने अपने काव्य में शृंगार रस का ही अधिक विवेचन किया है। इन्होंने ब्रज भाषा के साहित्यिक और परिमार्जित रूप को अपनाया है।

आचार्य शुक्ल जी ने इन्हें 'ऊँचे दरजे का कवि'[84] मानते हुए इनकी भाषा के बारे में लिखा है कि, "भाषा में शब्दाडम्बर नहीं है। न ये शब्द चमत्कार पर टूटे हैं न दूर की सूझ के लिए व्याकुल हुए हैं। इनकी रचना कला-पक्ष में संयत और भाव-पक्ष में रंजनकारिणी है।"[85]

इनकी कविता के कुछ उदाहरण इस प्रकार हैं—

"वाही घरी तें न सान रहै, न गुमान रहै, न रहै सुघराई।
दास न लाज को साज रहै न रहै तनकौ घरकाज की घाई।।
ह्याँ दिख साध निवारे रहौ तब ही लौ भटू सब भाँति भलाई।
देखत कान्हैं न चेत रहै, नहि चित्त रहै, न रहै चतुराई।।"[86]

"अखियाँ हमारी दई मारी सुधि बुधि हारी,
मोहूँ ते जु न्यारी दास रहै सब काल में।
कौन गहै ज्ञानैं, काहि सौंपत, सयाने कौन,
लोक ओक जानै, ये नहीं है निज हाल में।।
प्रेम पगि रहीं, महामोह में, उमार्ग रहीं,
ठीक ठगि, लगि रही बनमाल में।
लाज को अंचै कै, कुल धरम पचै कै वृथा,
बन्धन संचै कै भई मगन गोपाल में।।"[87]

9. पद्माकर : पद्माकर का समय संवत् 1810 से 1890 तक माना जाता है। ये रीतिकालीन काव्य परम्परा के अन्तिम चरण के सर्वाधिक प्रसिद्ध कवि रहे हैं। इन्होंने अपने विभिन्न आश्रयदाताओं का प्रशस्ति-गायन करते हुए अनेक ग्रन्थ रचे थे। इनकी प्रमुख रचनाएँ इस प्रकार हैं—'हिम्मत बहादुर विरुदावली', 'जगद्विनोद', 'पद्माभरण', 'प्रबोध पचासा', 'राम रसायन', 'गंगालहरी', 'हितोपदेश', 'आलीजाह प्रकाश' और 'जय सिंह विरुदावली' आदि।

पद्माकर लक्षणग्रन्थकार, वीर रस के प्रणेता, रीतिबद्ध शृंगारी काव्य के रचयिता और अपूर्व भक्तिभावपूर्ण भक्तिकाव्य आदि विभिन्न काव्य रूपों के कवि रहे हैं। शृंगार के चित्रण में अनुभावों, हावों तथा अन्य अंगज अलंकारों की इनकी योजना यह प्रमाणित कर देती है कि ये एक अत्यन्त उच्च कोटि के रससिद्ध कवि थे।

पद्माकर भाषा के अनुपम धनी कलाकार थे। इनके काव्य में श्रृंगार तथा वीर दोनों रसों का अभूतपूर्व संगम मिलता है।

डॉ. जगदीश गुप्त ने पद्माकर के बारे में लिखा है कि, "अनुप्रासों का आवेगमय प्रयोग, ओजस्विता से मिश्रित प्रसाद, भाषा की अपेक्षा भावों का अकृत्रिम प्रवाह, निरंकुश शब्द निर्माण तथा रूढ़िग्रस्त वस्तु वर्णन उनकी कविता की प्रमुख विशेषताएँ कहीं जा सकती हैं। जहाँ भाषा और भाव सहज रूप में ढल सके हैं वहाँ पद्माकर की रचनाएँ असाधारण सौन्दर्य से भर गयी हैं और अपने पूर्ववर्ती कवियों की रचनाओं से भी अधिक आकर्षक प्रतीत होती है किन्तु उनके काव्य में साधारणता के तत्त्व भी कम नहीं मिलते। उनके समय तक आते-आते रीतिकाव्य की पतनोन्मुखी प्रवृत्तियाँ स्पष्ट होने लगी थीं, फिर भी पद्माकर को अतिशय लोकप्रियता प्राप्त हुई, जो उनकी काव्य साधना की सफलता का उद्घोष करती है।"[88]

इनकी काव्य-प्रतिभा के उदाहरण इस प्रकार हैं–

"कूलन में केलि में कछारन में कुंजन में,
क्यारिन में कलिन कलीन किलंकत है।
कहै 'पद्माकर' परागन में पौन हूँ में,
पानन में पिक में पलासन पगंत है।।
द्वार में दिसान में दुनी में देस देसन में,
देखौ दीप-दीपन में दीपत दिगन्त है।
बीथिन में ब्रज में नबेलिन में बेलिन में,
बनन में बागन में बगरो बसन्त है।।"[89]

"फाग के भीर अभीरन में गहि गोबिन्द लै गई भीतर गोरी।
भाई करी मन की 'पद्माकर' ऊपर नाइ अबीर की झोरी।।
छीन पितम्बर काँमर ते सुविदा दई मीड़ि कपोलन रोरी।
नैन नचाइ कही मुसकाइ लला फिरि आइयो खेलन होरी।।"[90]

10. द्विजदेव : अयोध्या नरेश महाराजा मानसिंह ही अपने कवि कर्म में 'द्विजदेव' के नाम से प्रसिद्ध हुए। प्रस्तुत प्रबन्ध उन्हीं की रचनाओं के सम्यक् अनुशीलन का उपक्रम है।

द्विजदेव को रीतिकाव्य का अन्तिम समर्थ और प्रतिनिधि कवि माना जाता है। इन्होंने अपने पूर्ववर्ती आचार्य कवियों का पूरी तरह अनुगमन न करते हुए रीतिबद्धता का एक भिन्न स्वरूप प्रस्तुत किया, जो आगे के अध्यायों के विवेचन से स्पष्ट होगा। उनकी प्रमुख रचनाओं में–'श्रृंगार-लतिका', 'श्रृंगार-बत्तीसी', 'श्रृंगार-चालीसी',

'अविमुक्त पंचदशी', तथा 'मान-मयंक' आदि हैं। "ये शृंगार रस के अप्रतिम कवि थे। ब्रज भाषा के परिष्कार, रस और नायिका भेद इत्यादि के आचार्योचित वर्णन तथा संस्कृत काव्यशास्त्र के सम्यक् ज्ञान के लिए द्विजदेव को विशेष महत्त्व दिया जाता है। हिन्दी काव्य क्षेत्र में चिन्तामणि ने काव्य रीति का जो बीजवपन किया था, वही बाद की रचनाओं में अंकुरित और पल्लवित होकर द्विजदेव के कृतित्व में फलागम को प्राप्त हुआ है।"[91]

आचार्य शुक्ल ने द्विजदेव की मुक्त कण्ठ से प्रशंसा करते हुए लिखा है–"जिस प्रकार लक्षण ग्रन्थ लिखने वाले कवियों में पद्माकर अन्तिम प्रसिद्ध कवि हैं उसी प्रकार समूची शृंगार परम्परा में ये। इनकी-सी सरस और भावमयी फुटकल शृंगारी कविता फिर दुर्लभ हो गयी।"[92]

11. बोधा : रीतिकाल के विशिष्ट कवि बोधा का वास्तविक नाम बुद्धिसेन था। डुमराँव (शाहाबाद) के निवासी पण्डित नकछेदी तिवारी ने 'भारत जीवन यन्त्रालय काशी' से बोधा कृत 'इश्क़नामा' प्रकाशित करवाया, जिसमें सर्वप्रथम बोधा का जीवन वृत्त दिया गया। इसके अनुसार बोधा सरवरिया ब्राह्मण और राजापुर ज़िला बाँदा के निवासी थे। किसी घनिष्ठ सम्बन्ध के नाते बोधा बचपन में ही अपनी निवासी भूमि छोड़कर बुन्देलखण्ड की राजधानी पन्ना चले गये। उन्होंने वहाँ संस्कृत के साथ फ़ारसी का भी अच्छा ज्ञान प्राप्त किया। काव्य रचना तो वे हिन्दी में करते ही थे। अपने सम्बन्धियों के, जिनकी दरबार में बड़ी प्रतिष्ठा थी, आश्रय से बोधा पन्ना की राजसभा में आने-जाने लगे। कवि की कवित्व प्रतिभा के हेतु उर्वर वातावरण मिला। पन्ना नरेश उनके गुणों पर रीझकर स्नेहवश बुद्धिसेन को 'बोधा' कहने लगे। बाद में ये इसी नाम से प्रख्यात हुए।[93] पन्ना के राजदरबार में ही बोधा आश्रित कवि रहे और इसी दरबार की सुभान नामक नर्तकी का प्रेम उनके काव्य की मूल प्रेरणा बना। **डा. जगदीश गुप्त** ने लिखा है कि–"बोधा का व्यक्तित्व कई कारणों से रीतिकाल के अन्तिम कवियों में अपना प्रमुख महत्त्व रखता है। उनमें रीति परम्परा के साथ प्रेममार्गी भाव-तत्त्व का विचित्र समन्वय मिलता है। अधिकता प्रेमोन्माद की ही है, जो इनकी दोनों रचनाओं से प्रकट है 'विरह-वारीश' तो बहुत कुछ सूफ़ी शैली में और सूफ़ी प्रभाव के अन्तर्गत रचा गया है। उसकी विषय-वस्तु 'माधवानल कामकन्दला' की सुप्रसिद्ध प्रेम कथा है। उनकी दूसरी रचना 'इश्क़नामा' भी प्रेम की पीर में डूबे हुए स्फुट छन्दों का संग्रह है। रीति ग्रन्थ बोधा ने कोई भी नहीं लिखा, केवल छन्द शैली तथा वातावरण रीतिकालीन ही है।"[94]

बोधा द्वारा रचित कुछ छन्दों के उदाहरण इस प्रकार हैं–

"अति छीन मृनाल के तारहुँ तें, तिहिं ऊपर पाँव दै आवनो है।
सुईबेह तें द्वार सकीन तहाँ परतीति को टाँड़ों लदावनो है।।
कवि बोधा अनी घनी नेजहु तें चढ़ि तापै न चित्त डगावनो है।
यह प्रेम को पन्थ कराल है जू तरवार की धार पै धावनो है।।"[95]

"काहू सों का कहियै अब है यह बात अनैसी कहे तें कहावत।
कोऊ कहा कहिहै सुनिहै कही काहू की कौनो हमैं नहिं भावत।।
बोधा कहे को परेखो कहा दुनिया सब मांस की जीभ चलावत।
जाहि सो जाके हितू ने देई वह छोड़े बनैं नहिं ओढ़ने आवत।।"[96]

12. महाराज जसवन्त सिंह : "महाराज जसवन्त सिंह रीतिकालीन आचार्यों में प्रथम पंक्ति की शोभा बढ़ाने वाले आचार्य हैं। अब तक इन पर आधुनिक शोध दृष्टि से कोई सर्वांगीण कार्य नहीं हुआ था। इस दृष्टि से इस ग्रन्थावली का महत्त्व विशेष बढ़ जाता है। सरलतापूर्वक रस, भाव, अलंकार आदि का ज्ञान कराने वाला 'भाषा भूषण' के समान दूसरा ग्रन्थ नहीं है। संस्कृत साहित्य के ग्रन्थों में जो स्थान 'साहित्य दर्पण' या 'चन्द्रालोक' आदि का है। हिन्दी साहित्य में उससे कम ऊँचा स्थान इस ग्रन्थ का नहीं है। महाराज जसवन्त सिंह साहित्य शास्त्र के ही स्रष्टा और आचार्य नहीं थे अपितु दर्शन सन्दर्भित ग्रन्थ रचना में भी उनकी रुचि थी।"[97]

हिन्दी साहित्य के इतिहास ग्रन्थों में रीतिकाल के कवियों की जो सूची मिलती है उसमें 50 से अधिक कवि हैं। जिनमें प्रताप साहि, ठाकुर, ग्वाल, आलम, बेनी, प्रवीन, सूदन, पजनेस, सेनापति आदि कलासिद्ध मुक्तककार हैं जिन्होंने हिन्दी रीतिकाव्य का कलात्मक रूपायन किया है। विस्तार के भय से हम उनका नाम ही लेकर सन्तोष कर रहे हैं और अन्ततः यह कहना चाहते हैं कि विवेच्य कवि द्विजदेव जिस कालखण्ड और काव्यधारा के रचनाकार थे, उसका कलात्मक उत्कर्ष स्वतः स्वीकार किया गया है और उसकी सम्यक् अवधारणा द्विजदेव के काव्यानुशीलन में अपरिहार्य तथा उपयोगी है।

परिचय के इस अंश से स्पष्ट है कि द्विजदेव हिन्दी के रीतिंकालीन कवियों में मुख्य भी हैं और परवर्ती भी हैं। किसी काव्यधारा के अन्तिम चरण का प्रतिभासम्पन्न कवि पूर्ववर्ती रचनाकारों के अनेक प्रभावों से परिपूर्ण होता है और द्विजदेव भी इसके अपवाद न थे। उन्होंने अपने रचनाधर्मी व्यक्तित्व में रीतिंकाव्य की सभी विशेषताओं को पूरी सामर्थ्य के साथ आत्मसात् किया था। उनकी रचनाशीलता में मौलिकता का असाधारण गुण विद्यमान है।

(4) हिन्दी रीतिकाव्य : धाराएँ एवं प्रवृत्तियाँ

हिन्दी रीतिकाव्य की प्रायः तीन धाराओं की चर्चा यत्र-तत्र प्राप्त होती है। इस काल के परिचयात्मक इतिहास में तथा इस कालखण्ड के कवियों की समीक्षाओं में भी इन तीन धाराओं को प्रायः दुहराया जाता है। इन्हें 'रीतिबद्ध धारा', 'रीतिसिद्ध धारा' और 'रीतिमुक्त धारा' के नाम से लोग जानते हैं। पहले रीतिकाव्य की प्रवृत्तियों और काव्य रूपों के विवेचन में यह पहचान बतायी जाती थी, यह मूलतः रीतिबद्धता की भी पहचान है, किन्तु बिहारी के व्यापक अध्ययन में रीतिसिद्ध धारा और घनानन्द के व्यापक अध्ययन में रीतिमुक्त धारा की परिकल्पना सामने आयी। कहने की आवश्यकता नहीं है कि यह विभाजन अतिशय स्थूल है और रीतिकाल के मर्मज्ञ इसे मान्यता नहीं देते। 'रीतिसिद्ध' और 'रीतिमुक्त' शब्दों के मनमाने अर्थबोध की सम्भावना भी बहुत है और बिहारी की रीतिसिद्धता को रीतिबद्धता से सर्वथा अलग मानने तथा घनानन्द की रीतिमुक्तता को रीतितत्त्व से एकदम असम्बद्ध मानने में स्वाभाविक रूप से अनेक विद्वानों को आपत्ति होती है। अगर यह माना जाये कि रीतिकालीन कवियों की रीतिबद्धता ही कई प्रकार की है, तो कदाचित् अधिक सही होगा। **डॉ. नगेन्द्र** ने इसे ध्यान में रखते हुए रीतिकाव्य के तीन भेद किये हैं—लक्षण-ग्रन्थ, लक्ष्य-ग्रन्थ, लक्ष्य-लक्षण-ग्रन्थ। इसमें प्रथम अर्थात् लक्षण-ग्रन्थ वे हैं, जिनमें लक्षण भी हैं और उदाहरण भी। द्वितीय अर्थात् लक्ष्य-ग्रन्थ वे हैं, जिनमें लक्षण की अवधारणा कवियों के चित्त में ही हो रही है और उसके आधार पर रचनाएँ हुई हैं। उन रचनाओं को पढ़कर अनुमान करना पड़ता है कि ये किस काव्यांग-विवेचन से सम्बद्ध हैं। तीसरी कोटि, अर्थात् लक्ष्य-लक्षण-ग्रन्थ वे हैं, जिनमें रचनाबद्ध किये बिना काव्यांगों का नाम ले लिया गया हो और उन्हें पद्यों में चरितार्थ किया गया हो। विवेच्य कवि द्विजदेव वस्तुतः रीतिबद्ध न होकर इसी तीसरी कोटि में आते हैं। वे आचार्य कवि हैं, लक्षणानुरूप रचना का उद्देश्य रखते हैं और काव्यांगों का नाम भी लेते हैं, पर लक्षणों (परिभाषाओं) को कविताबद्ध नहीं करते, अपितु उन्हें चरितार्थ करने वाली रचनाओं का प्रणयन करते हैं।

डॉ. नगेन्द्र ने द्विजदेव के विषय में लिखा है कि, "द्विजदेव के ग्रन्थों के अनुशीलन से विदित होता है कि इन्होंने रीति ग्रन्थों का विधिवत् अध्ययन किया था। काव्य-रचना करते समय रीति परम्परा के रचना विधान को वे सदा अपने समक्ष रखते थे। यद्यपि इन्होंने कोई रीतिपरक (लक्षण) ग्रन्थ नहीं लिखा, फिर भी रस और अलंकार सम्प्रदाय की शास्त्रीय परिपाटी का इन्होंने अपनी मुक्तक रचना में पूर्ण रूप से निर्वाह किया है। नायिका भेद सम्बन्धी इनके कवित्त और सवैयों का अनुशीलन बताता है कि ये

अपने अन्तर्मन में सदा रीतिबद्ध काव्य-पद्धति को रखकर चलते थे। अलंकार तथा रस के सम्बन्ध में भी हम इसी निष्कर्ष पर पहुँचते हैं।"[98]

आचार्य विश्वनाथ प्रसाद मिश्र ने श्रृंगारकाल (रीतिकाल) का काल-विभाजन यों किया था।[99]

श्रृंगार काल

रीतिबद्ध काव्यधारा — रीतिमुक्त या स्वच्छन्द काव्यधारा

लक्षणबद्ध काव्य — लक्ष्य मात्र काव्य — रहस्योन्मुख काव्य — शुद्ध प्रेमकाव्य

रीतिकाव्य की प्रमुख प्रवृत्तियाँ जो दीर्घकालीन विश्लेषण से सामने आयी हैं, वे इस प्रकार हैं—

(क) लक्षण ग्रन्थों की रचना : यद्यपि भक्तिकाल में लक्षण ग्रन्थों की रचना होनी प्रारम्भ हो गयी थी, परन्तु वे श्रृंगार के नख-शिख तथा नायक-नायिका भेद निरूपण तक ही सीमित रहे थे। उनमें काव्यशास्त्र के अन्य अंगों का विवेचन नहीं किया गया था। परन्तु रीतिकाल के आरम्भ होते ही उसमें श्रृंगार के साथ-साथ रस, रीति, अलंकार, छन्द, शब्द-शक्ति आदि का भी विवेचन किया जाने लगा। इस युग के आरम्भ तक संस्कृत का काव्यशास्त्र अपनी पूर्ण प्रौढ़ावस्था को पहुँच चुका था। पण्डितराज जगन्नाथ संस्कृत काव्यशास्त्र के अन्तिम विद्वान माने जाते हैं। इस युग के कवियों तथा आचार्यों ने संस्कृत काव्यशास्त्र में हुए विवेचन के आधार पर ही हिन्दी काव्यशास्त्र का निर्माण करने का प्रयत्न किया था। मम्मट, उद्भट, भामह, आनन्दवर्धन, अभिनवगुप्त, जयदेव, विश्वनाथ आदि आचार्य तथा उनके ग्रन्थ रीतिकालीन कवियों के लिए आधार तथा प्रेरणास्रोत थे।

आचार्य केशवदास के दो ग्रन्थ इस काव्यशास्त्रीय परम्परा के आदि ग्रन्थ माने जा सकते हैं—'कविप्रिया' और 'रसिकप्रिया'। केशव ने 'कविप्रिया' में अलंकारों का विवेचन किया है और 'रसिकप्रिया' में 'रस-सिद्धान्त' के सभी अंगों और भेदों का। इस प्रकार केशव काव्य में अलंकार और रस दोनों का समान महत्त्व मानते हैं। कुछ विद्वान केशव को अलंकारवादी मानते हैं और उनका यह छन्द उद्धृत करते हैं—

"जदपि सुजाति सुलच्छनी, सुबरन सरस सुवृत्त।
भूषन बिनु न बिराजई, कविता बनिता मित्त।।"[100]

यदि अलंकारों को आभूषण तुल्य महत्त्व देने से ही किसी को अलंकारवादी घोषित किया जा सकता है, तो संस्कृत के कवि विश्वनाथ से लेकर हिन्दी के चिन्तामणि,

देव, श्रीपति, भिखारीदास आदि प्रायः सभी रीतिबद्ध कवि अलंकारवादी सिद्ध होते हैं क्योंकि काव्य में अलंकारों का स्थान और महत्त्व तो इस काल के सभी कवियों ने स्वीकार किया है। जैसे–

"सगुन अलंकारन सहित, दोष रहित जो कोई।
शब्द अर्थ वारौ कवित, विबुध कहत सब होई।।"

(चिन्तामणि)

"शब्द जीव तिहिं अरथ मन, रस भय सुजस-सरीर।
चलत वहै जुग छन्द गति, अलंकार गम्भीर।।"

(देव)

"जदपि दोष बिनु गुन सहित, सब तन परम अनूप।
तदपि न भूषन बिनु लसै, वनिता कविता रूप।।"

(श्रीपति)

आ. शुक्ल चिन्तामणि को काव्यशास्त्रीय लक्षण ग्रन्थों की परम्परा का प्रवर्तक मानते हैं और केशव को इस परम्परा का आदि आचार्य। उनका तर्क है कि केशव ने संस्कृत काव्यशास्त्र के अलंकारवादी आचार्यों भामह, दण्डी आदि की मान्यताओं को स्वीकार किया था, न कि परवर्ती रसवादी आचार्यों आनन्दवर्धन, मम्मट और विश्वनाथ की रसवादी परम्परा को। केशव की अलंकारवादी परम्परा का उनके परवर्ती कवियों द्वारा अनुगमन नहीं किया गया, इसके विपरीत अनुगमन उस रसवादी परम्परा का किया गया, जो केशव से 50 वर्ष बाद चिन्तामणि द्वारा आरम्भ की गयी थी। अतः चिन्तामणि को ही रीतिकाव्य परम्परा का प्रवर्तक मानना चाहिए, न कि केशव को। क्योंकि प्रवर्तक उसे ही माना जाता है, जिसके द्वारा स्थापित परम्परा का परवर्ती कवियों द्वारा अनुगमन किया जाये।

केशव और चिन्तामणि के बीच के समय में अनेक लक्षण-ग्रन्थ लिखे गये थे, जो यह सिद्ध करते हैं कि केशव द्वारा आरम्भ की गयी लक्षण ग्रन्थों की परम्परा बीच में खण्डित नहीं हुई थी। इस समय लिखे गये लक्षण ग्रन्थों में–बालकृष्ण कृत 'रस चन्द्रिका' (संवत् 1657), मुबारक कृत 'अलक शतक' और 'तिल शतक' (संवत् 1970), ब्रजपति भट्ट कृत 'रंग भाव माधुरी' (संवत् 1680) सुन्दर कृत 'सुन्दर शृंगार' (संवत् 1688), क्षेमराज कृत 'फतेह प्रकाश' (संवत् 1685), तोष कवि कृत 'सुधा निधि' (संवत् 1691), जसवन्त सिंह कृत 'भाषा भूषण' आदि हैं।

हिन्दी रीतिकाव्य के लक्षण ग्रन्थ रचयिताओं में केशव के उपरान्त चिन्तामणि का नाम महत्त्वपूर्ण है। इन्होंने संस्कृत काव्यशास्त्र के भरतमुनि, आनन्दवर्धन, अभिनवगुप्त, मम्मट, विश्वनाथ आदि आचार्यों द्वारा स्थापित और समर्थित रसवादी

परम्परा का अनुसरण करते हुए अत्यन्त सरल रूप में काव्यशास्त्र की व्याख्या की। **आचार्य शुक्ल** के अनुसार—"हिन्दी रीति ग्रन्थों की अखण्ड परम्परा चिन्तामणि त्रिपाठी से चली, अतः रीतिकाल का आरम्भ उन्हीं से मानना चाहिए। उन्होंने संवत् 1700 के कुछ आगे-पीछे 'काव्य-विवेक', 'कविकुल कल्पतरू' और 'काव्य-प्रकाश' नाम के तीन ग्रन्थ लिखकर काव्य के सब अंगों का पूरा निरूपण किया और पिंगल या छन्द शास्त्र पर भी एक पुस्तक लिखी। उसके उपरान्त तो लक्षण ग्रन्थों की भरमार-सी होने लगी।"[101]

चिन्तामणि ने काव्य के लगभग सभी प्रधान अंगों का विवेचन किया था। चिन्तामणि के भाई 'भूषण' और 'मतिराम' ने भी इस परम्परा को विकसित करने में पर्याप्त योग दिया था। भूषण वैसे तो वीर रस के कवि थे, परन्तु युग की परम्परा और प्रवाह से प्रभावित हो उन्हें भी लक्षण ग्रन्थ लिखने पड़े थे। उनका 'शिवराज भूषण' लक्षण ग्रन्थ ही है। 'शिवा बावनी' में भी उन्होंने अलंकारों का ही वर्णन किया है। लक्षण ग्रन्थों की परम्परा में भूषण का उल्लेखनीय महत्त्व नहीं माना जा सकता। मतिराम इस परम्परा के महत्त्वपूर्ण कवि माने जाते हैं। इनके रचित 'छन्दसार', 'ललित ललाम', 'रसराज', 'साहित्यसार', 'लक्षण श्रृंगार' आदि इस परम्परा के ही ग्रन्थ हैं। इनके बाद प्रसिद्ध लक्षणकारों में कुलपति, सुखदेव और देव का नाम उल्लेखनीय है। इस काल की प्रथम अर्द्ध-शताब्दी में यही तीन महत्त्वपूर्ण लक्षणकार हुए हैं। कुलपति ने मम्मट के 'काव्य-प्रकाश' के आधार पर 'रस-रहस्य' नामक ग्रन्थ लिखकर ध्वनि का विवेचन किया है। इसमें शब्द-शक्ति और भावादि निरूपण में इन्होंने लक्षण और उदाहरण दोनों 'काव्य-प्रकाश' से ही लिए हैं, परन्तु अलंकारों के उदाहरण देते समय अपने आश्रयदाता महाराज रामसिंह की प्रशंसा में स्वरचित छन्द रखे हैं। सुखदेव ने अनेक ग्रन्थ लिखे हैं, जिनमें 'वृत्त विचार', 'छन्द विचार', 'रसार्णव', 'फ़ाज़िल अली प्रकाश श्रृंगारलता' आदि इनके ऐसे ही ग्रन्थ हैं। इनमें छन्दों और रसों का विवेचन किया गया है। ये संस्कृत के प्रकाण्ड विद्वान और हिन्दी के प्रौढ़ कवि थे। इन्होंने अपने ग्रन्थों में श्रृंगार रस के उदाहरणों का बहुत सुन्दर प्रयोग किया है।

महाकवि 'देव' का स्थान रीतिकाल के लक्षणकारों में बहुत महत्त्वपूर्ण माना जाता है। देव ने लगभग 72 ग्रन्थ लिखे थे, परन्तु इनके 'भावविलास', 'रसविलास', 'काव्यरसायन' या 'शब्दरसायन' आदि ग्रन्थों में नायिकाभेद, पिंगल शास्त्र, रस-अलंकार, शब्द शक्ति आदि का विवेचन किया गया है। इनके विवेचन में विचार की स्पष्टता, वर्गीकरण की मौलिकता और उदाहरणों की रमणीयता द्रष्टव्य है।

इन लक्षणकारों के अतिरिक्त बिहारी, कालिदास, सुरति मिश्र, श्रीपति, सोमनाथ आदि इस परम्परा के महत्त्वपूर्ण लक्षणकार माने गये हैं। इनमें बिहारी की स्थिति

सबसे भिन्न रही है इन्होंने कोई लक्षण ग्रन्थ नहीं लिखा है फिर भी इनकी गणना लक्षणकारों में की जाती है। इनकी 'बिहारी सतसई' लक्षणरहित रीति ग्रन्थ मानी जाती है। इसमें लक्षण तो नहीं दिये गये, मगर लगभग सभी पद्धतियों के सुन्दर उदाहरण मिल जाते हैं। अलंकार, रस, रीति, वक्रोक्ति, ध्वनि आदि के बड़े सरस और सुन्दर उदाहरण इनके इस ग्रन्थ में भरे पड़े हैं जैसे–

"दृग उरझत टूटत कुटुम, जुरत चतुर चित प्रीति।
परति गाँठ दुरजन हिये, दई नई यह रीति।।"[102]

इसके बाद सुरति मिश्र ने 'अलंकार माला', 'रसरत्न माला', 'सरस रत्न', 'रस ग्राहक चन्द्रिका', 'नख-शिख', 'काव्य सिद्धान्त', 'रस रत्नाकर' आदि काव्यशास्त्रीय ग्रन्थ लिखकर इस परम्परा को आगे बढ़ाया। इनके बाद श्रीपति आते हैं जिनकी प्रसिद्धि 'काव्य सरोज' पर आधारित है। इसमें काव्य स्वरूप, काव्य कारण, प्रयोजन, दोष-गुण-अलंकार आदि का विवेचन किया गया है। इसी परम्परा में सोमनाथ ने 'रस पीयूष निधि' नामक एक विशाल रीति ग्रन्थ लिखा था, जिसमें काव्यशास्त्र के विभिन्न अंगों पर प्रकाश डाला गया है।

भिखारीदास और पद्‌माकर को रीतिकाव्य परम्परा का अन्तिम प्रसिद्ध लक्षण ग्रन्थकार माना जा सकता है। भिखारीदास ने 'रस सारांश', 'छन्दार्णव पिंगल', 'काव्य निर्णय', 'श्रृंगार निर्णय', 'छन्द प्रकाश', 'काव्य निर्माण' आदि रीति ग्रन्थों की रचना की थी। काव्यांगों के निरूपण करने में ये बहुत प्रसिद्ध हुए हैं। इनका विवेचन बड़ा ही स्पष्ट और वैज्ञानिक रहा है। इन्होंने रस, अलंकार, छन्द, रीति, गुण-दोष, शब्द-शक्ति आदि का विवेचन किया है। दास जी में नये विषयों की उद्‌भावना करने की मौलिक प्रतिभा थी। इसके साथ ही इन्होंने काव्यभाषा के स्वरूप का भी विवेचन किया है। दास जी के बाद पद्‌माकर रीतिकाव्य परम्परा के अन्तिम प्रसिद्ध लक्षणकार कवि माने जाते हैं। इनके द्वारा रचित 'पद्माभरण' और 'जगद्विनोद' इसी परम्परा के ग्रन्थ हैं।

उपर्युक्त कवियों के अतिरिक्त भी इस काल में अनेक कवियों का उल्लेख मिलता है, जिन्होंने रीति ग्रन्थों का निर्माण किया था जैसे–**ग्वाल कवि** कृत 'रसिकानन्द', 'रस तरंग', 'दूषण दर्पण', 'कृष्ण जू को नख-शिख'; **बेनी कवि** कृत 'नवरस तरंग'; मंडन कृत 'रस रत्नावली', 'रस विलास', **श्रीधर** या **मुरलीधर** कृत 'नायिका भेद', 'चित्रकाव्य' इसके उदाहरण हैं। **कवीन्द्र उदयनाथ** कृत 'रस चन्द्रोदय'; **वीर** कृत 'कृष्ण चन्द्रिका'; **भूपति** कृत 'कण्ठाभूषण', 'रस रत्नाकर', **रस लीन** कृत 'रस प्रबोध'; **दूलह** कृत 'कविकुल कण्ठाभरण'; **भान कवि** कृत 'नरेन्द्र भूषण', **थान कवि** कृत 'दलेह प्रकाश', **बेनी बन्दीजन** कृत 'रस विलास', 'टिकैतराय प्रकाश'; **प्रताप साहि** कृत

'व्यंगार्थ कौमुदी', 'काव्य विलास', 'शृंगार मंजरी', 'अलंकार चिन्तामणि', 'काव्य विनोद' आदि।

हिन्दी साहित्य में इस युग में सर्वप्रथम काव्य सम्बन्धी सिद्धान्तों और समस्याओं पर विस्तार से विचार किया गया था।

(ख) अलंकारों के प्रति विशेष मोह : रीतिकाल की कविता में अलंकरण की प्रधानता को देखकर ही मिश्र बन्धुओं ने इसका नाम अलंकृत काल रखा था। अलंकार इस काल के काव्य की प्रधान प्रवृत्ति रही है। "कविता का प्रमुख विषय शृंगार होने के कारण रूप-आकार की सजावट भी अनिवार्य थी, दूसरे इस काल में संस्कृत साहित्य के पुष्ट अलंकारशास्त्र की लोकप्रियता भी आश्रयदाताओं की चमत्कारी मनोवृत्ति के कारण बढ़ गयी थी। इसलिए रीतिबद्ध कवियों ने उपमानों और प्रतीकों का प्रचुर मात्रा में प्रयोग किया है। इस काल के रीतिबद्ध कवि आचार्यत्व का भी दावा रखते थे, उन्होंने संस्कृत साहित्यशास्त्र में रस और अलंकार के दो मत लेकर अपनी काव्य रचना में उसका पल्लवन किया।"[103] भाषा परिष्कार, अलंकारों का सार्थक प्रयोग, संक्षेप में बहुत कुछ कहने की प्रवृत्ति, उक्ति वैचित्र्य, वाग्वैदग्ध्य आदि ने रीतिकालीन काव्य को कला-पक्ष की दृष्टि से काफ़ी समृद्ध किया। कवियों की दृष्टि काव्य की आत्मा 'रस' की अपेक्षा अभिव्यक्ति की मनोरमता और वक्रता के प्रति अधिक रही। अलंकारों का प्राधान्य रहा। बिहारी के एक-एक दोहे में अनेक चमत्कारपूर्ण अलंकारों का उत्कर्ष मिलता है। अलंकारों की इस प्रधानता के मूल में दरबारी प्रभाव कार्य कर रहा था। अलंकारों की अतिशयता को देखकर कुछ लोगों ने आक्षेप लगाया कि ये अलंकार कविता-कामिनी के सौन्दर्य के विघातक बन गये थे। परन्तु यह कहना स्वयं अतिशयोक्तिपूर्ण है क्योंकि ये अलंकार भाषा में व्यंजना-ध्वनि और शब्द-शक्तियों के उत्कर्ष विधायक बनकर उस युग के काव्य को एक अत्यन्त भव्य और कलात्मक स्वरूप प्रदान करने में सहायक रहे हैं। आचार्य शुक्ल ने बिहारी को 'कल्पना की समाहार शक्ति' और 'भाषा की समास शक्ति' का आचार्य माना है और अलंकारों ने इसमें पर्याप्त सहायता पहुँचाई है। बिहारी की असंगति और विरोधाभास की उक्तियाँ अत्यन्त मार्मिक बन पड़ी हैं। इन्होंने अलंकारों का बड़ा ही चमत्कारपूर्ण वर्णन किया है। श्लेष अलंकार का एक उदाहरण इस प्रकार है—

"चिरजीवौ जोरी जुरै, क्यों न सनेह गम्भीर।
को घटि ये वृषभानुजा, वे हलधर के वीर।।"[104]

रीतिकालीन अलंकार-ग्रन्थों में केशव की 'कविप्रिया', महाराज जसवन्त सिंह का 'भाषा भूषण', मतिराम का 'ललित ललाम', और महाराजा राम सिंह का 'अलंकार दर्पण' आदि बहुत प्रसिद्ध हुए हैं।

रीतिमुक्त कवियों में भी अतिशय अलंकारिता देखने को मिलती है, किन्तु यह अलंकार रीतिबद्ध कवियों की भाँति चमत्कारी मनोवृत्ति को शान्त करने या भाषा का खिलवाड़ करने के लिए प्रयुक्त नहीं हुए वरन् यह प्रेमी हृदय की सच्ची स्थिति, तीव्रता आदि का वर्णन करने के लिए प्रयुक्त हुए हैं। इस अलंकारप्रियता में भी रीतिमुक्त कवियों के हृदय की तीव्र भावनाओं एवं प्रेम की विषमता का सुन्दर निरूपण हुआ है। रीतिमुक्त धारा के प्रमुख कवि घनानन्द के काव्य से कुछ विरोधाभास के उदाहरण इस प्रकार हैं—

"बदरा बरसै रितु मै घिरि कै नित ही अँखियाँ उघरी बरसैं"[105]

"देखिये दसा असाध अँखियाँ निपेटनि की
भसमी बिथा पै नित लंघनि करति है।।"[106]

रीतिकालीन कविता में वीर काव्य के रचयिता भूषण की कविता में भी अलंकारों की प्रधानता स्पष्ट रूप से देखी जा सकती है। उन्होंने अतिशयोक्ति के माध्यम से हिन्दू छत्रपति शिवाजी और वीर छत्रसाल की वीरता का बखान किया है। लाल कवि का 'छत्र प्रकाश' और हरिकेश का 'दिग्विजय' भी रीतिकालीन चमत्कारपूर्ण अलंकृत शैली में रचित वीर रस की रचनाएँ हैं।

डॉ. नगेन्द्र ने लिखा है कि—"रीतिकाव्य एक तरह से अलंकारों का समृद्ध कोष है, जिसमें बढ़िया से बढ़िया और घटिया से घटिया नमूने मिल सकते हैं। संयत और सन्तुलित रुचि के कवियों में अलंकारों का अत्यन्त कोमल और सूक्ष्म-तरल प्रयोग मिलता है। वर्ण मैत्री तथा अर्थ और शब्द के स्वास्थ्य के इतने सुन्दर उदाहरण अन्यत्र दुर्लभ हैं। चमत्कारी कवियों ने अलंकारों को साधक न मानकर साध्य माना है—इनमें सुरुचि और कुरुचि का अनमेल मिश्रण पाया जाता है।"[107]

(ग) शृंगार की प्रधानता : रीतिकालीन साहित्य की प्रधान प्रवृत्ति शृंगार की प्रधानता रही है। यद्यपि यह भावना कृष्ण भक्ति साहित्य की प्रेरणा से ही विकसित हुई थी, परन्तु दोनों कालों की शृंगार भावना के स्रोत भिन्न थे। भक्तिकाव्य संस्कृत के धार्मिक और आध्यात्मिक साहित्य से प्रभावित था, जबकि परवर्ती शृंगार काव्य संस्कृत, प्राकृत के लौकिक साहित्य से प्रेरणा ग्रहण कर आगे बढ़ा था। रीतिकालीन कवियों पर प्राकृत के 'गाथा सप्तशती', भर्तृहरि के 'शृंगार शतक', जयदेव के 'गीतगोविन्द' तथा वात्स्यायन के 'कामसूत्र' आदि का बहुत अधिक प्रभाव पड़ा। रीतिकाल के कवियों को प्रधान रूप से शृंगारपरक साहित्य रचना की प्रेरणा उस युग के उच्च वर्ग, आश्रयदाताओं की मनोरंजनप्रिय विलासी वृत्ति से मिली थी, इस युग के काव्य का प्रधान कथ्य शृंगार रहा है। रीतिबद्ध या रीतिमुक्त सभी कवियों ने शृंगार

के रूढ़िबद्ध रूप का ही वर्णन किया है, इसलिए श्रृंगार के स्थूल रूप का ही वर्णन अधिक मात्रा में मिलता है। रूप सौन्दर्य के चित्रण में भावों के स्थान पर अंगो-उपांगों का मोहक चित्रण ही प्रमुख स्थान पाता रहा है। श्रृंगार के दोनों पक्षों–संयोग और वियोग के चित्रण के शारीरिक सौन्दर्य का ही प्राधान्य बना रहा। केवल घनानन्द के काव्य में स्वच्छन्द मानसिक भावों का उत्कर्ष मिलता है। काव्यशास्त्रीय ग्रन्थों में भी श्रृंगार का ही स्वर प्रधान रहा। इस काल में अन्य रसों की तुलना में श्रृंगार रस का ही विस्तृत विवेचन कवियों ने किया है। श्रृंगारी कवि रति की साधना को ही जीवन का और मुक्ति का एकमात्र साधन मानने लगे थे।

"चमक तमक, हाँसी ससक, यमक झपक लटकानि।
ए जिहि रति, सो रति मुकति और मुकति सब हानि।।"[108]

नारी के प्रति इन कवियों की अनन्य आसक्ति थी। इन्होंने नारी के नख-शिख वर्णन के साथ सांगोपांग वर्णन किया। इस काल में श्रृंगार के दोनों पक्षों–संयोग और वियोग का विस्तृत वर्णन हुआ है। इसके साथ नख-शिख, नायिका भेद, ऋतु वर्णन, बारहमासा आदि श्रृंगार के जितने भेद या उपांग हैं सभी का बहुतायत के साथ वर्णन मिलता है। संयोग का चित्रण करते समय इन कवियों ने सुरति, सुरतान्त, विपरीत रति आदि का स्पष्ट परन्तु कलात्मक वर्णन किया है।

"मौं मिसहा सोंयैं समुझि मुँह चूम्यो ढिंग जाइ।
हस्यौ खिसानी, गल गहयौ रही गरै लपटाई।।"[109]

"दीप उजेरे हू पतिहिं हरत वसनु रति काज
रही लपट छवि की छुटन नेकौ छुटी न लाज।।"[110]

रीतिमुक्त कवि, स्वच्छन्द प्रेम के गायक घनानन्द ने विरह से सम्बन्धित कई मौलिक उद्भावनाएँ की हैं जैसे–

"अन्तर उदेग दाह, आँखिन प्रबाह आँसू,
देखी अटपटी चाह भीजनि दहनि है।
सोयबो न जागिबो हो, हंसिबो न रोयबो हू,
खोय खोय आप ही मैं चेटक लहनि है।
जान प्यारे प्राननि बसत पै अनन्द घन,
बिरह-विषय-दसा मूक लौं कहनि है।
जीवन मरन, जीव मीच बिन बन्यौ आय,
हाय कौन विधि रची नेही की रहनि है।"[111]

रीतिकाल में कुछ रचनाएँ ऐसी भी मिलती हैं, जिनका मुख्य वर्ण्य-विषय श्रृंगार

ही है। जैसे—**केशव** की 'रसिक प्रिया'; **मतिराम** का 'रस राज'; **सुखदेव मिश्र** के 'रस रत्नाकर' और 'रसार्णव', देव के 'भावविलास', 'रस विलास', 'भवानी विलास' और 'सुजान-विनोद'; **कवीन्द्र** का 'रस चन्द्रोदय'; **दास** का 'रस निर्णय'; **तोष** का 'सुधा निधि'; **बेनीप्रवीन** का 'नवरस-तरंग' तथा **पद्माकर** का 'जगद्विनोद'।

"इन ग्रन्थों में वैसे तो सामान्यतः रस के साथ रस के स्थायी, संचारी, विभाव, अनुभाव आदि सभी का वर्णन किया गया है परन्तु प्रधानता श्रृंगार के ही विभिन्न अंगों को दी गयी है, और रसों का निरूपण तो केवल ग्रन्थ पूर्ति के लिए ही किया गया है। कहने की आवश्यकता नहीं है कि सभी ने श्रृंगार को समस्त रसों का राजा तो एक स्वर में माना ही है।"[112]

"सबको केशवदास हरि, नायक है श्रृंगार"[113]

(केशवदास)

"रसनि सार सिंगार रस, प्रेम सार सिंगार"

(देव)

"स्याम बरण ब्रजराज पति, थाई है रति भाव।
ताहि कहत सिंगार हैं, सकल रसन को राव।।"

(बेनीप्रवीन)

"नवरस में सिंगार रस, सिरे कहत सब कोई"

(पद्माकर)

(घ) **प्रकृति के उद्दीपन रूप की प्रधानता** : रीतिकालीन कवियों ने प्रकृति को अधिकांशतः उद्दीपन रूप में ही चित्रित किया है। यहाँ प्रकृति मानव मनोभावों को उद्दीप्त करने वाली सहायिका के रूप में ही अधिक आयी है। वस्तुतः इस काल के पूर्व सभी युगों में कवियों ने प्रकृति को इसी रूप में ग्रहण किया था। अधिकतर कवियों के लिए उसका अन्य कोई महत्त्व नहीं रहा था। रीतिकाल में केवल सेनापति ही आलम्बनमूलक प्रकृति-चित्रण के विशिष्ट कवि हैं जिनका प्रकृति वर्णन बहुत अधिक श्रेष्ठ, कलापूर्ण और मार्मिक बन पड़ा है। सेनापति ने प्रकृति का आलम्बन रूप में बड़ा ही सुन्दर चित्रण किया है। ग्रीष्म में वृष राशि में स्थित सूर्य का वर्णन देखने योग्य है—

"वृष कौ तरनि तेज सहसौं किरन करि,
ज्वालन के जाल विकराल बरसत हैं।
तपति धरनि जग जात झरनि सीरी,
छाँह को पकरि पन्थी पंछी बिरमत हैं।।
सेनापति नैक दुपहरी के ढरत होत,

घमका विषम, ज्यौं न पात खरकत है।
मेरे जान पौनों सीरी ठौर को पकरि कौनों,
घरी एक बैठि कहूँ घामे बितवत है।।"[114]

आचार्य विश्वनाथ प्रसाद मिश्र के अनुसार–"ऋतु वर्णन में भी दो प्रकार की उक्तियाँ मिलती हैं, एक तो वे उक्तियाँ जिसमें ऋतुओं का उद्दीपन रूप में कथन है और दूसरी वे जिसमें ऋतुएँ आलम्बन के रूप में गृहीत हैं। मध्यकाल के कवियों में सेनापति ही ऐसे दिखाई देते हैं जिन्होंने ऋतुओं का आलम्बन वाला रूप भी ग्रहण किया है।"[115] शृंगारकालीन कविता में अधिकतर प्रकृति अलंकरण एवं उद्दीपन रूप में ही आयी है। कवियों ने नायक-नायिका की मानसिक दशा के अनुकूल ही प्रकृति का चित्रण भी किया है। संयोग दशा में प्रकृति के सुन्दर उन्मादकारी रूप का चित्रण है तो विरह दशा में वही दग्ध करने वाली है। पद्माकर कवि की ये पंक्तियाँ द्रष्टव्य हैं–

"पात बिन कीन्हें ऐसी भाँति गन बेलिन की,
परत न चीन्हें जे ये लरजत लुंज हैं।
कहै 'पद्माकर' बिसासी या बसन्त के,
सु ऐसे उतपात गात गोपिन के भुंज हैं।
ऊधो यह सूधो सन्देसो कहि दीजो भले,
हरि सों, हमारे ह्याँ न फूले बन कुँज हैं।
किंसुक गुलाब कचनार औ, अनारन की,
डारन पै डोलत अंगारन के पुँज हैं।"[116]

प्रकृति के आलम्बन रूप का कुछ कवियों ने अत्यन्त मनोहर, प्रभावोत्पादक और हृदयग्राही चित्रण किया है जो कतिपय प्रबन्ध काव्यों एवं फुटकर पदों के रूप में मिलता है। गुमान मिश्र की 'कृष्ण चन्द्रिका' में प्रकृति के आलम्बन रूप का अत्यन्त सुन्दर चित्रण मिलता है। द्विजदेव के काव्य में भी प्रकृति-चित्रण बहुतायत से हुआ है। ग्वाल तथा देव ने भी प्रकृति के सुन्दर दृश्य अपने काव्य में उकेरे हैं।

इस काल में प्रकृति के उद्दीपन रूप की ही प्रधानता रही है। शृंगार वर्णन में तथा प्रेम के संयोग और वियोग दोनों पक्षों के चित्रण में प्रकृति का अलंकार रूप में तथा भावों को उद्दीप्त करने वाली शक्ति के रूप में चित्रण होना स्वाभाविक और परम्परागत ही माना जायेगा। इसलिए इस काल में हमें प्रकृति-चित्रण का वही रूढ़ और परम्पराबद्ध रूप मिलता है, जो आरम्भिककालीन रासो काव्यों, मध्यकालीन प्रेमाख्यानक काव्यों तथा भक्तिकाव्य में उपलब्ध होता है।

"प्रकृति के प्रति शृंगारकाल के कवियों की उपेक्षा का कारण उनका दरबारी कवि होना है उनके पास प्रकृति के उन्मुक्त प्रांगण में विचरण करने का अवकाश नहीं था

अतः वे प्रकृति के संश्लिष्ट चित्र प्रस्तुत नहीं कर सके। जो कवि राज्याश्रय से दूर रहकर काव्य रचना करते थे, उनके काव्य में प्रकृति-चित्रण अच्छा बन पड़ा है।"[117]

द्विजदेव ने प्रकृति के उद्दीपन रूप का बड़ा ही सुन्दर चित्रण अपने काव्य में किया है कि चन्द्रमा एक कसाई के समान विरहणी नायिका को सताता है–

"साँझ ही तैं आवत हलावत कटारी कर,
पाइ कै कुसंगति कृसानु दुखदाई कौ।
निपट निसंक है तजी तैं कुल-काँनि खानि,
औगुन की नैंकऊ तुलै न बाप भाई कौ।।
ए रे मतिमन्द चन्द! आवत न लाज तोहिं,
देत दुख बापुरे बियोगी समुदाई कौ।
है कैं सुधा-धाम काम-विष कौं बगारे मूढ़!
है कैं द्विजराज काज करत कसाई कौ।।"

(शृं.ल.सौ., 84)

इस प्रकार रीतिकालीन कवियों ने अपने काव्य में प्रकृति के उद्दीपन रूप का ही अधिक मात्रा में चित्रण किया है।

(ङ) मुक्तक काव्य रचना का प्राधान्य : इस युग में मुक्तक काव्य रचना की ही प्रधानता रही। प्रबन्ध शैली में भी कुछ काव्य लिखे गये, किन्तु वे विशिष्ट न बन सके। कवियों द्वारा मुक्तक शैली अपनाये जाने के दो प्रधान कारण रहे : (1) लक्षण ग्रन्थों का निर्माण होना (2) दरबारी वातावरण का प्रभाव। इस युग में जिन लक्षणकारों ने लक्षण ग्रन्थ लिखे, उन्हें मुक्तक शैली को ही अपनाना पड़ा क्योंकि अन्य किसी भी काव्य रूप के माध्यम से लक्षण ग्रन्थ लिखे ही नहीं जा सकते थे। दूसरी घनानन्द आदि रीतिमुक्त स्वच्छन्द प्रेमधारा के कवि अपनी व्यक्तिगत शृंगारानुभूति और विरहानुभूति का चित्रण कर रहे थे। इसलिए उनके लिए भी प्रबन्ध-काव्य उपयुक्त माध्यम नहीं बन सकता था। इसलिए इन कवियों ने कवित्त-सवैया शैली को ही प्रधानता दी। वीर काव्य के रचयिता भूषण ने भी इसी शैली को अपनाया है। इस काल में बिहारी ने दोहों में शृंगारी भावनाएँ भरकर इस छन्द की सम्भावनाओं को पूर्ण रूप से विकसित किया–

"सतसैया के दोहरे, ज्यों नावक के तीर।
देखन में छोटे लगैं, बेधैं सकल सरीर।।"

इस काल का दरबारी वातावरण भी मुक्तक रचना को ही प्रधानता देने वाला था। उस वातावरण में प्रबन्ध काव्य सुनने का न तो आश्रयदाताओं को ही अवकाश रहता था और न इस ओर उनका कोई रुझान ही था। कवि और आश्रयदाता दोनों

ही मुक्तकों द्वारा चमत्कार करना और चमत्कृत होना पसन्द करते थे। कवियों द्वारा अनुरंजित और चमत्कृत होने पर आश्रयदाता की साहित्यिक भूख शान्त हो जाती थी और कवियों को यश, सम्मान और धन मिल जाता था। कवियों ने मुक्तक काव्य रचना में मुख्यतः दोहा, कवित्त, सवैया और बरवै छन्द का प्रयोग किया।

भक्ति, नीति एवं अन्य विषयों को अपनाने वाले कवियों ने भी मुक्तकों का अधिक आश्रय लिया, क्योंकि इन विषयों के लिए प्राचीनकाल से ही मुक्तकों का प्रयोग होता रहा है। वीर रस के उन कवियों ने भी प्रायः मुक्तकों को ही अपनाया था, जो अपने नायक का प्रशस्ति गायन फुटकर रूप में करना चाहते थे। मुक्तक काव्य की प्रधानता का कारण यह था कि एक तो मुक्तक की रचना में अधिक समय नहीं लगता दूसरे वह जनता में भी अपने संक्षिप्त रूप के कारण शीघ्र ही प्रचलित और लोकप्रिय हो जाते हैं।

इस युग के काव्य में मुक्तकों का ही प्राधान्य रहा था। परन्तु साथ ही प्रबन्ध काव्य-परम्परा का भी यथेष्ट विकास होता रहा था। इस काल में लगभग 350-400 प्रबन्ध काव्यों की रचना हुई जैसे—छत्र प्रकाश (**लाल कवि**), हम्मीररासो (**जोधराज**) महाभारत (**सबल सिंह**), विजय मुक्तावली (**छत्र सिंह**), नैषध चरित (**गुमान मिश्र**), माधवानल कामकन्दला (**हरनारायण**), भाषा सप्तशती (**सरल सिंह**), हम्मीर हठ (**चन्द्रशेखर**), जगनामा (**श्रीधर**), राम रसायन (**पद्माकर**) आदि।

आचार्य शुक्ल यह मानते हैं कि इस युग में प्रबन्ध काव्य रचे गये, मगर साथ ही यह भी कह देते हैं कि—"प्रबन्ध काव्य की उन्नति इस काल में कुछ विशेष न हो पायी। लिखे तो अनेक कथा प्रबन्ध गये पर उनमें से दो ही चार में कवित्त का यथेष्ट आकर्षण पाया जाता है।"[118]

परन्तु **आचार्य विश्वनाथ प्रसाद मिश्र** ने यह माना है, "रीतिबद्ध रचना मुक्तक ही क्यों रही इसका भी कारण राजदरबार या राजसभा ही है। दरबार में जो रचनाएँ सुनाई जाती हैं, उनके लिए कथाबद्ध प्रबन्धों से काम नहीं चलता। थोड़े समय के लिए जो रचना रसमग्न करने वाली हो वही वहाँ काम की हो सकती है। उसका मुक्तक होना बहुत आवश्यक होता है।"[119]

इस प्रकार रीतिकाव्य में मुक्तक काव्य का ही प्राधान्य मिलता है।

(च) आश्रयदाताओं की प्रशस्ति और दरबारी संस्कृति का प्रभाव : रीतिकाल का साहित्य मध्यकालीन दरबारी संस्कृति का प्रतीक है। राज्याश्रय में पली इस शृंगारी कविता में रीति और अलंकार का प्राधान्य हो गया है। उस युग में राजाओं का निरंकुश शासन, जनता की उपेक्षा, विलासपूर्ण वातावरण और कला साधना से पूर्ण था। दरबारों में कवि, संगीतज्ञ व अन्य गुणीजन को आश्रय मिलता था और वे अपनी

कला-प्रतिभा द्वारा अपने आश्रयदाताओं का मनोरंजन करते थे। वहाँ प्रतिभा द्वारा मनोरंजन करना प्रधान उद्देश्य रहा था। इसका एक दूसरा पक्ष भी था कि जो हिन्दू राजा विलास को ही जीवन का एकमात्र उद्देश्य न मान, मुसलमानों के अत्याचार का विरोध कर हिन्दू राज्य की स्थापना का प्रयास कर रहे थे, उनके आश्रय में रहने वाले कविगण हिन्दू गौरव का प्रशस्ति गायन करते हुए अपने आश्रयदाताओं की वीरता का गान गाया करते थे। भूषण, लाल, सूदन आदि इस युग के ऐसे ही वीर रस पूर्ण काव्य की रचना करने वाले कवि थे।

दरबारी कवियों की काव्य-साधना दरबारी जीवन, उसकी आशा-आकांक्षाओं और रुचियों तक ही सीमित होकर रह गयी थी।

"रीतिबद्ध कविता का प्रेरणास्रोत प्रायः दरबारी संस्कृति थी। इन कवियों के आश्रयदाता, सामन्त, सरदार, राजा और महाराजा आदि उच्च वर्ग के लोग मुग़लों से विरासत में मिली विलासिता में डूबे हुए थे। इसलिए उसकी प्रेरणा से रचे हुए काव्य में स्वभावतः ही लौकिक प्रेम और उसके व्यंजक बाह्य सौन्दर्य के वर्णन बहुत अधिक हैं। वर्णनों में अलंकरण की कुशलता भी दर्शनीय है। बिहारी की ऊहात्मक उक्तियाँ इसका उदाहरण हैं। इन शृंगारी भावनाओं को व्यक्त करने का माध्यम कृष्ण राधा की मधुर भाव की भक्ति बनी और राधा-कृष्ण साधारण नायक-नायिका के रूप में चित्रित किये जाने लगे।"[120]

घनानन्द, ठाकुर, आलम, बोधा आदि रीतिमुक्त कवि भी दरबारी कवि रहे थे। इसलिए इन कवियों पर भी उस दरबारी वातावरण का प्रभाव पड़ना स्वाभाविक था। राजदरबारों में अनूठी उक्ति कहना ही पण्डितों और काव्य-मर्मज्ञों से प्रशंसा प्राप्त करने का एकमात्र साधन माना जाता था। इसके लिए शृंगारिक कविता ही आश्रयदाताओं का मनोरंजन करने में समर्थ समझी जाती थी।

डॉ. भगीरथ मिश्र ने लिखा है कि, "इस समय का अधिकांश काव्य राज्याश्रय में लिखा गया, जिससे जहाँ एक ओर कवि प्रतिभा का निखार और कला को संरक्षण मिला, वहीं दूसरी ओर झूठा, प्रशंसापूर्ण तथा शृंगार और विकास का खुलकर चित्रण भी हुआ है। इन गुण और दोषों में कोई भी नगण्य नहीं है।"[121]

"रीतिबद्ध काव्य करने वाले दरबार से वृत्ति पाते थे और उस वृत्ति के कारण उन्हें आश्रयदाता के रंजन के लिए उक्त प्रकार की रचनाएँ करनी पड़ती थीं, पर ऐसा न समझना चाहिए कि यह काव्य अर्थ के लिए सचमुच बिक ही गया था। बिहारी ने जयपुर नरेश को अपनी कविता के बल से घोर शृंगार से उबारा था, यह जगतप्रसिद्ध है। इन कवियों ने अर्थ के लिए अपने व्यक्तित्व का, अपने आदर्श का, अपनी प्रतिभा का सर्वथा विनाश ही कर दिया हो, ऐसी बात नहीं है।

अपने आश्रयदाताओं की वैयक्तिक प्रशंसा या विरुदावली इन्होंने दो ही चार छन्दों में गायी है पूरा काव्य उन्हीं के बखान में लिखा हो ऐसा नहीं है...रीतिबद्ध कवि 'नीतिगलित' नहीं थे न वैसा करके धन बटोरना चाहते थे।"[122]

(छ) **नायिका भेद की प्रधानता :** रीतिकाल के कवियों में नायिका भेद का वर्णन बहुतायत से मिलता है। उत्तरकालीन संस्कृत साहित्य में नायिकाओं के सूक्ष्म वर्गीकरण पर आधारित शृंगारिक चेष्टाओं को व्यक्त करने वाली परिपाटी आरम्भ हो गयी थी। कृष्ण भक्त कवियों ने नायिका भेद का निरूपण उसी के आधार पर किया था और वहीं से यह प्रभाव शृंगारयुगीन कवियों तक उतर आया। इस युग के कवियों ने इस दाय को तो ग्रहण किया ही था, साथ ही अपने स्वाध्याय द्वारा प्राचीन ग्रन्थों से भी पर्याप्त प्रेरणा प्राप्त की थी। प्राकृत के 'गाथा सप्तशती'; भर्तृहरि के 'शृंगार शतक'; जयदेव के 'गीत-गोविन्द' तथा वात्स्यायन के 'कामसूत्र' आदि ग्रन्थों का इन कवियों पर गहरा प्रभाव रहा है। इसके अतिरिक्त विद्यापति की पदावली का भी इन पर काफ़ी प्रभाव पड़ा है। नायक-नायिका भेद, रति क्रीड़ा, विरह वर्णन आदि के जो रूप इस युग के काव्य में मिलते हैं, वे इसके पूर्ववर्ती साहित्यों में इसी रूप में उपलब्ध होते हैं।

शृंगारकाल में भी नारी के रूप-चित्रण को बहुत महत्त्व दिया गया है। मतिराम का एक रूप-वर्णन इस प्रकार है–

"कुन्दन को रंग फीको लगै झलकै असि अंगन चारु गोराई।
आँखिन मैं अलसानि चितौनि मैं मन्जु विलासनि की सरसाई।।
को बिनु मोल बिकात नहीं मतिराम लखे अंखियान लुनाई।
ज्यों-ज्यों निहारियै नियरे ह्वै त्यों-त्यों खरी निकसे ह्वै निकाई।"[123]

कवियों की धारणा थी कि सब रसों में मुख्य है शृंगार रस और शृंगार आलम्बित है नायक और नायिका पर, अतएव सबसे पहले उसी का वर्णन किया जाये–

"होत नायिका नायकहिं आलम्बित शृंगार।
तातैं बरणौं नायिका, नायक मति अनुसार।"[124]

"सुरस नायिका नायकहिं, आलम्बित है सोइ।
ताते प्रथमहि नायिका, नायक कहत बनाइ।।"[125]

इस काल में कवियों ने नायिका भेद निरूपण में सर्वत्र रूपवती नायिका का ही वर्णन किया है।

डॉ. नगेन्द्र ने लिखा है कि–"संयोग और वियोग में इन कवियों की वृत्ति संयोग में ही अधिक रमी है और उसमें भी सबसे अधिक महत्त्व दिया गया है नायिका भेद

को, क्योंकि इन कवियों की रस वृत्ति का अन्य प्रसंगों की अपेक्षा नारी के रूप भेदों से ही अधिक सीधा सम्बन्ध था। ...नायक-नायिका शृंगार के आलम्बन हैं अतएव उचित क्रम तो यह होना चाहिए कि पहले रस के स्वरूप, भेद, स्थायी आदि का वर्णन करने के उपरान्त विभाव के अन्तर्गत नायिका भेद का वर्णन हो। परन्तु इनमें से बहुत से कवियों ने बिना किसी प्रकार के संकोच अथवा दम्भ के नायिका भेद से ही अपने ग्रन्थों का आरम्भ कर दिया है।"[126]

इस प्रकार रीतिकाव्य में नायक-नायिका भेद की प्रधानता बहुतायत से मिलती है। डॉ. जगदीश गुप्त के अनुसार–"नायिका भेद के इतिहास से यदि रीतिकालीन कवियों के कृतित्व को निकाल दिया जाये तो वह निश्चय ही अपूर्ण रह जायेगा।"[127]

(ज) भक्ति और नीति सम्बन्धी काव्य : रीतिकाल के काव्य में हमें भक्ति और नीति सम्बन्धी काव्यांश भी यत्र-तत्र प्राप्त होते हैं। भक्तिकाव्य लिखने वाले कवियों में एक वर्ग तो उन कवियों का है, जो मूलतः लक्षण ग्रन्थों के और शृंगार काव्य के रचयिता रहे हैं और उनमें यत्र-तत्र भक्तिभावपूर्ण कविता भी मिल जाती है। दूसरा वर्ग उन कवियों का है जो विशुद्ध रूप से भक्त कवि रहे हैं। ऐसे कवियों में मुख्यतः कुछ के नाम इस प्रकार हैं–गुरुगोविन्द सिंह द्वारा रचित 'सुनीत प्रकाश', 'सर्वलोह प्रकाश', 'बुद्धि सागर', 'चण्डी चरित्र' आदि। भक्तवर नागरीदास जी द्वारा रचित 73 ग्रन्थ जिनमें कृष्ण की विभिन्न लीलाओं के वर्णन के अतिरिक्त राम चरित्र का भी भक्तिभावपूर्ण अंकन किया गया है। इसके अतिरिक्त रीवां नरेश महाराज विश्वनाथ सिंह के भक्ति और वैराग्य सम्बन्धी लगभग 33 ग्रन्थ मिलते हैं, अयोध्या के वैरागी जनक किशोरीशरण ने भी भक्ति ज्ञान तथा रामचरित सम्बन्धी 10-12 ग्रन्थ लिखे, चाचा हित वृन्दावनदास इस काल के सर्वाधिक प्रसिद्ध भक्त कवि हुए हैं जिनके रचे लगभग बीस हज़ार पद मिलते हैं। इनके अतिरिक्त भगवत रसिक, गुमान मिश्र, श्री हठी जी, बाबा मलूकदास, सन्त चरनदास, सहजोबाई और दयाबाई भी प्रसिद्ध भक्त कवि-कवयित्रियाँ माने जाते हैं।

इस प्रकार इस युग में निर्गुणमार्गी भक्ति, राम भक्ति और कृष्ण भक्ति तीनों प्रकार के उपासक कवि प्रचुर मात्रा में साहित्य रचना कर रहे थे। इनका रचा हुआ साहित्य इतना विशाल और समृद्ध है कि उसकी उपेक्षा नहीं की जा सकती।

इसके बाद इस काल में कुछ ऐसे भी कवि हुए जिनका कथ्य तो शृंगार ही रहा, परन्तु इसके साथ भक्ति भावना का रूप भी दिखाई देता है। इन कवियों ने राधा-कृष्ण के माध्यम से शृंगार रस की अपूर्व सरिता प्रवाहित की थी, परन्तु साथ ही ये लोग यह भी नहीं भूले थे कि राधा-कृष्ण आराध्य और भक्ति के आलम्बन हैं।

इस काल के कवि परिस्थितियों से विवश होकर राधा और कृष्ण का शृंगारी वर्णन करते थे। ग्वाल कवि ने राधा-कृष्ण से क्षमा माँगते हुए लिखा है–

"श्री राधा पद पदम को, प्रनमि प्रनमि कवि ग्वाल।
छमवत है अपराध को, किबो जु कथन रसाल।।"

इस काल में शुद्ध कृष्ण-भक्तिकाव्यधारा भी प्रवहमान रही और कृष्ण भक्ति के अनेक सम्प्रदायों में उच्च कोटि की भक्तिपरक काव्य रचनाएँ रची गयीं। इस युग में जैन कवियों ने भी भक्तिपरक ग्रन्थ रचे। बिहारी, सेनापति, भिखारीदास, मतिराम, देव, द्विजदेव आदि के काव्य में भावपूर्ण भक्तिपरक कविता के दर्शन होते हैं–

"सीस मुकुट कटि काछनी, कर मुरली उर माल।
यहि बानिक मो मन बस्यौ, सदा बिहारीलाल।।"[128]

डॉ. नगेन्द्र के अनुसार, "वास्तव में यह भक्ति भी उनकी शृंगारिकता का ही एक अंग थी। जीवन की अतिशय रसिकता से जब ये लोग घबरा उठते होंगे तो राधा-कृष्ण का यही अनुराग उनके धर्मभीरू मन को आश्वासन देता होगा। इस प्रकार रीतिकालीन भक्ति एक ओर सामाजिक कवच और दूसरी ओर मानसिक शरण भूमि के रूप में इनकी रक्षा करती थी। तभी तो ये किसी-न-किसी तरह उसका आँचल पकड़े हुए थे। रीतिकाल का कोई भी कवि भक्ति भावना से हीन नहीं है–हो ही नहीं सकता था, क्योंकि उसके लिए एक मनोवैज्ञानिक आवश्यकता थी। भौतिक रस की उपासना करते हुए भी, उनके विलासी जर्जर मन में इतना नैतिक बल नहीं था कि भक्ति रस में अनास्था प्रकट करते या उसका सैद्धान्तिक निषेध करते। इसीलिए रीतिकाल के सामाजिक जीवन और काव्य में भक्ति का आभास अनिवार्यतः वर्तमान है और नायक- नायिका के लिए बार-बार 'हरि' और 'राधिका' शब्दों का प्रयोग किया गया है।"[129]

इस प्रकार इस युग में भक्ति की धारा भी अपने विभिन्न रूपों में काव्य सृजन का माध्यम बनती रही थी। रीतिबद्ध कवियों ने अपने हृदय की भक्ति भावना प्रस्तुत की है, साथ ही रीतिमुक्त कवियों की भक्ति भावना में विरह का प्राधान्य है और वह बड़ी मार्मिक है। यद्यपि भक्ति भावना इस युग के काव्य की सर्वप्रधान धारा नहीं रही, परन्तु अपना महत्त्वपूर्ण स्थान तो रखती ही है।

डॉ. उषा पुरी ने अपनी पुस्तक 'रीतिकालीन कविता में भक्ति-तत्त्व' में लिखा है कि, "शास्त्रीय दृष्टि से शृंगार रस के सम्पूर्ण उपकरण भक्तिकालीन कविता में विद्यमान थे। उन्हीं को रीतियुगीन कवियों ने ग्रहण किया। सगुण वैष्णव भक्ति धारा में भावनाओं के उन्नयन पर बल दिया था। दमन कुण्ठा की उत्पत्ति करता है। अतः भक्तों ने अपने हृदय की स्थूल से स्थूल काम-भावनाओं को ब्रह्म के प्रति

उन्मुख करने की चेष्टा की थी। विद्वानों की यह धारणा मिथ्या है कि रीतियुगीन साहित्य में राधा-कृष्ण के प्रति पूज्य भाव का पूर्ण तिरोभाव हो चुका था तथा उनकी आड़ में लौकिक स्थूल शृंगार की होली खेली जा रही थी। घोर शृंगार वर्णन करने वाले कवियों के हृदय के अन्तरतम में 'भगवान' के प्रति श्रद्धा का भाव प्रस्तुत काल में भी विद्यमान था।"[130]

"सम्प्रदायनिष्ठ विशुद्ध भक्त कवियों के अतिरिक्त प्रायः समस्त रीति कवियों ने भी भक्ति भावना से आपूरित काव्य रचना की है। यद्यपि काव्य के स्तर पर सहसा यह कहना कठिन है कि रीति कवियों के राधा-कृष्णपरक काव्य का मूल स्वर भक्ति है अथवा शृंगार, क्योंकि भक्ति और शृंगार ये दोनों इस प्रकार परस्पर अनुस्यूत हो गये हैं कि इनमें से प्रत्येक को भिन्न करना सम्भव नहीं है। फिर भी इन कवियों में भक्तिकाल को छोड़कर किसी भी अन्य युग के कवियों से अधिक भक्ति-भावना थी—सत्य यह है कि भक्ति की धारा रीतिकाल में भी इतनी क्षीण नहीं हुई थी कि उस युग के कवियों को प्रभावित न कर पाती। क्योंकि उस समय के नैतिक मापदण्ड भक्ति के साथ ही संलग्न थे अतः शृंगार काव्य को नैतिक बनाये रखने के लिए ये कवि निरन्तर भक्ति के आलम्बनों का आश्रय ग्रहण करते थे और एक स्तर पर उनके प्रति इष्ट भावना भी रखते थे।"[131]

भक्त कवि तुलसी, रहीम, घाघ आदि के द्वारा रचित नीतिकाव्य का इस युग में पर्याप्त विकास हुआ। रीतिकाल के नीतिकाव्य के रचयिताओं में गिरधर कविराय, बाबा दीनदयाल गिरि, वृन्द, वैताल, घाघ, भड्डरी, सीताराम, लक्ष्मण सिंह, गोपाल चन्द्र मिश्र आदि महत्त्वपूर्ण रहे हैं। आचार्य शुक्ल ने इन नीतिकाव्य रचयिताओं को 'सूक्तिकार'[132] की संज्ञा दी है। ये कवि अपने नीति वाक्यों के कारण जनता में बहुत लोकप्रिय हैं। जैसे—

"खाइ के परि रहै, मारि के टरि रहै"

"गया पेड़ जहँ बगुला बैठा, गया गेह जहँ मुड़िया पैठा"

(घाघ)

इन्होंने खेती सम्बन्धी भी अनेक उक्तियाँ कही हैं—

"उत्तम खेती आप सेती, मध्यम खेती भाई सेती।
निकृष्ट खेती नौकर सेती, बिगड़ गयी यो बलाय सेती"।।

(घाघ)

इस युग में दो प्रकार की नीति रचनाएँ लिखी गयीं—लोकज्ञानमूलक तथा अध्यात्मविषयक। प्रथम कोटि में घाघ, भड्डरी, वृन्द, गिरधर कविराय आदि आते हैं

और दूसरे में यारी साहब, दरिया साहब, दूलनदास, पलटू दास, ब्रह्मानन्द आदि नीतिकार आते हैं। 'अन्योक्ति कल्पद्रुम' के रचयिता बाबा दीनदयाल गिरि इस युग के अन्तिम प्रसिद्ध नीतिकार माने जाते हैं।

(झ) ब्रज भाषा की प्रधानता : रीतिकाल में ब्रज भाषा का उन्नत रूप था। ब्रज भाषा का सौन्दर्य पराकाष्ठा पर पहुँचा हुआ था जबकि बिहारी इत्यादि कवियों की भाषा में फ़ारसी शैली और प्रादेशिक भाषाओं का बहुत अधिक प्रभाव पड़ा है, परन्तु भाषा में कोमलकान्त पदावली, अलंकारों का रम्य सार्थक प्रयोग मुहावरों-कहावतों आदि का सुन्दर और प्रचुर उपयोग जैसा इस काल में हुआ, वैसा दुर्लभ है। बिहारी, घनानन्द, देव, भिखारीदास, मतिराम, पद्माकर आदि ने भाषा का जो मनोरम और संगठित रूप प्रस्तुत किया, वह देखने योग्य है। घनानन्द का एक सवैया उदाहरण के रूप में द्रष्टव्य है—

"भोर तैं साँझ लौं कानन ओर निहारति बावरी नैकु न हारति।
साँझ तैं भोर लौं तारन ताकिबो तारनि सों इक तार न टारति।।
जो कहूँ भावतो डीठि परै घनआनन्द औसर गारति।
मोहन सोहन जोहन की लगियै रहै आँखिन के उर आरति।।"[133]

डॉ. भगीरथ मिश्र ने लिखा है—"रीतिकाव्य की सबसे महत्त्वपूर्ण विशेषता कवियों की शब्द-साधना में प्रस्फुटित हुई है। शब्द को खोजना, उसको शोधकर माँजकर प्रयोग करना, उसके भीतर नाद-सौन्दर्य, अर्थ-चमत्कार और उक्ति-वैचित्र्य भरना यह सब रीति कवियों की सामान्य विशेषता है। ये कवि भाषा की ओर विशेष सचेत और जागरूक हैं। वर्ण-मैत्री, शब्द-मैत्री, वृत्ति, गुण के समावेश द्वारा उक्ति वैचित्र्य और सहज रमणीयता का गुण अपने काव्य में भर देने में ही इन कवियों की सफलता, कुशलता और प्रभाव है। भूषण, मतिराम, बिहारी, देव, घनानन्द, भिखारीदास, पद्माकर, ग्वाल आदि की शब्द-साधना सराहनीय है। इनके काव्य को देखने से पता चलता है कि ये शब्दसिद्ध कवि हैं।"[134]

इस प्रकार रीतिकाव्य की उपर्युक्त प्रधान प्रवृत्तियों के अतिरिक्त कुछ अन्य प्रवृत्तियाँ भी इस काल की देखने को मिलती हैं जैसे, आचार्यत्व का दबाव, छन्द वैविध्य, वीर रस काव्य की रचना, बहुज्ञता का समावेश आदि।

हिन्दी रीति ग्रन्थकारों की उपलब्धियाँ

प्रत्येक युग की अपनी पृथक् और स्वतन्त्र उपलब्धि होती है। हिन्दी साहित्य का रीतिकाल मूलतः काव्यशास्त्र के बन्धन से बँधा हुआ है। इस काल के कवियों ने रस, अलंकार, छन्द निरूपण आदि पर अपनी स्वतन्त्र उद्भावना नहीं की, इन पर प्रत्यक्ष

या अप्रत्यक्ष रूप से संस्कृत के कवियों की कृतियों का प्रभाव है फिर भी कतिपय कवियों ने मौलिकता में नवीनता का समावेश कर नयी उपलब्धि प्रदान की है।

रीतिकाल के सशक्त समर्थ रचनाकार आचार्य केशव ने अलंकारवाद का प्रवर्तन किया। इनकी सबसे बड़ी उपलब्धि नायिका भेद एवं हास्य रस की संयोजना है। किन्तु इसमें भी वात्स्यायन के 'कामसूत्र' का प्रभाव है। हास्य रस का निरूपण और उसके चारों भेद मन्द हास, कलहास, अति हास, परिहास के विवेचन में इनकी नवीनता गोचर है। आचार्य केशव के उपरान्त देव ने साहित्यशास्त्र में तात्पर्य वृत्ति और छल संचारी की नूतन उद्भावना की किन्तु आचार्य शुक्ल ने इसमें भी भानुदत्त की 'रसतरंगिणी' का प्रभाव देखा है। फिर भी मौलिकता और नवीनता के योग ने नयी उपलब्धि प्रदान की है। आचार्य विश्वनाथ प्रसाद मिश्र और मिश्र बन्धुओं ने देव में मौलिकता और स्वच्छन्दता के योग से नूतन शास्त्रीय उद्भावना माना है।

रीतिकालीन आचार्यों में अपनी विशेष पहचान रखने वाले भिखारीदास ने काव्य के प्रायः सभी अंगों–छन्द, रस, अलंकार, रीति, गुण, दोष, शब्द-शक्ति का विवेचन कर नये प्रतिमान की सर्जना की है। यद्यपि कतिपय विद्वानों ने इन पर भी श्रीपति के 'काव्य सरोज' का प्रभाव बताया है किन्तु यह मात्र भ्रम है। इन्होंने अपने समय के सभी आचार्यों से ऊपर उठकर काव्य के सभी अंगों का सर्वांगीण विवेचन किया है। रस विवेचन में औचित्य के लिहाज़ से इसी प्रसंग को मान्यता दी तथा भाषा में इनका आचार्यत्व स्पष्ट मुखरित हुआ है। अलंकार वर्गीकरण और करुण रस के अन्तर्निहित 'प्रेमरस' की स्वतन्त्र उद्भावना की तथा दोहे के तीन भेद–दोहा, दोही, दोहरी का भी आविष्कार किया। पद्माकर ने अपनी स्वतन्त्र चेतना को परिचय देते हुए संस्कृत के अष्ट नायिका भेद को त्यागकर दस नायिका भेद का मान्य किया तथा भाव और रसावस्था को प्राप्त स्थायी भाव में भिन्नता स्थापित की है।

आचार्यों की शृंखला की अन्तिम कड़ी में ग्वाल जी ने शब्द से अलंकार को भिन्न करके तथा भावों के चारों भेद–विभाव, स्थायी भाव, अनुभाव और संचारी भाव को सुव्यवस्थित एवं क्रमबद्ध करके अपने अभीष्ट की सिद्धि की है। पद्माकर की भाँति इन्होंने भी दस नायिका भेद को मान्यता दी है। शान्त रस को भक्ति में समाहित कर खण्डन-मण्डन की प्रवृत्ति का विकास किया। इन पर सबसे अधिक प्रभाव केशव की 'रसिकप्रिया' का पड़ा है। हिन्दी साहित्य और संस्कृत साहित्य का पूर्णरूपेण अवलोकन करने के पश्चात् यह निष्कर्ष निकलता है कि हिन्दी के रीति ग्रन्थ पूर्णतया संस्कृत के लक्षण ग्रन्थों के उपजीवी हैं।

अभिव्यंजना-शैली, भाषा, कला, रूप आदि की दृष्टि से इस युग का काव्य काफ़ी

समृद्ध और उन्नत रहा। **डॉ. सभापति मिश्र** ने लिखा है कि रीति कवियों की एक उपलब्धि यह भी रही कि उन्होंने जीवन को जगत से जोड़ा है। "वह भक्तिकाल की तरह आध्यात्मिकता को महत्त्व नहीं देते थे। हाँ आध्यात्मिक संस्कार अवश्य थे। उसका कारण भी शायद यही था कि कोई भी परम्परा अपनी परवर्ती परम्परा में अपना अस्तित्व विलय कर जाती है। बहुत कुछ रीतिकाल में भक्तिकाल के संस्कार को देखकर यह बात मालूम पड़ती है। इस युग के कवियों की दृष्टि जीवनपरक थी जबकि पूर्ववर्ती भक्त कवियों की दृष्टि वैराग्यपरक थी। इस जीवनपरकता या प्रवृत्तिपरकता के कारण ही रीतिकालीन काव्य में नर और नारी के विषय में विस्तृत चर्चा मिलती है।"[135]

इस प्रकार यह कहा जा सकता है कि रीतिकाव्य की असाधारण उपलब्धियाँ हैं और इसके लिए रीति ग्रन्थकारों को विशेष श्रेय है। डॉ. सभापति मिश्र के अनुसार, "यदि मानव मन को अनुरंजित और आनन्दित कर देने की क्षमता काव्य की कसौटी है तो इस कसौटी पर रीतिकाव्य खरा उतरता है। उसमें साहित्य और कला की ऊँची अभिरुचि के दर्शन होते हैं। सौन्दर्य के मध्ययुगीन प्रतिमानों का परिचय मिलता है। इस कलाप्रधान साहित्य की प्रेरणा शुद्ध साहित्य सृजन की भावना में है। किसी राजनीतिक, धार्मिक या सामाजिक उद्‌देश्य की सिद्धि में नहीं। काव्य का सृजन अपने आप में ही एक महत्त्वपूर्ण कार्य है और इस आत्मसिद्धि में यह साहित्य पूर्णतः कृतकार्य है। रीतिकाव्य यौवन, सौन्दर्य और प्रणय का जीवन्त चित्रण प्रस्तुत करता है और अपने इस परम व्यामोह कार्य में अतिशय प्रभावपूर्ण है। यही उसकी चरमसिद्धि भी है।"[136]

डॉ. नगेन्द्र ने अपने लेख 'रीतिकाल के कवि आचार्यों का योगदान' में लिखा है– "इस प्रकार हिन्दी साहित्य के इतिहास में रीतिकाव्य का अपना विशिष्ट स्थान है। सैद्धान्तिक दृष्टि से भारतीय काव्यशास्त्र की परम्परा को हिन्दी में अवतरित करते हुए विवेचन और प्रयोग दोनों के द्वारा रसवाद की पूर्ण प्रतिष्ठा कर और उधर सर्जना के क्षेत्र में कविता के कला रूप की सिद्धि करते हुए भारतीय मुक्तक परम्परा का अपूर्व विकास कर ब्रज भाषा के कला प्रसाधनों के सम्यक् परिष्कार प्रसाधन द्वारा रीति कवियों ने हिन्दी काव्य की समृद्धि में महत्त्वपूर्ण योगदान किया है। एकान्त वैशिष्ट्य की दृष्टि से भारतीय वाङ्मय में ही नहीं सम्पूर्ण विश्व के वाङ्मय में आलोचना और सर्जना के संयोग से निर्मित यह काव्य-विधा अपना उदाहरण आप ही है। किसी भी भाषा में इस प्रकार का काव्य इतने प्रचुर परिमाण में नहीं रचा गया।"[137]

सन्दर्भ

1. डॉ. भगीरथ मिश्र, काव्यशास्त्र, पृ. 183
2. आचार्य वामन, काव्यालंकार सूत्र वृत्ति (अभिकरण) 3.1.36
3. वही, 3.1.7
4. आचार्य विश्वनाथ, साहित्य दर्पण, नवम परिच्छेद
5. आचार्य दण्डी, काव्यादर्श 1.42
6. वही
7. भोजराज, सरस्वती कण्ठाभरण, 2, 27
8. कुतकाचार्य, वक्रोक्ति जीवितम्, 1.24
9. डॉ. महेन्द्र प्रताप सिंह, रीतिकालीन हिन्दी साहित्य की ऐतिहासिक व्याख्या, पृ. 38
10. आचार्य वैद्यनाथ सिंह, मानस में रीति तत्त्व, पृ. 20
11. हिन्दी साहित्य कोश-भाग-1, पृ. 660
12. डॉ. भगीरथ मिश्र, हिन्दी रीति साहित्य, पृ. 30
13. भिखारीदास, काव्य निर्णय, पृ. 2
14. आ. रामचन्द्र शुक्ल, हिन्दी साहित्य का इतिहास, पृ. 161
15. डॉ. रामकुमार वर्मा, रीतिकालीन साहित्य का पुनर्मूल्यांकन, पृ. 5
16. डॉ. नगेन्द्र, हिन्दी साहित्य का वृहत् इतिहास, खण्ड-1, अध्याय-1, पृ. 3
17. डॉ. बनारसी दास सक्सेना, हिन्दी साहित्य-द्वितीय भाग, पृ. 69
18. डॉ. रामकुमार वर्मा, रीतिकालीन साहित्य का पुनर्मूल्यांकन, पृ. 5-6
19. डॉ. ईश्वर प्रसाद, मध्य युग का संक्षिप्त इतिहास, पृ. 236
20. डॉ. भगीरथ मिश्र, हिन्दी रीति साहित्य, पृ. 14-15
21. डॉ. वै. वेंकटरमण राव, रीतिकालीन काव्य की सांस्कृतिक पृष्ठभूमि, पृ. 86
22. डॉ. नगेन्द्र, हिन्दी साहित्य का इतिहास, पृ. 294
23. बी.एन.लूनिया, इवोल्यूशन ऑफ़ इंडियन कल्चर, पृ. 438 से अनूदित
24. डॉ. ईश्वरी प्रसाद, मध्य युग का संक्षिप्त इतिहास, पृ. 496
25. वही, पृ. 493
26. डॉ. भगीरथ मिश्र, हिन्दी रीति-साहित्य, पृ. 16
27. डॉ. ईश्वरी प्रसाद, मध्य युग का संक्षिप्त इतिहास, पृ. 504-505
28. डॉ. भगीरथ मिश्र, हिन्दी रीति-साहित्य, पृ. 18-19
29. डॉ. भगीरथ मिश्र, हिन्दी साहित्य-द्वितीय भाग, पृ. 60
30. डॉ. नगेन्द्र, हिन्दी साहित्य का इतिहास, पृ. 297
31. डॉ. नगेन्द्र, हिन्दी साहित्य का वृहत् इतिहास, खण्ड-1, अध्याय 1, पृ. 13
32. डॉ. वै. वेंकटरमण राव, रीतिकालीन काव्य की सांस्कृतिक पृष्ठभूमि, पृ. 164
33. डॉ. रामकुमार वर्मा, रीतिकालीन साहित्य का पुनर्मूल्यांकन, पृ. 6-7
34. डॉ. वै. वेंकटरमण राव, रीतिकालीन काव्य की सांस्कृतिक पृष्ठभूमि, पृ. 200
34. डॉ. नगेन्द्र, रीतिकाव्य की भूमिका, पृ. 22

36. डॉ. भगीरथ मिश्र, हिन्दी रीति-साहित्य, पृ. 27
37. डॉ. नगेन्द्र, हिन्दी साहित्य का इतिहास, पृ. 299
38. डॉ. भगीरथ मिश्र, हिन्दी रीति-साहित्य, पृ. 27
39. द्रष्ट्रव्य, 'मिश्रबन्धु विनोद', पृ. 228 से 592
40. डॉ. भगीरथ मिश्र, हिन्दी साहित्य-द्वितीय खण्ड, पृ. 422
41. आचार्य रामचन्द्र शुक्ल, हिन्दी साहित्य का इतिहास, पृ. 167
42. डॉ. जयकिशन प्रसाद खण्डेवाल, हिन्दी साहित्य की प्रवृत्तियाँ, पृ. 298
43. डॉ. रामशंकर शुक्ल 'रसाल', हिन्दी साहित्य का इतिहास, पृ. 81
44. डॉ. भगीरथ मिश्र, हिन्दी रीति-साहित्य, पृ. 22-23
45. सं. सुधाकर पाण्डेय, सोमनाथ ग्रन्थावली (प्रथम खण्ड), पृ. 18
46. जयदेव, 'गीत-गोविन्द', (३) प्रथम : सर्ग : 1
47. डॉ. रमेश कुमार शर्मा, रीतिकाल और आधुनिक हिन्दी कविता, पृ. 8
48. पोद्दार अभिनन्दन ग्रन्थ, पृ. 400
49. डॉ. रामकुमार वर्मा, रीतिकालीन साहित्य का पुनर्मूल्यांकन, पृ. 23-24
50. डॉ. जगदीश गुप्त, रीतिकाव्य, पृ. 36
51. सं. ब्रजरत्न दास, ब्रज माधुरी सार, 2.18
52. डॉ. राजकुमारी मित्तल, कृष्ण भक्तिकाव्य में रीतिकाव्य परम्परा, पृ. 62
53. डॉ. राजनाथ शर्मा, हिन्दी साहित्य का विवेचनात्मक इतिहास, पृ. 386
54. डॉ. जयकिशन प्रसाद खण्डेलवाल, 'केशवदास का आलोचनात्मक अध्ययन', पंचम स.
55. डॉ. राजनाथ शर्मा, हिन्दी साहित्य का विवेचनात्मक इतिहास, पृ. 434-435
56. डॉ. जगदीश गुप्त, रीतिकाव्य संग्रह, पृ. 131
57. सं. श्री विश्वनाथ प्रसाद मिश्र, केशव ग्रन्थावली खण्ड 1, पृ. 112
58. पं. कृष्ण शंकर शुक्ल, केशव की काव्य कला, पृ. 31
59. डॉ. जगदीश गुप्त, रीतिकाव्य संग्रह, पृ. 148
60. डॉ. देशराज सिंह भाटी, हिन्दी में शब्दालंकार विवेचन, पृ. 99
61. आचार्य रामचन्द्र शुक्ल, हिन्दी साहित्य का इतिहास, पृ. 168
62. वही, पृ. 267
63. डॉ. भगीरथ मिश्र, हिन्दी रीति साहित्य, पृ. 128
64. डॉ. पुष्पा रानी जायसवाल, देव ग्रन्थावली, भाग-1, पृ. 6
65. वही, पृ. 102
66. आचार्य रामचन्द्र शुक्ल, हिन्दी साहित्य का इतिहास, पृ. 175
67. वही
68. डॉ. जगदीश गुप्त, रीतिकाव्य संग्रह, पृ. 155
69. मतिराम ग्रन्थावली, सं. कृष्ण बिहारी मिश्र, स्व.बृज किशोर मिश्र, पृ. 115
70. आचार्य रामचन्द्र शुक्ल, हिन्दी साहित्य का इतिहास, पृ. 176
71. वही, पृ. 176
72. डॉ. जगदीश गुप्त, रीतिकाव्य संग्रह, पृ. 174
73. वही, पृ. 168-169

74. आचार्य रामचन्द्र शुक्ल, हिन्दी साहित्य का इतिहास, पृ. 177-178
75. डॉ. राजनाथ शर्मा, हिन्दी साहित्य का विवेचनात्मक इतिहास, पृ. 438-439
76. डॉ. भगीरथ मिश्र, हिन्दी रीति-साहित्य, पृ. 123
77. बिहारी, बिहारी सतसई, पृ. 1, दोहा नं. 1
78. वही, दोहा नं. 3
79. वही, पृ. 98, दोहा नं. 263
80. वही, पृ. 243, दोहा नं. 659
81. डॉ. मनोहर लाल गौड़, घनानन्द और स्वच्छन्द काव्यधारा, पृ. 301-2
82. डॉ. रामफेर त्रिपाठी, रीतिमुक्त कवि नया परिदृश्य, पृ. 45
83. आचार्य रामचन्द्र शुक्ल, हिन्दी साहित्य का इतिहास, पृ. 231।
84. वही, पृ. 193।
85. वही, पृ. 193।
86. भिखारीदास, काव्य निर्णय, पृ. 166
87. वही, पृ. 7
88. डॉ. जगदीश गुप्त, रीतिकाव्य संग्रह, पृ. 213
89. वही, पृ. 217
90. डॉ. जगदीश गुप्त, रीतिकाव्य संग्रह, पृ. 219
91. डॉ. ओंकारनाथ त्रिपाठी, हिन्दी साहित्य का इतिहास, पृ. 120
92. आचार्य रामचन्द्र शुक्ल, हिन्दी साहित्य का इतिहास, पृ. 435
93. डॉ. रामफेर त्रिपाठी, रीतिमुक्त कवि : नया परिदृश्य, पृ. 102
94. डॉ. जगदीश गुप्त, रीतिकाव्य-संग्रह, पृ. 336
95. सं. विश्वनाथ प्रसाद मिश्र, बोधा ग्रन्थावली, पृ. 1
96. वही, पृ. 4
97. सं. विश्वनाथ प्रसाद मिश्र-भूमिका, जसवन्त सिंह ग्रन्थावली, पृ. 2
98. डॉ. नगेन्द्र, हिन्दी साहित्य का वृहत् इतिहास, षष्ठ भाग, पृ. 410
99. आ. विश्वनाथ प्रसाद मिश्र, हिन्दी साहित्य का अतीत-द्वितीय भाग, पृ. 388
100. श्री विश्वनाथ प्रसाद मिश्र, केशव ग्रन्थावली, पृ. 112
101. आचार्य रामचन्द्र शुक्ल, हिन्दी साहित्य का इतिहास, पृ. 162
102. बिहारी, बिहारी सतसई, पृ. 235, दोहा नं. 637
103. डॉ. जयकिशन प्रसाद खण्डेलवाल, हिन्दी साहित्य की प्रवृत्तियाँ, पृ. 297
104. बिहारी, बिहारी सतसई, पृ. 143, दोहा नं. 386
105. डॉ. चन्द्रिका प्रसाद शर्मा, घनानन्द-चन्द्रिका, पृ. 67, कवित्त 17
106. वही, पृ. 80 कवित्त 29
107. डॉ नगेन्द्र, रीतिकाव्य की भूमिका, पृ. 176
108. बिहारी, बिहारी सतसई, पृ. 108, दोहा नं. 290
109. वही, पृ. 259 दोहा नं. 600
110. वही, पृ. 107, दोहा नं. 288
111. सं. डॉ. चन्द्रिका प्रसाद शर्मा, घनानन्द चन्द्रिका, पृ. 90, कवित्त 39

112. डॉ. नगेन्द्र, रीतिकाव्य की भूमिका, पृ. 146
113. आ. विश्वनाथ प्रसाद मिश्र, केशव ग्रन्थावली, पृ. 2
114. सेनापति, कवित्त रत्नाकर, पृ. 56-57
115. आ. विश्वनाथ प्रसाद मिश्र, हिन्दी साहित्य का अतीत, दूसरा भाग (शृंगार काल), पृ. 57
116. डॉ. जगदीश गुप्त, रीतिकाव्य संग्रह, पृ. 218
117. डॉ. जयकिशन प्रसाद खण्डेलवाल, हिन्दी साहित्य की प्रवृत्तियाँ, पृ. 303
118. आचार्य रामचन्द्र शुक्ल, हिन्दी साहित्य का इतिहास, पृ. 222
119. आचार्य विश्वनाथ प्रसाद मिश्र, हिन्दी साहित्य का अतीत-द्वितीय भाग, पृ. 404
120. डॉ. जयकिशन प्रसाद खण्डेलवाल, हिन्दी साहित्य की प्रवृत्तियाँ, पृ. 293
121. डॉ. भगीरथ मिश्र, हिन्दी रीति साहित्य, पृ. 140
122. आचार्य विश्वनाथ प्रसाद मिश्र, हिन्दी साहित्य का अतीत-द्वितीय भाग, पृ. 408
123. आचार्य रामचन्द्र शुक्ल, हिन्दी साहित्य का इतिहास, पृ. 176
124. सं. कृष्ण बिहारी मिश्र, मतिराम ग्रन्थावली, पृ. 201
125. वही, पृ. 253
126. डॉ. नगेन्द्र, रीतिकाव्य की भूमिका, पृ. 147
127. डॉ. जगदीश गुप्त, रीतिकाव्य संग्रह, पृ. 107
128. बिहारी, बिहारी सतसई, पृ. 211, दोहा सं. 571
129. डॉ. नगेन्द्र, रीतिकाव्य की भूमिका, पृ. 174-175
130. डॉ. उषा पुरी, रीतिकालीन कविता में भक्ति-तत्त्व, पृ. 38
131. डॉ. सरला चौधरी, रीतिकाव्य में स्वच्छन्दतावादी तत्त्व, पृ. 63
132. आचार्य शुक्ल, हिन्दी साहित्य का इतिहास, पृ. 223
133. सं. डॉ. चन्द्रिका प्रसाद शर्मा, घनानन्द चन्द्रिका, पृ. 56, सवैया 6
134. डॉ. भगीरथ मिश्र, हिन्दी रीति साहित्य, पृ. 144
135. मध्यकालीन साहित्य सन्दर्भ (डॉ. किशोरीलाल अभिनन्दन ग्रन्थ) पृ. 140-141
136. वही, पृ. 146
137. आ. विश्वनाथ प्रसाद मिश्र, अभिनन्दन ग्रन्थ, पृ. 226-227

द्विजदेव का जीवन-परिचय तथा उनकी रचनाएँ

द्विजदेव का जीवन-वृत्त

हिन्दी साहित्य के रीतिकाल के प्रमुख कवि महाराजा मानसिंह 'द्विजदेव' के जीवन और साहित्य-साधना का सीधा सम्बन्ध उस अयोध्यापुरी से है, जिसकी महत्ता सम्पूर्ण भारतीय वाङ्मय में अनेक प्रकार से वर्णित है। वैदिक साहित्य के अनुसन्धाता मनीषियों ने रामकथा के बीज वेदों से प्राप्त होने का विश्वास व्यक्त करते हुए **'अष्टचक्रानवद्वारा देवानामूपूरऽयोध्या'**[1], जैसी पंक्तियों को साक्ष्य रूप में प्रस्तुत किया है। वाल्मीकि रामायण में काव्यनायक पुरुषोत्तम श्रीराम की जन्मभूमि के प्रसंग में उस अयोध्या नगरी के सौन्दर्य-वैभव आदि की व्यापक चर्चा मिलती है कि अयोध्या नगरी पवित्र नदी सरयू के दक्षिणी तट पर बसी हुई है। मनु ने सर्वप्रथम इसे बसाया था।

'अयोध्या नाम नगरी तत्रासील्लोक विश्रुता।
मनुना मानवेन्द्रेण सा पुरी निर्मिता स्वयम्।।[2]

महाभारत में तीर्थों के वर्णन के प्रसंग में अयोध्या का परिचय आता है और स्कन्द पुराण में तो कई अध्यायों में 'अयोध्या-माहात्म्य' कहा गया है। 'विष्णुधर्मोत्तर' तथा 'रुद्रयामलतन्त्र' आदि ग्रन्थ भी अयोध्या वर्णन के प्रसंग में उल्लेखनीय हैं। लौकिक संस्कृत के ग्रन्थों में **महाकवि कालिदास** कृत 'रघुवंशम्', **धनपाल** कृत 'तिलकमंजरी' आदि का विशेष महत्त्व अयोध्या सम्बन्धी वर्णनों के सन्दर्भ में माना जाता है। हिन्दी में न जाने कितनी रचनाएँ हैं, जिनमें अयोध्या की विस्तृत चर्चा है, जिसकी परम्परा **गोस्वामी तुलसीदास** कृत 'रामचरितमानस' से भी पहले से प्राप्त होती है। राष्ट्रकवि **मैथिलीशरण गुप्त** का 'साकेत' भी इसी परम्परा का अनूठा काव्य-ग्रन्थ है। अयोध्या वर्णन सम्बन्धी अधिकतर काव्य-ग्रन्थों में रघुकुल के चक्रवर्ती नरेशों के पराक्रम और रामकालीन (त्रेतायुगीन) अयोध्या की ही चर्चा है। बाद के युगों में न जाने कितना उतार-चढ़ाव आया, राष्ट्र-सत्ता विकेन्द्रित व विखण्डित हुई, इसकी चर्चा नहीं है। प्राचीन और मध्यकालीन इतिहास में अयोध्या राज्य के क्रमशः छोटे होते जाने की घटनाएँ

बतायी गयी हैं और उसके शासक के रूप में अनेक राजवंशों के क्रमशः आते जाने का उल्लेख मिलता है। लाला सीताराम ने अपने ग्रन्थ 'अयोध्या का इतिहास' में बीच के युगों में अयोध्या के राजवंशों का विस्तृत परिचय दिया है, जिसकी अन्तिम कड़ी शाकद्वीपीय राजवंश है। इसी राजवंश में हुए राजा मानसिंह अयोध्या नरेश थे, जो अपनी विशिष्ट काव्य-प्रतिभा के आधार पर ख्याति नामा 'द्विजदेव' नामधारी कवि हुए, जिनकी समस्त रचनाओं का अनुशीलन यहाँ हमारा अभीष्ट है।

(क) कुल-गोत्र परिचय : भारत की सवश्रेष्ठ मोक्षदायिनी सप्त पुरियों में अग्रगण्या पुण्यतोया सरयू नदी की तटवर्तिनी तथा मर्यादा पुरुषोत्तम श्रीरामचन्द्र जी की लीलाभूमि अयोध्या नगरी को प्राच्य ग्रन्थों में **'एतद् ब्रह्मविदो वदन्ति मुनयोऽध्यापुरी मस्तकम्'** कहकर स्मरण किया गया है। यही पवित्र नगरी प्राचीन समय में उत्तरकोसल की राजधानी थी और उस प्रान्त का नाम मुसलमानों के आगमन काल के अनन्तर उसी की राजधानी के नाम पर उसके अपभ्रंश रूप में **'अवध'** पड़ गया है। महाराजा मानसिंह जी **'द्विजदेव'** अयोध्या के नरेश थे। इनका काव्य में उपनाम 'द्विजदेव' था। द्विजदेव जी शाकद्वीपीय ब्राह्मण-वंश की परम्परा में थे।[3]

साम्ब पुराण में शाकद्वीपीय ब्राह्मणों का परिचय विस्तृत रूप में मिलता है। शाकद्वीपीय ब्राह्मणों का पदार्पण भारतवर्ष में शाकद्वीप जिसे सीथिया, मध्यएशिया कहा जाता है, से हुआ था। शाकद्वीपीय ब्राह्मणों को 'मग' कहा जाता था[4]। साम्ब पुराण में मगों के माहात्म्य का विस्तार से वर्णन किया गया है कि ये मग ब्राह्मण बड़े ही पुण्यशील हैं, बड़भागी हैं, श्लाघ्य हैं, वरप्रदानक्षम हैं, जो सदा सूर्यनारायण की पूजा में निरत हैं।[5] ये मग लोग मोक्ष अर्थात् निवृत्ति मार्ग के अनुयायी हैं, कर्म योग का आश्रय लेकर ये मोक्ष-प्राप्ति के लिए कृतोद्यम रहते हैं। ये मग ब्राह्मण फलों से, मनोरम पुष्पों से, अन्नों से, औषधियों से सूर्यनारायण का हवन करते हैं। मन्त्रों से होम करके परम होम का पान करते हैं, इसी से मग ब्राह्मण पवित्रात्मा और कल्मष रहित मन वाले होते हैं। इसी से ये भास्कर की तेजोमय परम दिव्यकला में प्रवेश पाते हैं।[6] मगों के माहात्म्य का विस्तार से वर्णन करते हुए आगे कहा गया है कि 'ऊँ' अक्षर में ढाई मात्रा मानी गयी है—आधी मात्रा 'म' कार में है। वह इसमें आधी मात्रा वाले व्यंजनात्मक 'म' में स्थित है। जो मकार योग जानने वाले हैं, उनका ज्ञान आदित्यमय ही है। मकार ध्यान योग जानने वाले होने से ही शाकद्वीपीय ब्राह्मण मग कहलाये हैं और ये मग लोग श्री सूर्यनारायण का धूप, माला, जप, उपहारादि से यजन करते हैं। इसीलिए इनको शास्त्रों में याजक भी कहा गया है।[7] मगों के भारत में आगमन के सन्दर्भ में एक प्रसंग और मिलता है कि (अलबरूनी लगभग 1030 के अनुसार) ये जरथ्रस्ती (पारसी) धर्मगुरु थे जो कि मग

कहलाते थे और सूर्योपासना इनकी विशेषता थी।[8] मगध के एक शाकद्वीपी ब्राह्मण कवि ने एक तालाब बनवाया था, जिसकी प्रशस्ति में लिखा है, "तीन लोक के रत्नरूप अरुण के निवास से शाकद्वीप पवित्र हुआ है। जहाँ पर ब्राह्मणों को 'मग' कहते हैं। उनका वंश सूर्य के शरीर से उत्पन्न हुआ है और उन ब्राह्मणों को साम्ब (कृष्ण और जांबवन्ती का पुत्र) इस देश में लाया था।" ऐसा अनुमान किया जाता है कि लगभग 500 ई.पू. जब डारियस ने भारत पर आक्रमण किया था, तभी मग लोग भारतवर्ष में आये।[9] साम्ब अपने पिता के शाप से कोढ़ी हो गये थे। इस रोग से मुक्त होने के लिए उन्होंने देवर्षि नारद से सूर्यनारायण की उपासना की विधि पूछी और उत्तर दिशा में जाकर कड़ी तपस्या करके रोगमुक्त हुए। इधर अयोध्या के राजा बृहद्बल ने देवताओं की आराधना की विधि कुलगुरु वशिष्ठ से पूछी। वशिष्ठ ने उनको सारी विधि बतलायी और नारद के उपदेश से साम्ब के कुष्ठ रोग से मुक्त होने का वृत्तान्त कहा। इन्हीं घटनाओं को लेकर वेदव्यास ने साम्ब पुराण रचा।[10] इन्हीं के द्वारा सम्पूर्ण भारत में ज्योतिर्विद्या, फलित ज्योतिष का प्रचार-प्रसार हुआ। द्विजदेव जी के पूर्वजों का ऐतिहासिक स्वरूप बहुत विलक्षण है। ऐसा कहा जाता है कि कुष्ठ रोग से मुक्त होने के बाद किसी समय साम्ब चन्द्रभागा नामक नदी में स्नान कर रहे थे। स्नान करते हुए उन्हें जल में सूर्य भगवान की प्रतिमा के दर्शन का सौभाग्य प्राप्त हुआ। साम्ब सूर्य भगवान के दर्शन से अत्यधिक अभिभूत हुए और उन्होंने एक सूर्य मन्दिर के निर्माण का संकल्प लिया। सूर्य मन्दिर का निर्माण करवाकर स्वयं पूजा अर्चना की, जिससे सूर्य भगवान प्रसन्न हुए और यह बतलाया कि पूजा-अर्चना हेतु शक-द्वीप से ब्राह्मणों को लाया जाये। इसी के अनुसार साम्ब शक-द्वीप से 18 ब्राह्मणों को ले आये जिनके नाम इस प्रकार हैं—**1. मिहिरांशु, 2. शुभांशु, 3. सुधर्म्मा, 4. सुमति, 5. बसु, 6. श्रुतिकीर्ति, 7. श्रुतायु, 8. सूर्यदत्त, 9. पराशर, 10. कौण्डिन्य, 11. कश्यप, 12. गर्ग, 13. भृगु, 14. भव्यगति, 15. नल, 16. सूर्यदत्त, 17. अर्कदत्त, 18. कौशिक**।[11] इन्हीं 18 ब्राह्मणों में से एक गर्ग नामक ब्राह्मण थे। इन्हीं से शाकद्वीपीय ब्राह्मणों की 'गर्ग' शाखा चली। इन्हीं 18 ब्राह्मणों के आने पर मन्दिर की प्रतिष्ठा हो गयी। तदुपरान्त वे सब 30 वर्षों तक द्वारिका में रहे। अन्त में स्वदेश लौटते समय उन ब्राह्मणों से गरुड़ ने प्रतिज्ञा करवा ली कि वे शाकद्वीप पहुँचने से पूर्व बीच में कहीं नहीं रुकेंगे, किन्तु बीच में मगध देश में वहाँ की प्रजा का करुण क्रन्दन सुनकर ब्राह्मणगण पिघल गये। उन्होंने कुष्ठ रोग पीड़ित वहाँ के नरेश धृष्टकेतु की कुष्ठ रोग से रक्षा की और सब के सब वहीं बस गये। उनमें से चार ने तो संन्यास ले लिया और शेष चौदह वहीं गृहस्थ जीवन व्यतीत करने लगे।[12] मगध नरेश धृष्टकेतु ने गर्ग गोत्रीय ब्राह्मण परिवार के लिए

गंगा तट पर एक ग्राम (विलासू) दिया था।[13] उस ग्राम में इस परिवार के वंशज आज भी विद्यमान हैं। द्विजदेव का आविर्भाव इसी वंश में हुआ था।

17वीं शती में उक्त गर्ग गोत्रीय ब्राह्मण परिवार के एक विद्वान् पण्डित की विद्वता से बादशाह अकबर बहुत प्रभावित हुए और उन्हें 'मंझवारी' नामक ग्राम की ज़मींदारी भेंट कर दी। यह गाँव अकबर के राज्यकाल तक उनके पास रहा। अकबर के मरने पर 'मंझवारी' के पुराने ज़मींदारों ने डाका डालकर सारे पाठक परिवार को मार डाला, केवल एक स्त्री भागकर एक ग्रामवासी के घर जा छिपी। वह स्त्री गर्भवती थी, वह ग्रामवासी ब्राह्मण भक्त था। उसने उस स्त्री को आदर के साथ 'दूलापूर' के ज़मींदार के पास पहुँचा दिया। ज़मींदार की स्त्री का मायका उसी गाँव में था, जहाँ की वह ब्राह्मणी थी। इसी कारण ज़मींदार ने उसको उसके मायके पहुँचा दिया। मायके में उस ब्राह्मणी के जुड़वाँ लड़के पैदा हुए। एक का नाम मधुसूदन पाठक और दूसरे का टिकमन पाठक था। इस प्रकार इस पाठक परिवार में केवल तीन ही सदस्य बच सके, जिसमें एक विधवा स्त्री और उसके दो जुड़वाँ बच्चे थे। जब दोनों भाई बड़े हुए, तो अपनी पुरानी ज़मींदारी लेने की उनको चिन्ता हुई और वे दूलापुर आये। दूलापुर के ज़मींदार ने उन्हें सारी घटना का विवरण दिया और उन्हें मंझवारी ले जाकर उनकी ज़मींदारी दिखायी। यहाँ उनको वह ग्रामवासी भी मिला, जिसके घर में उनकी माता ने शरण ली थी। इसके बाद दोनों भाई दिल्ली पहुँचे और बादशाह औरंगज़ेब से फ़रियाद की। बादशाह ने उन्हें मंझवारी गाँव के अतिरिक्त 99 गाँव और दिये तथा उनको 'चौधरी' की उपाधि देकर अपने देश को लौटा दिया। कालान्तर में इन्हीं के वंश में सदासुख पाठक हुए। उन्नीसवीं शताब्दी के प्रारम्भ में दिल्ली के बादशाह ने सदासुख पाठक को भोजपुर का चौधरी नियुक्त कर दिया। कालान्तर में मुर्शिदाबाद के नवाब मीर कासिम अली शाह ने भोजपुर को अपने शासन में कर लिया और उस समय उनके अत्याचार से मंझवारी गाँव की ज़मींदारी नष्ट हो गयी। उसके बाद सदासुख पाठक अपने पुत्र गोपाल राम के साथ नन्दनगर (ज़िला-बस्ती, परगना-अमरोहा) चले आये और वहीं बस गये। गोपाल राम पाठक ने अपने पुत्र पुरन्दर राम पाठक का विवाह पलियाग्राम के ज़मींदार सघईराम के घराने मे गंगाराम मिश्र की बेटी के साथ किया और पलिया में आकर बस गये। पुरन्दर राम पाठक जी के पाँच पुत्र हुए—औरी (बख्तावर सिंह), शिवदीन सिंह, दर्शन सिंह, इच्छा सिंह और देवी प्रसाद सिंह। अयोध्या दरबार के राजकवि पं. लछिराम भट्ट ने अपने ग्रन्थ 'प्रताप रत्नाकर' में अयोध्या के इस राजवंश का विस्तृत परिचय निम्नांकित पंक्तियों में दिया है :

"पाठक बिलसैया नगर, भुजपुर बास महान।
श्री गोपाल गुपाल सम, दीनै अनियम दान।।
सो इत आये अवध कौं, मंडन करत सुबेस।
साह गंज पलियाँ रहे, परम प्रकास प्रबेस।।
प्रकट भये तिनके सुअन, सुभग पुरन्दर राम।
पुहुमि पुरन्दर ह्वै रह्यौ, जिनको जस अरु नाम।।
चारु चारि फल से प्रगट, तिनके नन्दन चारि।
श्री बख्तावर सिंह नृप, कीरति जात संवारि।।
बादसाह जिनके रचे, मनसब मंजु महान।
श्री बख्तावर सिंह नृप, दिये अपूरब दान।।
बैरिनी बिरद बिदारि कर निज बीरता बढ़ाइ।
श्री बख्तावर सिंह को, नाम रह्यौ जग छाइ।।
राधावर कौ ध्यान करि मथुरा अवध सुदेस।
मन्दिर सर बिरचे बिसद, जा लखि हरख हमेस।।
दूजे दरसन सिंह नृप, जाके दरसन होत।
दारिद परखि परात लजि, कविगन राउ उदोत।।
दरसन सिंह नरेस भी, राजन को सिर मौर।
बादसाह मनसब दियौ, देस अवध सब ढौर।।
श्री सल्तनत बहादुरी, कीने भुजबल बैस।
अरि गन गज पै सिंह सौं, दरसन सिंह नरेस।।
तिनकौ लघु भूपाल मनि, 'मानसिंह' महराज।
जिन कीने 'लछिराम' कौ निज द्वारे कविराज।।
मानसिंह महराज को, छायो प्रबल प्रताप।
सुहृद सुमन सीतल करन, अरि घन-वन तन ताप।।
जाकौ जस लखि भुअन में, चन्द चन्द अनुरूप।
कबि गन कौ सुरतरू सुभग, सागर-सील-सरूप।।

मानसिंह महाराज को सुभग सितारा हिन्द।
कायम जंग बहादुरी, के. सी. यस. कल इन्द।।
मानसिंह महाराज को तनया सादर रूप।
प्रगट भई पुहुमी मनहुँ मंगल सील सरूप।
तासु ब्याह भौ मिश्र-कुल मखण मंगल देस।

मख पवार द्विजराज मनि, साकद्वीप सुरेस।।

श्री नरसिंह नारायणहिं, निरखि महीपति मान।

निज तनया कौ ब्याह रचि, सागर सील निधान।।[14]

महाराजा मानसिंह द्विजदेव की वंश-परम्परा का पूर्वापर क्रम से परिचय देने वाला एक वंश वृक्ष 1932 में प्रकाशित विश्वसनीय दस्तावेज़ से यहाँ दिया जा रहा है—

वंश-वृक्ष

सदासुख पाठक

गोपाल राम

पुरन्दरराम

राजा बख्तावर सिंह शिवदीन सिंह इच्छाराम सिंह राजा दर्शन सिंह देवी प्रसाद सिंह

रामाधीन सिंह रघुबर दयाल सिंह महाराज मान सिंह

लाल त्रिलोकी नाथ सिंह पुत्री—ब्रज विलास कुँवरि
पति—नरसिंह नारायण सिंह

महाराजा प्रताप नारायण सिंह (ददुआ साहब)

महारानी जगदम्बा देवी

राजा जगदम्बिका प्रताप नारायण सिंह*

पुत्री राजकुमारी बिमला देवी
पति डॉ. रमेन्द्र मोहन मिश्र

---

* नोट : यह वंश वृक्ष 'मैनुअल्स ऑफ़ टाइटल्स' (1932) के पृ. सं. 222 पर मुद्रित है। इसमें राज्य के उत्तराधिकारियों में सबसे परवर्ती नाम महाराजा जगदम्बिका प्रताप नारायण सिंह का है। राजकुमारी बिमला देवी उनकी एकमात्र सन्तान थीं, जिनका साकेतवास अभी कुछ दिन पहले 5 अक्टूबर, 1998 को हुआ।

कुँवर दुर्गाप्रसाद ने महाराजा मानसिंह 'द्विजदेव' के वंश का परिचय इस प्रकार दिया है—'पण्डित सदासुख पाठक (सिंघल द्वीपी) ज़िला शाहाबाद में निवास करते थे। मंझवारी में इनकी भू-सम्पत्ति थी और 89 गाँव उनको दिल्ली के बादशाह की ओर से प्राप्त थे। नवाब शुजाउद्दौला तथा अंग्रेज़ों में पारस्परिक युद्ध हुआ और भोजपुर का विनाश हो गया। वहाँ के समस्त निवासी वहाँ से भागकर इधर-उधर चले गये। इन पाठकों ने श्री नरहरपुर (ज़िला आजमगढ़) में शरण ली, वहाँ से पण्डित सदासुख लाल पाठक के पुत्र गोपाल राम पाठक चौरी सिकन्दरपुर ज़िला बस्ती में जा बसे। उनके पुत्र पुरन्दर राम पाठक की संस्कृत सम्बन्धी विद्वता का यश चारों ओर फैला हुआ था। वे अपनी ससुराल ग्राम पलिया, ज़िला फ़ैज़ाबाद में आकर बस गये। यही द्विजदेव के पितामह थे।"[15]

बख़्तावर सिंह, शिवदीन सिंह, इच्छा सिंह, दर्शन सिंह तथा देवी प्रसाद सिंह यह पाँचों भाई बड़े तेजस्वी एवं वीर पुरुष हुए तथा अपनी वीरता एवं शक्ति से इन्होंने विभिन्न क्षेत्रों में ख्याति प्राप्त की।

बख़्तावर सिंह, जिन्हें पहले 'औरी' के नाम से जाना जाता था, मात्र 14 वर्ष की अवस्था में ईस्ट इंडिया कम्पनी के रिसाले में नियुक्त हुए और अपने उत्कृष्ट कार्यों से लॉर्ड कार्नवालिस को प्रभावित करने में सफलता पायी। औरी ने कार्नवालिस के साथ कई लड़ाइयों में वीरता दिखायी। एक बार इनकी पलटन लखनऊ आयी। उस समय अवध के नवाब सआदत अली खाँ की दृष्टि इन पर पड़ी। औरी बहुत अच्छे डील-डौल के वीर पुरुष थे। नवाब साहब ने इनको बहुत पसन्द किया और लखनऊ के रेज़ीडेन्ट डेली साहब को लिखकर इनको अपनी सेना में ले लिया। नवाब ने पहले इन्हें 8 सवारों का 'दफादार' बनाकर अपनी अर्दली में रखा। एक दिन नवाब साहब हवादार पर बाहर निकले थे। रास्ते में उन पर किसी ने तलवार चलायी। वह हवादार की तान में लगी। दूसरा वार फिर करना चाहता था कि वीर औरी ने झपट कर उसको एक ऐसा हाथ मारा कि वह वहीं पर मर गया। इस पर नवाब सआदत अली ने बहुत प्रसन्न होकर इन्हें 'खिलअत' और 'पलिया' की जागीर दी और ज़मींदारी का ओहदा देकर उनको सौ सवारों का अफ़सर बना दिया। इसके कुछ ही दिन बाद ये रिसालदार बना दिये गये और इनका नाम औरी से बदलकर बख़्तावर सिंह कर दिया गया। नवाब सआदत अली खाँ के मरने पर जब ग़ाज़ीउद्दीन हैदर बादशाह हुए, तो इन्हें 'राजा' की उपाधि मिली इन्होंने मेंहदौना में अपना निवास स्थान बनवाने का निश्चय कर वहाँ 54 मौजें प्राप्त किये। धीरे-धीरे दरबार में इनकी प्रतिष्ठा और इनका अधिकार बढ़ता गया, जो किसी दूसरे को प्राप्त न था। कुछ दिन बाद उन्होंने संवत् 1878 वि. में अपने भाई दर्शन सिंह को दरबार में बुला

लिया। दर्शन सिंह को शीघ्र ही एक पलटन की अफ़सरी मिल गयी। दूसरे वर्ष ये भी सालौन और बैसवाड़े के चकलेदार नियुक्त किये गये तथा इसके पाँच वर्ष बाद सुल्तानपुर और बहराइच के प्रान्ताध्यक्ष के पद पर प्रतिष्ठित किये गये। अपने इन इलाक़ों का इन्होंने ऐसा अच्छा प्रबन्ध किया कि शीघ्र ही इन्हें भी राजा की पदवी मिल गयी। उन्हीं दिनों शिवदीन नाम का एक बड़ा डाकू था। बादशाह की आज्ञा से दर्शन सिंह ने उसका दमन किया और 'बहादुर' की उपाधि प्राप्त की। इस प्रकार 'राजा' और 'बहादुर' की उपाधि नवाब ग़ाज़ीउद्दीन हैदर की दी हुई उपाधि है।[16] संवत् 1899 में ये गोंडा-बहराइच के 'नाजिम' भी नियुक्त हो गये। बलरामपुर के राजा दिग्विजय सिंह सरकारी मालगुजारी नहीं देते थे, अतः उनसे इनका युद्ध हुआ, संयोग से युद्ध के बीच ये सेना सहित नेपाल की सीमा में चले गये, जिसके कारण इन्हें अपना पद त्याग करना पड़ा और मेंहदौना का प्रबन्ध भी इनके हाथ से ले लिया गया, पर नेपाल राज्य की जो हानि हुई थी, उसे दर्शन सिंह ने तुरन्त चुका दिया। इस पर वे फिर अपने पद पर नियुक्त हो गये। नवाब अमजद अली शाह के वजीर मुनौव्वरुद्दौला के समय अवध राज्य का कुल प्रबन्ध वास्तव में इन्हीं के हाथ में था और लखनऊ में 'लालबाग़' इन्हें इसी समय मिला था। राजा दर्शन सिंह ने शाहगंज में सुदृढ़ कोट, बाज़ार और महल बनवाये। अयोध्या में राजसदन के भीतर भगवान शंकर का एक बड़ा विशाल शिवाला बनवाया जो दर्शनेश्वर नाथ महादेव के नाम से जाना जाता है। यह शिवाला पूरे अवध प्रान्त में स्थापत्य की दृष्टि से अद्वितीय कहा जाता है। सूर्य कुण्ड का पक्का तालाब, मन्दिर और उसी के पास दर्शननगर बाज़ार उनके कीर्ति-स्तम्भ के रूप में आज भी विद्यमान हैं। दर्शन सिंह ही द्विजदेव के पिता थे इन्होंने फ़ैज़ाबाद से दक्षिण दिशा में कुछ दूर एक भव्य भवन का निर्माण कराया था जो आज भी इनका यशोगान करता हुआ लोगों के आकर्षण का केन्द्र बना हुआ है। इसके चारों ओर गहरी खाई बनायी गयी थी, जिससे क़िले की सुरक्षा की जाती थी। यह भवन शाहगंज में स्थित है। शाहगंज में ही सुन्दर बाज़ार का भी निर्माण कराया। इससे लगता है कि महाराजा दर्शन सिंह भवन निर्माण के बेहद शौक़ीन थे। उनकी वीरता, उनका दान, उनका न्याय और राज विद्रोहियों का दमन बहुत प्रसिद्ध है। एक बार जब इन्होंने विद्रोहियों का दमन किया, तो बादशाह ग़ाज़ीउद्दीन हैदर ने इन्हें **'सरकोबे सरकाशने सल्तनत बहादुर'** की उपाधि से अलंकृत किया।[17] संवत् 1901 श्रावण सुदी सप्तमी को इनका स्वर्गवास अयोध्या में हो गया।

राजा दर्शन सिंह के भाई इच्छा सिंह भी सुल्तानपुर, गोंडा और बहराइच के नाजिम रहे। उनके सबसे छोटे बेटे का नाम रघुबर दयाल था। वे भी 1253 फसली

में गोंडा और बहराइच के नाजिम हुए और उनको भी राजा 'रघुवर सिंह बहादुर' की उपाधि मिली थी।[18]

राजा बख़्तावर सिंह ने अपने भाइयों को ऊँचे-ऊँचे पदों पर प्रतिष्ठित करा देने के बाद ज़मींदारी ली। अनुमानतः 1500 गाँव इनके अधिकार में थे। इन्होंने अपने सुप्रबन्ध से अपनी समस्त प्रजा को प्रसन्न रखा। जब मेजर स्लीमन ने सूबे अवध का दौरा किया तो वे मेंहदौना राज की समृद्धि देखकर बहुत प्रसन्न हुए थे। नसीरुद्दीन हैदर बादशाह का देहान्त होने पर तथा मुहम्मद अली शाह की गद्दीनशीनी के समय, बादशाह मोहम्मद अली शाह, उनके पुत्र अमजद अली शाह तथा उनके पोते वाजिद अली शाह की विद्रोहियों से रक्षा की, जिसके फलस्वरूप इनको जागीर, मेंहदौना के राजा की उपाधि तथा नादिर शाह की तलवार उपहार में मिली, जिसे ईरान के बादशाह नादिर शाह ने दिल्ली के बादशाह मुहम्मद अली शाह को उपहार में दिया था और मोहम्मद शाह ने नवाब सफ़दरजंग से पाया था।[19] संवत् 1912 में इनकी मृत्यु हुई। ये निःसन्तान थे, अतः इन्होंने अपने भातृ पुत्र और पोष्य पुत्र राजा मानसिंह के हक़ में अपना एक वसीयतनामा लिख दिया। वसीयतनामा लिखने के बाद राजा बख़्तावर सिंह का देहान्त संवत् 1912 में हुआ। राजा बख़्तावर सिंह को मानव स्वभाव की बड़ी परख थी। वह जानते थे कि राज्य की रक्षा मानसिंह के हाथों सम्भव है। कहा जाता है कि एक बार राजा बख़्तावर सिंह ने अपनी जागीर रामाधीन सिंह, धन रघुवर दयाल सिंह तथा सेना मानसिंह के नाम छोड़ने की इच्छा प्रगट की। उनसे किसी ने प्रश्न किया कि बिना जागीर तथा धन के सेना कैसे रखी जा सकती है? इस पर उन्होंने उत्तर दिया—"मैं मनुष्यों का पारखी हूँ जो व्यक्ति सेना पायेगा, आशा है, वह शीघ्र ही जागीर तथा धन का भी स्वामी हो जायेगा।"[20]

राजा मानसिंह अपने वंश में सबसे उज्जवल भविष्य के व्यक्ति थे। अतः इन पर इनके पितृव्य महाराजा बख़्तावर सिंह की विशेष कृपा थी। इसी कृपा के फलस्वरूप राजा बख़्तावर सिंह ने इनको अपने सम्पूर्ण राज्य का उत्तराधिकारी बनाया। इस प्रकार ये पूरे मेंहदौना राज्य के स्वामी बन गये। इन्होंने अपने राज्य का विस्तार भी किया। 1253 फसली में राजा रामाधीन सिंह के ऊपर 51921")।।। का बाक़ी लगान चुकाकर महाराजा मानसिंह ने रामाधीन सिंह का हिस्सा भी अपने नाम करा लिया।

(ख) जीवनकाल : महाराजा मानसिंह 'द्विजदेव' का जन्म मार्गशीर्ष शुक्ल पक्ष पंचमी संवत् 1877 वि. तदनुसार दिनांक 10 दिसम्बर सन् 1820 को हुआ था। इनके बचपन का इतिहास अस्पष्ट है किन्तु ऐसा समझा जाता है कि इनका बचपन सुविधासम्पन्न परिस्थितियों में ही व्यतीत हुआ होगा। प्रभावशाली पारिवारिक पृष्ठभूमि ने इनके बहुमुखी अभ्युदय का मार्ग प्रशस्त किया। उनके साथ विशेष उल्लेखनीय तथ्य

यह भी है कि अपनी हिम्मत और असाधारण सूझबूझ तथा प्रतिभा से इन्होंने तत्कालीन अग्रणी आभिजात्य समाज में अपनी प्रतिष्ठा बनायी और साहित्य जगत् में भी विशिष्ट कोटि की लोकप्रियता अर्जित की। अपने लगभग 51 वर्ष के जीवनकाल में उन्होंने देश की केन्द्रीय सत्ता की अनुकूलता व प्रतिकूलता दोनों देखीं और उतार-चढ़ाव से भरे तत्कालीन सामन्ती और सामाजिक जीवन के मध्य एक यशस्वी और उपलब्धियों से समृद्ध जीवन जिया तथा मात्र 50 वर्ष की अवस्था में लम्बी बीमारी से उनकी मृत्यु हो गयी। **राय बहादुर लाला सीताराम** ने 'अयोध्या का इतिहास' में द्विजदेव के स्वर्गवासी होने की तिथि कार्तिक बदी द्वितीया संवत् 1928 वि. (11 अक्टूबर, 1870 ई.) बतायी है[21] तथा एक अन्य स्थान पर इनके स्वर्गवास की तिथि के बारे में लिखा है कि 'इनका स्वर्गवास कार्तिक कृष्ण द्वितीया संवत् 1927 वि. तद्नुसार 10 अक्टूबर सन् 1870 ई. में 50 वर्ष की अवस्था में हुआ।[22] इसी वर्ष दैवयोग से इनके दोनों भ्राता भी दिवंगत हुए। इनके शरीरपात के शोक में बड़े-बड़े राजाओं और ताल्लुक़ेदारों की एक बृहत सभा 27 फरवरी 1871 को लखनऊ में कैसर बाग़ की बारादरी में हुई, जिनमें इनकी आदमकद मूर्ति लगाने का प्रस्ताव पारित हुआ। महाराज द्विजदेव ने अपनी मृत्यु से पूर्व एक वसीयतनामा लिखकर सन्दूक़ के भीतर रख दिया था, जिसके अनुसार उनकी मृत्यु के बाद राज्याधिकार उनकी रानी सुभाव कुँवरि को प्राप्त हुआ।[23] हिन्दी विश्वकोष में भी महाराजा मानसिंह 'द्विजदेव' के विषय में परिचय देते हुए लिखा गया है—"एक हिन्दी कवि। ये महाराज अयोध्या नरेश तथा अवध प्रदेशान्तर्गत ताल्लुक़ेदारों की सभा में सभापति थे। इनका स्वर्गवास संवत् 1930 में सम्भवतः पचास वर्ष की अवस्था में हुआ। ये कवियों के कल्पवृक्ष थे। अपने मरणकाल में ये अपने दौहित्र महामहोपाध्याय महाराज सर प्रताप नारायण सिंह के.सी.आई.ई. को अपना उत्तराधिकारी नियत कर गये थे। इन्होंने 'शृंगार बत्तीसी' और 'शृंगार लतिका' नामक दो ग्रन्थ बनाये हैं। ये ब्रज भाषा में ही कविता करते थे। इनकी भाषा बड़ी ललित और कविता परम मनोहर होती थी।"[24]

(ग) शिक्षा, कार्य-कौशल तथा उपलब्धियाँ : द्विजदेव जी ने किसी विद्यालय से शिक्षा नहीं ग्रहण की थी अपितु उन्होंने सम्पूर्ण शिक्षा राजभवन में रहकर ही प्राप्त की थी। इतना स्पष्ट है कि इन्हें विभिन्न भाषाओं का अच्छा ज्ञान था। जैसे—संस्कृत, हिन्दी, फ़ारसी, अरबी, अंग्रेज़ी इत्यादि।

मिश्र बन्धुओं का कहना है कि, "उन्होंने काव्यशास्त्र का अध्ययन बलदेव सिंह 'क्षत्रिय' (अवध) से किया था।"[25]

शिवसिंह 'सरोज' ने इनके अध्ययन के विषय में इस प्रकार लिखा है—"ये महाराज संस्कृत भाषा, फ़ारसी, अरबी, अंग्रेज़ी इत्यादि विद्या में महानिपुण थे। अन्त

में इन दिनों क़ानून, अंग्रेज़ी का शौक़ हुआ था।"[26] इससे स्पष्ट होता है कि इन पर माँ सरस्वती जी की असीम कृपा थी।

द्विजदेव जी ने अपना सम्पूर्ण जीवन प्रजा के हित साधन में व्यतीत किया था। इनका जीवन वीरतापूर्ण घटनाओं की झाँकी है। इन्होंने अपने बाहुबल से तथा बुद्धि से मुसलमान राजाओं और अंग्रेज़ शासकों दोनों को ही प्रसन्न रखा और ससम्मान एक बहुत बड़ा राज्य स्थापित किया। उनकी उपलब्धियाँ इस प्रकार हैं—

संवत् 1901 वि. में इनके पिता राजा दर्शन सिंह की मृत्यु हो जाने पर जब सारे राज्य में अशान्ति फैल गयी और सम्पूर्ण राज्य विभिन्न तरह की कठिनाइयों और अशान्ति की परिस्थितियों से गुज़र रहा था, ऐसे समय में राजा मानसिंह ने बहुत कुछ व्यवस्था स्थापित की। इसी समय इनके दो बड़े भाइयों राजा रघुबर दयाल सिंह तथा राजा रामाधीन सिंह तथा कुछ प्रतिष्ठित अधिकारियों ने अपना राज्य छोड़कर अंग्रेज़ी राज्य में चले जाने का निश्चय किया। उस समय मानसिंह की अवस्था केवल 18 वर्ष की थी। इस छोटी उम्र में भी इन्होंने साहस से काम लिया और कोष तथा सेना के अभाव में भी अपनी वीरता से अपने राज्य की बहुत कुछ व्यवस्था की। इस समय राजा मानसिंह ने बड़े धैर्य से काम लिया और वीरतापूर्वक विद्रोहियों का सामना किया। परिणामस्वरूप विद्रोही छिन्न-भिन्न हो गये। इसी के साथ मानसिंह ने अपनी सफलता के अभियान का श्रीगणेश किया और यह अभियान अन्त तक चलता रहा। इस अवधि की कई लड़ाइयों में विजयश्री ने द्विजदेव का ही वरण किया और प्रथम विजय ने ही जीवन के धूमिल पटल को चमका दिया।[27] 30 मई, 1859 को लिखे अपने पत्र में आर. मॉन्टगोमरी चीफ़ कमिश्नर ने राजा मानसिंह को अवध का सबसे प्रभावशाली ज़मींदार कहा है।[28]

एक बार किसी कारण से राजा बख़्तावर सिंह को बादशाह ने नज़रबन्द कर रखा था। उस समय राजा मानसिंह ने तीन लाख रुपया जुर्माना देकर उन्हें कारामुक्त किया और उन्होंने पुनः अपना कार्य सम्भाला।[29]

राजा मानसिंह का कार्य-कौशल तब और दिखाई पड़ा जब बाराबंकी स्थित सूरजपुरा के राजा से उन्हें युद्ध करना पड़ा। इस युद्ध का एकमात्र कारण था 400 व्यक्तियों को बन्दी बनाया जाना। इन 400 व्यक्तियों को जीवित जलाने का उपक्रम ताल्लुक़ेदार ने किया था, किन्तु जब बादशाह अमजद अली को इसकी सूचना प्राप्त हुई, तो उन्होंने राजा बख़्तावर सिंह के माध्यम से द्विजदेव को यह सूचना दी कि किसी प्रकार इन लोगों को ज़िन्दा जलने से बचाया जाये, क्योंकि बादशाह ने मानसिंह के वीरत्व की प्रशंसा सुन रखी थी इसलिए उन्हीं को इस कार्य पर भेजने के लिए बादशाह ने बख़्तावर सिंह को आज्ञा दी। राजा बख़्तावर सिंह बड़ी चिन्ता में पड़

गये क्योंकि मानसिंह की उम्र बहुत कम थी परन्तु बादशाह की आज्ञा टाली भी नहीं जा सकती थी। अन्त में इनके कौशल तथा साहस पर विश्वास करके उन्होंने आज्ञा दे दी। आज्ञा पाकर मानसिंह ने गुप्तचर भेजकर सूरजपुरा के राजा की गढ़ी में हथियारबन्द सिपाहियों का पूरा पता लगा लिया और यह भी ज्ञात कर लिया कि किस दिन क़ैदी जलाये जायेंगे। इस बीच केवल एक ही दिन बाक़ी था, इससे सेना सहित जाने में गढ़ी तो घिर जाती पर क़ैदियों की रक्षा नहीं हो सकती थी। अतः केवल 300 वीर योद्धा लेकर वे रात को गढ़ी के पास पहुँचे और जिस फाटक पर पहरेदार सतर्क नहीं थे उसी ओर से सीढ़ियाँ लगाकर गढ़ी के भीतर चले गये और बन्दियों एवं तोपों पर अपना अधिकार कर लिया। जब गढ़ी वाले चौंके तो चारों ओर से गोलियाँ चलाने लगे, राजा मानसिंह ने उन्हीं की तोपें उन्हीं पर दागीं। दो घण्टे तक युद्ध हुआ, गढ़ी टूट गयी एवं अत्याचारी राजा ज़िन्दा पकड़ लिया गया। गढ़ी के अन्दर एक जगह लकड़ी का ढेर लगा हुआ था, उस दिन अगर विजय की दुन्दुभी न बजती तो 400 बन्दी भस्म कर दिये जाते। बन्दी छोड़ दिये गये उस राजा की एक गढ़ी और थी, जिसमें 2000 सिपाही थे और बहुत-सा गोला-बारूद और खाने-पीने की सामग्री रखी हुई थी वहाँ ईश्वर की लीला यह हुई कि गढ़ी के रक्षक डर के मारे गढ़ी छोड़कर भाग गये और बिना युद्ध के ही उस पर भी अधिकार हो गया।[30]

इस सफलता के कारण राजा मानसिंह और अधिक प्रसिद्ध हुए। बादशाह ने प्रसन्न होकर इनको 'राय बहादुर' की उपाधि प्रदान की तथा इन्हें दरियाबाद-रुदौली का नाजिम नियुक्त कर दिया।[31] इसके साथ ही इनका नाम बदलकर 'राजा मानसिंह बहादुर' रखा गया।[32]

एक और वीरता का काम जो उन्होंने बादशाह की आज्ञा से किया था वह सीहीपुर के राजा का दमन था। सन् 1847 में सीहीपुर के गर्गवंशीय राजा हरिपाल सिंह ने बादशाह के विरुद्ध विद्रोह का झण्डा ऊँचा किया। राजा मानसिंह ने इस विद्रोही का सिर काट लिया। इस पर बादशाह ने ख़ुश होकर इनको एक फ़रमान प्रदान किया जिसमें यह शेर भी था–

"इकार अज तो दो मंहो चुनी कुनन्द
बन्दस्त ब बाजुए तो हज़ार आफरीं बुनन्द"।

अर्थात् "तुम तो ऐसी बहादुरी से काम करते हो और दूसरे बहादुर भी ऐसे काम करते हैं लेकिन वे तुम्हारे कामों को देखकर तुम्हारी सहस्रों प्रशंसा करते हैं।" इसके साथ ही इनको क़ायमजंग की उपाधि भी दी गयी।[33] इसके साथ ही इन्हें एक ईरानी तलवार भी उपहार में मिली जो ईरान के बादशाह ने, बादशाह नसीरुद्दीन हैदर को उपहार में भेजी थी।[34]

इसके बाद कर्नल स्लीमन साहब के कहने से उन्होंने भूरे खाँ नामक डाकू का दमन भी किया। उस डाकू को काले पानी का दण्ड मिला। इसके उपहार में बादशाह ने राजा मानसिंह को 11 तोपों की सलामी का सम्मान प्रदान किया। यह सम्मान असाधारण कोटि का था और अब तक किसी को प्राप्त न था।[35]

कुँवर दुर्गाप्रसाद के अनुसार द्विजदेव का यह सर्वप्रथम वीरतापूर्ण कार्य था, जिसने बादशाह का ध्यान अपनी ओर खींचा। उन्होंने भूरे खाँ नामक डाकू का परिचय इस प्रकार दिया। "भूरे खाँ ताल्लुक़ेदार देवगाँव का वह शख़्स था, जिसने सबसे पहले पेशक़दमी की। उसका इज़्तराब नामर्दी एवं बद्तमीजी के इल्ज़ाम से कभी नहीं बच सकता। उसने राजा मरहूम के इख्तिनाम मरासिम मौत का भी इन्तज़ार न किया।"[36]

इसके बाद जब नवाब वाजिद अली शाह बादशाह हुए तो अजब सिंह डाकू के मारने पर महाराजा मानसिंह को झालरदार शमला, ताज के आकार की टोपी उपहार में दी।

इसके बाद मानसिंह ने जगन्नाथ चपरासी नामक दस्यु जो छह-सात सौ डाकुओं का सरदार था—वो बराबर ग्रामों को लूटने तथा प्रजा पर अमानुषिक अत्याचार ढहाने और धन वसूलने को विख्यात था। वह इतना अधिक क्रूर था कि गाँवों को लूट लेता था और इस पर भी सन्तोष न करके सैकड़ों स्त्री-पुरुषों को पकड़ ले जाता था तथा बन्दूक़ के गज लाल करके उनको दगवाता और उनके इष्ट बन्धुओं से बहुत धन लेकर उनको छोड़ता था।[37] सन् 1885 में राजा मानसिंह ने अपनी वीरता से उस दुष्ट आततायी का दमन किया इन्होंने अकेले ही उस महादस्यु को बन्दी बनाया। इस महादस्यु को बन्दी बनाने पर बादशाह की ओर से 'सरकोबे सरकशन' की उपाधि प्रदान हुई।[38] इसी अवसर पर महाराज साहब को एक हवादार भी मिला। तब से वे हवादार पर सवार होकर बादशाही ड्यौढ़ी जाते थे। तदनन्तर तीन आतंकवादी डाकुओं को बन्दी बनाने के उपलक्ष्य में इनका बड़ा सम्मान हुआ।[39]

एक बार युवराज मानसिंह ने भिनगा के महाराज पर चढ़ाई की थी, पर भिनगा नरेश ने अपने में सफलतापूर्वक युद्ध करने की सामर्थ्य न पाकर सन्धि करनी चाही। महाराज सुकवि थे। अतः उन्होंने एक अन्योक्तिपूर्ण कविता लिखकर युवराज मानसिंह के पास भेजी जो इस प्रकार है—

"बिनु मकरन्द वृन्द कुसुम समूहन के,
की लौं दिन बीति हैं मलिन्द के कलीन तैं।
बिनु चारु चेटक चिलक चोखी चन्द्रिका की,
कौलों होंस राखिहैं चकोर चिनगीन तैं।
जुबराज कौ लौं बिनु ब्रजराज प्रान प्यारे!

कौन जिय राखिहैं या मदन मलीन तैं।
मुकुत कलित 'मानसर' बिनु आली! अब,
कौं लौं काल काटिहैं मराल पोखरीन तैं।"[40]

इस अन्योक्ति को पढ़कर युवराज मानसिंह ने निम्नलिखित सवैया प्रत्युत्तर में लिख भेजा, जिसके फलस्वरूप इन दोनों राजाओं में साहित्यिक आधार पर सन्धि स्थापित हो गयी[41]—

"आज तैं कोटि हज़ार बरीस लौं, रीति यही नित ही चलि आई।
लाहु लह्यौ तिन ही जग मैं जिन्ह कीन्ही कछू न कछू सिबकाई।।
ए नृपहंस! बिचार बिचारु, कहौं किन आपने लाज लजाई।
आप ही दूर बसै तौ कहा, कहौ 'मान सरोवर' की कृपनाई।।"

इस प्रकार युद्ध का अन्त हुआ। द्विजदेव के हृदय की सरसता उनकी सम्तत्परता के साथ ही प्रस्तुत थी जो कठोरता एवं मृदुता का अपूर्व समन्वय उपस्थित करती है। किसी भी विजेता के लिए यह गौरव का विषय है।[42]

कालान्तर में अयोध्या में ही एक महत्त्वपूर्ण विवाद उठ खड़ा हुआ, जिससे हिन्दू-मुस्लिम सम्प्रदाय के भाईचारे में गहरी दरारें पड़ने लगीं। कारण यह था कि एक बार हनुमान गढ़ी में हिन्दू-मुस्लिम झगड़ा हुआ, जिसमें मुसलमानों ने हनुमान गढ़ी में मस्जिद होने की बात उठाई थी। इसमें बादशाह की ओर से द्विजदेव इस समस्या के समाधान हेतु नियुक्त किये गये। इसमें महाराजा मानसिंह ने बुद्धिमानी से काम लिया और झगड़े के कारण को ढूँढ़ निकाला। हिन्दू-मुसलमानों के बीच यह झगड़ा एक सुन्नी मुसलमान गुलाम हुसैन के षड्यन्त्र के कारण हुआ था। उसने मुसलमानों को भड़का दिया था जिन्होंने हनुमान गढ़ी के भीतर औरंगज़ेब के बनाये एक मस्जिद को बैरागियों ने ढहा दिया है। इस मामले की जाँच में मुसलमानों ने एक फ़रमान पेश किया था, जिसमें लिखा था कि—हनुमान गढ़ी के भीतर एक मस्जिद है। महाराज साहब को गुप्तचर से यह समाचार मिला कि यह फ़रमान अवध के एक क़ाज़ी का बनाया हुआ है। उसके पास दिल्ली के बादशाह नवाब शुजाउद्दौला आदि की मुहरें हैं। महाराजा ने जब क़ाज़ी के घर की तलाशी ली तो दिल्ली के बादशाहों, नवाब शुजाउद्दौला, नवाब सआदत अली खाँ और कई नाजिमों की मुहरें निकलीं उन मुहरों को महाराजा मानसिंह ने आर. साहब को सौंप दिया। आर. साहब ने जब मुहरों की जाँच की तो ज्ञात हुआ कि उस बनावटी तथा झूठे फ़रमान पर उन्हीं की कुछ मुहरें लगी थीं। आर. साहब ने उन मुहरों को बादशाही दरबार में भेज दिया और इस सारी जाँच-पड़ताल का यह निष्कर्ष निकला कि मुसलमानों द्वारा प्रस्तुत मस्जिद का तर्क असत्य था। अन्ततः हनुमान गढ़ी को हिन्दुओं के सुपुर्द कर दिया गया।

इससे हिन्दू जनता ने महाराजा मानसिंह 'द्विजदेव' की बहुत प्रशंसा की। महाराजा को इस कार्य के उपलक्ष्य में बादशाह की ओर से **'राजे राजगान'** की उपाधि प्राप्त हुई।[43]

इससे यह सिद्ध होता है कि द्विजदेव को हिन्दुत्व के प्रति पूर्ण सहानुभूति थी और वे किसी भी मूल्य पर उसकी रक्षा करना चाहते थे। उन्होंने जो कुछ भी किया वह सर्वथा उचित और समयानुकूल था।[44] हनुमान गढ़ी की इस प्रसिद्ध घटना के बारे में कुछ अन्य तथ्य भी मिलते हैं जो इस प्रकार हैं–

1855 में हनुमान गढ़ी मन्दिर के सम्बन्ध में हिन्दुओं और मुसलमानों में फ़ैज़ाबाद में एक विवाद उत्पन्न हुआ। सारे दस्तावेज़ी सबूतों के विपरीत मुसलमान इस बात पर अड़े हुए थे कि यह मन्दिर है, जो मस्जिद के स्थान पर बना दिया गया है। हिन्दुओं ने इससे इनकार किया और राजा मानसिंह की सहायता से बलपूर्वक इसका प्रतिरोध किया। यह ख़बर लखनऊ पहुँची और वहाँ तनाव व्याप्त हो गया। राजा मानसिंह और शिया समुदाय के सन्तों के प्रयासों के बावजूद मुसलमानों ने फ़ैज़ाबाद की ओर एक जेहाद कूच किया। इन जेहादियों को कैप्टन बारलो के नेतृत्व में नवम्बर महीने में रुदौली के निकट राजा मानसिंह की सेनाओं ने भगा दिया और चार-पाँच सौ लोग मारे भी गये।[45]

1855 में ही इस घटना के बाद मानसिंह को फ़ैज़ाबाद में हिन्दुओं का नेता या रहनुमा माना जाने लगा।[46] बाद में लगभग आधा दर्जन ताल्लुक़ेदारों ने राजा मानसिंह के नेतृत्व में ताल्लुक़ेदारों का साथ दिया।[47]

1861 में लखनऊ में **'ब्रिटिश इंडियन एसोसिएशन'** नामक संस्था की स्थापना **बाबू दक्षिण रंजन मुखर्जी** ने की थी जिसके उपाध्यक्ष अयोध्या के **राजा मानसिंह** थे। परन्तु यह संगठन अपने उद्देश्य में सफल नहीं हुआ।[48]

हनुमान गढ़ी के इस प्रसिद्ध विवाद के कुछ दिन बाद संवत् 1913 वि. में लखनऊ की बादशाहत का अन्त हो गया। वाजिद अली शाह को कलकत्ता भेज दिया गया और अंग्रेज़ी राज स्थापित हुआ। इसके दूसरे ही वर्ष एक बड़ा बलवा हुआ। इस बलवे में राजा मानसिंह ने बलवाइयों का साथ दिया और रेज़ीडेंसी के युद्ध में उन्होंने बेगम हज़रत महल की ओर से युद्ध भी किया। इस युद्ध में उनकी वीरता का वर्णन **बेगम सरफ़राज़ महल** ने अख़्तर महल के नाम से जो पत्र कलकत्ते भेजा था उसमें इस प्रकार किया गया है–

"...23 दिसम्बर, 1857 का दिन था। जनरल आऊट्रम और जनरल हैवलाक मुकाबिल थे। अंग्रेज़ों की तोपों ने गोले बरसाये। तिरंगे पलटे, मम्मू खाँ और सफ़ुद्दौला ने डटकर नाका चारबाग़ लिया। राजा मानसिंह ने बड़ी बहादुरी दिखायी। 1000 फ़ौज से मुक़ाबला किया कि अंग्रेज़ों के छक्के छूट गये शाम हो गयी थी। जनाब आलिया

ने मानसिंह को ख़िताब फ़र्ज़न्दी दिया। खिलअत, दुशाला, रूमाल और मतलूस, ख़ास दुपट्टा दिया। उनकी बहादुरी की बड़ी तारीफ़ की मगर यह तदवीर उलटी रही।"[49]

सन् 1857 के गदर में महाराजा मानसिंह ने बेगम हज़रत महल का बहुत साथ दिया था। इसके कई प्रमाण मिलते हैं जैसे कि जब लखनऊ में रेज़ीडेंसी को तथा मच्छी भवन को स्वतन्त्रता संग्राम सेनानियों ने घेर रखा था तो सर हेनरी ने अपने गुप्तचरों को भेजकर रेज़ीडेंसी के चारों तरफ़ स्थित सैन्य-शक्ति का अनुमान लगाना चाहा। लेकिन वह असफल रहा–

"जब हेनरी लॉरेंस को ज्ञात हुआ कि उसका एक भी जासूस वापस नहीं लौटा और मेजर गॉल को मार डाला गया तो उसे बहुत निराशा हुई। उसे अब अच्छी तरह समझ में आ गया था कि उसे एक बहुत ही सतर्क और साधन सम्पन्न बलशाली शत्रु से मुक़ाबला करना है। वह घेरा डालने वाली सेना की शक्ति का ठीक-ठीक अनुमान लगाना चाहता था। उसको सूचना मिली कि उसमे दो पैदल रेजीमेंट, आठ स्थानीय अवध रेजीमेंट, पन्द्रहवीं अनियमित सेना, कुछ घुड़सवार सेनाएँ, दो सुव्यवस्थित तोपखाने तथा कई ताल्लुक़ेदारों से सहायता लेने का प्रयत्न किया। उसके काफ़ी प्रयास के बावजूद रामनगर के राजा गुरुबक्श सिंह और महमूदाबाद के राजा नवाब अली ने साफ़ इनकार कर दिया। वास्तव में उनकी सेनाएँ पहले ही बेगम की सेना के साथ मिल गयी थीं। शाहगंज के एक बहुत शक्तिशाली ब्राह्मण राजा मानसिंह ने उसे भुलावे में डालने को हाँ तो कर दी लेकिन हृदय से वह स्वतन्त्रता सेनानियों के साथ ही था। महमूदाबाद और रामनगर के राजाओं के साथ अधिकतर धनुर्धारी पासी सैनिक थे जो सुरंग लगाने में विशेष रूप से दक्षता रखते थे।

आसन्न संकट की आशंका और अपनी अत्यन्त शक्तिहीन स्थिति के कारण अंग्रेज़ अधिकारियों का मनोबल बुरी तरह गिर गया था और वे स्वयं को नितान्त असहाय महसूस कर रहे थे।"[50]

25 सितम्बर, 1857 को **बिरजीस कदर** द्वारा जारी एक हुक्मनामे में राजा **मानसिंह** को अवध की सरकार के प्रति वफ़ादार घोषित किया गया और उसी हुक्मनामे के द्वारा उन्हें सीतापुर ज़िले के ताल्लुक़ेदार लोनी सिंह का इलाक़ा दे दिया गया था। बेगम हज़रत महल ने राजा मानसिंह को 'फ़ील्ड फोर्स का चीफ़' नियुक्त किया था और 3 नवम्बर 1857 को बेगम ने उन्हें इस आशय की शपथ दिलायी कि वे इस बात का इन्तज़ाम करें जिससे अंग्रेज़ों को पराजित किया जाये और उन्हें बेली गारद और आलमबाग़ से खदेड़ दिया जाये।[51] 6 नवम्बर 1857 को सर्फुद्दौला ने मानसिंह और जयलाल सिंह को बुलाकर आलमबाग़ स्थित अंग्रेज़ों की सेना पर एक साथ आक्रमण की राय दी।[52] इसके अतिरिक्त ये **नाना साहब** और **कुँवर सिंह** के

सम्पर्क में भी थे। उन्होंने अपने भाई **रामाधीन सिंह** को नाना साहब के पास जून 1857 में भेजा था।[53]

आजमगढ़ जाते समय क्रान्तिकारी **कुँवर सिंह** ने अयोध्या में 12 फरवरी 1858 को उनके शिवाले में राजा मानसिंह से मुलाक़ात की थी।[54]

इन सब घटनाओं से यह स्पष्ट पता चलता है कि राजा मानसिंह हृदय से सदैव क्रान्तिकारियों के साथ ही थे और यथासम्भव हर समय उनकी सहायता भी किया करते थे।

5 सितम्बर 1857 को रेज़ीडेंसी के घेराव के दौरान राजा मानसिंह के तोपची सबसे अधिक सक्रिय थे।[55]

राजा मानसिंह सन् 1857 के नवम्बर महीने में अपने सात हज़ार सैनिकों के साथ अंग्रेज़ों से युद्ध कर रहे थे। उस समय इनके नेतृत्व में **राजा सहम राम, बन्थरा; राजा गुरुबक्श सिंह, रामगढ़; नवाब अली खाँ, महमूदाबाद; राजा पालपुर, सुरूजपुर बुढ़िला; बाले दुपे, अमोहा; उमराव सिंह, मोहाँव; उमराव सिंह, अजुल धुकवा; जयनारायण सिंह, धौरहरा; बेलपापुर राव, खैराबाद आदि ने अंग्रेज़ों के विरुद्ध युद्ध किया था।**[56]

राजा मानसिंह की सैन्य-शक्ति से प्रभावित होकर अंग्रेज़ तथा क्रान्तिकारी दोनों पक्ष चाहते थे कि वे उनकी तरफ़ रहें।[57] सन् 1857 की राजक्रान्ति के अवसर पर फ़ैज़ाबाद में विद्रोहियों के अधिकार में दो पलटनें, एक रिसाला और दो तोपखाने थे और उनके साथ सुल्तानपुर की पलटन भी उनसे मिलने आ रही थी, स्थिति बड़ी नाज़ुक थी। भयभीत होकर अंग्रेज़ अफ़सरों ने राजा मानसिंह से साहब, मेम और बच्चों की विद्रोहियों से रक्षा के लिए सहायता माँगी। उनकी दयनीय दशा से द्रवीभूत हो राजा मानसिंह ने फ़ैज़ाबाद के तीस अंग्रेज़ों को मेमों और बच्चों समेत अपने शाहगंज के क़िले में सुरक्षित रखा, उनकी रक्षा की, फिर उन्हें अपने सिपाहियों की रक्षा में गोला गोपालपुर पहुँचा दिया।[58] इसी अवसर पर घाघरे के माँझा क्षेत्र में चार मेम और आठ अंग्रेज़ बच्चे बिना अन्न-जल के मारे-मारे घूम रहे थे। महाराजा ने द्रवित होकर अपनी सवारियाँ भेजकर उन्हें भी बुला लिया और पन्द्रह दिनों तक अपने पास रखकर फिर उनके कहने पर उनको आसबर्न साहब के पास बस्ती में भेज दिया।[59] इस पर चीफ़ कमिश्नर लॉरेंस साहब अत्यन्त प्रसन्न हुए तथा अपने 6 जुलाई सन् 1857 के आज्ञा-पत्र में उन्हें 'महाराजा' पद के साथ दो लाख रुपये तथा जागीर भी पुरस्कारस्वरूप प्रदान की।[60]

ऐसे अनेक प्रमाण मिलते हैं जिनसे यह विदित होता है कि राजा मानसिंह दोनों पक्षों से मानवीय सम्बन्ध रखते थे। अंग्रेज़ जानते थे कि अंग्रेज़ स्त्रियों और बच्चों की रक्षा के लिए मानसिंह की सहायता अपेक्षित होगी। दूसरी ओर मानसिंह

विद्रोहियों के साथ रहकर अपनी सम्पत्ति की रक्षा करना भी आवश्यक समझते थे। कुछ भी हो, उनकी आरम्भिक और अन्तिम सहायता से कम्पनी बहादुर की सरकार सन्तुष्ट रही।[61]

महाराजा मानसिंह द्विजदेव पर कभी-कभी आक्षेप लगाये गये हैं कि वह देशद्रोही थे, पर ऐसा नहीं था। 1854 की क्रान्ति के समय बेगम हज़रत महल ने भी अंग्रेज़ बच्चों तथा उनकी मेमों की प्राणरक्षा की थी। उनकी तरफ़ से यह आज्ञा थी कि औरतों तथा बच्चों को नुक़सान न पहुँचाया जाये। इस समय अनेक लोगों ने अंग्रेज़ शरणार्थियों की रक्षा की थी जैसे–"अनेक स्थानों पर जनसाधारण तथा बहुत से महत्त्वपूर्ण लोगों ने भारतीय परम्परा के अनुसार अंग्रेज शरणार्थियों की सुरक्षा की तथा सहायता भी की। स्त्रियों और बच्चों की ओर विशेष रूप से ध्यान दिया गया और उन्हें यथासम्भव सुरक्षित स्थानों पर पहुँचाने का प्रयत्न किया गया। शाहगंज के राजा मानसिंह ने क़िले में अनेक अंग्रेज़ स्त्रियों और बच्चों को रखा। कुछ दिनों के बाद जब उन्हें पूर्व की ओर दानापुर भेजना पड़ा तो रास्ते में बिरहर के ज़मींदार बाबू माधोप्रसाद और गोपालपुर के राजा ने भी उन्हें थोड़े दिनों तक अपनी सुरक्षा में शरण दी। ...यही नहीं अयोध्या में हनुमान गढ़ी के महन्तों तक ने अपनी जान जोखिम में डालकर बहुत से अंग्रेज़ बच्चों व औरतों को बचाया।[62] ...जिन अंग्रेज़ पुरुषों को उन्होंने शरण दी, उन्हें जीवनदान देकर भारतीयता का उच्च आदर्श निभाया।"[63]

सन् 1857 की राज्यक्रान्ति में मानसिंह ने अंग्रेज़ों की मेमों तथा बालकों की जो प्राणरक्षा की उसी उपलक्ष्य में लॉर्ड लॉरेंस ने इनका बड़ा सम्मान किया था। इसका उल्लेख अंग्रेज़ी सरकार के पुराने रिकॉर्डों में भी है।[64]

राजा मानसिंह की प्रशंसा सभी अंग्रेज़ अफ़सरों ने की है, मिस्टर मिल, कैप्टन रीड, कैप्टन आर्थरवार्न, जॉन डासन, बैडफोर्ड, जॉर्ज आसबोन आदि ने अपने पत्रों में इनके उपकारों की भूरि-भूरि प्रशंसा की है। चीफ़ कमिश्नर लॉरेंस साहब के सन् 1857 के आज्ञा-पत्र में उन्हें दो लाख की जायदाद देने का वचन दिया गया।[65]

परन्तु ऐसा नहीं था कि महाराजा मानसिंह केवल अंग्रेज़ों के साथ के कारण ही हर स्थिति में सफल हो रहे थे बल्कि वे स्वयं भी एक बहुत शक्तिशाली एवं वीर राजा थे ऐसा उल्लेख यत्र-तत्र प्राप्त होता है जैसे–"जब एक बार महाराजा की शाहगंज की गढ़ी घेर ली गयी थी और लाखों रुपये के मकान खोद डाले और जला दिये और बहुत-सा धन लूट ले गये, परन्तु डेढ़ महीने के घेरे के बाद महाराज ने अपने बाहुबल से उन्हें मार भगाया"।[66]

कुछ समय पश्चात् नानपारा के मैदान में पन्द्रह हज़ार बाग़ी इकट्ठा हुए, बरगदिया के मैदान में उन्होंने इन विद्रोहियों का डटकर सामना किया और केवल

तीन तोपखानों से ही एक घण्टे के युद्ध में सभी को पराजित किया।[67] एक बार लगान न देने के कारण महाराजा मानसिंह फ़ैज़ाबाद में क़ैद हो गये थे, राज्य क्रान्ति में सहयोग देने का आश्वासन जब इन्होंने दिया तो मुक्त किये गये। यह घटना सन् 1857 की है इस घटना के 12 वर्ष बाद द्विजदेव जी को एक और महत्त्वपूर्ण उपाधि सन् 1869 में प्राप्त हुई—'नाइट कमांडर ऑफ़ दी स्टार ऑफ़ इंडिया' के इसका उल्लेख गज़ेटियर ऑफ़ फ़ैज़ाबाद[68] में पाया जाता है।

महाराजा मानसिंह ने अवध के ताल्लुक़ेदारों का प्रतिनिधित्व करते हुए 'अवध की सन्धि' (अवध कंप्रोमाइज़) में प्रमुख भाग लिया था।[69]

महाराजा मानसिंह एक वीर सैनिक थे। कहा जाता है कि वे क़िले की प्राचीर पर खड़ाऊँ पहने निधड़क चलते थे। किसी निश्चित दूरी पर गोला गिराने का उन्हें अभ्यास था। उन्हें गणित और ज्योतिष में भी दक्षता प्राप्त थी। उन्होंने 'अस्त्रलाम' नामक मानयन्त्र की भी स्थापना की थी। उन्होंने लखनऊ में एक धर्मशाला तथा अयोध्या में राजदरबार का निर्माण कराया था। इन सब विशेषताओं के होते हुए भी वे कवि रूप में चिरस्मरणीय रहेंगे। इनकी **शृंगार लतिका, शृंगार बत्तीसी, शृंगार चालीसी** ब्रज काव्य की स्थायी निधि हैं।[70]

द्विजदेव जी एक वीर सैनिक, शक्तिशाली शासक से कब एक कवि में परिवर्तित हो गये यह कहना सम्भव नहीं है। इस पर कई विद्वानों ने अपने विचार व्यक्त किये हैं जैसे—"जीवन के किस आकस्मिक परिवर्तन से हृदय की तन्त्री कब झनकार उठेगी, यह नहीं कहा जा सकता। बहुत सम्भव है कि महाराजा मानसिंह का कवि हृदय भी इसी प्रकार की अन्य ठेसें खाकर ही जगा हो। अन्यथा एक विकट शूरवीर योद्धा न 'शृंगार लतिका' के पाश में ही बँधता और न 'शृंगार बत्तीसी' के फेर में पड़ता। जो कुछ भी हो द्विजदेव की रचनाएँ उनकी मधुरतम वृत्तियों की परिचायिका हैं। वे 'वज्रादपि कठोराणि मृदूनि कुसुमादपि' को सर्वथा चरितार्थ करती हैं।"[71]

महाराजा मानसिंह का जीवन अत्यन्त संघर्षमय तथा कठिन था। उन्हें निरन्तर किसी-न-किसी सामरिक अभियान में लगा रहना पड़ता था। अपने पूर्वजों के द्वारा अर्जित किये हुए राज्य की श्री को स्थायित्व और सुदृढ़ता प्रदान करने के लिए इन्हें बहुत अधिक कष्ट भी उठाने पड़े और निरन्तर प्रयास भी करना पड़ा। इतनी विषम परिस्थितियों में रहते हुए भी हिन्दी के ललित रीतिकालीन साहित्य को उनकी उत्कृष्ट रचनाओं का योगदान गौरवपूर्ण और आश्चर्यजनक है।

इस तरह महाराजा द्विजदेव का व्यक्तित्व अपने आप में अद्भुत है। युद्ध विद्या की कठोरता और काव्य विद्या की कोमलता का सामंजस्यपूर्ण संघटन इनके व्यक्तित्व की विशेषता है। ऐसा व्यक्तित्व सम्पूर्ण हिन्दी संसार में विरल है।[72] इन सबके

अतिरिक्त समाज-सुधार के कार्य में भी राजा मानसिंह ने महत्त्वपूर्ण योगदान दिया उन्होंने कन्या शिशुओं की हत्या का प्रश्न उठाया जो कि उस समय इस इलाक़े में भयानक रूप से प्रचलित था और इसे रोकने के लिए अवध के दूसरे ताल्लुक़दारों को साथ लेकर इन्होंने काफ़ी प्रयास किया।[73] आम जनता की शिक्षा के प्रसार के लिए भी मानसिंह ने महत्त्वपूर्ण प्रयास किया। उन्होंने पुरुषों और स्त्रियों दोनों को शिक्षित करने की वक़ालत की। फ़ैज़ाबाद के स्कूलों को अत्यधिक उदारतापूर्वक आर्थिक सहायता दी। उन्होंने अपने दरबार में अनेक कवियों को संरक्षण प्रदान कर रखा था। 1868 में **'नाइट कमांडर ऑफ़ द स्टार ऑफ़ इंडिया'** की उपाधि देते हुए वायसराय ने उन्हें महाराजा मानसिंह कहकर सम्बोधित किया।[74]

महाराजा मानसिंह का कोई पुत्र नहीं था। उनकी प्रथम पत्नी **श्रीमती रामकली देवी** से एक कन्या थी जिसका नाम **'ब्रज विलास कुँवरि'** उपनाम 'बच्ची साहिबा' था। उनका विवाह आरा के रईस **बाबू नरसिंह नारायण सिंह** से हुआ था। कहा जाता है कि इस विवाह में बादशाह नवाब वाजिद अली शाह ने भी एक गाँव दहेज में दिया था। कोई पुत्र न होने के कारण महाराजा मानसिंह का सम्पूर्ण सहज स्नेह अपने एकमात्र दौहित्र महाराजा प्रताप नारायण सिंह पर था। वृद्ध जनों का कथन है कि महाराज नौ वर्ष की अवस्था तक इस प्रिय बालक को अपने कन्धे पर लेकर घूमा करते थे।[75] यह उनके अत्यन्त प्रेम का ज्वलन्त उदाहरण है। महाराजा मानसिंह के बाद इनके दौहित्र **महाराजा प्रताप नारायण सिंह 'वीरेश' 'ददुआ साहब'** ही इस अयोध्या राज्य के उत्तराधिकारी हुए।

स्वर्गवासी महाराजा मानसिंह ने अपना एक वसीयतनामा लिखकर एक सन्दूक़चे में बन्द कर दिया था। यह सन्दूक़चा फ़ैज़ाबाद के हाकिमों ने खोला तो उसमें लिखा था कि हमारे मरने पर हमारी विधवा महारानी सुभाव कुँवरि उत्तराधिकारिणी होंगी। महारानी साहिबा ने उसी वसीयतनामे के अधिकार से राजा रघुवीर सिंह के कनिष्ठ पुत्र लाल त्रिलोकी नाथ सिंह को गोद ले लिया।[76]

महाराजस प्रताप नारायण सिंह ने अदालत में दावा कर दिया कि महाराजा मानसिंह के उत्तराधिकारी हम हैं। इस पर कई वर्ष तक मुक़दमा चला। अन्त में सन् 1887 में प्रिवी काउंसिल से उनकी डिग्री हो गयी और वे मेंहदौना राज के मालिक हो गये।[77]

(घ) काव्य-प्रेमी राज-दरबार : काव्य से द्विजदेव जी का इतना प्रेम था कि वे अपने औदार्य तथा प्रयत्न से अपने आसपास एक अति प्रिय साहित्यिक वातावरण बनाये रखते थे। उनका समय आते-आते यद्यपि दरबारी कविता का युग बीतने को था। फिर भी उनके आश्रित कवियों के द्वारा उनके बारे में रचित रचनाएँ प्राप्त होती हैं, जैसे–**'कीर्तिमुक्तावली'** आदि। यों तो द्विजदेव की राजसभा में तथा राजकीय

समारोहों में एक से एक श्रेष्ठ और अतिथि कवि आते-जाते रहते थे, पर बहुत से कवि ऐसे भी थे जो सदैव उनकी सन्निधि में रहते हुए उनका संरक्षण प्राप्त करते थे। राज शेखर ने कहा है कि राजा का काव्य-प्रेम उभयपक्षीय होना चाहिए अर्थात् वह स्वयं तो कवि हो ही, अपनी सभा में कवि समाज को समुचित सम्मान देते हुए काव्य परीक्षण भी कराये तभी वह यशस्वी होता है—

"इद्यं सभापतिर्भूत्वा यः काव्यानि परीक्षते।
यशस्तस्य जगद्व्याप्ति स सुखी यत्र तत्र च।।"[78]

इस निकष पर महाराजा द्विजदेव अनोखे साहित्य सेवी थे। **'शिवसिंह सरोज'** में उनके आश्रित कवियों की जो नामावली प्राप्त होती है उसमें **पण्डित प्रवीन, बलदेव सिंह क्षत्रिय, उदयचन्द भण्डारी, पं. जगन्नाथ अवस्थी तथा लछिराम भट्ट** प्रमुख हैं। ये सभी प्रौढ़ कला हस्त कवि थे। इन सबने प्रचुर मात्रा में काव्य रचनाएँ की हैं, जिसमें अयोध्या राजदरबार के कविता प्रेम की झलक स्थान-स्थान पर मिलती है। "द्विजदेव का जीवन युद्ध और संघर्ष में व्यतीत हुआ किन्तु उन्होंने अपनी नैसर्गिक काव्य प्रतिभा और भावुकता को सांसारिक संघर्षों में नष्ट नहीं होने दिया। शैशव से ही काव्य रसिक होने के कारण कविता के अमिट संस्कार सदैव इनके साथी बने रहे। राज्याधिकार प्राप्त होने पर द्विजदेव ने अपने दरबार में अनेक प्रतिभाशाली कवियों को एकत्र किया था। लछिराम, पण्डित प्रवीन, बलदेव क्षत्रिय, जगन्नाथ अवस्थी आदि इनके दरबारी कवि थे।"[79]

द्विजदेव के काव्य गुरु बलदेव सिंह थे। महाराजा मानसिंह कवियों के कल्पतरू थे। लछिराम, जगन्नाथ, चण्डीदत्त, बलदेव, ठाकुर प्रसाद, रामदीन इनके दरबारी कवियों में थे। द्विजदेव को शृंगार परम्परा का अन्तिम महत्त्वपूर्ण कवि कहा जा सकता है। उनके द्वारा ब्रज भाषा काव्य को नया जीवन और प्रेरणा प्राप्त हुई।[80]

द्विजदेव जी ने यद्यपि साहित्य प्रेमी दरबारी सामन्त-परम्परा का सम्यक् निर्वाह किया और अनेक कवियों को प्रोत्साहन दिया, तथापि वे स्वयं सहृदय, भावुक तथा रीतिमुक्त शृंगारी काव्य-परम्परा के अन्तिम सर्वश्रेष्ठ कवि थे।[81]

द्विजदेव जी एक विशाल कवि समाज के संरक्षक भी थे। मिश्र बन्धुओं ने इन्हें कवियों के कल्पवृक्ष के रूप में देखा है।[82] हिन्दी साहित्य कोश के अनुसार भी आपके दरबारी कवियों में लछिराम, पण्डित प्रवीन, बलदेव तथा जगन्नाथ अवस्थी आदि प्रमुख थे।[83]

डॉ. वीरेन्द्र देव पाण्डेय ने लिखा है, "राजा मानसिंह प्रथम श्रेणी के कवि थे और 'द्विजदेव' नाम से कविताएँ लिखते थे। उन्होंने अपने दरबार में अनेक कवियों को संरक्षण प्रदान कर रखा था।"[84]

पण्डित प्रवीन : पण्डित प्रवीन के नाम से प्रसिद्ध **पं. ठाकुर प्रसाद मिश्र,** शाहगंज, पलिया के निवासी थे और इस दरबार से उनका पुराना कौटुम्बिक सम्बन्ध था। इनके विषय में शिवसिंह ने लिखा है—"ये महान कवि पलिया शाहगंज के करीब के निवासी महाराजा मानसिंह के यहाँ थे। इनकी कविताई देखने योग्य है।"[85] मिश्र बन्धुओं के मतानुसार, "ये महाशय अवध प्रदेशान्तर्गत पयासी के निवासी ब्राह्मण थे और महाराजा मानसिंह अयोध्या नरेश के यहाँ रहते थे। इनकी कविता ज़ोरदार और सरस है। हम इनकी गणना तोष कवि की श्रेणी में करते हैं। हमने इनका कोई ग्रन्थ नहीं देखा। 'द्वितीय त्रैवार्षिक रिपोर्ट' से इनके 'सार संग्रह' नामक ग्रन्थ का पता चलता है।"[86]

पण्डित प्रवीन के कुछ स्फुट छन्द यत्र-तत्र प्राप्त होते हैं जैसे—**'मिश्रबन्धु विनोद'** में 3[87], तथा **'रसकुसुमाकर'** एवं परमानन्द सुहाने कृत **'षट्ऋतुहजारा'** में 4 कवित्त[88], संगृहीत है। **'रसकुसुमाकर'** से इनका एक कवित्त उद्धृत है। यथा—

"बल्ली को बितान मल्लीदल को बिछौना मंजु,
महल निकुंज है प्रमोद बनराज को।।
भारी दरबार फिरी भौंरन की भीर बैठे,
मदन दीवान इतिमाम कामकाज को।।
'पण्डित प्रबीन' तजि मानिनी गुमान गढ़,
हाजिर हुजूर सुनि कोकिल अवाज को।।
चोपदार चातक विरद बढ़ि बोलैं दर,
दौलत दराज महराज रितुराज को।।"[89]

बलदेव सिंह क्षत्रिय : इनके विषय में 'शिव सिंह सरोज' में यह पंक्तियाँ प्राप्त होती हैं कि—"ये कवि महाराजा मानसिंह और राजा माधव सिंह के साहित्य विद्या के गुरु थे। काव्य में बहुत अच्छे कवि हो गये हैं।"[90] मिश्र बन्धुओं के भी उनके विषय में विचार इनसे मिलते जुलते ही हैं—"ये द्विजदेव राजा मानसिंह और राजा माधव रिांह 'अमेठी' के कविता गुरु थे। इनकी कविता तोष की श्रेणी की ह जो उत्तम, मनोहर, सानुप्रास एवं यमकयुक्त है।"[91] परमानन्द सुहाने कृत 'षट्ऋतुहजारा' में आपके 28 कवित्त संगृहीत हैं जो क्रमशः बसन्त, ग्रीष्म, पावस, शरद, हेमन्त, शिशिर आदि ऋतुओं पर हैं।[92] बलदेव कवि का एक बसन्त ऋतु का परम्परागत रूप का वर्णन प्रस्तुत करता हुआ कवित्त-द्रष्टव्य है—

"चन्दन चमेली चोप चौसर चढ़ाय चारु,
मधु मदनारे सारे न्यारे रस कारे हैं।
सुगति समीर मद स्वेद मकरन्द बुन्द,
बसन पराग सों सुगन्ध गन्ध धारे हैं।

बारन बिहीन सुनि मंजुल मलिन्दधुनि,
बलदेव कैसे पिकवारे लाज हारे हैं।
फूलमाल वारे रति बल्लरी पसारे देखौ,
कन्त मतवारे कै बसन्त मतवारे हैं।"[93]

उदय चन्द भण्डारी : उदयचन्द ओसवाल भण्डारी का रचनाकाल **मिश्र बन्धुओं** ने संवत् 1890 वि. बताया है तथा इनके द्वारा **रस निवास, रस शृंगार, दूषण दर्पण, ब्रह्म प्रबोध, ब्रह्मविलास तथा भ्रम विहंडन** आदि रचनाओं के प्रणयन की सूचना दी है।[94] आपने भी अपनी साहित्यिक सेवाओं द्वारा अयोध्या राजदरबार की शोभा बढ़ाई थी।

पं. जगन्नाथ अवस्थी : सुमेरपुर (उन्नाव) निवासी पं. जगन्नाथ अवस्थी भी महाराजा मानसिंह के आश्रय में रहे। अवस्थी जी ने 'शृंगार लतिका' की ब्रज भाषा टीका इन्हीं के आश्रय में रहकर प्रस्तुत की थी।[95] पं. जगन्नाथ अवस्थी की काव्य प्रतिभा हिन्दी के साथ ही संस्कृत भाषा में भी विलक्षण थी। इनका सम्बन्ध अयोध्या और अलवर के राजदरबार से घनिष्ठ रहा। इनकी संस्कृत रचनाएँ तो प्राप्त हैं, पर हिन्दी की कृतियाँ प्राप्त नहीं है। मात्र स्फुट छन्द ही कहीं-कहीं मिल जाते हैं जैसे—**'शृंगार लतिका सौरभ'** की भूमिका में आया हुआ यह छन्द जो भगवान श्रीकृष्ण की महिमा के सम्बन्ध में है—

"तारयौ है निषाद प्रहलाद को उबारयौ सुद्ध सादर अहिल्या की पदरजलाइकै।
कहै 'जगन्नाथ' हाथ धरि गिरि ब्रजनाथ! पाल्यौ ब्रज पथ हैं पुरन्दरै लजाइ कै।।
बार न करी है नैकु बारन के तारन मैं कारन कहा है जगतारन कहाइ कै।
जोवत इतै हौं नहीं सोवत किते हो प्रभु! ऐसे हौं चितैहों की चितैहों चित्त लाइकै।।"[96]

कवि जगन्नाथ अवस्थी के बारे में **'शिवसिंह सरोज'** में इस प्रकार लिखा है—"ये महाराज इस समय संस्कृत साहित्य में अद्वितीय हैं। प्रथम महाराजा मानसिंह अवध नरेश के यहाँ बहुत दिन तक रहे। अब महाराज शिवदीन सिंह अलबर देशाधिपति के यहाँ हैं। संस्कृत में इनके बहुत ग्रन्थ हैं। भाषा में कोई ग्रन्थ काव्य के सिवाय स्फुटिक दोहों में नहीं देखने में आया।"[97]

मिश्रबन्धु विनोद में इनका परिचय यों आया है—"ये संस्कृत के बड़े विद्वान् थे और कई ग्रन्थ भी बनाये हैं। भाषा में इनके स्फुट छन्द मिलते हैं। ये राजा अयोध्या और अलवर के यहाँ रहे। इनकी गणना तोष कवि की श्रेणी में की जाती है।"[98]

लछिराम भट्ट : राजा मानसिंह के आश्रय में कई वर्ष तक सुकवि लछिराम भट्ट जी भी रहे। द्विजदेव जी के दरबारी कवियों में लछिराम भट्ट ऐसे थे, जिनका विस्तृत उल्लेख आचार्य रामचन्द्र शुक्ल ने अपने 'हिन्दी साहित्य का इतिहास' में किया है। **शुक्ल जी** लिखते हैं—"इनका जन्म अमोढ़ा (ज़िला-बस्ती) में हुआ था।

जो कुछ दिन अयोध्या नरेश मानसिंह (प्रसिद्ध कवि द्विजदेव) के यहाँ रहे। पीछे बस्ती के राजा शीतला बख्श सिंह से जो एक अच्छे कवि थे, बहुत-सी भूमि पायी। प्रत्येक सम्मान करने वाले राजा के नाम पर इन्होंने कुछ-न-कुछ रचना की है। जैसे–'मानसिंहाष्टक' तथा 'प्रताप रत्नाकर' अयोध्या नरेश के नाम पर, 'प्रेम रत्नाकर' राजा बस्ती के नाम पर, 'लक्ष्मीश्वर रत्नाकर' दरभंगा नरेश के नाम पर इत्यादि। इन्होंने अनेक रसों पर कविता की है। समस्या ये पूर्तियाँ बहुत जल्दी करते थे। वर्तमान काल में ब्रज भाषा की पुरानी परिपाटी पर रचना करने वालों में ये बहुत प्रसिद्ध हुए हैं।[99]

लछिराम भट्ट के बारे में **मिश्र बन्धुओं** ने भी विस्तृत परिचय **'मिश्रबन्धु विनोद'** में दिया है।[100] इसमें उनकी निम्नांकित रचनाएँ बतायी हैं–(1) मानसिंहाष्टक, (2) प्रताप रत्नाकर, (3) प्रेम रत्नाकर, (4) लक्ष्मीश्वर रत्नाकर, (5) रावणेश्वर कल्पतरु, (6) महेश्वर विलास, (7) मुनीश्वर कल्पतरू, (8) महेन्द्र भूषण, (9) रघुवीर विलास, (10) कमलानन्द कल्पतरू, (11) रामचन्द्र भूषण, (12) हनुमान शतक, (13) सरयू लहरन, (14) राम रत्नाकर, (15) नायिका भेद (अपूर्ण)।

हिन्दी रीतिकाव्य के गम्भीर अध्येता और मर्मज्ञ डॉ. **रामफेर त्रिपाठी** ने लछिराम के जीवन और कृतित्व के बारे में बृहत्काय शोध-प्रबन्ध लिखा है, जिससे इनके महत्व का पता चलता है। एक अन्य साक्ष्य के अनुसार, "अमोढ़ावासी लछिराम जी संवत् 1914 में अवधेश सर कोवसरकशान महाराज सर मानसिंह क़ायमजंग के.सी.एस.आई. की सेवा में प्राप्त हुए। उस समय उक्त महाराज ने इनकी योग्यता से प्रसन्न होकर इन्हें पुनः अपनी परिपाटी से साहित्य विधा में परिपक्व किया।"[101] "महाराजा मानसिंह साहब बहादुर अयोध्या नरेश के प्रधान विद्यार्थी तथा कृपापात्र होने के कारण निरन्तर आप उक्त महाराजा के समीप रहते थे। कहते हैं कि बैकुण्ठवास करने के समय महाराजा ने अन्तिम आदेश किया कि 'ग्रन्थ बनाना और रईसों के बुलाने पर जाना इसके अतिरिक्त दूसरा कार्य न करना निदान' जीवनपर्यन्त आपने ऐसा ही किया।"[102]

सन् 1856 ई. में जब लखनऊ की रियासत हज़रत सुल्तान वाजिद अली शाह, नवाब लखनऊ से, सरकार (गवर्नमेंट) ने अपने अधिकार में की उस समय (स्थान) लखनऊ में दरबार हुआ जिसमें पश्चिमोत्तर प्रदेश के छोटे लाट सभापति हुए। इस सभा में सूबे अवध के महाराजे, राजे, अमीर, उमराव, ताल्लुक़ेदार सभी निमन्त्रित थे। इस कमेटी में नजामत के कारण महाराजा मानसिंह साहब बहादुर की पहली कुर्सी थी, हर बात में हुक्काम लोग आप से सहमति लेते थे। महाराज साहब ने लोगों का परिचय प्रकाश करने के अभिप्राय से सभापति की आज्ञानुसार प्रथमतः लछिराम जी

को सब लोगों की क्रमशः विरुदावली पढ़ने को नियोजित कराया। कवि लछिराम ने अग्रगण्य महाराज साहब की प्रशंसा में यह कवित्त पढ़ा–

"बदन बिलोकि बीर बातन डेरात केते प्रफुलित गात केते दावन धरे रहैं।
कवि 'लछिराम' केते जोरि कर कंजन को आयसु लै सेना संग आगे अभिरे रहैं।।
टेढ़ी पाग समला समूल सिरपेचन तें मोती मनि हीरालाल भूतल झरे रहैं।
औध राजधानी मंजु महाराजा मानसिंह नागर नरेस तेरे पायन परे रहैं।"

महाराज साहब की ऐसी कृपा देख सूबे अवध के सब राजा रईस आपको मानने लगे। संवत् 1930 में उक्त महाराज साहब बहादुर का देहान्त हुआ। उस समय महाराज साहब के शोक संवाद में आपने यह कवित्त बनाया–

"कलित कुसासन पै आसनी कमल करि कामधेनु बिबिध बिबुध वर दै गयो।
वेद रीति भेंदन सों सुरपुर कीनो गौन सुमन बिमान पै सुरेस आनि लै गयो।।
कवि लछिराम राम जानकी सनेह रचि औध सरयू के तीर भारी जस कै गयो।
महाराज राजन को सूबे सिर ताजन को मानो मानसिंह एक सूरज अथै गयौ।।"[103]

"आपके ऊपर अवधेश महाराजा मानसिंह साहब बहादुर की बड़ी ही कृपा रहती थी। ...उक्त महाराजा साहब से कविराज की पदवी पायी। सूबे अवध तथा हिन्दुस्तान के अन्य प्रान्तों में प्रतिष्ठा पायी। **हाथी, घोड़ा, भूषण, बसन, ग्राम, धाम** आदि अनेक वस्तुएँ पायीं। अयोध्या क्षेत्र में कविराज पाठशाला नामक एक विद्यालय बनवाकर निज व्यय से विद्यार्थियों का भरण-पोषण कर संस्कृत विद्या पढ़ाते थे। उक्त क्षेत्र में एक मन्दिर बनवाकर श्री रामजानकी की मूर्ति स्थापित की, अपने तथा परिवार के लिए मकान बनवाया।

आपका डील-डौल साधारण, रंग साँवला, बदन दोहरा, दिल कड़ा, स्वभाव निज पक्ष ग्राही और उत्साही था। इसी से प्रायः कवि लोग परोक्ष से अरुचि प्रकाश करते तथा रचना में दूषण देते थे। चार दिन स्थान चरथी ज़िला बस्ती में अस्वस्थ रहकर अपनी सम्पूर्ण कमाई, दो पाणिग्रहीता स्त्री तथा आठ वर्ष का एक पुत्र छोड़कर प्रमोद बन अयोध्या में आकर शरीर बदल दिया।"[104]

लछिराम कवि पुराने चाल के निरंकुश ब्रज भाषा के मनोहर रचनाकार सूबे अवध क्या प्रायः आर्यावर्त में एक प्रसिद्ध पुरुष हो गये। यह कहना अत्युक्ति न होगी कि इस उन्नीसवीं शताब्दी में ऐसे उग्र तथा विख्यात लोग कम हुए।[105] द्विजदेव जी के विषय में डॉ. रामफेर त्रिपाठी के अनुसार– "ये लछिराम के सर्वप्रथम आश्रयदाता, अयोध्या के राजा और प्रख्यात कवि थे। इनके नाम पर कवि ने 'मानसिंह जंगाष्टक' संज्ञक ग्रन्थ की रचना की थी। जो अनेक प्रयत्नों के पश्चात्

भी नहीं उपलब्ध हो सका।"[106] राजा मानसिंह ने ही लछिराम को अपने द्वार का कविराज नियुक्त किया था।[107]

पं. राम भरोस (लछिराम के पाठशाला के एक विद्यार्थी और उनके राम जानकी मन्दिर के पुजारी) के अनुसार जब तक मानसिंह जीवित रहे तब तक लछिराम को अयोध्या दरबार से 2200 रुपये की वार्षिक वृत्ति बराबर मिलती रही।

लछिराम जी ने अपनी रचना 'लक्ष्मीश्वर रत्नाकर' में अवध भूमि को भूषित करने वाले महाराजा मानसिंह के विषय में किंचित विस्तार से लिखा है कि उन्होंने उसे दान देकर 'राव' बनाया और अपने द्वार का कविराज भी। मानसिंह को समस्त अवध प्रदेश के राजा, राना, राव आदि मनसब देकर उनकी प्रभुता स्वीकार करते थे। बस्ती के राजा शीतला बख्श सिंह ने लछिराम द्वारा निर्मित ग्रन्थ (प्रेम रत्नाकर) को लेकर उन्हें चरथी नामक ग्राम दान में दिया था।

लछिराम के निधन (संवत् 1961 वि.) के पश्चात् उनके प्रमुख शिष्य कवि यज्ञराज ने अपने गुरु के शोक में सरस्वती के सम्पादक आचार्य महावीर प्रसाद द्विवेदी के पास एक कविता भेजी थी। उसे और उसी के आधार पर आचार्य द्विवेदी ने लछिराम के सम्बन्ध में जो सम्पादकीय वक्तव्य 'सरस्वती' (अप्रैल 1905) में प्रकाशित किया था। उन्हीं के शब्दों में वह इस प्रकार है– "अयोध्या के प्रसिद्ध कवि लछिराम का नाम सरस्वती के पाठकों ने सुना होगा। भादों बदी 11 मंगल, संवत् 1961 को सरयू के किनारे अयोध्या में इनका स्वर्गवास हुआ। ये ब्रह्मभट्ट थे। इनकी कविता पर प्रसन्न होकर मानसिंह ने इनको अपने यहाँ रख लिया। महाराजा मानसिंह के न रहने पर वर्तमान राजा ने इनका पूर्ववत् सम्मान बनाये रखा। ये अयोध्या के राजकवि थे परन्तु अन्य अनेक राजदरबारों में जाया करते थे।"[108]

संवत् 1928 वि. में मानसिंह की मृत्यु के पश्चात् अयोध्या राज्य के लिए बहुत दिनों तक मुक़दमा चलता रहा। बाद में मानसिंह के दौहित्र प्रताप नारायण सिंह जी वहाँ के राजा हो गये। राजा मानसिंह ने इन्हें गोद लिया था। राज्य करते हुए कुछ दिनों के व्यतीत हो जाने के बाद एक दिन पण्डितों और कवियों से भरी सभा में राजा ने कवि लछिराम से कविता पाठ करने हेतु कहा–

> **"कछु दिन बीते अवध मैं श्री प्रताप अलकेस।**
> **बैठे निज दरबार मैं जहँ कवि पण्डित बेस।।**
> **ता छन कवि लछिराम सो श्री प्रताप महाराज।**
> **कहि कवित्त पठिबे हितै परम प्रताप दराज।।"**[109]

राजा मानसिंह के बाद राजा प्रताप नारायण सिंह जी लछिराम के आश्रयदाता थे। इन्हीं के दरबार में कवि ने राजा की प्रशंसा में अनेक छन्दों की रचना की–

"बन धन बीच रातो सिंह सो फिरै है फूलि सागर मैं बाड़वा अनल गुन जानो मैं।
मन्दर दरीन मैं मसाल महाजोति ज्वाल मंगलीक मंगल सिषर सनमानो मैं।।
कवि लछिराम महि मण्डल अखण्डल मैं बारहो कला को भारतण्ड अनुमानो मैं।
महाराज बीर प्रताप नारायण सिंह कौन रूप रावरे प्रताप को बखानो मैं।।"[110]

कवि लछिराम ने इनके नाम पर 'प्रताप रत्नाकर' नामक ग्रन्थ की रचना की थी, जिसमें राधा-कृष्ण के अष्टयाम-विहार का वर्णन किया गया है–

"सुनि कवित्त अति नेह करि बोल्यो नृपति सुजान।
लीला राधा रमन की यौं अब करिय बषान।।
आठ पहर मैं जिमि किये राधा संग बिहार।
तिहि बरनत अब कीजिए सुरस ग्रन्थ अवतार।।
सीस धर्‌यो महाराज को अनुसासन लछिराम।
वर प्रताप रत्नाकर लग्यौ रचन सुषधाम।।"[111]

इस रचना के उपलक्ष्य में कवि को हाथी, मणि और पर्याप्त धन पुरस्कार रूप में प्राप्त हुआ–

"सुनि कवित्त वर मोद करि दिय धन मनि गजराज"।[112]

कवि लछिराम अपने अन्त समय (मृत्यु संवत् 1961) तक बराबर राजा साहब के सम्पर्क में रहे।

कविवर लछिराम ने प्रायः अपनी सभी कृतियों में महाराजा मानसिंह 'द्विजदेव' की चर्चा की है–

'लक्ष्मीश्वर रत्नाकर' में–

"अवध भूमि भूषण सरिस मानसिंह महाराज।
कियौ दान करि राव मोहिं कियो द्वार कविराज।।"

'राग चन्द्र भूषण' में–

"बन्दी जन वंश राज हंस मानसिंह दरबार
विरद गवैया मन सब सविलासी को।"

'रावणेश्वर कल्पतरू' में–

"देव मानसिंह कवि बन्दी जन लछिराम,
अवध बसैया दसरथ राजधानी को।"

लछिराम जी ने अपने 'प्रताप रत्नाकर' नामक ग्रन्थ में अयोध्या के राजवंश के क्रम में राजा मानसिंह पर लिखा है जो इस प्रकार है–

"श्री सलतनत बहादुरी, कीने भुजबल बेस।
अरि मन गज पै सिंह सौं, दरसन सिंह नरेस।।

तिनको लघु भुपाल मनि, 'मानसिंह' महराज।
जिन कीने लछिराम कौ, निज द्वारे कवि राज।।
मानसिंह महाराज को, छायौ प्रबल प्रताप।
सुहृदय सुमन सीतल करन, अरि धन वन तनताप।।
जाको जस लखि भुवन में, चन्द चन्द अनुरूप।
कवि गन कौ सुर तरु सुभग, सागर सील सरूप।।
मानसिंह महाराज भौं, सुभग सितारा हिन्द।
कायम जंग बहादुरी के.सी.एस.कल इन्द।।
मानसिंह महाराज को, तनया सारद रूप।
प्रगट भई पुहुमी मनहुँ, मंगल सील सरूप।।
तासु ब्याह भौ मिश्र-कुल, मखण मंगल देस।
मख पवार द्विजराज मनि, साकद्वीप सुरेस।।
श्री नरसिंह नारायणहिं, निरखि महीपति मान।
निज तनया कौ ब्याह रचि, सागर सील निधान।।
नृप नरसिंह नारायणहिं, 'मानसिंह' महाराज।
माने परम प्रताप लखि, गनि बरता जहाज।।
मानसिंह तनया तनय, प्रगट भयौ बर बीर।
सोभित सूरज बाल सो, परम प्रताप गम्भीर।।
मानसिंह महाराज मनि, लियौ गोद भरि बेस।
चिरंजीव आसिषि दियौ, श्री प्रताप अमरेस।।
स्वर, द्रग रस ससि संवतै, कार्तिक तम कुज बार।
द्वैजिमान नृप कौ भयो, सुरपति कौ अवतार।।
वर प्रताप नारायणहिं, मानि मंजु महाराज।
लाल भाल मैं राज्य श्री, बसी मनहुँ सिरताज।।"[113]

महाराज प्रताप नारायण सिंह प्रसिद्ध काव्य प्रेमी और काव्यशास्त्र के मर्मज्ञ विद्वान् थे। इनका उपनाम 'वीरेश' था और लोग इन्हें 'ददुआ साहब' के नाम से भी जानते थे। लछिराम के अतिरिक्त इनके आश्रय में रहने वाले कवियों में साहित्याचार्य **अम्बिका दत्त व्यास, द्विज मन्नालाल,** जोधपुर मारवाड़ के निवासी **बृहत्कवि विद्याभास्कर, पं. लाल चन्द शर्मा** और मुरारिपुर (गोरखपुर) के **मुंशी रामनारायण दीन 'दीनदास'** के नाम उल्लेखनीय हैं। राजा प्रताप नारायण सिंह की आज्ञा से **द्विज मन्नालाल** ने 'सुन्दरी सर्वस्व', **दीनदास** ने 'छन्दमाला' और **पं. लाल चन्द्र शर्मा** ने 'प्रतापगुण चन्द्रोदय' तथा 'अवध नरेशाष्टक' नामक ग्रन्थों की रचना की थी।

द्विजदेव जी के परवर्ती **राजा वीरेश** जी ने 'रसकुसुमाकर' नामक प्रसिद्ध काव्यशास्त्रीय ग्रन्थ की रचना की है, जिसमें रसों के सर्वांगों का पूर्ण विवेचन और वैज्ञानिक वर्गीकरण किया है। इस ग्रन्थ में **देव, पद्माकर, बेनी, द्विजदेव, लीलाधर, कमलापति, पण्डित प्रवीन** आदि कवियों के साथ लछिराम के भी अनेक उत्कृष्ट छन्दों को उदाहरणस्वरूप स्थान दिया गया है। इसके अतिरिक्त इन्होंने शृंगार लतिका की सौरभी टीका भी की थी जो इनकी काव्य मर्मज्ञता का सुन्दर परिचय देती है।[114]

वीरेश जी की मृत्यु के बाद **महारानी जगदम्बा देवी** के शासनकाल में अयोध्या राज्य दरबार में रत्नाकर जैसा प्रतिभाशाली कवि आया जिसके आगमन ने इस दरबार के साहित्यिक योगदान में श्रीवृद्धि की। रत्नाकर के **'उद्धवशतक'** और **'गंगावतरण'** आदि काव्य अत्यन्त प्रसिद्ध हैं, जिसका अधिकांश भाग रत्नाकर जी ने अयोध्या में रहते हुए ही रचा है।

अयोध्या राजपरिवार तथा दरबार में रहने वाले कवियों के समग्र प्रयास ने हिन्दी साहित्य की उल्लेखनीय श्रीवृद्धि की है। **मुंशी रामनारायण 'दीन'** तथा **पं. राम नाथ ज्योतिषी** आदि कवि भी ददुआ साहब के दरबार में रहे, जिनके अवदान का सादर स्मरण आदि साहित्येतिहास ग्रन्थों में किया गया है। परम्परानुसार यहाँ विजयदशमी और होली के अवसर पर कवि दरबार होता था, जिसे देखने साहित्य प्रेमियों की भीड़ उमड़ती थी। ब्रज भाषा, श्री कृष्ण लीला तथा रीतिकाव्य शैली इस राजदरबार की कला साधना की ख़ास पहचान थी। यहाँ इस सम्पूर्ण वातावरण के निर्माता **महाराजा मानसिंह 'द्विजदेव'** थे, जिनकी स्थापित परम्परा बहुत दिन तक आगे भी चलती रही। **डॉ. जय नारायण मिश्र 'हेम'** ने अपनी पुस्तक में इस अयोध्या राज्य के विषय में लिखा है कि, "महाराज दर्शन सिंह, मानसिंह 'द्विजदेव', प्रताप नारायण सिंह 'ददुआ साहब', लाल त्रिलोकी नाथ सिंह 'भुवनेश' आदि प्रमुख शासक इस वंश के हैं जो सत्साहित्य तथा सत्काव्यकर्ता भी हैं। इस प्रकार अयोध्या राज्य ने हिन्दी की सराहनीय सेवा की है, यहाँ के राजाओं के स्वयं गुणज्ञ होने के कारण गुणीजनों को इनके दरबार में ससम्मान आश्रय मिला था। इनके दरबार में अनेकानेक प्रख्यात कवियों का उल्लेख मिलता है। महाराज दर्शन सिंह ने अपनी दानवीरता से, मानसिंह ने अपनी रसज्ञता से तथा महाराज प्रताप नारायण सिंह 'ददुआ साहब' ने अपने साहित्य ज्ञान से इन्हें अपने निकट एकत्र कर रखा था। वीरेश जी के आश्रय में भी अनेक कवि तथा विद्वान रहे और हिन्दी के साहित्य भण्डार की वृद्धि करते रहे। साहित्याचार्य अम्बिका दत्त व्यास, द्विज मन्नालाल तथा कविवर जगन्नाथ दास 'रत्नाकर' इसमें प्रमुख हैं, परन्तु रससिद्ध कवीश्वर महाराजा मानसिंह 'द्विजदेव' के शासनकाल में सर्वाधिक संख्या में कविगण रहते थे।"[115]

द्विजदेव की रचनाएँ

हिन्दी साहित्य के इतिहास ग्रन्थों में तथा हिन्दी रीतिकाव्य सम्बन्धी शोध व समीक्षा ग्रन्थों में प्रायः द्विजदेव की दो ही रचनाओं का उल्लेख मिलता है, ये हैं 'शृंगार बत्तीसी' और 'शृंगार लतिका'। **आचार्य रामचन्द्र शुक्ल** लिखते हैं—इनके (द्विजदेव के) भतीजे श्री त्रिलोकी नाथ सिंह 'भुवनेश', जिनसे अयोध्या नरेश ददुआ साहब की राज्य के लिए अदालत हुई थी, ने द्विजदेव की दो रचनाएँ बतायी हैं"[116] ये हैं 'शृंगार बत्तीसी' और 'शृंगार लतिका'।

मिश्र बन्धुओं द्वारा दिया गया वक्तव्य भी कुछ इसी प्रकार का है—"इनके भतीजे भुवनेश जी ने लिखा है कि इन्होंने 'शृंगार बत्तीसी' और 'शृंगार लतिका' नामक दो ग्रन्थ बनाये।"[117]

'शृंगार लतिका सौरभ' के प्रारम्भ में ग्रन्थ की प्रकाशिका में **महारानी जगदम्बा देवी** का जो वक्तव्य छपा है, उससे यह पता चलता है कि द्विजदेव की सबसे पहली रचना 'शृंगार बत्तीसी' ही है—"इस ग्रन्थ के पूर्व 'शृंगार बत्तीसी' नाम की एक छोटी-सी पद्यमय छपी पुस्तक, जिसमें उनके सैंतीस छन्द थे, प्रकाशित हो चुकी थी। किन्तु उनकी कविताओं का पूर्ण विवेचनात्मक संग्रह अब तक प्रकाशित नहीं हो पाया था।"[118] परन्तु आगे इन्होंने ही इस बात का खण्डन किया है।

'द्विजदेव और उनका काव्य' नामक शोध ग्रन्थ के प्रस्तोता **पं. अम्बिका प्रसाद बाजपेयी** ने इन दोनों रचनाओं के अतिरिक्त 'शृंगार चालीसी' नामक रचना भी खोजी है,[119] पर **'शृंगार बत्तीसी'** की कोई प्रति उन्हें भी प्राप्त नहीं है।

रीतिकाल के यशस्वी अध्येता समालोचक डॉ. **नगेन्द्र** ने 'हिन्दी साहित्य के वृहत् इतिहास' में लिखा है कि—" 'द्विजदेव' रचित तीन ग्रन्थ प्रसिद्ध हैं— **'शृंगार लतिका'**, **'शृंगार बत्तीसी'** और **'शृंगार चालीसी'**। कुछ विद्वान् **'शृंगार चालीसी'** को स्वतन्त्र ग्रन्थ नहीं मानते। इनके दो ग्रन्थ प्रकाशित हो चुके हैं। **'शृंगार लतिका सौरभ'** नाम से एक बहुत ही विशाल सटीक संस्करण अयोध्या की महारानी ने बड़ी सज-धज के साथ प्रकाशित कराया है। भूतपूर्व अयोध्या नरेश महाराज प्रताप सिंह ने **शृंगार लतिका** पर सौरभ टीका लिखी है।"[120]

'रीतिकाव्य-संग्रह' में द्विजदेव की दो ही रचनाओं का उल्लेख किया गया है— " 'शृंगार बत्तीसी' और 'शृंगार लतिका' द्विजदेव की यही दो पुस्तकें प्रकाशित हुई हैं। शृंगार लतिका का एक विशाल सटीक संस्करण महारानी अयोध्या ने प्रकाशित कराया है।"[121]

डॉ. रामफेर त्रिपाठी के अनुसार, "द्विजदेव की दो रचनाएँ प्राप्त होती हैं— 1. शृंगार लतिका 2. शृंगार बत्तीसी।"[122]

अयोध्या के वर्तमान राजपरिवार के निजी ग्रन्थागार में 'शृंगार लतिका', 'शृंगार बत्तीसी' तथा 'शृंगार चालीसी' की प्रति है। इसके अतिरिक्त एक अन्य कृति 'अविमुक्त पंचदशी' जो संस्कृत भाषा में है और जिसके द्विजदेव कृत होने का साक्ष्य डॉ. बाजपेयी ने दिया है, प्रस्तुत अध्येता को प्राप्त हुई है।

इसके अतिरिक्त द्विजदेव की एक अन्य रचना के बारे में भी कुछ साक्ष्य प्रस्तुत अध्येता को प्राप्त हुए हैं, वह रचना है–**'मानमयंक'**। इसका उल्लेख डॉ. उषा पुरी ने अपनी पुस्तक 'रीतिकालीन कविता में भक्ति तत्त्व'[123] में तथा **डॉ. जयनारायण मिश्र 'हेम'** ने अपनी आलोचना पुस्तक 'द्विजदेव के काव्य का आलोचनात्मक अध्ययन'[124] में किया है।

इस तरह से खोज और साक्ष्य संग्रह में द्विजदेव की कुल पाँच रचनाओं का पता चलता है। रचनाकाल के क्रम के अनुसार इनके नाम इस प्रकार हैं–

(1) शृंगार बत्तीसी

(2) शृंगार चालीसी

(3) शृंगार लतिका

(4) अविमुक्तपंचदशी

(5) मानमयंक

द्विजदेव की इन रचनाओं का विस्तृत परिचय इस प्रकार है–

(1) **शृंगार बत्तीसी :** हिन्दी साहित्य के इतिहास ग्रन्थों में इसकी सर्वत्र चर्चा है और शृंगार लतिका के बृहदाकार संस्करण के प्रकाशन में महारानी के प्रकाशकीय वक्तव्य में भी यह स्वीकार किया गया है कि इस नाम की 36 छन्दों वाली रचना नवल किशोर प्रेस, लखनऊ से लीथो में पहले छपी थी। कदाचित् महाराज द्विजदेव के कवितत्व का हिन्दी जगत् को प्रथम परिचय कराने वाली यही कृति रही होगी। जैसा कि इसके नाम से ही स्पष्ट है, यह छन्दों की गणना पर आधारित काव्य-परिपाटी का प्रतिनिधित्व करने वाली कृति है, जिसके नाम से तो लगता है कि इसमें 32 छन्द होने चाहिए, पर महारानी के वक्तव्य में इसमें 36 छन्दों के होने की बात स्वीकार की गयी है। परन्तु वास्तव में इस रचना में कुल 37 छन्दों का संकलन है। यह एक शृंगारपरक रचना है। 'शृंगार बत्तीसी' के विषय में 'हिन्दी साहित्य का समीक्षात्मक इतिहास' में लिखा है कि, "यह महाराजा मानसिंह द्विजदेव के बत्तीस शृंगारी कवित्तों का संग्रह है, प्रत्येक कविता सौन्दर्य व शृंगार की छटा से परिपूर्ण है।"[125]

शृंगार बत्तीसी के आवरण-पृष्ठ पर ही यह लिखा हुआ है, "श्रीमन्म हाराजधिराज अवधेश महाराजा मानसिंह बहादुर कायमजंग, के.सी.एस.आई. कृत जिसमें भक्तजन दुखहरण सर्वसुखकरण श्री राधाकृष्ण की रासलीला उत्तम कवित्तों में वर्णित है।"

इससे स्पष्ट होता है कि इस पूरी रचना में राधा-माधव की शृंगारिक लीलाओं का ही वर्णन है। इसी रचना की भूमिका को देखने पर इस ग्रन्थ का रचनाकाल तथा उस समय के देशकाल तथा परिस्थितियों का पता चलता है—

"जब सन् 1263 फसली में लखनऊ का देश ईस्ट इंडिया कम्पनी ने अपने अधीन कर लिए तब उक्त महाराज को राज्य नष्ट करि क़ैद करिबे की मति कीनी उक्त महाराज ने प्रथमहि ते या अभिप्राय जानि उसी सन् के आषाढ़ मास में बनवास में मनदयो श्रावण भादों मास बनही में व्यतीत भयो तहाँ चित्त के विनोदार्थ पावस ऋतु वर्णन पूर्वक राधा-माधव की लीला स्मरण कियौ, ताही कौं शृंगार बत्तीसी संज्ञा कर दीनी।"[126]

आगे इसकी भूमिका में लिखा है, "शृंगार बत्तीसी में 35 कवित्त हैं और द्वै दोहानते कवि ने स्वीय नाम अरू पिता को नाम ग्राम प्रतिपादन कीन्हों बाक़ी 32 रहे या हेतु शृंगार बत्तीसी ही ग्रन्थ को नाम उचित भयौ।। अरु उक्त महाराज के बनाये स्फुट कवित्त बहुत हैं। वह व्यंजन करिबे के हेतु इति या वाक्य के अनन्तर द्वै कवित्त उक्त महाराज रचित निवेश कर दियो ताते अब या ग्रन्थ में सब 37 कवित्व या रीतिसों हैं छप्पै 1 दोहा 2 सवैया 4 घनाक्षरी 30।"[127]

डॉ. जयनारायण मिश्र 'हेम' ने इसका रचनाकाल बताया है कि—"शृंगार बत्तीसी लाल त्रिलोकी नाथ सिंह के सम्पादकत्व में लखनऊ के नवल किशोर प्रेस से अक्टूबर संवत् 1885 में प्रकाशित हुई थी। इसका तीसरा संस्करण इस समय उपलब्ध है।"[128]

बाबू ब्रजरत्नदास ने भी इसके रचनाकाल के विषय में लिखा है कि— "शृंगार बत्तीसी लाल त्रिलोकी नाथ सिंह के सम्पादकत्व में लखनऊ के नवल किशोर प्रेस से तीसरी बार अक्टूबर सन् 1885 में प्रकाशित हमारे देखने में आयी है।"[129]

(2) शृंगार चालीसी : इस रचना का प्रकाशन वि. संवत् 1944 में हुआ। मुखपृष्ठ पर छपे विवरण से स्पष्ट है कि इसे अयोध्या नरेश श्री प्रताप नारायण सिंह की आज्ञा से काशी निवासी श्री पन्नालाल शर्मा ने शोधन करके अमर यन्त्रालय में मुद्रित कराया। जैसा कि इसके नाम से ही स्पष्ट है यह निश्चित छन्द-संख्या पर आधारित नामाभिधान वाले काव्यों की रचना परिपाटी पर तैयार किया गया काव्य है। शृंगार बत्तीसी के सभी छन्द इसमें उपलब्ध हैं। 16 पृष्ठों की इस रचना में छप्पय, दोहा, सवैया आदि छन्दों का प्रयोग है। रचना का प्रारम्भ निम्नलिखित छप्पय से किया गया है—

"एक है बिबि रूप राधिका श्याम कहावै,
है वश ब्रज युवतीन चतुर चातुर मन भावै,
पंचबान रति कोटि अंग अंगनि पर वारै,
छल बल करि ब्रज सुयश परम पावन विस्तारै,

'द्विजदेव' सातहूँ भुवन में अष्ट सिद्धि दाता विदित।
मन सेवहुँ नवधा भक्ति युत नवरस सम ब्रजराज नितं।"[130]

श्रृंगार बत्तीसी में भी यही छप्पय मंगलाचरण का छन्द है। श्रृंगार चालीसी की प्राप्त प्रति 5x9" के पन्नों पर है। इस प्रति में सर्वत्र 'श्रृंगार' को शृङ्गार' की तरह लिखा गया है। पुस्तक ब्रज भाषा में है तथा राधा-माधव की मधुर लीलाएँ ही छन्दों में कही गयी हैं। इसका मात्र एक ही संस्करण निकला था, जो लीथो मुद्रण शैली में पाण्डुलिपि के अक्षरों के मूल स्वरूप में छपा है। इसमें छन्दों की पंक्तियाँ लगातार छपी हैं। छन्दों के पूर्ण होने पर नम्बर पड़ा है। अलग-अलग छन्द अपनी अलग-अलग पंक्तियों में आसानी से देखने-समझने में नहीं आते। 40वाँ छन्द घनाक्षरी है, जिसे पूर्ण करने के बाद यह पंक्ति दी गयी है—"इति श्रीमन्महाराजधिराज द्विजराज श्री दरसनसिंहात्मज अवधेश महाराज मानसिंह जू कृत श्रृंगार चालीसी समाप्त।"[131]

इस रचना के प्रायः सभी छन्द श्री कृष्ण गोपी प्रेम पर आधारित श्रृंगार लीला का वर्णन प्रस्तुत करने वाले हैं। इसमें ब्रज भाषा और रीतिकाव्य शैली का आश्रय ग्रहण किया गया है।

(3) **श्रृंगार लतिका :** राजा प्रताप नारायण सिंह 'ददुआ साहब' ने इसका सटीक संस्करण 'श्रृंगार लतिका सौरभ' नाम से तैयार किया था, जो उनका देहावसान हो जाने पर महारानी जगदम्बा देवी द्वारा प्रकाशित कराया गया। 'श्रृंगार लतिका' द्विजदेव जी की प्रसिद्ध रचना है, किन्तु इसकी रचना का समय कहीं वर्णित नहीं है। यह देखने में अति आकर्षक है। अब यह रचना विशालकाय टीका सहित उपलब्ध है। इस रचना का नाम पहले 'श्रृंगार कलिका' था। महाराज ददुआ ने जब इसके प्रकाशन का विचार बनाया तो नाम भी परिवर्तित कर दिया और 'श्रृंगारकलिका' के स्थान पर 'श्रृंगार लतिका सौरभ' नाम से यह रचना प्रकाशित हो गयी। कुछ भी हो, इस रचना के नाम पर कोई संशय नहीं होना चाहिए, क्योंकि अब यह प्राप्त हो चुकी है। इसका प्रकाशन वि. संवत् 1993 में हुआ। प्रकाशिका थीं अयोध्या की महारानी श्रीमती जगदम्बा देवी। इसके ब्रज भाषा टीकाकार पं. जगन्नाथ अवस्थी हैं तथा सम्पादक पण्डित जवाहर लाल चतुर्वेदी जी हैं। इसका मुद्रण के. मित्र, इंडियन प्रेस लिमिटेड, प्रयाग द्वारा हुआ। इसकी 74 पृष्ठों की भूमिका में अयोध्या राजवंश का परिचय दिया गया है तथा महाराजा मानसिंह का एक भव्य चित्र भी अंकित है। इसके आगे श्री प्रताप नारायण सिंह जी का भी चित्र अंकित है। यह सम्पूर्ण ग्रन्थ तीन सुमनों में विभक्त है। प्रथम सुमन के पहले वाले पृष्ठ पर राधा-कृष्ण का चित्र अंकित है, जिससे लगता है कि सम्पूर्ण ग्रन्थ राधा-कृष्ण के चरित्र पर आधारित है।

प्रथम सुमन 156 पृष्ठों का है, इसमें मन्मथ की प्रेरणा एवं बसन्तागमन का वर्णन है। द्वितीय सुमन 532 पृष्ठों का है, इसमें राधा-कृष्ण की लीलाओं का वर्णन है। अन्तिम अर्थात् तृतीय सुमन 111 पृष्ठों का है इसमें नायिका का सौन्दर्य वर्णन हुआ है। अन्त में परिशिष्ट भी है तथा सहायक ग्रन्थों की सूची भी। इस प्रकार यह 'शृंगार लतिका सौरभ' 808 पृष्ठों का बृहदाकार ग्रन्थ है। प्रत्येक पृष्ठ के ऊपर राधा-कृष्ण का युगल चित्र अंकित है। इसका मुद्रण अत्यन्त सुरुचिपूर्ण और कलात्मक हुआ है। सभी पृष्ठों के चारों किनारों पर भव्य डिज़ाइन तथा कई स्थलों पर राधा-कृष्ण की मधुर लीलाओं के चित्र दिये गये हैं।

इसमें दोहा, मनहरन घनाक्षरी, रूप घनाक्षरी, किरीट सवैया, दुर्मिला सवैया, मत्तगयन्द सवैया, रोला, सोरठा, नाराच, मौक्तिकदाम आदि छन्दों का प्रयोग हुआ है। गुण, अलंकार और ध्वनियों का भी विस्तृत परिचय दिया गया है। सम्पूर्ण रचना में कुल 275 छन्द ही हैं पर विस्तृत टीका और उच्चस्तरीय मुद्रण ने पुस्तक को इस तरह विशालकाय बना दिया है कि जो बड़े-बड़े ग्रन्थों से भी विशाल लगती है तथा बहुत से लोग मूल रचना और उसके टीका भाग का पृथक्-पृथक् बोध न करके 'शृंगार लतिका' के बजाय 'शृंगार लतिका सौरभ' को ही सीधे-सीधे समग्रतः द्विजदेव की रचना जानते-मानते हैं। प्रस्तुत संस्करण का आवरण पृष्ठ जिस तरह छपा है, उससे ऐसी भ्रान्ति होना स्वाभाविक है। इस अध्याय के अन्त में दिये गये उस आवरण पृष्ठ के छायांकन से यह बात स्वतः स्पष्ट है। इस पर रचना और रचनाकार के नाम के बीचोबीच अयोध्या राज्य का तत्कालीन मोनोग्राम भी लगा है। यह कृति बड़ी साइज़ वाले आर्ट पेपर पर छपी है। इसमें शब्दार्थ, पाद टिप्पणी आदि भी सम्पादन के अन्तर्गत दी गयी है। द्विजदेव की कवि प्रतिभा का सर्वोत्तम उदाहरण यही कृति है। लक्ष्य ग्रन्थ शैली वाली इस रचना का पहला छन्द मनहरन घनाक्षरी में है–

आज सुख सोवत सलोनी सजी सेज पै,
घरीक निसि बाक़ी रही पाछिले पहर की।
भड़कन लाग्यौ पौन दच्छिन अलच्छ चारु,
चाँदनी चहूँधा घिरि आई निसि कर की।।
द्विजदेव की सौं मोंहि नैंकहुँ न जानि परी,
पलटि गई धौं कबै सुखमा नगर की।
औरें मैन गति, जाति रैन की सुऔरें भई,
औरें भई रति मति औरें भई नर की।।

(शृंगार लतिका सौरभ, 1)

ग्रन्थ-समाप्ति के वर्णन में छन्द सं. 273 से 275 तक एक सोरठा और दो दोहे दिये गये हैं–

सनमुख गिरा निहारी सीस असीख समेत लहि।
कछु नहि सकत उचारि पुलकित तन गद्‌गद बयन।।

अवध ईस मण्डन भुवन दरसन सिंह नरेश।
जिनके जस सौं सेत भो दिसि दिसि देश विदेश।।

तिनको सुत अति अल्प मति मानसिंह द्विजदेव।
किय सिंगार-लतिका ललित हरि लीला पर गेव।।[132]

मूल रचना से अलग प्रकाशन के सम्बन्ध में किसी का लिखा हुआ एक श्लोक भी यहाँ तृतीय सुमन पूर्ण होने के पश्चात् मिलता है–

"विजयदशम्यां भिनव निधि विधुवत्सरइषमासि।
विदुन्मदे 'जगदम्बया' ग्रन्थोऽसि प्राकाशि।।"[133]

'शृंगार लतिका सौरभ' में रानी जगदम्बा देवी का जो वक्तव्य छपा है, उससे पता चलता है कि संवत् 1993 वि. में छपा हुआ संस्करण वस्तुतः एक बार छपे हुए ग्रन्थ का पुनर्मुद्रित रूप है क्योंकि **डॉ. रसाल जी** द्वारा सम्पादित यह ग्रन्थ महारानी को कुछ त्रुटिपूर्ण लगा इसलिए उन्होंने इसके पुनर्मुद्रण का भार मथुरा निवासी **पं. जवाहर लाल चतुर्वेदी** को दिया और इंडियन प्रेस, प्रयाग से प्रथम बार मुद्रित होने के पहले भी यह नवल किशोर प्रेस से लीथो पद्धति में मूल पाण्डुलिपि के स्वरूप में छप चुकी थी। उस प्रति के एक पृष्ठ की छायाप्रति भी प्रस्तुत अध्याय के अन्त में दी जा रही है। समय-समय पर जिन अनेक साहित्य मनीषियों का परामर्श और परिश्रम इस कृति के सम्पादन व प्रकाशन में प्रयुक्त हुआ है। उसमें ब्रज भाषा के ख्यातिनामा कवि **बाबू जगन्नाथ दास रत्नाकर, डॉ. रामशंकर शुक्ल 'रसाल', पं. जवाहर लाल चतुर्वेदी** तथा **पं. श्री नारायण चतुर्वेदी** का नाम विशेषतः उल्लेखनीय है। शृंगार लतिका सौरभ में शृंगार लतिका के प्रायः प्रत्येक पाँचवें के पश्चात् शृंगार बत्तीसी का एक छन्द दिया गया है। शृंगार चालीसी के छन्द भी 'सौरभ' में संगृहीत है। इस प्रकार शृंगार लतिका सौरभ द्विजदेव जी की सम्पूर्ण रचनाओं का प्रामाणिक संकलन है।[134] इसके अतिरिक्त दस स्फुट छन्द 'शृंगार लतिका सौरभ' के सम्पादक **श्री जवाहर लाल चतुर्वेदी** ने उस पुस्तक के परिशिष्ट में दिये हैं। वह लिखते हैं यद्यपि हमें इन छन्दों के द्विजदेव कृत होने में सन्देह है, परन्तु **पं. पद्म सिंह शर्मा** के शब्दों में, "ऐसे बुजुर्गों को हम झुठलायें क्या, का विश्वास रख उद्‌धृत किया है।"[135]

उक्त दस छन्दों में से केवल दो (दूसरे तथा दसवें) में 'द्विजदेव' का नाम आता है, शेष छन्दों में कवि का उपनाम नहीं प्रयुक्त हुआ है। 9वाँ छन्द तो भिनगा नरेश को लिखा गया था और द्विजदेव के नाम से बहुत प्रसिद्ध है। शेष छन्दों की भाषा-शैली पर दृष्टिपात करने से कई छन्द द्विजदेव के काव्य-सौन्दर्य की सीमा का स्पर्श करते हुए प्रतीत होते हैं। इनमें से 7 छन्द तो 'रसकुसुमाकर' में ही विद्यमान हैं। शेष 3 छन्दों में से अन्तिम 10वाँ छन्द सौरभी टीका में ददुआ साहब के द्वारा मंगलाचरण के रूप में स्थापित किया गया है। अतः यदि उक्त छन्दों का काव्य-कौशल थोड़ा-बहुत हेठा भी हो तब भी उनके 'द्विजदेव' रचित होने में अधिक सन्देह करना विशेष उपयुक्त नहीं जान पड़ता। हम इन छन्दों को द्विजदेव कृत स्वीकार करने के ही पक्ष में हैं।[136]

शृंगार लतिका के बारे में 'हिन्दी साहित्य का समीक्षात्मक इतिहास' में लिखा है कि, "यह द्विजदेव का शृंगार काव्य विषयक दूसरा ग्रन्थ है, इसका सटीक संस्करण अयोध्या की महारानी की ओर से प्रकाशित हुआ था। टीका भूतपूर्व अयोध्या नरेश महाराज प्रताप नारायण सिंह ने की है"।[137] इस प्रकार द्विजदेव की शृंगार विषयक इन तीनों रचनाओं के अध्ययन से यह पता चलता है कि इन तीनों में सबसे पहले 'शृंगार लतिका' ही ब्रज भाषा टीका के साथ लीथो में छपकर नवल किशोर प्रेस, लखनऊ से प्रकाशित हुई थी। उसके बाद 'शृंगार बत्तीसी' और 'शृंगार चालीसी' छपी हैं।[138]

डॉ. जयनारायण मिश्र ने अपने शोध ग्रन्थ 'द्विजदेव के काव्य का आलोचनात्मक अध्ययन' में लिखा है कि, "महाराजा मानसिंह की सर्वाधिक लोकप्रिय रचना 'शृंगार लतिका' महाराज त्रिलोकी नाथ 'भुवनेश' की आज्ञा से मुंशी नवल किशोर के मुद्रणालय से प्रथम बार अक्टूबर संवत् 1883 में प्रकाशित हुई थी। कालान्तर में यह पुस्तक पं. मन्नालाल 'द्विज' के द्वारा सम्पादित होकर अमर यन्त्रालय, काशी और पण्डित नकछेदी तिवारी उपनाम 'अजान कवि' द्वारा सम्पादित चन्द्रप्रभा प्रेस, काशी से मुद्रित हुई। इसकी हस्तलिखित विज्ञप्ति के अनुसार इसमें श्रीकृष्ण महाराज की परम प्यारी राधिका रानो का शृंगार वर्णन है।"[139]

कुछ समय के पश्चात् इन तीनों रचनाओं के छन्द एक में कर दिये गये और महामहोपाध्याय महाराज सर प्रताप नारायण सिंह ने सांगोपांग विवेचनात्मक काव्य मर्म प्रकाशिनी एवं विचार व्यंजना विकासिनी भावार्थ सहित 'सौरभी' नाम की विशद् टीका की जो उनके निधन के उपरान्त 'शृंगार लतिका सौरभ' नाम से प्रकाशित हुई।[140]

डॉ. अम्बिका प्रसाद बाजपेयी ने भी अपने शोध के आधार पर लिखा है कि, "यह सिद्ध हो जाने पर भी कि ये रचनाएँ द्विज़देव की ही हैं यह समझ में नहीं आता कि शृंगार लतिका का रचयिता 'शृंगार कलिका' या 'शृंगार सौरभ' बनाकर

'श्रृंगार बत्तीसी' या 'श्रृंगार चालीसी' की रचना क्योंकर करने लगा? बत्तीस और चालीस की संख्या का भी कोई काव्यगत महत्त्व नहीं है, यही कारण है कि द्विजदेव के पश्चात् प्रथम काव्य मर्मज्ञ अयोध्या नरेश महाराज प्रताप नारायण सिंह 'ददुआ महाराज' ने बत्तीसी और चालीसी को मिटाकर उनमें प्रयुक्त छन्दों को सौरभ के अन्तर्गत मानकर 'श्रृंगार लतिका' नामक ग्रन्थ में सम्मिलित करके प्रथम बार इस संकलित ग्रन्थ का नाम 'श्रृंगार लतिका सौरभ' रखा।[141]

इन्होंने आगे लिखा है कि, "द्विजदेव का कोई ग्रन्थ उनके जीवनकाल में प्रकाशित नहीं हुआ और न उनकी कोई हस्तलिखित प्रति ही मिलती है। इसलिए लोगों को शंका होती है कि ये समस्त रचनाएँ उनके दरबारी कवि लछिराम द्वारा बनायी गयी होंगी, परन्तु यदि लछिराम कवि के काव्य को इनकी कृतियों के समग्र रखकर तुलना करें तो यह विचारधारा निर्मूल सिद्ध होगी क्योंकि द्विजदेव के सभी छन्द उत्कृष्ट हैं।"[142]

इस विषय में मिश्र बन्धुओं का मत भी यही है—"इनके आश्रय में बहुत से कवि रहते थे। इसी कारण बहुतेरे द्वेषी मनुष्यों ने उड़ा दिया था कि वे महाराज स्वयं कवि न थे वरन् लछिराम कवि से बनवाकर अपने नाम से कविता प्रकाशित करते थे। यह बात सर्वथा अशुद्ध थी और इससे ऐसी बातें उड़ाने वालों की छुद्रता भी प्रकट होती है। वास्तव में इनकी कविता के बराबर लछिराम का कोई भी ग्रन्थ या छन्द नहीं पहुँचता।"[143]

(4) **अविमुक्त पंचदशी :** पन्द्रह श्लोकों की यह रचना द्विजदेव की एकमात्र संस्कृत रचना है। प्रायः लोगों को द्विजदेव की रचनाओं में इसके भी होने की जानकारी नहीं है। यह संस्कृत भाषा में उनके कवित्वमय अभिनिवेश का प्रमाण है। ऐसा कहा जाता है कि यह रचना पूर्वजों के श्राद्ध के अवसर पर वाराणसी में ही की गयी थी और इसके श्लोकों में वाराणसी की ही स्तुति है। इसका प्रकाशन द्विजदेव के देहावसान के बाद संवत् 1905 वि. में हुआ जिस समय महाराज प्रताप नारायण सिंह अयोध्या नरेश थे। उन्हीं की आज्ञानुसार इसे भारत जीवन यन्त्रालय से बाबू रामकृष्ण वर्मा के द्वारा छापा गया। इस रचना की प्राप्त प्रति 5x9" इंची साइज़ में है। पुस्तक में कुल 16 पृष्ठ हैं। रचना का प्रारम्भ निम्नलिखित श्लोक से हुआ है—

"स जयति कोपि परोयल्लोकोथल्लोकवासिभिस्तवनिशम्।
हास्यास्पदमिह मीता ब्रह्माधा लोककर्त्तारः।।"

(अवि. पंच., 1)

इस रचना के मुखपृष्ठ का छायाचित्र इस अध्याय के अन्त में दिया जा रहा है, जिसमें मुद्रित विवरण से स्पष्ट है कि महाराजा मानसिंह ने पाप-शाप निबद्ध लोगों की मुक्ति के लिए काशी माहात्म्य-वर्णन सम्बन्धी यह रचना की और महाराजा

प्रताप नारायण सिंह की आज्ञा और इच्छा से इसे काशी निवासी श्री रामकृष्ण वर्मा ने अपने 'भारत जीवन यन्त्रालय' में मुद्रित कराया, जिसमें एकदम नीचे की ओर 'संवत् 1950' छपा है, जिसके ईसवी सन् होने की ही सम्भावना है विक्रमाब्द होने की नहीं। रचना का अन्तिम श्लोक यह है–

"भवति भवेधदिपापो नोयेक्ष्योयं तथापि हे मातः।
भगवन्तोपि जगत्यां मानविहीना न शोभन्ते"।।

(अवि. पंच., 15)

इति श्रीमन्महाराजाधिराज श्रीमदयोध्याधिप श्री महाराजा मानसिंहशर्म- निर्मिता विमुक्त पंचदशी नाम्नी काशी स्तुतिः समाप्ता।

यद्यपि भक्ति भावना पर विशेषतः केन्द्रित होने के कारण लोग इसे उनकी अन्तिम रचना भी मान सकते हैं, पर इसमें 'द्विजदेव' नाम मुद्रा का प्रयोग कहीं नहीं है, अतः मुझे तो यह हिन्दी रचनाओं से पूर्ववर्ती ही लगती है। परिवार की सदस्या होने के नाते मुझे व्यक्तिगत रूप से इस बात की जानकारी है कि शिवोपासना इस राजपरिवार की पारम्परिक आस्तिकता के केन्द्र में है। परिसर में स्थित 'दर्शनेश्वर महादेव' नामक विशाल और अद्भुत शिव मन्दिर इसका प्रमाण है, जो द्विजदेव के पूज्य पिता महाराजा दर्शन सिंह का बनवाया हुआ है। अतः इनकी रचनाओं से शिवभक्ति और शिवधाम काशी की महिमा का समावेश बहुत स्वाभाविक है। नमूने के लिए इस रचना के दो श्लोक यहाँ प्रस्तुत हैं–

"परमिति चिन्ता मूढ़े, मनसि न किञ्चित्कथंचिदायचि।
नाहं काशि तमोन्धः, कि-मुत भवन्नाम्न्यसम्बन्ध।।"

(अवि. पंच., 4)

'किमुपायः किं शरणं, को देवः का च साधना लोके।
अविमुक्तकमपि तीर्थं प्राप्य विमुक्तस्य मे मातः।।

(अवि. पंच., 6)

(5) **मानमयंक** : कविवर द्विजदेव के सरस एवं चित्ताकर्षक छन्दों का एक सुलभ और सस्ता संस्करण 'मानमयंक' नाम से श्री हरदयालु सिंह ने गंगा ग्रन्थागार, लखनऊ से संवत् 1997 में प्रकाशित कराया है। इसमें कवि की पीयूष स्पन्दिनी 247 कविताओं का संकलन है। यह प्रकाशन साधारण स्थिति के साहित्यानुरागियों को ध्यान में रखकर ही किया गया है।[144] मुक्तक छन्दों का यह संग्रह काफ़ी बड़ा है और इसके नाम 'मानमयंक' का प्रथम अक्षर 'मान' इसके प्रणेता 'मानसिंह' का ही नामांश है। यद्यपि दो-तीन विद्वानों ने इस कृति की चर्चा अपने-अपने शोध ग्रन्थों में की है, पर इसकी पाण्डुलिपि या कोई भी मुद्रित प्रति अभी तक अप्राप्त ही रही है।

प्रस्तुत अध्येता के विशेष अनुरोध पर पाण्डुलिपियों और पुरानी काव्यकृतियों के कर्मठ अनुसन्धायक पं. उदयशंकर दुबे ने इसे खोजकर इसकी प्रतिलिपि हमें उपलब्ध कराई है। उनकी सूचना के अनुसार यह रचना हिन्दी साहित्य के ख्यातिलब्ध अनुसन्धायक विद्वान और लेखक डॉ. किशोरीलाल गुप्त के निजी ग्रन्थागार से मिली है।

मानमयंक में आये हुए छन्दों को ध्यान से देखने पर यह पता चलता है कि इसके लगभग सभी छन्द (चार-पाँच छन्दों को छोड़कर) शृंगार लतिका में भी संकलित हो चुके थे। शृंगार लतिका का मुद्रण चूँकि बहुत सज-धज के साथ ख़र्चीले रूप में हुआ था अतः वह सर्वजन सुलभ नहीं हो सकी। उसे ऐसा बनाने के लिए मुद्रण-प्रकाशन की सामान्य प्रणाली पर **'मानमयंक'** के रूप में सामने लाया गया। निष्कर्षतः दो नामों वाली ये रचनाएँ एक ही रचना के दो रूप हैं।

द्विजदेव की सभी रचनाओं के मुखपृष्ठ की छायाप्रतियाँ

सन्दर्भ

1. अथर्ववेद 10.2.31
2. वाल्मीकि रामायण/बालकाण्ड 1.5.6.7
3. एस. एन. सेन, '1857', पृ. 187
4. श्री साम्ब पुराण-प्रथम भाग, पृ. 94
5. वही, पृ. 97
6. श्री साम्ब पुराण-प्रथम भाग, पृ. सं. 97
7. वही, पृ. सं. 99
8. डॉ. बृजकिशोर मिश्र, अवध के प्रमुख कवि, पृ. 24
9. कर्नल टाड, राजस्थान, पृ. 43-45
10. लाला सीताराम, अयोध्या का इतिहास, पृ. 165
11. वही, पृ. 165
12. वही, पृ. 166
13. वही, पृ. 167
14. पं. लछिराम भट्ट, प्रताप रत्नाकर, पृ. 5-6-7
15. तारीख़े अजोध्या, पृ. 79-80
16. लाला सीताराम, अयोध्या का इतिहास पृ. 169
17. गज़ेटियर ऑफ़ अवध, पृ. 218
18. डॉ. जय नारायण मिश्र 'हेम', द्विजदेव के काव्य का आलोचनात्मक अध्ययन, पृ. 18
19. लाला सीताराम, अयोध्या का इतिहास, पृ. 172
20. पी. कारनेगी, सी.एस., 'ए हिस्टोरिकल स्केच ऑफ़ फ़ैज़ाबाद तहसील'
21. लाला सीताराम, अयोध्या का इतिहास, पृ. 169

22. शृंगार लतिका सौरभ, सं. जवाहरलाल चतुर्वेदी लिखित भूमिका से
23. लाला सीताराम, अयोध्या का इतिहास, पृ. 178 तथा गज़ेटियर ऑफ़ फ़ैज़ाबाद, पृ. 76
24. हिन्दी विश्वकोश, एकादश भाग, पृ. 20 (द एनसाइक्लोपीडिया ऑफ़ इंडिका) वाल्यूम-XI
25. मिश्रबन्धु विनोद, पृ. 1052
26. शिवसिंह सरोज, पृ. 434 पुरानी प्रति से
27. लाला सीताराम, अयोध्या का इतिहास, पृ. 173
28. ए. काल्विन, 'द लायल एण्ड बेनीवोलेंट महाराजाज़ ऑफ़ अयोध्या', पृ. 7 से अनूदित
29. गज़ेटियर ऑफ़ फ़ैज़ाबाद, पृ. 162
30. लाला सीताराम, अयोध्या का इतिहास, पृ. 174
31. गज़ेटियर ऑफ़ फ़ैज़ाबाद, पृ. 75
32. तारीख़े अजोध्या, पृ. 106
33. हकीम मुहम्मद नज़्मुल्गनी ख़ाँ, तारीख़े अवध, पृ. 107
34. लाला सीताराम, अयोध्या का इतिहास, पृ. 174
35. वही, पृ. 174
36. तारीख़े अजोध्या, पृ. 103, 104
37. बटलर, टोपोग्राफ़ी एण्ड स्टैटिस्टिक्स ऑफ़ सदर्न अवध से अनूदित
38. हकीम नज़्मुलगनी ख़ाँ, तारीख़े अवध, पृ. 154
39. डॉ. रामफेर त्रिपाठी, रीतिमुक्त कवि : नया परिदृश्य, पृ. 115
40. शृंगार लतिका सौरभ की भूमिका, पृ. 17
41. तारीख़े अजोध्या, पृ. 109
42. अम्बिका प्रसाद बाजपेयी, द्विजदेव और उनका काव्य, पृ. 12
43. लाला सीताराम, अयोध्या का इतिहास, पृ. 176
44. अम्बिका प्रसाद बाजपेयी, द्विजदेव और उनका काव्य, पृ. 10
45. वीरेन्द्र देव पाण्डेय, मानसिंह ऑफ़ शाहगंज एण्ड द रिवोल्ट ऑफ़ 1857, पृ. 143 से अनूदित
46. वही, पृ. 189
47. वही, पृ. 190
48. मेटकाफ़–'सोशल इफ़ेक्ट्स ऑफ़ ब्रिटिशलैंड पॉलिसी इन अवध', पृ. 143-160 से अनूदित
49. परिपूर्णानन्द वर्मा, 'वाजिद अली शाह और राज्य का पतन' में 'बेगमात के ख़तूत' से
50. सुरेन्द्र कान्त, बेगम हज़रत महल, पृ. 92-93
51. वीरेन्द्र देव पाण्डेय, मानसिंह ऑफ़ शाहगंज एण्ड द रिवोल्ट ऑफ़ 1857, पृ. 69 से अनूदित
52. फॉरेन सीक्रेट कन्सल्टेशन, 26 फरवरी 1858, नं. 226 (नेशनल आर्काइव्स, न्यू देहली) से अनूदित
53. फ्रीडम स्ट्रगल इन उत्तर प्रदेश, वॉल्यूम-1, पृ. 372-381 से अनूदित
54. फॉरेन पॉलिटिकल कन्सल्टेशन, 13 दिसम्बर 1859, सप्लीमेंट नं. 1374 (नेशनल आर्काइव्स, न्यू देहली) से अनूदित
55. यू.पी. डिस्ट्रिक्ट गज़ेटियर फ़ैज़ाबाद, पृ. 67 से अनूदित
56. फ्रीडम स्ट्रगल इन यू.पी. वॉल्यूम-2, पृ. 240-241 से अनूदित

57. डॉ. एस.एन. सेन, 'शब्दों में 1857', पृ. 215 से अनूदित
58. गज़ेटियर ऑफ़ फ़ैज़ाबाद, पृ. 76
59. कर्नल जॉन बोन्हम, अवध इन 1857- सी.बी., अध्याय 9, पृ. 61 से अनूदित
60. लाला सीताराम, अयोध्या का इतिहास, पृ. 176 तथा 'रसकुसुमाकर' की भूमिका, पृ. 4
61. डॉ. जय नारायण मिश्र 'हेम', द्विजदेव के काव्य का आलोचनात्मक अध्ययन, पृ. 24
62. सुरेन्द्र कान्त, बेगम हज़रत महल, पृ. 102
63. वही, पृ. 102
64. रिकॉर्ड्स, फॉरेन पॉलिटिकल कन्सल्टेशन्स गवर्नमेंट ऑफ़ इंडिया (1859), पृ. 889-921 से अनूदित
65. डॉ. जय नारायण मिश्र 'हेम', द्विजदेव के काव्य का आलोचनात्मक अध्ययन, पृ. 25
66. लाला सीताराम, अयोध्या का इतिहास, पृ. 176
67. वही, पृ. 177
68. गज़ेटियर ऑफ़ फ़ैज़ाबाद, पृ. 76
69. डॉ. अम्बिका प्रसाद बाजपेयी, द्विजदेव और उनका काव्य, पृ. 12
70. डॉ. जय नारायण मिश्र 'हेम', द्विजदेव के काव्य का आलोचनात्मक अध्ययन, पृ. 26
71. डॉ. अम्बिका प्रसाद बाजपेयी, द्विजदेव और उनका काव्य, पृ. 14
72. डॉ. जय नारायण मिश्र 'हेम', द्विजदेव के काव्य का आलोचनात्मक अध्ययन, पृ. 26
73. पेपर्स रिलेटिंग टू द एडमिनिस्ट्रेशन ऑफ़ अवध, पृ. 61 से अनूदित
74. वीरेन्द्र देव पाण्डेय, मानसिंह ऑफ़ शाहगंज एण्ड द रिवोल्ट ऑफ़ 1857, पृ. 184 से अनूदित
75. हकीम नज़्मुलगनी ख़ाँ, तारीख़े अवध
76. लाला सीताराम, अयोध्या का इतिहास, पृ. 178
77. वही, पृ. 178
78. राजशेखर, काव्य मीमांसा, दशम अध्याय, पृ. 132
79. डॉ. नगेन्द्र, हिन्दी साहित्य का वृहत् इतिहास, षष्ठ भाग, पृ. 540
80. डॉ. रामफेर त्रिपाठी, रीतिमुक्त कवि : नया परिदृश्य, पृ. 116
81. जही, पृ. 117
82. मिश्रबन्धु विनोद, पृ. 1020
83. हिन्दी साहित्यकोश, पृ. 270
84. वीरेन्द्र देव पाण्डेय, मानसिंह ऑफ़ शाहगंज एण्ड द रिवोल्ट ऑफ़ 1857, पृ. 107
85. शिवसिंह सरोज, पृ. 450-451
86. मिश्रबन्धु विनोद, पृ. 1052
87. वही, पृ. 1052-1053
88. परमानन्द सुहाने, षट्ऋतुहजारा, पृ. 38-192
89. प्रताप नारायण सिंह, रसकुसुमाकर, पृ. 69
90. शिवसिंह सरोज, पृ. 456
91. मिश्रबन्धु विनोद, 1052
92. परमानन्द सुहाने, षट्ऋतुहजारा, पृ. सं. 40, 125, 197, 270, 293, 312

93. मिश्रबन्धु विनोद, पृ. 1052
94. वही, पृ. 1065
95. ब्रज किशोर मिश्र, अवध के प्रमुख कवि, पृ. 27
96. शृंगार लतिका सौरभ की भूमिका, पृ. 28
97. शिवसिंह सरोज, पृ. 423
98. मिश्रबन्धु विनोद, पृ. 1294
99. आचार्य रामचन्द्र शुक्ल, हिन्दी साहित्य का इतिहास, पृ. 572
100. मिश्रबन्धु विनोद, पृ. 1134-35
101. वही, पृ. 1, जीवनी भाग-1
102. वही, पृ. 4-5, भूमिका भाग।
103. नकछेदी तिवारी, कविराज लछिराम कवि का जीवन चरित्र, पृ. 3-5 जीवनी भाग-1
104. वही, पृ. 13-14
105. वही, पृ. 4
106. डॉ. रामफेर त्रिपाठी, आचार्य कवि लछिराम : जीवन और साहित्य, पृ. 66, 67
107. 'सुवन सुदर्शन सिंह को साहगंज द्विजराज। मानसिंह महाराज ने कीनो जेहि कविराज।।'—प्रेम रत्नाकर, 2/5
108. सरस्वती, अप्रैल 1905 ई., सं.—आचार्य महावीर प्रसाद द्विवेदी
109. लछिराम भट्ट, 'प्रताप रत्नाकर', 2/50-51
110. वही, 2/55
111. वही, 2/77-79
112. वही, 2/82
113. वही, पृ. 7, 8, 9
114. डॉ. रामफेर त्रिपाठी, आचार्य कवि लछिराम जीवन और साहित्य, पृ. 71-72
115. डॉ. जय नारायण मिश्र 'हेम', द्विजदेव के काव्य का आलोचनात्मक अध्ययन, पृ. 34-35
116. आचार्य रामचन्द्र शुक्ल, हिन्दी साहित्य का इतिहास, पृ. 273
117. मिश्रबन्धु विनोद, पृ. 1021
118. शृंगार लतिका सौरभ, सं. जवाहर लाल चतुर्वेदी, पृ. 6
119. अम्बिका प्रसाद बाजपेयी, द्विजदेव और उनका काव्य, पृ. 36
120. डॉ. नगेन्द्र, हिन्दी साहित्य का वृहत् इतिहास- षष्ठ भाग- (रीतिकाल : रीतिबद्ध काव्य), पृ. 540
121. डॉ. जगदीश गुप्त, रीतिकाव्य संग्रह, पृ. 241
122. डॉ. रामफेर त्रिपाठी, रीतिमुक्त कवि : नया परिदृश्य, पृ. 116
123. डॉ. उषा पुरी, 'रीतिकालीन कविता में भक्ति तत्त्व', पृ. 275
124. डॉ. जय नारायण मिश्र 'हेम', द्विजदेव के काव्य का आलोचनात्मक अध्ययन, पृ. 34
125. डॉ. कृष्ण लाल हंस, हिन्दी साहित्य का समीक्षात्मक इतिहास, पृ. 321-322
126. द्विजदेव, शृंगार बत्तीसी-भूमिका, पृ. 2-3
127. वही

128. डॉ. जय नारायण मिश्र 'हेम', द्विजदेव के काव्य का आलोचनात्मक अध्ययन, पृ. 33
129. शृंगार लतिका सौरभ, सं. जवाहर लाल चतुर्वेदी, भूमिका लेखक-ब्रजरत्नदास, पृ. 19
130. द्विजदेव, शृंगार चालीसी, पृ. 1
131. वही, पृ. 16
132. शृंगार लतिका सौरभ, 273-274-275
133. द्विजदेव, शृंगार लतिका, 3. 275 से लगा हुआ श्लोक
134. डॉ. जय नारायण मिश्र 'हेम', द्विजदेव के काव्य का आलोचनात्मक अध्ययन, पृ. 34
135. वही, पृ. 34
136. वही, पृ. 34
137. डॉ. कृष्ण लाल हंस, हिन्दी साहित्य का समीक्षात्मक इतिहास, पृ. 321-322
138. शृंगार लतिका, महारानी जगदम्बा देवी का वक्तव्य, पृ. 6
139. डॉ. जय नारायण मिश्र 'हेम', द्विजदेव के काव्य का आलोचनात्मक अध्ययन, पृ. 29
140. वही, पृ. 33
141. डॉ. अम्बिका प्रसाद बाजपेयी, द्विजदेव और उनका काव्य, पृ. 37-38
142. वही, पृ. 37
143. मिश्रबन्धु विनोद, पृ. 1021
144. डॉ. जय नारायण मिश्र 'हेम', द्विजदेव के काव्य का आलोचनात्मक अध्ययन, पृ. 34

श्रृङ्गारबत्तीसी॥

श्रीमन्महाराजाधिराज अवधेश महाराजा
मानसिंह बहादुर क़ायमजङ्ग
के,सी,एस,आई, कृत

जिसमें

भक्तजनदुःखहरण सर्व्वसुखकरण श्रीराधा
[illegible] उत्तम कवित्वों में वर्णित हैं

और

विद्यातिविद्य श्रीमहाराज त्रिलोकीनाथसिंह
बहादुर की आज्ञानुसार

॥ शृङ्गारचालीसी ॥

श्रीमन्महाराज द्विजराज आनरेबिल्
श्री ५ प्रतापनारायणसिंह अवधेस
बहादुर की आज्ञानुसार

काशीनिवासी

मन्नालालशर्म्माने सोधकर अमर
यन्त्रालयमें मुद्रित कराया ।

सम्बत् १८४४
कार्तिकशुक्ल पूर्णिमा

श्रृङ्गार लतिका सौरभ

द्विजदेव

अविमुक्तपञ्चदश॥

या हि

श्रीमदयोध्याधिपेन श्रीमन्महाराजाधि-
राज मानसिंहेन पापपाशनिबद्धानां
मुक्तिहेतवे निर्मिता

सा च

श्रीमन्महाराजाधिराज आनरेबू महा-
राजप्रतापनारायणसिंहशर्म्मणां
आज्ञया रामकृष्णवर्म्मणा

काश्यां।

निजभारतजीवनयन्त्रालये मुद्रिता।

संवत् १९५०

देव-सुकवि-सुधा

मान-मयंक

संग्रहकर्ता और संपादक

श्रीयुत हरदयालुसिंह

प्रकाशक

देव-सुकवि-सुधा-कार्यालय

कवि-कुटीर, लखनऊ

प्रथमावृत्ति

सजिल्द १)] सं० १००० [सादी ११)

शृंगार लतिका की पाण्डुलिपि के यथावत मुद्रण वाली प्रति में से एक पृष्ठ की छायाप्रतिलिपि

श्री॰ शृंगारल तिका ९७

अवतारण॥ कवञ्ज्यक फागुन १पद यापदतें होरीकेकवित्तसबव्यंजितहोंयहैं २पद॰ यापदतेंहोरीखेलतस्यामकोप्र गल्भसकरीसुषिनकीउत्तिकेजेकवित्तहैं तेव्यंजितहोंयहैं ३पद यापदतेंवसीसुनितंभकेजेकवित्तहैं तथांवसी

द्वितीय कवकुंकफागुनमांहदोऊफागुखेलिमिलिखेलहिं लषिमदमोतिस्यामका ङ्कषिसेआंसीमेहलहिं हैनवोढ्वाइंमुग्धतिआमोहनमनमोहैं हरिमुषसुनिकरु वेनुसबैविधिराधामोहैं औरगांवहरिचलतवावकुंराधादुषपावैं आव तजानिकहोरिहिएआनंदउपजावैं वसिविदेसहरिकवकुंकवकुंविर॥ हादुषपावैं हैविविहिनितिअविलषिदूतिहरिपासपठावैं ॥०॥०॥०॥

निंदाकेजेकवित्तहैं तेव्यंजितहोंयहैं ४पद॰ यापदतेंनवोढाराधाव्यंजितहोयहै॰ टीका॰ औरगांव १पद॰ यापदतें मध्यापतिकाराधाव्यंजितहोयहै २पद॰ यापदतेंआगतपतिकाराधाव्यंजितहोयहै ३पद यापदतें प्रोषितमोहनव्यंजितहोयहै ४पद यापदतेंप्रोषितपतिकाराधाकेसिंगारकवित्तव्यंजितहोंयहैं ॥० श्री ॥

१८

अवतारण॰ टीका॰ रचिरचिलीला ११२पद १॥२पदनतेंबालछांतारितकेसिंगारकविव्यंजितहोयहैं कलहांतरि तामेंलीलाईकीकलहकहीजायहै तोचौकलहमेंभासहोयहै ३।४पद॰ इनदोऊपदनतेंषंडितादृढधीरादिकसेसिंगा रेकवित्तव्यंजितहोंयहैं औरसंगश्रीराधाकोविहारस्यचितजानिराधिकाईनेंदूतीयरूपधरिविहारकियो अहराधिका

द्वितीय ०॥

रचिरचिलीलाकलहककरराधारिसठानैं हरिमनाइजवचलतातवैमनमैंदुषआनैं। औरहरिरचिकवकुंस्यामसंगराधाविहरे ताहिजानिरिसभातसुतादुषठानतिहियरे तातियतेंहैअधितदेतिवकुभांतिउलाहन करतमानहरिसंगलगैंसषियांसमुझावन

हीदुषठानतिहै यहकहो॰ टीका॰ तातिय॰ १पद॰ यापदतेंअन्यसंभोगदुःखिताव्यंजितहोयहै २पद॰ यापदतेंमानिनीकेसिंगारकवित्तव्यंजितहोंयहैं॰ तिजतन ३पद यापदतेंस्वाधीनपतिकाकेकवित्तव्यंजितहोंयहैं॰ गरवकरें ४पद॰ यापदतें रूपगर्विताकेकवित्तव्यंजितहोंयहैं॰ ॥श्री॥राधाराधाराधाराधाराधाराधाराधाराधा॥

द्विजदेव का शृंगार वर्णन

कवि द्विजदेव की काव्य-रचना की मूल चेतना शृंगार है। दूसरे अध्याय में इनकी जिन तीन रचनाओं का नामोल्लेख हम कर आये हैं, उन सब के नामों में 'शृंगार' शब्द का प्रमुखता से प्रयोग हुआ है। यों तो सम्पूर्ण रीतिकालीन काव्य ही शृंगार भावना प्रधान है फिर भी ऐसे कई कवि इस काल में हुए हैं जिन पर रस-तत्त्व की तुलना में अलंकार तत्त्व का प्रभाव अधिक गहरा है।

जिन आचार्य कवियों ने विशेषतः रस विवेचन पर लक्षण ग्रन्थ लिखा, उनकी एक समृद्ध परम्परा इस युग में पायी जाती है, जैसे—**केशवदास** कृत 'रसिकप्रिया', कृष्ण भक्त देव **ऋषि** कृत 'शृंगार रस माधुरी', **भिखारी दास** कृत 'रस सारांश' और 'शृंगार निर्णय', **सैयद गुलाम नबी 'रसलीन'** कृत 'रस प्रबोध', **शिवनाथ** कृत 'रसवृष्टि', **महाराजा रामसिंह** कृत 'रस निवास', **बेनी बन्दीजन** कृत 'रस-रत्नावली', **चन्ददास** कृत 'शृंगार सागर', रामसिंह कृत 'रस शिरोमणि', **यशवन्त सिंह** कृत 'शृंगार शिरोमणि', **आचार्य चिन्तामणि** कृत 'शृंगार मंजरी' इत्यादि।

द्विजदेव कृत **'शृंगार लतिका'** भी इसी कोटि में आती है। द्विजदेव की रचनाओं का विकासक्रम देखने से लगता है कि उनकी काव्य प्रतिभा शृंगार-योजना में अधिक रमती थी। उनकी शृंगार-लतिका में शृंगार योजना का स्वरूप किसी रस विशेष के यत्र-तत्र किये गये विधान तक ही सीमित नहीं है, अपितु वही उनके वर्ण्य-विषय का प्राण है और वही उनकी कविता के भाव-योग का अंगी भाव है। इसलिए उनकी रचनाओं के अनुशीलन में उसे शृंगार के व्यापक और समग्र स्वरूप में देखकर आकलन करने की आवश्यकता है।

रस का स्वरूप तथा परिभाषा

रसवादी आचार्य रस को काव्य की आत्मा मानते हैं। "रसो वै सः" इस वैदिक उक्ति के आधार पर रस को आनन्दस्वरूप ब्रह्म ही माना गया है। आचार्य भरत के अनुसार कहा जा सकता है कि विभाव, अनुभाव और संचारी भाव के संयोग से रस की निष्पत्ति होती है।

"विभावानुभाव व्यभिचारिसंयोगाद्रनिष्पतिः"[1]

और यह रस की निष्पत्ति नाना भावों के उपागम से होती है–

"नाना भावोपगमाद्रसनिष्पतिः"[2]

आचार्य विश्वनाथ ने 'साहित्य दर्पण' में रस के स्वरूप को व्यक्त करते हुए लिखा है कि सत्वोद्रेक रस का हेतु है। यही नहीं, वह तो अखण्ड, स्वप्रकाशानन्द, चिन्मय, वेद्यान्तर, स्पर्शशून्य, ब्रह्मास्वाद सहोदर और लोकोत्तर चमत्कार से युक्त होता है–

"सत्वोद्रेकादखण्ड स्वाप्रकाशानन्द-चिन्मयः।
वेद्यान्तरस्पर्शशून्यो ब्रह्मास्वाद सहोदरः।।
लोकोत्तर चमत्कार प्राणः कैश्चित्प्रमातृभिः।
स्वाकारवद भिन्नत्वेनायमास्वाद्यते रसः।।"[3]

आचार्य भरत ने नाट्यशास्त्र में आठ रसों का उल्लेख किया है, परन्तु नवें रस 'शान्त' की सम्भावना भी की है। इन रसों के अतिरिक्त आचार्यों ने एक दसवाँ रस भी माना है–'वात्सल्य'। परन्तु भारतीय काव्यशास्त्र में श्रृंगार रस को विशेष सम्मान मिला है।

श्रृंगार रस का महत्त्व

भारतीय काव्यशास्त्र में विशेष सम्मान का अधिकारी होने के कारण इसे **'रसराज श्रृंगार'** भी कहा गया है। आचार्य भरत के अनुसार संसार में जो कुछ भी पवित्र, विशुद्ध, उज्जवल और दर्शनीय है, उसकी श्रृंगार रस से उपमा दी जाती है–

"वृत्ति यत्किंचित्लोके शुचि मेध्यंदर्शनीयंवातच्छृंगारेणोपमीयते"[4]

आनन्दवर्धन भी श्रृंगार रस को सर्वाधिक मधुर और आनन्दकारक रस मानते हैं–

"श्रृंगार एव मधुरः परः प्रह्लादनो रसः।
तन्मयं काव्यमाश्रित्य माधुर्य प्रतितितिष्ठति।।"[5]

कुछ काव्यशास्त्रियों ने श्रृंगार को अन्य रसों का आधार माना है क्योंकि श्रृंगार रस में मानव मन की अधिकतम भावनाओं का समावेश रहता है। काम की भावना मानव से लेकर पशु-पक्षी तक में स्वाभाविक रूप से मिलती है। यह काम-तत्त्व सार्वदेशिक तथा सार्वभौमिक है। मानव-मात्र को यह भावना प्रभावित करती है। श्रृंगार रस का स्थायी भाव रति है। श्रृंगार में इतनी व्यापकता है जो अनेक स्थायी संचारी सात्विकों को यह आत्मसात् कर सकता है। इसकी सबसे बड़ी विशेषता यह है कि इसमें अन्य रसों को समाहित करने की क्षमता है।

श्रृंगार के आश्रय-आलम्बन नायक-नायिका हैं। इसके उद्दीपन अन्य रसों की तुलना में अधिक रमणीय, अधिक आकर्षक, मोहक और व्यापक हैं। श्रृंगार के

उद्दीपन सर्वत्र और सब कालों में सुलभ हैं। मानव हृदय की वृत्तियों का अधिकतम मात्रा में इसमें चित्रण होता है और मानव हृदय की वृत्तियाँ इसमें उसी मात्रा में रमण भी करती हैं। शृंगार की व्यापकता के विषय में देव ने लिखा है–

"मूलि कहत नव रस सुकवि सकल मूल सिंगार।
जो सम्पति दम्पतिनु को जाको जग विस्तार।।"[6]

"विमल सुख सिंगार-रस देव अकास अनन्त।
उड़ि-उड़ि खग ज्यों और रस, विवस न पावत अन्त।।"[7]

सेठ कन्हैयालाल पोद्दार ने अपने ग्रन्थ 'रसमंजरी' में शृंगार की व्याख्या इस प्रकार की है– "शृंगार यौगिक शब्द है, 'शृंग' और 'आर' इसके दो अंश हैं। शृंग का अर्थ कामोद्रेक अर्थात् काम की वृद्धि है। 'आर' शब्द 'ऋ' धातु से बना है। 'ऋ' का अर्थ 'गमन' है। गति का अर्थ यहाँ प्राप्ति से लिया जाता है। अतः शृंगार शब्द का अर्थ है–'काम वृद्धि की प्राप्ति'। चूँकि स्थायी भाव 'रति' विभाव, अनुभाव और संचारी भावों के एकीकरण से रस अवस्था को प्राप्त होकर कामी जनों के चित्त में काम की वृद्धि करता है इसीलिए वह शृंगार कहलाता है।"[8]

रीतिकालीन रसवादी आचार्यों ने शृंगार रस को ही प्रमुखता दी है, इनके ग्रन्थों का प्रमुख वर्ण्य-विषय शृंगार ही है। "इन ग्रन्थों में वैसे तो सामान्यतः रस के साथ रस के स्थायी, संचारी, विभाव, अनुभाव आदि सभी का वर्णन किया गया है, परन्तु प्रधानता शृंगार के ही विभिन्न अंगों को दी गयी है।"[9]

"इन ग्रन्थों में शृंगार के संयोग और वियोग दोनों पक्षों का सम्यक् निरूपण मिलता है। संयोग के अन्तर्गत नायक-नायिका (आलम्बन), सखी, दूती एवं षड्-ऋतु (उद्दीपन) और उसके अनुभाव, सात्विक भाव, नायिकाओं के स्वभाव, अलंकार आदि का मनोहर वर्णन विस्तारपूर्वक अत्यन्त मनोनिवेश के स्वभाव किया गया है। वियोग पक्ष में पूर्वानुराग, मान, प्रवास आदि विभिन्न भेद, पूर्वानुराग के श्रवण, चित्र दर्शन, प्रत्यक्ष दर्शन, आदि साधन, मान-मोचन के अनेक उपाय और वियोगजन्य काम-दशाएँ आदि वर्णित और अंकित हैं।"[10]

द्विजदेव रीतिकाल के अन्तिम चरण के कवि हैं। रीतिकालीन कवियों ने शृंगार के विविध अंगों, उसके दोनों पक्षों तथा अनेक स्थितियों का बड़ा ही विशद् वर्णन किया है। द्विजदेव के शृंगार वर्णन में भी शृंगार की विस्तृत रूपरेखा मिलती है। शृंगार रस के आलम्बन नायक-नायिका का विशद् वर्णन द्विजदेव ने प्रस्तुत किया है। इनका वर्णन शास्त्रीय है। इन्होंने नायक-नायिका के रूप में श्रीकृष्ण और राधा का वर्णन किया है। द्विजदेव के शृंगार वर्णन की परिधि में कौन-कौन से विचारणीय पक्ष

आयेंगे, इसका बोध संस्कृत और हिन्दी के लक्षण ग्रन्थों की परम्परा के आलोक में किया जा सकता है। इसके अनुसार इनकी रचनाओं की शृंगार योजना का सम्यक् निरीक्षण करने के उपरान्त जिन विशिष्ट पक्षों का अस्तित्व सामने आया है, वे निम्नलिखित हैं–

शृंगार रस के दो पक्ष हैं–संयोग तथा वियोग। कवि द्विजदेव ने शृंगार लतिका में इन दोनों पक्षों की यथोचित महत्त्व के साथ व्याख्या की है। रस के सभी अंगों को कवि ने अपने काव्य में सफलता के साथ चित्रित किया है, जैसे–आलम्बन, उद्दीपन, आश्रय, अनुभाव, संचारी भाव आदि।

द्विजदेव के विषय में **आचार्य रामचन्द्र शुक्ल** ने लिखा है कि, "द्विजदेव को ब्रज भाषा के शृंगारी कवियों की परम्परा में अन्तिम प्रसिद्ध कवि समझना चाहिए। जिस प्रकार लक्षण ग्रन्थ लिखने वाले कवियों में पद्माकर अन्तिम प्रसिद्ध कवि हैं। उसी प्रकार समूची शृंगार परम्परा में ये हैं। इनकी-सी सरस और भावमयी फुटकल शृंगारी कविता फिर दुर्लभ हो गयी।"[11]

द्विजदेव में मौलिकता बहुत थी परन्तु वे परम्परा से भी बँधे रहे और उसका पोषण किया। शृंगारिक भावना जो कविता में परम्परागत रूप में चली आ रही थी उसका अनुसरण किया। द्विजदेव में घनानन्द की तरह हृदय का उन्मुक्त प्रवाह है परन्तु अश्लीलता बिल्कुल नहीं है वरन् शृंगार का मर्यादित ढंग से चित्रण है।

काव्यशास्त्र के आचार्यों ने शृंगार के दो भेद माने हैं–संयोग या सम्भोग शृंगार तथा वियोग या विप्रलम्भ शृंगार। पारस्परिक प्रेम के वशीभूत होकर जब नायक-नायिका एक दूसरे के दर्शन, मिलन, स्पर्श और प्रेमालाप आदि में संलग्न होते हैं, उस अवस्था को संयोग शृंगार कहते हैं।

आचार्य मम्मट के शब्दों में, "तत्र शृंगारस्य द्वौ भेदौ–सम्भोगो विप्रलम्भश्च। तत्राद्यः परस्परावलोक नालिङ्गना-ड धरपान परिचुम्बनाधन्तत्वादपरिच्छेद एक एव गण्यते"[12] अर्थात् नायक-नायिका का परस्पर अवलोकन, सर्वांग चुम्बन, आलिंगन, पुष्प चयन इत्यादि अनेक तत्त्वों का समावेश हो सकता है। इन सब तत्त्वों की दृष्टि से संयोग शृंगार के अनेक भेद हो सकते हैं, परन्तु **आचार्य विश्वनाथ** ने उसके एक ही भेद की चर्चा की है–"एक-दूसरे के प्रेम में पगे हुए नायक-नायिका जहाँ परस्पर दर्शन, स्पर्श आदि करते हैं, वह संयोग शृंगार कहलाता है। चुम्बन, आलिंगन आदि इसके अनन्त भेदों की गिनती नहीं हो सकती, अतः सम्भोग शृंगार नामक एक ही भेद है।"[13]

संयोग शृंगार

हिन्दी रीतिकालीन कवियों में यह संयोग शृंगार की प्रवृत्ति विशेष रूप से द्रष्टव्य है।

दर्शन, श्रवण, स्पर्श और वार्तालाप आदि ऐसे आवश्यक तत्त्व हैं जिससे संयोग सजीव हो उठता है। "नैतिक आदर्शों की अनुमति होने के कारण रीतिकाल में काम वृत्ति को अभिव्यक्ति के लिए पूर्ण स्वच्छन्दता थी। अतएव रीतिकाव्य की शृंगारिकता में अप्राकृतिक गोपन अथवा दमन से उत्पन्न ग्रन्थियाँ नहीं हैं। उसमें स्वीकृत रूप से शरीर सुख की साधना है, जिसमें न आध्यात्मिकता का आरोप है न वासना के उन्नयन अथवा प्रेम को अतीन्द्रिय रूप देने का उचित-अनुचित प्रयत्न। जीवन की वृत्तियाँ उच्चतर सामाजिक अभिव्यक्ति से चाहे वंचित रही हों; परन्तु शृंगारिक कुण्ठाओं से वे मुक्त थीं। इसी कारण इस युग की शृंगारिकता में घुमड़न अथवा मानसिक छलना नहीं है।"[14]

शृंगार रस को ही रसराज स्वीकार कर लेने तथा उसी को काव्य विषय बना लेने के परिणामस्वरूप कवि द्विजदेव ने केवल शृंगार रस के आलम्बनों की ही चर्चा की है। संयोग शृंगार के लिए नायक एवं नायिका दोनों का परस्पर भाव से अनुरक्त रहना अनिवार्य है। उनकी चित्तवृत्तियाँ भी एक-दूसरे से सम्बन्धित होनी चाहिए। नायक-नायिका की चित्तवृतियाँ जब तक समान नहीं होती तब तक संयोग शृंगार की उत्पत्ति नहीं मानी जा सकती।

कवि द्विजदेव कृत 'शृंगार लतिका' में श्रीकृष्ण और राधा का परस्पर प्रेम वर्णन ही मुख्य आधार है– "चूँकि इनकी भक्ति भावना शृंगार के माध्यम से अभिव्यक्त हुई है अतः शृंगार लीला की सम्पूर्णता के लिए शृंगार मूर्ति के रूप में नायक का वर्णन किया गया है भगवान कृष्ण के भुवन मोहन सौन्दर्य का आदर्श ग्रहण करके द्विजदेव ने अपने नायक को उसी रूप में चित्रित किया है।"[15] राधा और कृष्ण के पारस्परिक प्रेम और छवि की चर्चा कवि ने सम्पूर्णता के साथ की है–

ज्यौं घनस्याम से स्याम बने, त्यौं प्रिया तड़िता सी हिए मैं परैं तकि।
आँनन-चन्द की दीपति देखि, दुहूँन के नैन-चकोर रहे छकि।।
ऐसी बिनोद-कला निरखैं, 'द्विजदेव' न कौन की डीठि रहै चकि।
ज्यौं बिकसी अरबिन्द सी प्यारी, मलिन्द-सौ तैसोई प्यारौं रहयौ जकि।।

(शृं.ल.सौ., 70)

इसमें स्थायी भाव रति है। राधा जी आश्रय और श्रीकृष्ण आलम्बन हैं। प्रकृति उद्दीपन है तथा एक-दूसरे के प्रतिबिम्ब को टकटकी लगाकर देखना अनुभाव प्रेरित क्रियाएँ हैं। इन सबके परस्पर मिल जाने से संयोग शृंगार की निष्पत्ति हुई है।

कहीं-कहीं कवि ने अपना संयोग शृंगार काफ़ी आगे तक बढ़ा दिया है, पर उसके वर्णन कौशल ने उसे अश्लील होने से बचा दिया है–

साँवन के दिवस सुहावने सलौने स्याम, जीति रति-समर बिराजे स्यामास्यामसंग।
द्विजदेव की सौ तन उघटि चहूँघाँ रहयौ, चुंबन को चहल चुचात चूनरी कौ रंग।।
पीत पट ताने हरखाने लपटाने लखें, उँमहि-उँमहि घनस्याम-दामिनी कौ ढंग।
रति रन भीजे पैं न मैन मढ़ छीजे अति, रस बस भीजे तनकि पुलकि पसीजे अंग।।

(शृं.ल.सौ., 191)

कवि ने इस घनाक्षरी में सुरतान्त की अवस्था का वर्णन किया है।

(क) संयोग वर्णन के अनुभाव : भाव अनुभावों के माध्यम से व्यक्त किये जाते हैं। आश्रय के शरीर की स्वाभाविक और अकृत्रिम अंग चेष्टाओं को अनुभाव कहा जाता है। ये मन की अत्यन्त विह्वलता को प्रकट करते हैं। इनको प्रयत्न करने पर भी स्वेच्छा से नहीं रोका जा सकता। इसी को शास्त्रीय भाषा में सात्विक भाव कहा जाता है। इनकी संख्या आचार्यों ने आठ बतायी है—स्तम्भ, स्वेद, रोमांच, स्वरभंग, वेपथु (कंप), वैवर्ण्य, अश्रु, प्रलय। इनमें से अधिकतर का सम्बन्ध संयोग शृंगार से है। कवि ने यत्र-तत्र इन सबका वर्णन किया है।

1. स्तम्भ : द्विजदेव के काव्य में इन अनुभावों की बड़ी ही सुन्दर अभिव्यंजना हुई है। गोदोहन के समय श्रीकृष्ण और राधिका के परस्पर प्रेम दर्शन से स्तम्भ अनुभाव उद्‌भूत होता है—

"बिथुरैं घनीं धारैं परीं छिति पैं, तिन्हैं देखति हूँ नहि ए कछु भीती।
उत स्यामैं लगी जक दौंहन की, इत राधिका मानौ चितेरन चीती।।
'द्विजदेव' नये-नये नेह के फन्द, तिन्हैं घरी-चारक यौं हीं बितीती।
हरि हारे जऊ दुही गाई तऊ, रही मौंहनी के कर दौंहनी रीति।।"

(शृं.ल.सौ., 112)

2. अश्रु : नायक के विदेश गमन पर नायिका की आँखों से अश्रु गिरने लगते हैं, उसका एक उदाहरण द्रष्टव्य है—

"देखि गन्ध-बाहक चले से बन-बीथिन मैं,
तन मन त्यागि कैं चलीऐ हठि लाज हैं।
'द्विजदेव' चाहि तैसे फलन-मरन्द झरि,
आँखिन तैं बुन्द चले आँसुन के ब्याज हैं।।
एते पै उमांगि ब्रजबाल अंग-अंगनि तैं,
प्रान चलिबे कौ चहूँ साजत समाज हैं।
ऐसी चलाचल मैं न स्याम जू चले तौ हम,
बीस बिसै जानी कै रसिक सिरताज हैं।।"

(शृं.ल.सौ., 215)

स्वेद, कम्प, अश्रुपात के सात्विक अनुभावों का एक समन्वित चित्र भी द्विजदेव ने अंकित किया है, जो ऋतु-वर्णन की पृष्ठभूमि में कितना रमणीय है, यह प्रस्तुत मनहरन घनाक्षरी में द्रष्टव्य है–

"स्वेद कढ़ि आयौ, बढ़ि आयौ कछु कम्प,
मुखहू तै अति आखर कढ़त अरसै लगे।
'द्विजदेव' तैसें तन तपत तदूँरन तैं,
तपत तदूँर से सरीर झरसै लगे।।
एते पैं तिहारी सौं तिहारे बिन स्याम,
बाम नैननि तैं आँसू हू सरस बरसै लगे।
एक ऋतुराज काल्हि आयौ ब्रज माँहि आज,
पाँचौ ऋतु प्यारी के सरीर दरसै लगे।।"

(शृं.ल.सौ., 221)

कवि ने **अश्रु** और **स्वरभंग** जैसे सात्विक अनुभावों की योजना से नायिका को देखने के पश्चात् नायक की दशा का भी चित्रण किया है। इसका एक उदाहरण इस प्रकार है–

"आधी लै उसास मुख आँसुन सौ धोवै कहूँ,
जोवैं कहूँ आधे-आधे पलन पसारिकै।
नींद, भूख, प्यास ताहि आधीहू रही न तन,
आधेहू न आखर सकत अनुसारिकैं।
'द्विजदेव' की सौं ऐसी आधि अधिकानि जासौं,
नैकऊ न तन मन राखति सम्भारिकै।
जा दिन तैं जोरि मन मोहन लला पैं डीठि,
राधे! आधे नैननि तैं आई तू निहारिकै।।"

(शृं.ल.सौ., 78)

(ख) हावों का वर्णन : अनुभावों के अन्तर्गत हावों का वर्णन भी कवि की रचना में मिलता है। पद्माकर के बाद हावों और भावों की वैसी मूर्तिविधायिनी कल्पना द्विजदेव में है। संयोग समय में स्वाभाविक चेष्टा विशेष को **'हाव'** कहते हैं। ये ग्यारह प्रकार के होते हैं–लीला, विलास, विच्छिति, विभ्रम, किल किंचित्, मोट्टायित, विब्बोक, विकृत, कुट्टमित, ललित तथा हेला आदि। इनमें से विभ्रम, विब्बोक, कुट्टमित, ललित, विकृत हावों के बड़े ही सुन्दर रूप द्विजदेव ने अंकित किये हैं। इनमें से अधिकतर शृंगार लतिका के संयोग वर्णनों में आये हैं। इनका उदाहरण द्रष्टव्य है–

1. विब्बोक हाव :

"जहँ लालन की महि लाली परी, हरी बूँदन पन्नन हीं की बटी।
चपला सी गुलाल घटा मैं दियैं, जहँ दासी अनेक जराइ-जटी।।
'द्विजदेव' घनागम भोरे तहाँ, भरि फाग मैं गायन कुंज-तटी।
सखि! राधिका-संग चले बनि भींजन एक पटी लिऐं एकपटी।।"

(शृं.ल.सौ., 98)

2. विभ्रम हाव :

"ओढ़नी तौ वौ बिछावै कहूँ, कहूँ और हीं ठौर पै बैठे कन्हाई।
पाँइ के धोखैं पसारैं भुजा, लकुटी वह धोवति सीस नवाई।।
आगत-स्वागत के बदलैं, 'द्विजदेव' दुहूँ दिसि होति ठगाई।
देखत ही अलि! आज बनै, नये पाहुँन और नई पहुँनाई।।"

(शृं.ल.सौ., 227)

3. कुट्टमिति का वर्णन :

"राखत न काहू सौं सनेह कछु सपने हूँ,
भाषत न काहू सौं अनँद-उँमहनि मैं।
'द्विजदेव' की सौं खान पान की बिसारी सुधि,
हारी लोक लाज एक वाही की रहनि मैं।।
साँची लगी दीठि मन मोहिनी की मोहन पैं,
याही तैं चके से चित चाँही की चँहनि मैं।
नाँही के कहे तैं भए नाँही मय स्याम तब,
है है कहा राम! बाम बाँही की गहनि मैं।।"

(शृं.ल.सौ., 153)

4. विहृत हाव का वर्णन :

"साँझ समैं घर आये गुपाल सो जाम के अन्तर ही रतिया मैं।
भारी विनोदन सौं भभरी, 'द्विजदेव' जू जौ लौ रची बतिया मैं।।
काम की जोति जगी कछु बीच हीं, भूलि गई सिगरी घतिया मैं।
जैसी हुती रही वैसी धरी सखि! नेह भरी बतियाँ छतिया मैं।।"

(शृं.ल.सौ., 148)

5. ललित हाव का वर्णन :

"जाबक के भार पग परत धरा पै मन्द, गन्ध भार कुचन परी हैं छुटि अलकैं।
'द्विजदेव' तैसिए बिचित्र बरूनी के भार, आधे-आधे दृगनि परी है अध पलकैं।।

ऐसी छवि देखि अंग-अंग की अपार बार-बार लोल लोचन सु कौंन के न ललकैं।
पानि के भारन सम्भारन न गात लंक, लचि लचि जाति कच भारन के हलकैं।।"

(शृं.ल.सौ., 80)

उपर्युक्त उदाहरणों से स्पष्ट है कि कवि द्विजदेव ने सभी प्रकार के हावों का बड़ा ही सुन्दर वर्णन किया है।

(ग) संयोग वर्णन के संचारी भाव : कवि द्विजदेव ने अपनी शृंगार लतिका में अनेक संचारी भावों की योजना भी की है। "संचारी भावों की संख्या भरत से लेकर अद्यावधि तैंतीस ही मानी गयी है किन्तु यह भी स्वीकार कर लिया गया है कि उस संख्या की कोई सीमा निर्धारित नहीं की जा सकती।"[16] **डॉ. शोभा सत्यदेव** ने अपने 'प्रताप नारायण सिंह और उनका रस कुसुमाकर' में लिखा है, "प्रताप नारायण सिंह ने परम्परा से प्राप्त तैंतीस संचारियों का वर्णन किया है संचारी भावों का क्रम किसी पूर्ववर्ती आचार्य के अनुसार नहीं रखा है।"[17] शृंगार रस में उग्रता, मरण, आलस्य और जुगुप्सा आदि संचारी नहीं होते।

द्विजदेव ने इस पर ध्यान रखा है। इन्होंने मुख्यतः स्वप्न, हर्ष, आवेग, जड़ता, चपलता, ग्लानि, अपस्मार तथा असूया आदि का ही वर्णन किया है इनमें से कुछ संचारी भावों के उदाहरण इस प्रकार हैं—

1. अपस्मार : अपस्मार संचारी भाव का एक उदाहरण यहाँ द्रष्टव्य है। इसमें कोई नायिका मनमोहन की मोहिनी बाँसुरी सुनकर बेसुध होकर अपस्मार (मृगी रोग) की-सी दशा में पहुँच गयी है। उसकी इस दशा का वर्णन एक सखी दूसरी सखी से करती है—

"कछु, अंचल कौ न सम्भार कहूँ, पलहूँ जुग चारि समाँ करती।
अब लौं इतराइ झुकै उझकै, कहूँ नाँक सिकोरती नाँ करती।।
'द्विजदेव' दही सी पलोटै परी, सु तौ नागरि नेह निसाँ करती।
लगी साँकरी सी गरैं हाँक री बैनु की, साँकरि खोरि मैं हाँ करती।।"

(शृं.ल.सौ., 113)

इसी तरह अन्य संचारियों के धारक छन्द भी मिलते हैं—

2. ग्लानि :

"चढ़ि चारु अटा पैं घटान बिलोकत, साथ सखीन के गाइ रही।
'द्विजदेव' जू औचक डीठि कहूँ, मन मोहन ऊपर जाइ रही।।
लखि लालन के कर चम्पकली, गहि चम्पकली सकुचाइ रही।
धरि और ही की जनु देह धरीक, दरीचिका मैं मुरझाइ रही।।"

(शृं.ल.सौ., 198)

3. हर्ष : इष्ट प्राप्ति इत्यादि से जो सुख मिलता है, उसे हर्ष कहते हैं–

"साँझ समैं घर आये गुपाल सो जाम के अन्तर ही रतिया मैं।
भारी बिनोदन सौं भभरी, 'द्विजदेव' जू जौं लौं रची बतिया मैं।।
काम की जोति जगी कछु बीच हीं, भूल गई सिगरी घतिया मैं।
जैसी हुती रही वैसी धरी सखि! नेह भरी बतियाँ छतिया मैं।।"

(शृं.ल.सौ., 148)

4. शंका : यहाँ नायिका का अभिसरण अपराध है, जिससे लोकापवाद की शंका उत्पन्न हो गयी है–

"दाबि दाबि दन्तन अधर छतबन्त करै,
आपने ही पाँइन को आहट सुनति स्रौंन।
'द्विजदेव' लेति भरि गातन प्रसेद अलि,
पातहू की खरक जु होती कहूँ काहू-भौंन।।
कंटकित होत अति उससि उसासनि तैं,
सहज सुबासन सरीर मंजु लागैं पौन।
पन्थ ही मैं कन्त के जु होत यह हाल तौ पैं,
लाल की मिलनि है है बाल की दसाधैं कौन।।"

(शृं.ल.सौ., 136)

5. दैन्य : चित्त की अधिक उत्कण्ठा, मन का सन्ताप इत्यादि से उत्पन्न ओजस्विता के अभाव को दैन्य कहते हैं। इसमें ओज की हीनता, मलिनता इत्यादि अनुभाव उत्पन्न होते हैं–

"सब झूँटी कहैं ब्रज लोग जु यापै, मनोभव-भूप के भाले परें।
छत जे वे हुते उर अन्तर ते अपनी करतूति सौं आले परें।।
'द्विजदेव' जू बूझि परी यह आज, हिए जब आनि दुसाले परें।
अरविन्द सौ आनन मन्द भयौई चहैं बृजचन्द के पाले परें।।"

(शृं.ल.सौ., 158)

6. श्रम : इसके अनुभाव जम्हाई आना, शरीर का टूटना, गति का अभाव, नेत्र का आधा खुला रह जाना, तीव्र श्वास लेना इत्यादि हैं–

"राति के जागे दोऊ सुख सौं, अनुरागे लहे सबै लोचन-लाहै।
त्यौं 'द्विजदेव' जू दोऊ भरे तन, नैन लगा लगी-माँह उछाहैं।।
होत लटू तब ही तब लाल, जम्हाँन कौ प्यारी जबै जब चाहैं।
बाँह दै सीस, उमाँह दै नैनन, पाँह दै ओट, पनाह दै नाहै।।"

(शृं.ल.सौ., 209)

7. असूया : असूया ईर्ष्या को कहते हैं। यह दो कारण से उत्पन्न होती है परापराध से एवं परोत्कर्ष को देखकर। इसमें दूसरे की निन्दा और दुख, मालिन्य इत्यादि अनुभाव होते हैं—

"खोइ कैं सुबंस बसी ऐसैंही कछूक दिन,
मारी फिरी ऐसैं ही कछूक दिन नाँगी री।
छेद करवाइ निज छाती मैं छः सात गई,
कारीगर हाथन अनेक बिधि दागी री।।
ताहि मनमोहन किते दिन तैं राखी संग,
'द्विजदेव' की सौं है सुराग अनुरागी री।
ढीठ है-है क्यौं न ब्रज-बालनि सतावै सोई,
बाँसुरी सुन्यौ मैं अब हरि मुख लागी री।"

(शृं.ल.सौ., 172)

8. चिन्ता :

"बुद्धि बिबेक सबै तजि कैं, मन की कछु रीति अपूरब है हैं।
सो तन तायौ कितौऊ रहै घर, जीवन जीवन ही ढिंग जैहैं।।
रावरे! आगम मैं 'द्विजदेव', बिलंब कछू जो कहूँ सुनि पैहैं।
ओठन लागि जो आसन सो फिरि ओठन तैं वह साँस न ऐहैं।।"

(शृं.ल.सौ., 199)

9. चपलता : इसमें राग, द्वेष, ईर्ष्या, अमर्ष इत्यादि अनेक कारण हो सकते हैं। इसका अनुभाव शरीर की अस्थिरता है—

"ढोल बजावति गावती गीत, मचावती धूँधुरी धूरि के धारन।
फैंटि फते की कसैं 'द्विजदेव' जू, चंचलता-बस अंचल तारन।।
औचक हीं बिजुरी-सी जुरी, दृग देखत मूँदि लिए दिखवारन।
दामिनि-सी घनस्यामहि भैंटि, गई गाहि गोरी गुपाल के हारन।।"

(शृं.ल.सौ., 122)

10. आवेग :

"डारैं कहूँ मथनि, बिसारै कहूँ घी कौ भाँड़, बिकल बगारैं कहूँ माँखन मठा-मही।
भ्रमि-भ्रमि आवति चहूँघाँ तैं सु याही मग, प्रेम पय पूरि के प्रबाहन मनौं बही।।
झुरसि गई धौं कहूँ काहू की बियोग-झार, बार-बार बिकल बिसूरति जहीं तहीं।
एहो ब्रजराज! एक ग्वालिन कहूँ की आज, भोर ही तैं द्वार पैं पुकारति दही-दही।।"

(शृं.ल.सौ., 201)

11. गर्व : इसमें ऐश्वर्य, कुल, रूप, यौवन इत्यादि पर गर्व आदि अनेक विभाव होते हैं। इसके अनुभाव हैं—इठलाना, सीधे न चलना, उत्तर न देना आदि। प्रस्तुत उदाहरण में रूप गर्विता नायिका का वर्णन इस प्रकार है—

"ए अँग दीपति, पुँज-भरे, तिनकी उपमा छन-जौहव सौं दीजतु।
आरसी की छवि त्यौं 'द्विजदेव' सुगोल कपोल समान कही जतु।।
चातुर स्याम कहाई कहौ? उर अन्तर लाज कछूक तौ लीजतु।
रागमई अधराधर की, समता कहौ कैसें प्रबाल सौं कीजतु।।"

(शृं.ल.सौ., 114)

12. जड़ता : इसमें कार्य का न होना, मौन हो जाना, जड़वत् रह जाना आदि सामान्य लक्षण होते हैं—

"बिथुरैं घनी धारैं परीं छिति पैं, तिन्हैं देखति हूँ नाहिं ए कछु भीती।
उत स्यामैं लगी जक दौंहन की, इत राधिका मानौं चितेरन चीती।।
'द्विजदेव' नये-नये नेह के फन्द, तिन्हैं धरी-चारक यौं ही बितीति।
हरि हारे जऊ दुही गाइ तऊ, रही मौंहनी के कर दौहनी रीती।।"

(शृं.ल.सौ., 112)

13. औत्सुक्य : अपने प्रिय के वियोग में समय व्यतीत करने की असहिष्णुता औत्सुक्य कहलाती है। इसकी उत्पत्ति इष्ट वियोग से होती है। उद्दीपन प्रिय के संस्मरण से होता है। इसका कवि ने बड़ा ही सुन्दर चित्रण किया है—

"लटपटी पाग सिर साजत उनींदे अंग,
'द्विजदेव' ज्यौं-त्यौं कै सम्भारत सबै बदन।
खुलि-खुलि जाते पट बायु के झकोर भुजा,
डुलि-डुलि जातीं अति आसुरी सौं छन छन।।
ह्वै कै असवार मनोरथ ही के रथ पर,
'द्विजदेव' होत अति आनँद मगन मन।
सूने भए तन, कछू सूनेई सु मन,
लखि सूनि सी दिसान, लख्यौ सूनेई दृगन बन।।"

(शृं.ल.सौ., 9)

14. विषाद : इसके अनुभाव उत्साह नाश, खिन्नता, निःश्वास आदि हैं—

"पति प्रीति के भारन जाती उनैं, मति स्वै दुख भारन सालैं परीं।
मुख बात तैं होती मलीन सदाँ, सोई मूरति पौन के पालै परीं।।
'द्विजदेव' अहो करतार! कछू करतूति न रावरी आलै परीं।
वह नाँहक गोरी गुलाब कली-सी, मनोज के हाइ! हवाले परीं।।"

(शृं.ल.सौ., 159)

15. त्रास : मन में जिस किसी भी कारण से संक्षोभ उत्पन्न होता है, उसे त्रास कहते हैं–

"एक हीं बार अयानपने महँ, ह्वै गयौ सो जु हुतो कछु हौनौं।
ताहू पैं वा विष बेलि-सी मूरति, नाँहक पाइ परौ फिरि रौनो।।
बूझती बार हिं बार तुम्हैं, 'द्विजदेव' कहौ न अहो! दृग दौनौं।
पाबक-पुंज पियौई हुतौ, फिरि चाख्यौ कहा हरि रूप-सलौनो।।"

(शृं.ल.सौ., 128)

16. उन्माद : कवि ने उन्माद की दशा का बड़ा ही सुन्दर चित्रण किया है–

"ऊपर ही कछु राग लपेटे, अहो! उर अन्तर के अति कारे।
त्यौं 'द्विजदेव' जू सूधे सुभाइ, सदाँ बिकसौ कछु लातन-मारे।।
आप सौं औ अति-नीचन सौं, कहौ भेद कहा है बिचार-बिचारे।
जीवन-मूरि बताई कैं बेगि, जु सोक असोक! हरौ न हमारे।।"

(शृं.ल.सौ., 164)

17. मरण : यह एक अमांगलिक भाव है। मरण के पूर्व पूर्व होने वाली चेतना शून्यता या मूर्च्छा को मरण कहा जाता है। द्विजदेव ने इसका वर्णन इस प्रकार किया है–

"बुद्धि बिबेक सबै तजि कैं, मन की कछु रीति अपूरब ह्वै है।
सो तन तायौ कितौऊ रहै घर जीवन जीवन ही ढिंग जैहैं।।
रावरे! आगम मैं 'द्विजदेव' बिलम्ब कछू जो कहूँ सुनि पैहैं।
ओठन लागी जो आसन सो, फिरि ओठन तैं वह साँस न ऐहैं।।"

(शृं.ल.सौ., 199)

इस प्रकार विभिन्न संचारियों का वर्णन द्विजदेव कृत श्रृंगार-लतिका में बहुतायत से मिलता है।

(घ) दूती वर्णन : नायक-नायिका के मध्य सन्देशों को पहुँचाने वाली स्त्री को काव्यशास्त्र में 'दूती' कहते है। ये चार प्रकार की होती हैं–उत्तमा, मध्यमा, अधमा और स्वयं। इनके दो प्रकार के कार्य हैं–संघटन और विरह निवेदन! द्विजदेव की उत्तमा और मध्यमा दूती दोनों प्रकार के कार्य सम्पन्न करती हैं। जैसे–दूती नायक के समक्ष नायिका का विरह निवेदन करती हुई कहती है–

"प्रथमैं बिकसे बन बैरी बसन्त के, बातन तैं मुरझाई हुती।
'द्विजदेव' जू ताहू पैं देह सबै, बिरहानल ज्वाल जराई हुती।।
यह साँवरे रावरे नेहन सौं, अंग प्यारी न जो सरसाई हुती।
तौ पैं दीप सिखा सी नई दुलही, अब लौं कब की न बुझाई हुती।।"

(शृं.ल.सौ., 100)

दूती का विरह निवेदन दो प्रकार का होता है—

(1) नायक की विरह दशा का निवेदन।

(2) नायिका की विरह दशा का निवेदन।

कवि ने दूती से नायक का विरह निवेदन नायिका के सम्मुख कराया है—

"आधी लै उसास मुख आँसुन सौं धोवैं,
कहूँ जोवैं कहूँ आधे-आधे पलन पसारिकै।
नींद भूख प्यास ताहि आधी हू रही न तन,
आधेहू न आखर सकत अनुसारिकैं।।
'द्विजदेव' की सौं ऐसी आधि अधिकानी जासौ,
नैकऊ न तन मन राखत सम्भारिकैं।
जा दिन तैं जोरि मन मोहन लला पै डीठि,
राधे! आधे नैननि तैं आई तू निहारिकैं।।"

(शृं.ल.सौ., 78)

द्विजदेव की मध्या दूती संघटन कार्य में अत्यन्त पटु है। वह नायिका से कहती है कि मान करके न बैठ, अन्यथा कृष्ण किसी अन्य नायिका के वश में हो जायेंगे—

"लीनैं लेत ग्यान कोऊ छीनैं लेत आनि बानि,
लूटै लेत कोऊ हठि लाज के समाज कौं।
'द्विजदेव' की सौं या अँध्यारी की अँधा धुँधि मैं,
लेत कोऊ काहव सुख सम्पत्ति के साज कौं।।
ऐरी मेरी तोहि जऊ मान मानि तोष तऊ,
समयौ बिचार कीजे ऐसे-ऐसे काज कौं।
तोहि इत मान के अनादरन घेर्‌यौ,
उत बादरन घेर्‌यौ जाइ जाइ ब्रजराज कौं।।"

(शृं.ल.सौ., 121)

इस प्रकार 'द्विजदेव' ने अपने काव्य में दूती वर्णन का भी बड़ा मनोहारी दृश्य चित्रित किया है।

(ङ) प्रेमोदय के कारक तत्त्व : कवि द्विजदेव ने रति के अन्य कारक तत्त्वों का भी वर्णन किया है। जैसे—स्वप्न दर्शन, चित्रदर्शन आदि। इनके उदाहरण इस प्रकार हैं—

1. चित्रदर्शन :

"आज ब्रजराज के बिलोकी चित्र-मन्दिर मैं,
भाँनु के उदोत वृषभानु की दुलारी मैं।
ज्यौं-ज्यौं वह चोरत चलाकौ चित बाँकौ त्यों-त्यों,

सोऊ होत चित्र की लिखी सी चित्रसारी मैं।।
चित्र सौं न चेतन, सुचेतनौं सुन्यौं न चित्र,
'द्विजदेव' की सौं दोऊ बतियाँ निहारी मैं।
बीस-बिसैं तातैं या जगत करता तै गुनी,
काम करता की करतूति कछु न्यारी मैं।।"

(शृं.ल.सौ., 152)

कवि ने इस कवित्त में राधिका, जो भगवान कृष्ण के चित्र को देखकर जड़ीभूत-सी हो जाती है, का वर्णन यहाँ किया है।

2. स्वप्न दर्शन : कवि ने एक अन्य स्थान पर स्वप्न में राधा-कृष्ण के मिलन का वर्णन किया है, जो इस प्रकार है—

"सोवत आज सखी! सपने 'द्विजदेव' जु आइ मिले बनमाली।
जौ लौं उठी मिलिए कहँ धाइ, सुहाइ भुजान-भुजान पै घाली।।
बालि उठे ए पपीगन तौ लगि, पीउ कहाँ? कहि कूर कुचाली।
सम्पति सी सपने की भई, मिलिबौ ब्रजराज कौ आज कौ आली।।"

(शृं.ल.सौ., 180)

(च) संयोग वर्णन में अश्लीलता : कवि द्विजदेव ने संयोग शृंगार वर्णन के अन्तर्गत मिलन के प्रसंग में सुरतान्त का भी अधिक मात्रा में वर्णन किया है। कहीं-कहीं तो इसका बड़ा ही स्वाभाविक वर्णन है जैसे—

"सीस फूल सरकि सुहावने ललाट लाग्यौ,
लाँमी लटैं लटकि परीं हैं कटि छाम पर।
'द्विजदेव' त्यौं ही कछु हुलसि हिए तैं हेलि,
फैलि गयौ राग मुख पंकज ललाम पर।।
स्वेद सीकरनि सराबोर ह्वै सुरंग चीर,
लाल दुति दै रही सुहीरन के दाम पर।
केलि-रस-साँने दोऊ थकित बिकाने तऊ,
'हाँ' की होत कुमुक सुनाँ की धूम धाम पर।।"

(शृं.ल.सौ., 186)

परन्तु संयोग वर्णन में कहीं-कहीं अश्लीलता का भी समावेश हो गया है—

"आज मनि-मन्दर मनोज मद चाखे दोऊ, लगनि लगालगि कै मगन मजेज पर।
'द्विजदेव' ताहू पै दुहुँ के अलि! आनन की, दूनी दुति दै रही तमीपति के तेज पर।।
नैसुक सँभारि छल बलन छरा कौ बन्द, पौढि रहे पानि-धारि कमल मजेज पर।
छूटे रति समर छपा कौ सुख लूटि दोऊ, नींदे रति मदन उनींदे परे सेज पर।।"

(शृं.ल.सौ., 196)

कवि 'द्विजदेव' ने श्रृंगार के संयोग-पक्ष में विशेष रुचि दिखाई है। अपनी प्रतिभा से उन्होंने इस वर्णन के समस्त प्रकारों और परिस्थितियों को आत्मसात् किया है तथा सैद्धान्तिक काव्य-रचना माध्यम से इसे प्रभावपूर्ण ढंग से सामने रखा है।

2. वियोग श्रृंगार

अनेक आचार्यों ने वियोग दशा को अनेक प्रकार से परिभाषित किया है। वियोग या विप्रलम्भ का यही आधार है।

आचार्य विश्वनाथ के अनुसार, "जहाँ अनुराग तो अति उत्कृष्ट है, परन्तु प्रिय समागम नहीं होता उसे विप्रलम्भ कहते हैं।"[18]

आचार्यों ने इसके अनेक भेदोपभेदों की उद्भावना की है। जैसे—पूर्वराग, मान तथा प्रवास आदि। श्रृंगार के दूसरे पक्ष अर्थात् वियोग श्रृंगार का भी वर्णन कवि ने गम्भीरता से किया है। इसमें तीव्रता भी है और व्याकुलता भी है।

(क) वियोग के प्रकार : कवि द्विजदेव ने वियोग के चारों प्रकारों पूर्वराग, मान, प्रवास तथा करुण का समावेश अपनी रचना में किया है—

1. पूर्वराग : जहाँ पर सखी या दूती इत्यादि के मुख से गुण श्रवण करके अथवा लोकोत्तर सौन्दर्य को स्वयं देखकर परस्पर अनुराग जाग्रत हो जाता है, किन्तु कुछ विशेष प्रतिबन्धों के कारण अभीष्ट मिलन नहीं होता, उसे पूर्वराग कहते हैं, यही पूर्वानुराग भी है, जैसे—

"हाँसी भई सापनौं अवा सी भई देह यह,
दासी भई बैरिनैं बिसासी भई सखियाँ।
'द्विजदेव' त्यौं ही कछु फूले फूले किंसुकन,
ज्वाल-जाल लागी सी चहूँधाँ दिसि लखियाँ।।
चोप चटवारौ चित्त चंचल चकोर मेरौं,
कैसी करै बावरी परिंद बिन पखियाँ।
जा छिन तै जाइ अति उँमगि अघाइ,
मनमोहन सौं हाइ! मिलि आई मेरी अंखियाँ।।"

(श्रृं.ल.सौ., 222)

पूर्वराग की स्थिति में भी पूर्ण वियोग की दशाएँ सम्भव हैं इसके अन्तर्गत जिन काम दशाओं का उल्लेख किया गया है, द्विजदेव के काव्य में वे सभी चित्रित हुई हैं।

2. मान : काव्यशास्त्रीय आचार्यों ने मान के दो भेद कहे हैं—प्रणयमान और ईर्ष्यामान। कवि द्विजदेव ने अपने काव्य में मानिनी नायिका का वर्णन इस प्रकार किया है—

"घूँमि घने घुमरैं घन घोर, चहूँ चढ़ि नाचत मोर अटारी।
त्यौं 'द्विजदेव' नई उनई, दरसाति कदंबनि की छवि न्यारी।।
चूनरी सी छिति मानौं बिछी, इमि सोहति इन्द्र बधू की पत्यारी।
काहि न भावति ऐसे समैं, ठकुराइनि! वा हरियारी तिहारी।।"

(शृं.ल.सौ., 86)

द्विजदेव की एक अन्य मानिनी नायिका दुखित होकर कहती है–

"आँखिन के जल की जु है रीति, सदाँ तुम साँझ-हूँ-भोर निहारत।
कहिं तै 'द्विजदेव' जू क्यौं जाँई, परे छत जे हिय कौं करैं आरत।।
बात बिचारिबै की यह लाल! कहा बकवाद कै मो-तन जारत।
मान रहैगो कितैं बलि जाऊँ, सों मानिनी। मानिनी!! काहि पुकारत।।"

(शृं.ल.सौ., 104)

3. प्रवास : जब किसी कार्य से प्रियतम विदेश चला जाये तब उस समय की सन्तापमयी मनोवृत्ति प्रवास विप्रलम्भ कहलाती है। प्रवास में विप्रलम्भ का रंग गाढ़ा होता है, अतः प्रवासजनित वियोग को ही प्रमुख रूप से वियोग स्वीकार किया गया है और काव्यों में इसी का वर्णन अधिक हुआ है। द्विजदेव ने भी इसी का वर्णन अधिक किया है। मलिनता, सन्ताप, दौर्बल्य, अरुचि, उन्माद, मूर्च्छा, मरण इत्यादि काम-दशाएँ नायक और नायिका की इस अवस्था में देखी जाती हैं। पक्षी तथा पवन को दूत बनाकर प्रिय के पास सन्देशा भेजना, चित्र लेखन आदि प्रवासजन्य वियोग की रूढ़ियाँ हैं। इसका उदाहरण इस प्रकार है–

"भूले भूले भौंर बन भाँवरें भरैंगे चहूँ,
फूलि-फूलि किंसुक जके से रहि जाइ हैं।
'द्विजदेव' की सौं वह कूँजनि बिसारि कूर,
कोकिल कलंकी ठौर-ठौर पछिताइ हैं।
आवत बसन्त के न ऐहैं जौ पै स्याम तौ पैं,
बावरी! बलाइ सौं हमारै हूँ उपाइ हैं।
पी हैं पहिलेई तैं हलाहल मँगाई या,
कलानिधि की एकौ कला चलन न पाइ है।।"

(शृं.ल.सौ., 176)

कवि द्विजदेव ने विरह की गम्भीर अवस्थाओं एवं मनोदशाओं का बड़ा ही मार्मिक चित्रण किया है। इनकी एक विरहिणी नायिका का वर्णन इस प्रकार है–

"बिछुरे जदु-नन्दन जा दिन तैं, सखि! ऐसौ कछु उद्बेग परौ।
छिन एकौ न जाती सही तलफैं, दुख एक के ठाँव अनेक परौ।।

कसकैं 'द्विजदेव' जू ऐसी बढ़ीं, उर-अन्तर मानौं परेग परौ।
मन तौं मनमोहन के संग गौ, तन लाज मनोज के नेग परौ।।"

(शृं.ल.सौ., 160)

4. करुण : वियोग के उक्त तीन प्रकारों के अतिरिक्त करुण चौथे प्रकार में कुछ प्रचलित है—करुण विप्रलम्भ में मृत्यु नहीं होती, नायिका विरह की दशा में क्षीण होती-होती मृत्यु की दशा में पहुँच जाती है—

"अब मति दै री कॉन कान्ह की बसीठिन पै
झूँठे-झूँठे प्रेम के पतौवन को फेरि दै।
उरझि रही ती जो अनेक पुरुखा तैं सोऊ,
नाते की गिरह मूँदि नैननि निवेरि दै।।
मरन चँहत काहू छैल पैं छबीली कोऊ,
हाथन-ऊँचाइ ब्रज बीथिन मैं टेरि दै।
नेह री कहाँ कौ, जरि खेह री भई तौ मेरी,
देह री उठाइ बाक़ी देहरी पैं गेरि दै।।"

(शृं.ल.सौ., 238)

इस प्रकार 'द्विजदेव' ने वियोग के सभी प्रचलित प्रकारों का बड़ा ही प्रभावशाली चित्रण किया है। उनके वियोग वर्णन में वियोग की तीव्रता परिलक्षित होती है। उसमें प्रकृति की सहभागिता मौलिक उद्भावनाओं तथा कल्पनाओं का अनूठा समाहार उल्लेखनीय है।

(ख) विरह की एकादश अवस्थाएँ : कवि द्विजदेव ने विरह की एकादश अवस्थाओं में से कुछ प्रमुख अवस्थाओं का वर्णन भी यत्र-तत्र किया है। ये अवस्थाएँ हैं—अभिलाषा, चिन्ता, उद्वेग, प्रलाप, गुण-कथन, उन्माद, जड़ता, व्याधि, मूर्च्छा तथा मरण। इनमें से कुछ का ही कवि ने प्रयोग किया है। वे इस प्रकार हैं—

1. उन्माद : नायिका विरह की अवस्था में उन्माद की दशा में व्यथित होकर कहती है—

"ऊपर ही कछु राग लपेटे अहो! उस अन्तर के अतिकारे।
त्यौं 'द्विजदेव' जू सूधे सुभाई, सदा बिकसौ कछु लातन मारे।।
आप सौं औ अति नीचन सौं, कहौं भेद कहां है बिचार बिचारे।
जीवन-मूरि बताइ कैं बेगि, जु सोक असोक! हरौ न हमारे।।"

(शृं.ल.सौ., 164)

2. प्रलाप : श्रीकृष्ण के वियोग में दुःखित होकर गोपियाँ उद्धव से कहती हैं–

"खेलि-रास हरि दुरैं, बहुरि बन कुंजन माँही।
ब्रज जुबती बूझतीं जाइ, तरु पुंजन पाहीं।।
लीला बस हरि बसि बिदेस, उधवै पठावैं।
तिन सौं सब मिलि जाइ, आपनौ बिरह सुनावैं।।"

(शृं.ल.सौ., 47)

3. जड़ता : कृष्ण की मुरली की धुन सुनकर नायिका जड़वत् रह जाती है, उसका वर्णन इस प्रकार है–

"परम परब पाइ न्हाइ जमुना के नीर,
पूरि के प्रबाह अँगराग के अगर तैं।
'द्विजदेव' की सौं द्विजराज अंजली के काज,
जौ लौं चँहैं पानिप उठायौ कंज कर तैं।।
तौं लौ बन जाइ मनमोहन मिलापी कहूँ,
फूँकि सी चलाई फूँकि बाँसुरी अधर तैं।
स्वाँसा कढ़ी नासा तैं, न बासा तैं भुजाहूँ कढ़ी,
अंजली न अंजली तैं आखरौ नगर तै।।"

(शृं.ल.सौ., 119)

4. मरण : मरण से यहाँ तात्पर्य मृत्यु की घटना से नहीं, अपितु वियोग की ऐसी अति गम्भीर दशा से है जो वियोगी को मरणासन्न दशा में पहुंचा देती है जैसे–

"अब मति दै री कान्ह बसीठिन पै,
झूठे-झूठे प्रेम के पतौवन कौं फेरि दै।
उरझि रही ती जो अनेक पुरुखा तैं सोऊ,
नाते की गिरह मूँदि नैननि निवेरि दै।।
मरन चँहत काहू छैल पैं छबीली कोऊ,
हाथन-ऊँचाई ब्रज बीथिन मैं टेरि दै।
नेह री कहाँ कौ, जरि खेह री भई तौ मेरी,
देह री उठाइ बाक़ी देहरी पैं गेरि दै।"

(शृं.ल.सौ., 238)

ध्यातव्य है कि कवि द्विजदेव ने विरह की एकादश दशाओं में कुछ का ही वर्णन किया है। इनमें से कई दशाओं का वर्णन न करना कवि की स्वतन्त्र रुचि के कारण है, क्योंकि उसने जिन दशाओं को प्रभावशाली माना है, उन्हें ही चुना है, सबको अपनाने का उसका कोई आग्रह न था।

"वियोग शृंगार चित्रण में रीतिकालीन कवियों की दृष्टि प्रत्यक्ष विरहानुभूतिजन्य वेदनासिक्त होने की अपेक्षा शास्त्रीय और सैद्धान्तिक अधिक रही है। इस दृष्टि से

रीतिमुक्त काव्यधारा के कवियों की अनुभूतियाँ अधिक स्वाभाविक, मनोवैज्ञानिक और मार्मिक रूप में व्यक्त हुई हैं।"[19]

नायक-नायिका भेद

रीतिकाव्य ग्रन्थों में नायक-नायिका भेद का वर्णन एक प्रचलित काव्य परिपाटी है। सभी आचार्य कवियों ने इसकी प्रेरणा संस्कृत के काव्यशास्त्रीय ग्रन्थों से प्राप्त की है। नायकों के भेद निर्धारण में भारतीय साहित्य के प्रसिद्ध कथानकों और विशिष्ट कथा स्रोत ग्रन्थों के प्रमुख पुरुष पात्रों को ध्यान में रखा गया है। उदाहरण के लिए, कृष्णकथा में आये हुए कृष्ण के स्वरूप के आधार पर धीरललित नायक और रामकथा में आये हुए राम के स्वरूप के आधार पर धीरप्रशान्त नायक की अवधारणा की गयी है।

नायक-नायिका भेद का स्वरूप सभी काव्याचार्यों के कृतित्व में एक जैसा हो, ऐसी बात नहीं पायी जाती। भेद-निर्धारण भी अनेक आधारों पर किये गये हैं, जिसमें रूप और व्यक्तित्व का आधार, प्रकृति और स्वभाव का आधार तथा परिस्थिति का आधार मुख्य है। कवियों ने इन आधारों और इनके अन्तर्गत आने वाले भेदों के नाम अपनी-अपनी रुचि के अनुसार दिये हैं।

"**आचार्य भरत** ने अपने नाट्यशास्त्र में नायिकाओं की छह कोटियाँ निर्धारित की हैं। व्यवहार कोटि, वियोग-संयोग कोटि, प्रेम-कोटि, प्रकृति कोटि, यौवन कोटि और गुण कोटि। इन छह कोटियों में उन्होंने नायिकाओं के पच्चीस रूप निर्धारित किये हैं इन रूपों में किसी प्राचीन परम्परा का आग्रह प्रतीत नहीं होता, वरन् लोक जीवन में जितने प्रकार की स्त्रियाँ दृष्टिगत होती हैं, उन्हीं का एकत्रीकरण भरत के नाट्यशास्त्र में किया गया ज्ञात होता है। सम्भव है प्रेम कोटि, प्रकृति कोटि और यौवन कोटि में उन्हें वात्स्यायन के 'कामसूत्र' से प्रेरणा प्राप्त हुई हो। ...आचार्य भरत का अनुकरण करने वाले आचार्य रुद्रट थे, जिन्होंने अपने ग्रन्थ 'काव्यालंकार' में इस प्रकरण की यथेष्ट समीक्षा और श्रेणी निर्धारण की पृष्ठभूमि उपस्थित की। अन्य काव्यांगों के साथ नायक–नायिका निरूपण में भोजराज और विश्वनाथ ने भी योगदान दिया।"[20]

यह सत्य है कि सम्पूर्ण ब्रज भाषा काव्य में नायक-नायिका भेद का बड़ा ही महत्त्वपूर्ण स्थान है। सम्पूर्ण रीतिकाल का आकर्षण और विस्तृत विषय नायिका भेद है। कवि द्विजदेव ने अपनी रचनाओं में नायक-नायिका भेद का जो स्वरूप सामने रखा है, उनके अनुसार उसे ही इसका सैद्धान्तिक स्वरूप मानना चाहिए। उनकी रचनाओं में इसका स्वरूप निम्नलिखित है–

(क) नायक भेद : नायक-नायिका भेद की स्वतन्त्र विवेचना सबसे पहले भानु मिश्र ने की। "हिन्दी के सभी रीतिकालीन आचार्य नायक-नायिका भेद के सन्दर्भ में

भानु मिश्र से प्रभावित थे। भानु मिश्र ने नायक के तीन नूतन भेद उपस्थित किये हैं—पति, उपपति और वैशिक। यद्यपि इन भेदों का स्वरूप पूर्वाचार्यों ने किसी-न-किसी अन्य रूप में प्रस्तुत किया था, पर इनका नामकरण सर्वप्रथम भानु मिश्र के ग्रन्थ में उपलब्ध होता है।"[21]

पति नायक विवाहित होता है, उपपति जार है और वैशिक वेश्यानुरक्त है। इसके अन्तर्गत एक पत्नीव्रती **'अनुकूल'**, अनेक पत्नियों पर समान प्रीति रखने वाला **'दक्षिण'**, स्त्री के प्रति अपराध कर निर्लज्जता से विनय करने वाला 'धृष्ट' और अपराधों को छल से छिपाने में चतुर **'शठ'**—ये पति के चार भेद हुए। उपपति वचन चतुर और क्रिया चतुर—दो प्रकार का होता है। इसके अतिरिक्त **'मानी'** और **'प्रोषित'** दो भेद नायक के और किये जाते हैं। जो नायक मान करे, वह मानी और जो विदेश में प्रिया के वियोग से विकल हो वह 'प्रोषित' नायक कहलाता है।

आचार्य भानु मिश्र के अनुसार नायक का वर्गीकरण[22]

1. प्रेमपरक आधार :

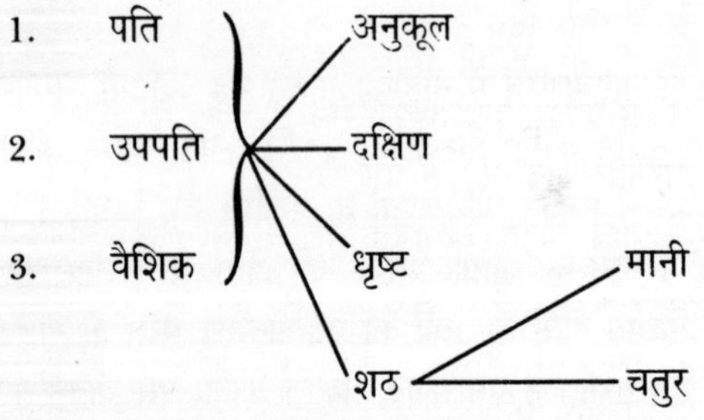

2. कलापरक आधार : 1. वाक् चतुर, 2. चेष्टा चतुर

3. प्रोषणपरक आधार : 1. प्रोषित पति, 2. प्रोषितोप पति, 3. प्रोषित वैशिक

डॉ. शोभा सत्यदेव के अनुसार, "प्रताप नारायण सिंह कृत 'रसकुसुमाकर' में नायक की परिभाषा देकर धर्मानुसार उसके तीन भेद बतलाये गये हैं—पति, उपपति और वैशिक। पति के पाँच भेद—अनुकूल, दक्षिण, शठ, धृष्ट और अनभिज्ञ, उपपति के दो भेद—वचन चतुर और क्रिया चतुर तथा अवस्थानुसार नायक के दो भेद—मानी और प्रोषित पति किये गये हैं। संस्कृत में नायकों का वर्गीकरण पति, उपपति और वैशिक न करके धीरोदात्त धीरललित, धीरप्रशान्त और धीरोद्धत किया गया है।"[23] ...'रसकुसुमाकर' में नायिका की अपेक्षा नायक के भेदों की संख्या अत्यन्त न्यून है।

इसका कारण स्पष्ट करते हुए **प्रताप नारायण सिंह** लिखते हैं—"यद्यपि विस्तार करने से नायक भेद की संख्या नायिका भेद की संख्या के तुल्य हो सकती है, यथा धीर, अधीर, खण्डित, उत्कण्ठित, कलहान्तरित आदि, तथापि साहित्यकारों ने ऐसे भेद विस्तार को अश्लील और पुरुष मर्यादा के प्रतिकूल जानकर संक्षेपतः दो भेद गिना दिये हैं।"[24]

कवि द्विजदेव ने भी पति तथा उपपति नायक का वर्णन किया है। वैशिक का उनके काव्य में कोई उल्लेख नहीं मिलता है। द्विजदेव का पति नायक-नायिका से सच्चा अनुराग रखता है, पर नायिका अकारण ही उससे रुष्ट है, उसकी सखियाँ उसे समझाती हुई कहती हैं कि—

"और कौ केतऊ झौर सहै, पैं न बावरी! रावरी आस भुलैहैं।
जैहै जहाँ ई तहाँ 'द्विजदेव', तिहारेई नाम सौं जाइ बिकैहै।।
त्यागिवौ ताहि न जोग तुम्है, हमसौं नहिं काँची कछू कहिजैहै।
बौरो अबौरौ, रूखानौ-पत्यानौ, तऊ वह तेरौ 'रसाल' कहैहै।।"

(शृं.ल.सौ., 207)

"परदारानुरक्त पुरुष को उपपति कहते हैं।" नायिका नायक के इस रूप को जानती है। वह श्लेषालंकार के द्वारा नायक को इस बात का संकेत देती है कि आप चन्द्रमा के सदृश हैं और जिस प्रकार चन्द्रमा कालिमा से युक्त है, उसी प्रकार आप भी सकलंक हो, क्योंकि परनारियों के फेर में पड़े हो—

"ज्यौं-ज्यौं जात बाढ़त विभावरी-बिलास त्यौं-त्यौं,
चन्द्रिका-प्रकास जग जाहिरै करतु हौ।
'द्विजदेव' की सौं कछु आनन अनूप ओप,
आछे-अरबिन्दन की आभा निदरतु हौ।।
कीनौ है सरस तुम्हैं कौंन बरही कौ हियौ,
साँची बूझिबे मैं कहा भौनता धरतु हौ।।
आज कौन नारी सौं मिलाप करिबे के काज,
चन्द से गुपाल! इतै भाँवरै भरतु हौ?।।"

(शृं.ल.सौ., 218)

भगवान कृष्ण वन में कभी-कभी राधिका जी की राह देखते हैं, उसका वर्णन कवि ने इस प्रकार किया है—

श्री राधा की कबहुँ हरि, जोवैं वन मैं बाट।
लखि राधै हरि सम्भ्रमैं, बर अंगन कौ ठाट।।

(शृं.ल.सौ., 48)

इस प्रकार कवि द्विजदेव के काव्य में नायक भेद के बड़े ही सुन्दर चित्र द्रष्टव्य हैं।

(ख) नायिका-भेद : नायिका-भेद शंकावली के अनुसार, "समस्त स्त्री जाति नायिका नहीं है। अल्प वयस्क कन्या, वृद्धा, रोगिणी, कुरूपा, अंगहीन आदि नायिका नहीं हैं। नायिका की परिभाषा है—"शृंगार रसावलम्बन विभावानुरूपानारी" यथा—

"रस सिंगार को भाव उर, उपजत जाहि निहार।
ताहि को कवि, बरणत विविध विचार।।"[25]

अर्थात् जिसे देखकर शृंगार रस का भाव हृदय में उपजे, वही नायिका है। नायिकाओं के भेदोपभेदों के सम्बन्ध में आचार्यों में मतभेद हैं। सर्वप्रथम भरतमुनि ने नायिकाओं का वर्गीकरण किया है। भरत ने प्रकृति के आधार पर नायिकाओं के तीन भेद माने हैं—उत्तमा, मध्यमा और अधमा। नायक के साथ संयोग अथवा वियोग की अवस्थानुसार भरत ने नायिका के आठ भेद गिनाये हैं—वासकसज्जा, विरहोत्कण्ठिता, स्वाधीन पतिका, कलहान्तरिता, खण्डिता, विप्रलब्धा, प्रोषित भर्तृका और अभिसारिका।

आचार्य भरत का नायिकाओं का वर्गीकरण इस प्रकार है—

व्यवहारपरक : 1. आभ्यान्तरा (वार-वधू), 2. बाह्या (कुल वधू), 3. बाह्याभ्यान्तरा (जो वार वधू न रहकर कुल वधू का आचरण करे)

वियोग संयोग परक : 1. वासक सज्जा, 2. विरहोत्कण्ठिता, 3. स्वाधीन पतिका, 4. कलहान्तरिता, 5. खण्डिता, 6. विप्रलब्धा, 7. प्रोषित भर्तृका, 8. अभिसारिका

प्रेमपरक : 1. मदनातुरा, 2. अनुरक्ता, 3. विरक्ता

प्रकृतिपरक : 1. उत्तमा, 2. मध्यमा, 3. अधमा

यौवन परक : 1. प्रथम यौवना, 2. द्वितीय यौवना, 3. तृतीय यौवना, 4. चतुर्थ यौवना

गुण परक : 1. दिव्या, 2. नृप पत्नी, 3. कुल स्त्री, 4. गणिका

इसके अतिरिक्त भी अनेक आचार्यों ने नायिकाओं के अन्य कई भेद गिनाये हैं—

"आलम्बन विभाव के अन्तर्गत साहित्यशास्त्र में नायक-नायिका भेद का वर्णन किया जाता है। **प्रताप नारायण सिंह** ने नायिका भेद के लिए चार आधार माने हैं। प्रकृति, धर्म, वय एवं अवस्था। प्रकृति का अर्थ है स्वभाव। इसके आधार पर नायिका तीन प्रकार की होती है—उत्तमा, मध्यमा और अधमा। धर्मानुसार नायिका के तीन प्रकार हैं—स्वकीया, परकीया और सामान्या। वय क्रम के अनुसार स्वकीया के तीन भेद हैं—मुग्धा, मध्या और प्रौढ़ा। मुग्धा के दो भेद—अज्ञात यौवना और ज्ञात यौवना हैं। ज्ञात यौवना के पुनः दो भेद—नवोढ़ा और विश्रब्ध नवोढ़ा। प्रौढ़ा के दो भेद हैं—रति प्रीता और आनन्द सम्मोहिता। मध्या और प्रौढ़ा के मान भेदानुसार तीन भेद हैं—धीरा, अधीरा और धीरा-धीरा तथा स्वाभावानुसार भी तीन भेद हैं—अन्य सुख

दुखिता, वक्रोक्ति गर्विता और मानवती। परकीया के प्रथमतः दो भेद–ऊढ़ा और अनूढ़ा तथा इन दोनों के भेद हैं–उद्‌बुद्धा और उद्‌बोधिता। इन सबके छह-छह भेद हैं–गुप्ता, विदग्धा, लक्षिता, कुलटा, अनुशयना और मुदिता। इन सबमें भी उपभेद प्राप्त होते हैं। अवस्थानुसार नायिकाओं के दस भेद प्राप्त होते हैं–प्रोषित पतिका, खण्डिता, कलहान्तरिता, विप्रलब्धा, उत्कण्ठिता, वासक सज्जा, स्वाधीन पतिका, अभिसारिका, प्रवत्स्यत्पतिका और आगत पतिका। प्रताप नारायण सिंह के नायिका भेद पर भानुदत्त की 'रसमंजरी' का सर्वत्र प्रभाव दिखाई देता है।"[26]

कवि द्विजदेव के काव्य में हमें केवल **उत्तमा नायिका** का ही वर्णन मिलता है, अधमा और मध्यमा नायिका के चित्र उनके काव्य में नहीं मिलते। इससे यह प्रतीत होता है, कि उनका अनुराग उत्तमा प्रकृति वाली नायिकाओं में ही था–

"लावौ हमैं भोग कै सिखावौ कछु जोग कला,
लीन्हैं अंगराग कै परागन घने रहौ।
बिनती इतीफ पैं हमारी प्रिय-प्रीतम सौं,
कहिवे कौं ऊधौ! उर आपने गने रहौ।।
अब उर अन्तर इतीऐं अभिलाष रही,
बसहु जहाँ ई तहाँ आँनद सने रहे।
याहीं तै हमारे सुख पगन लगैगौ तुम,
लगन लगैहूँ पिय मगन बने रहौ।।"

(शृं.ल.सौ., 214)

द्विजदेव की उत्तमा नायिका परम निःस्वार्थ है कृष्ण कुब्जा में अनुरक्त होकर भले ही उन्हें भूल गये, पर वे उद्धव से कहती हैं, कि प्रिय उन्हें चाहें या न चाहें, बस वे जहाँ रहें प्रसन्न रहें।

वय के अनुसार रीतिकाव्य में प्रचलित मुग्धा, मध्या और प्रौढ़ा आदि नायिकाएँ तथा उनके भेदों का चित्रण द्विजदेव के काव्य में प्राप्त है–

(क) मुग्धा नायिका : मुग्धा नायिका का वर्णन कवि ने इस प्रकार किया है–

"कौन कौ प्रान हरैं हम यौं, दृग कानन-लागि मतौं चहैं बूझन।
त्यौं कछु आपुस ही मैं उरोज, कसाकसी कै-कै चहै बढ़ि जूझन।।
ऐसे दुराज दुहूँ वय के, सब ही कौं लग्यौ अब चौचँद सूझन।
लूटन लागी प्रभा कढ़ि कैं, बढ़ि केस छवान सौं लागे अरूझन।।"

(शृं.ल.सौ., 133)

मुग्धा नायिका के भी दो प्रकार–अज्ञात यौवना तथा ज्ञात यौवना होते हैं।[27] इनमें से प्रथम उनके काव्य में स्पष्टतः नहीं दिखती। ज्ञात यौवना मुग्धा नायिका के

दो भेद हैं—नवोढ़ा तथा विश्रब्ध नवोढ़ा। इन चारों प्रकार की नायिकाओं का वर्णन कवि ने यों प्रस्तुत किया है—

1. अज्ञात यौवना :

"आज लौं हौं हूँ गई उनके हित, वे ऊ हमैं लखि कैं अनुरागे।
पैं अब जी मैं रुचै सो करैं 'द्विजदेव' जू औरौं उछाह सौं पागे।।
जाइ है मेरी बलाइ बबा की सौं, खेलिबे कौं मनमोहन आगे।
आखैं मुँदाइ हमारी हहा! अब औरन हूँ संग खेलन लागे।।"

(शृं.ल.सौ., 90)

2. ज्ञात यौवना :

"कौन कौ प्रान हरैं हम यौं, दृग कानन लागि मतौ चहैं बूझन।
त्यौं कछु आपुस ही मैं उरोज, कसाकसी कै-कै चँहैं बढ़ि जूझन।।
ऐसे दुराज दुहूँ वय के, सब ही कौं लग्यौ अब चौचन्द सूझन।
लूटन लागी प्रभा कढ़ि कैं केस छवान सौं लागे अरूझन।।"

(शृं.ल.सौ., 133)

3. नवोढ़ा नायिका :

"स्याम कौ बास निते सुनि कैं, या कितेक दिना तैं हुतो बन छूटे।
पैं कहि 'पी है कहाँ? सठ तैंही, बई उर मेरे बिसास की बूँटै।।
तातैं इतै डगरी 'द्विजदेव' न जानती कान्ह अजौं मग लूटैं।
ए रे बिसास के घातक-चातक! तो बतियाँन पैं गाज न टूटैं।"

(शृं.ल.सौ., 99)

4. विश्रब्ध नवोढ़ा :

"राखत न काहू सौं सनेह कछु सपने हूँ,
भाषत न काहू सौं अनन्द उँमहनि मैं।
'द्विजदेव' की सौं खान पान की बिसारी सुधि,
हारी लोक लाज एक वाही की रहनि मैं।।
साँची लगी दीठि मन मोहिनी की मोहन पैं,
याही तैं चके से चित्त चाँहीं की चँहनि मैं।
नाँहीं के कहे तैं भए नाँही मय स्याम नच
ह्वै है कहा राम! बाम बाँही की गहनि मैं।।"

(शृं.ल.सौ., 153)

(ख) मध्या नायिका : द्विजदेव की मध्या नायिका अत्यन्त ही लज्जाशील तथा मधुर है—

"साँझ समैं घर आये गुपाल सो जाम के अन्तर ही रतिया मैं।
भारी बिनोदन सौं भभरी 'द्विजदेव' जू जौं लौं रची बतिया मैं।।
काम की जोति जगी कछु बीच हीं, भूलि गई सिगरी घतिया मैं।
जैसी हुती रही वैसी धरी सखि। नेह भरी बतियाँ छतियाँ मैं।"

(श्रृं.ल.सौ., 148)

1. मध्याधीरा नायिका : द्विजदेव की मध्याधीरा नायिका परम विदुषी है। वह नायक के रात्रि जागरण को भाँप गयी और उसके छल पर व्यंग्य करती हुई कहती है—

"चहचही सेज चहूँ चहकि चमेलिन सौं,
बेलिन सौं मंजु-मंजु मलिन्द जाल।
तैसेई मरीचिका दरीचिन के दीवे ही मैं,
छपा की छबीली छबि छहरति ततकाल।।
कवि 'द्विजदेव' सुनौं सारस नयन स्याम,
दीठि चकचौधिं चैहै देखत मुकुर माल।
है है यह सुखद सदां ही रावरें कौं अब,
मनिमय मन्दिर कौ चलिबौ चतुर लाल।।"

(श्रृं.ल.सौ., 187)

2. मध्या धीरा-धीरा नायिका : द्विजदेव की मध्या धीरा-धीरा नायिका बहुत प्रवीण है। उसकी वादविदग्धता असामान्य है। नायक उससे कहता है, कि तुम मान ठान रही हो, यह उचित नहीं है। तो वह कहती है कि मान रखने के लिए दो ही स्थान होते हैं, एक हृदय तथा दूसरा नेत्र। हृदय में तो वियोग रूपी बाणों के आघात से छिद्र हो गये हैं, तथा नेत्रों से निरन्तर अश्रु प्रवाह होता रहता है, अतः उनमें मान के ठहरने तक के लिए कोई स्थान नहीं रह गया है। इस प्रकार वह नायक से अनुरोध करती है कि उसे मानिनी न कहे—

"आँखिन के जल की जु है रीति, सदां तुम साँझ-हूँ-भोर निहारत।
तैं 'द्विजदेव' जू क्यौं कहि जाँइ, परे छत जे हिय कौं करैं आरत।।
बता बिचारिबे की यह लाल! कहा बकवाद कै मो तन जारत।
मान रहैगौ कितै बलि जाऊँ, सो मानिनी! मानिनी!! काहि पुकारत।।"

(श्रृं.ल.सौ., 104)

(ग) प्रौढ़ा नायिका : कवि ने प्रौढ़ा नायिका के दोनों भेदों—रतिप्रीता प्रौढ़ा तथा आनन्द सम्मोहित-प्रौढ़ा का वर्णन किया है—

1. रतिप्रीता प्रौढ़ा :

"कुंज गृह मंजु मधु मधुप अमन्द राजै,
तामै काल्हि स्यामैं बिपरीति रति रांची री।

'द्विजदेव' कीरकल कण्ठन की धुनि जैसी।
तैसिए अभूत भाई सूत धुनि साँचि री।
लाज बस बाम छाम छाती पैं छली के मनौं,
नाभि त्रिवली तैं दूजी नलिनी उमाँची री।
उपमा हुतीं पैं मानी देवतन साँची या तैं,
विधिहिं सतावैं अजैं सकुचि पिसाची री।।"

(शृं.ल.सौ., 226)

2. आनन्द सम्मोहिता प्रौढ़ा :

"सीस फूल सरकि सुहावने ललाट-लाग्यौ,
लाँमी लटैं लटकि परी हैं कटि छाम पर।
'द्विजदेव' त्यौं हीं कछु हुलसि हिए तैं हेलि,
फैलि गयौ राग मुख पंकज ललाम पर।।
स्वेद सीकरनि सराबोर हैं सुरंग-चीर,
लाल दुति दै रही सुहीरन के दाम पर।
केलि रस साँने दोऊ थकित बिकाने तऊ,
'हाँ' की होत कुमुक सु 'नाँ' की धूम धाम पर।।"

(शृं.ल.सौ., 186)

स्वभावानुसार प्रौढ़ा के तीन भेद होते हैं। इन सब भेदों का चित्रण कवि द्विजदेव ने इस प्रका किया है—

1. अन्य सुख दुखिता

"आज लौ हौं हूँ गई उनके हित, वे ऊ हमें लखि कै अनुरागे।
पैं अब जी मैं रूचै सो करैं, 'द्विजदेव' जू औरों उछाह सौ पागे।।
जाइ है मेरी बलाइ बबा की सौं, खेलिबे कौ मनमोहन-आगे।
आखें मुँदाइ हमारी हहा! अब औरन हूँ संग खेलन लागे।।"

(शृं.ल.सौ., 90)

2. वक्रोक्ति गर्विता :

"ए अंग दीपति-पुंज-भरे तिनकी उपमा छन जौहृ सौं दीजतु।
आरसी की छवि त्यौं 'द्विजदेव' सुगोल कपोल समान कही जतु।।
चातुर स्याम कहाइ कहौ? उर अन्तर लाज कछूक तौ लीजतु।
रागमई अधराधर की, समात कहो कैसें प्रबाल सौं कीजतु।।"

(शृं.ल.सौ., 114)

रूप गर्विता :

"बैठी हुती आज दुरि दीपनि मैं आयौ तहाँ,
जाहि तू कह्यौ करति बीर हलधर कौ।
भाजी हौं डराइ करि भवन अन्धेरौ लागे,
निपट छवान कान्ह आनि गह्यौ कर कौ।।
दीपति हमारी पैं हमारे साथ कीन्हौं छल,
दीन्हौं जौ बताइ बाहि भेष घर घर कौं।
दौरि दुरिबे के काज दीप न बुझायौ सो तौ,
गाहक भ्यौ री आली आपने ही गर कौं।।"

(शृं.ल.सौ., 82)

3. मानवती :

"जा दिन तैं सुधि आई हिऐं, नित बाढतैं देखीं उछाह की सोती।
नांह दियौ जिनसी हमैं सौतिन, दीनी दया करि प्रीति अगौती।।
या जग मैं विधि बाहुबली, तिय जेती रचीं मति हूँ रचि ओती।।
होत छू ह्वै है कहूँ सजनी। पिय प्यारी के अन्तर मान मनौती।।"

(शृं.ल.सौ., 71)

इसी तरह प्रेमगर्विता के भी परिचायक छन्द शृंगार लतिका में मिलते हैं। धर्म के अनुसार नायिका भेद जिसमें गुप्ता, अनुशयना आदि आती हैं तथा अवस्था के अनुसार नायिका भेद जिसमें प्रोषित पतिका, खण्डिता आदि आती हैं, भी कवि द्विजदेव के चित्त में भली-भाँति था, जो उनके छन्दों में प्राप्त नायिकाओं की स्थिति से स्पष्ट है।

परकीया प्रोषित पतिका :

"सांझ ही तै आवत हलावत कटारी कर,
पाइ कै कुसंगति कृसानु-दुखदाई कौ।
निपट निसंक ह्वै तजि तैं कुल-काँनि खानि,
औगुन की नैकऊँ तुलै न बाप भाई कौ।।
ऐ रे मति मन्द चन्द! आवत न लाज तोहिं,
देत दुख बापुरे वियोगी समुदाई कौ।
ह्वै कैं सुधा धाम काम विष कौं बगारै मूढ़,
ह्वै कैं द्विजराज काज करत कसाई कौ।।"

(शृं.ल.सौ., 84)

कवि द्विजदेव ने परकीया नायिका तथा उसके प्रायः सभी भेदों का रूप प्रस्तुत किया है—

परकीया नायिका : जो नायिका पर-पुरुष से प्रीति करती है उसे परकीया नायिका कहते हैं—

वे बस-मन्त्र सदाई रहैं, इनकैं न है जन्त्र, न मन्त्र, न है मुनि।
वे डसि भाजति एक हीं बार इन्हैं नहिं तोष बिनाँहिं डसे पुनि।।
भेद चबाइन सौं औ भुजंगन सौं 'द्विजदेव' रहे धौं कितो गुनि।
आँखिन देखि डसैं वे कहँ, सखि! ए नितहीं डसैं कानन सौ सुनि।।

(शृं.ल.सौ., 130)

परकीया नायिका के दो भेद होते हैं—ऊढ़ा और अनूढ़ा तथा इसके अन्तर्गत मुख्यतः गुप्ता, विदग्धा, लक्षिता, कुलटा, मुरिता तथा अनुशयना आदि छह भेद होते हैं। 'द्विजदेव' के काव्य में ऊढ़ा तथा अनूढ़ा के उदाहरण इस प्रकार हैं—

ऊढ़ा नायिका :

"लहि जीवन-मूरि कौ लाहु अली! वे भली जुग चारि लौं जीवौं करैं।
'द्विजदेव' जू त्यौं हरखाई हिऐं, बर-बैन-सुधा-मधु पीवौ करैं।।
कछु घूँघुट खोलि चितै हरि ओरन चौथ ससी दुति लीवौ करैं।
हम तो ब्रज को बसिवौई तज्यौ, अब चाव चबाइनैं कीवौ करैं।।"

(शृं.ल.सौ., 173)

अनूढ़ा नायिका :

"कटि काछिनी काछैं पितम्बर की, धरैं मोर पखान कौ मोर पखा।
'द्विजदेव' जू यौं दुपटी फहरैं, मनौं बोलत बिस्व-बिजै-करखा।।
वह कौन धौं माधुरी मूरति वारौ अली! छबि नैननि जाकी चखा।
बिहरैं चहूँधाँ बन-बीथिन बीच, मनोभव-भूप कौ मानौं सखा।"

(शृं.ल.सौ., 85)

नायक-नायिका भेद के आचार्यों ने सब प्रकार के नर-नारियों का चित्रण मनोवैज्ञानिक शैली पर आधारित किया है। ऐसी दशा में स्वकीया के साथ परकीया का भी उल्लेख आवश्यक था। **आचार्य विश्वनाथ प्रसाद मिश्र** ने लिखा है, "शृंगार काल में कवियों ने नायक-नायिकाओं की प्रेम लीलाओं का निरूपण आरम्भ किया तो उसमें स्वकीया प्रणय के विस्तार का अवकाश न मिला। अपभ्रंश की पुरानी रचनाओं और देशी गीतों में स्वकीया-प्रेम के बड़े ही मधुर एवं मर्मस्पर्शी खण्डवृत्त दिखाई देते हैं, पर हिन्दी में शृंगार की काव्यधारा भक्तिधारा से फूटी, सीधे लोकधारा से उसका सम्बन्ध नहीं रहा, अतः स्वकीया की प्रीति के रससिक्त स्थलों का सन्निवेश उसमें न रह सका। अलौकिक दृष्टि से भक्ति के भीतर जो दाम्पत्य प्रेम रखा गया, वह सर्वत्र स्वकीया का प्रेम न रहा, क्योंकि उपास्य और उपासक या आकर्षक और आकृष्ट के

रूप की लम्बी-चौड़ी भूमि परकीया प्रेम के परिष्कार में दिखाई पड़ी, जिसमें अलौकिक सम्बन्ध का आरोप होने लगा। इस प्रकार प्रेम की विवृत्ति के साहचर्य में परकीया प्रेम के विस्तार को विशेष उत्तेजना प्राप्त हुई।"[28]

कवि द्विजदेव ने चामत्कारिक ढंग से एक ही छन्द में अनेक नायिकाओं का भी वर्णन किया है जैसे—गच्छत्पतिका, आगमिष्यत्पतिका और प्रोषित पतिका :

"और गाँव हरि चलत, कबहुँ राधा दुख पावैं।
आवत जानि बहोरि, हिऐं आनन्द उपजावैं।।
बसि बिदेस हरि, कबहुँ बिरहा-दुख पावैं।
ह्वै बिरहिनी तिय बिलखि, दूति हरि-पास पठावैं।।"

(शृं.ल.सौ., 42)

कलहान्तरिता, धीरादि तथा खण्डिता :

"रुचि-रुचि लीला-कलह, कबहुँ राधा रिस ठानैं।।
हरि मनाइ जब चलत, तबै मन मैं दुख आनैं।।
और रूप रुचि कबहुँ, स्याम-संग राधा बिहरैं।।
ताहि जानि वृषभाँन सुता, दुख ठाँनति हियरैं।।"

(शृं.ल.सौ., 43)

दुखिता, मानिनी, स्वाधीन पतिका तथा रूप गर्विता—

"ता तिय तैं ह्वै क्रुधित, देति बहु भाँति उराहन।
करत मान हरि संग, लगैं सखियाँ समुझावन।।
निज तन जोति बढ़ाइ, कबहुँ मोहन मन मोहैं।
गरब करैं बहु भाँति, जबैं सौतिन-दुख जो है।।"

(शृं.ल.सौ., 44)

अनुशयना, गुप्ता और लक्षिता :

"उजरत कहुँ संकेत हिऐं, बहु दुख उपजावैं।
लखि संकेत तै फिरे स्याम, कहुँ बिरह बढ़ावैं।।
हरि संग बिहरत लखैं सखी, तब निज रति गोवैं।
लखि बिहार कौ चिह्न, दूति रस बैन निचोवैं।।"

(शृं.ल.सौ., 46)

इस प्रकार कहा जा सकता है कि कवि द्विजदेव ने अपने काव्य में नायक-नायिका भेद असाधारण काव्य-कौशल के साथ नियोजित किया है। नायिका भेद तथा उसके उपभेदों की अवधारणा भी उन्होंने छन्दों की रचना के समक्ष रखी है। स्थान संकोच के कारण इनका उल्लेख केवल छन्द संख्या देकर किया जा रहा है—

मध्या प्रोषित पतिका (148), प्रौढ़ा प्रोषित पतिका (161, 163), परकीया (84) आदि। इसी के समान खण्डिता नायिकाओं के अनेक भेद—मध्या खण्डिता (93), प्रौढ़ा खण्डिता (168), खण्डिता (195), कलहान्तरिता (125) तथा इसके भेद—प्रौढ़ा कलहान्तरिता (116), परकीया कलहान्तरिता (75), मुग्धा वासक सज्जा (194), मुग्धा अभिसारिका (106), मध्या अभिसारिका (141), परकीया कृष्णाभिसारिका (131), आगतपतिका (107), परकीया उत्कण्ठिता (177), परकीया विप्रलब्धा (95), स्वाधीन पतिका (234) प्रवत्स्यत्पतिका पतिका (231, 232), प्रौढ़ा प्रवत्स्यत्पतिका (170), परकीया प्रवत्स्यपतिका (115), परकीया ऊढ़ा (171), मध्यागच्छत्पतिका (188), पूर्वानुरागिणी (190) आदि। तथा प्रोषित पतिका गर्विता (71), लक्षिता (89), अज्ञात यौवना तथा अन्य सम्भोग दुखिता (90) मुग्धा, अविदित अनङ्ग व अज्ञात यौवना (92), नवोढ़ा (99), वर्तमान गुप्ता नायिका (103), मनोज प्रति कामयुक्ता विरहणी नायिका (105), मानिनी (120), रति व आनन्दसम्मोहिता नायिका (186), अनुशयना (198), उत्तमा प्रोषित पतिका (210), संकेत विघट्टना अनुशयना नायिका (219) आदि।

इस प्रकार कवि द्विजदेव ने अपने काव्य में नायक-नायिका के सभी प्रकार के भेदों तथा उपभेदों का वर्णन बड़ी ही कुशलता तथा मधुरता के साथ किया है। **डॉ. नगेन्द्र** ने लिखा है, "भाव योजना की दृष्टि से भी इनकी शृंगारी कविता बड़ी नैसर्गिक पद्धति पर चली है। मन की सच्ची उमंग और भावों के सहज उद्वेलन के साथ कविता लिखने वाले कवियों का रीतिकाल में प्रायः अभाव ही था। अधिकांश कवि रस्म अदा करने के लिए नख-शिख, ऋतु वर्णन, नायिका-भेद, बारहमासा आदि लिखकर अपने कवि कर्म की पूर्णता समझते थे किन्तु द्विजदेव के काव्य में मन के लीन होने की सरस दशा का पूरा संकेत उपलब्ध होता है।"[29]

"ऋतु वर्णन और बारहमासा वर्णन शृंगार रस विभावान्तर्गत उद्दीपन के रूप में किया गया है। रीतिकालीन कवियों ने छहों ऋतुओं का सुन्दर वर्णन करते हुए उसके अन्तर्गत हिंडोला, वन-उपवन, सरोवर, चन्द्र-चन्द्रिका आदि समस्त उद्दीपन उपकरणों के नयनाभिराम चित्र प्रस्तुत किये हैं। यद्यपि यह वर्णन शृंगार के दोनों पक्षों—संयोग और वियोग के अन्तर्गत हुए हैं तथापि ऋतु वर्णन प्रायः संयोग शृंगार एवं बारहमासा वर्णन अधिकतर वियोग शृंगार का उद्दीपक बना।"[30]

इस प्रकार कहा जा सकता है कि कवि द्विजदेव ने नायिका भेद के माध्यम से नारी मन के मनोविज्ञान का बड़ा ही सूक्ष्म तथा मनोहारी चित्रण किया है। कवि ने अपने काव्य में नायिकाओं का धर्म, दशा, अवस्था तथा गुण आदि के अनुसार वर्गीकरण करते हुए बड़ा ही सुन्दर चित्रण किया है।

इस अध्याय में प्रतिपादित शृंगार वर्णन के रीतिकाव्यशास्त्रपरक विविध पक्षों

की सम्यक् चर्चा से हम यह निष्कर्ष प्रस्तुत करना चाहते हैं कि द्विजदेव का शृंगार वर्णन यत्र-तत्र अपनी झलक दिखाने वाला नहीं है अपितु वह समग्रतः व्यापक, व्यवस्थित तथा रीतिबद्ध है। शृंगार की ऐसी प्रवृत्ति ही शृंगार लतिका तथा उनकी अन्य शृंगारी रचनाओं का प्रधान लक्ष्य है।

4. अन्य रचनाओं में शृंगार का स्वरूप

कवि द्विजदेव की काव्य-यात्रा के विकास का जो विवेचन हम उनकी रचनाओं के परिचय में कर आये हैं, उससे पूर्णतः स्पष्ट है कि उनकी अभिरुचि मूलतः शृंगारी कविता में ही केन्द्रित थी। शृंगार-लतिका के अतिरिक्त उनकी शृंगार-बत्तीसी और शृंगार-चालीसी नामक रचनाएँ भी इसी शृंगारी शैली में हैं, जो इन रचनाओं के नाम से ही स्पष्ट है। शृंगार बत्तीसी के छन्द शृंगार-चालीसी में समाविष्ट हैं और विकास के इसी क्रम में शृंगार चालीसी के सभी छन्द शृंगार लतिका में मिलते हैं। उनकी रचनाओं का एक और संग्रह 'मानमयंक' भी इन्हीं छन्दों से भरा हुआ मिलता है।

शृंगार-बत्तीसी और शृंगार चालीसी के रचनाकाल के समय से ही कवि द्विजदेव की रचना शक्ति शृंगार के अनूठे वर्णनों में रमी हुई मिलती है, जिसमें शृंगार के विविध पक्ष और प्रसंगों की झलक देखी जा सकती है। साक्ष्य के रूप में उनकी इन पूर्ववर्ती रचनाओं के शृंगार तत्त्व के संयोग-वियोग पक्षों के कुछ उदाहरण यहाँ प्रस्तुत हैं—

संयोग शृंगार :

"साँवन के दिवस सुहावने सलौने स्याम,
जीति रति-समर बिराजे स्यामा स्याम संग।
द्विजदेव की सौं तन उघटि चहूँधाँ रह्यौ,
चुंबन कौ चहल चुचात चूनरी कौ रंग।।
पीटठ पट ताने हरखाने लपटानैं लखैं,
उँमहि-उँमहि घनस्याम-दामिनी कौ ढंग।
रति रन मींजे पै न मैन मद छीजे अति,
रस-बस भीजे तनकि पुलकि पसीजे अंग।।"

(शृंगार चालीसी, 29)

"आज मनि-मन्दर मनोज-मद चाखे दोऊ,
लगनि लगालगि कै मगन मजेज पर।
'द्विजदेव' ताहू पैं दुहूँ के अलि! आनन की,
दूनी दुति दै रही तमी-पति के तेज पर।।
नैंसुक सँभारि छल-बलन छरा कौ बन्द,
पौढ़ि रहे पानि धरि कमल मलेज पर।

छूटै रति-समर छपा कौ सुख लूटि दोऊ,
नींदे रति-मदन उनींदे परे सेज पर।।"

(शृंगार बत्तीसी, 9)

वियोग शृंगार :

"भूले-भूले भौंर बन भाँवरैं भरैंगे चहूँ,
फूलि-फूलि किंसुक जके से रह जाइ है।
'द्विजदेव' कीजैं वह कूँजनि बिसारि कूर,
कोकिल कलंकी ठौर-ठौर पछिताइ है।।
आवत बसन्त के न ऐहैं जो पैं स्याम तौ पैं
बावरी! बलाइ सौं हमारैं हूँ उपाइ है।
पी हैं पहिलेई तैं हलाहल मँगाइ या,
कलानिधि की एकौ कला चलन न पाइ है।।"

(शृंगार चालीसी, 25)

घूँमि घने घुमरैं घन घोर, चहूँ नाँचत मोर अटारी,
त्यौं 'द्विजदेव' नई उनई दरसाति कदंबनि की छबि न्यारी।
चूनरी सी छिति मानौं बिछी, इमि सोहति इन्द्र-बधू की पत्यारी।
काहि न भावति ऐसे समैं, ठकुराइनि! या हरियारी तिहारी।।

(शृंगार बत्तीसी, 6)

चूँकि शृंगार बत्तीसी तथा शृंगार चालीसी के सभी छन्द शृंगार लतिका में समाहित हैं, इसलिए इनका विस्तृत विवेचन यहाँ करना शृंगार लतिका के शृंगार सम्बन्धी विश्लेषण की आवृत्ति ही लगेगा। अतः अनावश्यक समझकर ऐसा नहीं किया जा रहा है।

सन्दर्भ

1. भरतमुनि, नाट्यशास्त्र, 6/31
2. वही, 6/32
3. कविराज विश्वनाथ, साहित्य दर्पण, 3/2-3
4. भरतमुनि, नाट्यशास्त्र, 6/45
5. आनन्दवर्धन, ध्वन्यालोक, 2/7
6. देव, भवानी विलास, 1/10
7. देव, शब्द रसायन।
8. सेठ कन्हैया लाल पोद्दार, रसमंजरी।
9. डॉ. नगेन्द्र, रीतिकाव्य की भूमिका, पृ. 146

10. वही, पृ. 147
11. आचार्य रामचन्द्र शुक्ल, हिन्दी साहित्य का इतिहास, पृ. 273
12. आचार्य मम्मट, काव्य प्रकाश-चतुर्थ उल्लास, पृ. 143
13. आचार्य विश्वनाथ, साहित्य दर्पण, 3/210-211
14. डॉ. नगेन्द्र, रीतिकाव्य की भूमिका, पृ. 168
15. डॉ. जय नारायण मिश्र 'हेम', द्विजदेव के काव्य का आलोचनात्मक अध्ययन, पृ. 59
16. डॉ. आनन्द प्रकाश दीक्षित, रस सिद्धान्त : स्वरूप विश्लेषण, पृ. 40
17. अवध विश्वविद्यालय शोध पत्रिका, अवध विशेषांक, अंक 3, पृ. 95, सं. डॉ. राधिका प्रसाद त्रिपाठी
18. डॉ. आनन्द प्रकाश दीक्षित, रस सिद्धान्त : स्वरूप विश्लेषण, पृ. 40
19. अवध विश्वविद्यालय शोध पत्रिका, अवध विशेषांक, अंक 3, पृ. 95, सं. डॉ. राधिका प्रसाद त्रिपाठी
20. आचार्य विश्वनाथ कविराज, साहित्य दर्पण, तृतीय परिच्छेद, पृ. 205
21. डॉ. सरला चौधरी, रीतिकाव्य में स्वच्छन्दतावादी तत्त्व, पृ. 61
22. डॉ. रामकुमार वर्मा, रीतिकालीन साहित्य का पुनर्मूल्याकंन, पृ. 104
23. डॉ. नगेन्द्र, हिन्दी साहित्य का वृहत् इतिहास, पृ. 104
24. डॉ. रामकुमार वर्मा, रीतिकालीन साहित्य का पुनर्मूल्यांकन, पृ. 107
25. अवध विश्वविद्यालय शोध पत्रिका, भाग 3, अवध विशेषांक, पृ. 96, सं. डॉ. राधिका प्रसाद त्रिपाठी
26. प्रताप नारायण सिंह, रसकुसुमाकर, द्वादश कुसुम, पृ. 154
27. जगन्नाथ प्रसाद भानु, नायिका भेद शंकावली, पृ. 24
28. अवध विश्वविद्यालय शोध पत्रिका, भाग 3, अवध विशेषांक, पृ. 96, सं. डॉ. राधिका प्रसाद त्रिपाठी
29. प्रताप नारायण सिंह, रसकुसुमाकर, द्वाद्वश कुसुम, पृ. 154
30. अवध विश्वविद्यालय शोध पत्रिका, भाग 3, अवध विशेषांक, पृ. 96, सं. डॉ. राधिका प्रसाद त्रिपाठी
31. आचार्य विश्वनाथ प्रसाद मिश्र, हिन्दी साहित्य का अतीत, पृ. 395
32. डॉ. नगेन्द्र, हिन्दी साहित्य का वृहत् इतिहास, (षष्ठ भाग), पृ. 411
33. डॉ. सरला चौधरी, रीतिकाव्य में स्वच्छन्दतावादी तत्त्व, पृ. 60

द्विजदेव का काव्य-कौशल

रीतिकाव्य-कला में निष्णात कवि 'द्विजदेव' का काव्य-कौशल मूलतः शृंगार लतिका में ही केन्द्रित है, अतः उसका आकलन शृंगार लतिका के काव्य-सौन्दर्य के अनुशीलन से ही सम्भव है। पूर्व विवेचन में हम उनकी काव्य-दृष्टि का परिचय प्राप्त कर चुके हैं और उनके युग में काव्य रचना के स्वरूप का भी संकेत कर चुके हैं। रीतिवादी कवियों के काव्य-शिल्प का विवेचन विशुद्ध शास्त्रीय निकष की माँग करता है। उनके कवित्व से उनका आचार्यत्व सदा संलग्न दिखाई देता है। यों तो शास्त्र का दबाव कविता की सहज भावधारा में व्याघात उत्पन्न करता है, अतः सम्पूर्ण रीतिकालीन कविता के मूल्यांकन में यह बात सामने आयी है कि भावानुभूति की गहराई और मार्मिकता उन कवियों में अधिक है, जो शास्त्र चर्चा के आग्रह से मुक्त रहे हैं।

जहाँ तक द्विजदेव की काव्य-साधना के समग्र प्रभाव का प्रश्न है, वे रीतिकाव्य शैली में मध्यम मार्ग चुनकर चलने वाले रचनाकार हैं। शोधकों व समीक्षकों तथा हिन्दी साहित्य का इतिहास लिखने वाले विद्वानों ने आमतौर से उनकी काव्य साधना की भावात्मक और कलात्मक उपलब्धियों की सराहना की है। रीतिकालीन कविता में वे अपनी निराली पहचान रखते हैं।

डॉ. जगदीश गुप्त ने लिखा है, "द्विजदेव की रचनाओं में एक सरल भावावेग, सुकुमार कल्पना तथा सहज, सूक्ष्म अनुभूति के दर्शन होते हैं। "चाँदनी के भारन लागत उनयो सो चन्द, गन्ध ही के भारन बहतु मन्द मन्द पौन" जैसी कोमल भावना से उद्भूत उक्ति रीतिकालीन निसर्ग-काव्य में अप्रतिम है। और कवि के अकृत्रिम सौन्दर्य-बोध को व्यक्त करती है। शब्द-चयन तथा पद-विन्यास में कलात्मकता होते हुए भी उससे हृदय तारल्य आच्छादित नहीं हुआ है। वर्षा और बसन्त के अन्तर्गत इन्होंने शृंगारिक मनोभावों का जो चित्रण किया है, वह अन्य अनेक ख्यातिनामा पूर्ववर्ती कवियों की अपेक्षा अधिक सजीव एवं आकर्षक है।"[1]

द्विजदेव हिन्दी के उन विशिष्ट रचनाकारों में हैं, जो संयोगवशात् कवि कर्म में संलग्न होकर कुछ भी लिखने के बजाय काव्य चिन्तन का मार्ग अपनाते हुए अपना

रचना दर्श सामने रखते हैं। जिस तरह की कविता से उन्होंने अपना सम्बन्ध स्थापित किया, उसमें उनकी पूर्ण निष्ठा थी। यदि हम साहित्येतिहास की दृष्टि से देखें, तो कविता का वह युग उनके रचनाकाल के समय समाप्तप्राय था, तो भी वे अपनी निष्ठा के विरुद्ध नये मार्ग के आकर्षण में जाने से बचे रहे और उन्होंने सुविचारित दृष्टि से अपने लिए वण्य-विषय और कला-पक्ष का गम्भीरता से चुनाव किया और अपने कवि कर्म को वे अपने द्वारा बनाई गयी सीमाओं में बाँधे रहे।

काव्य-सौन्दर्य की समग्र विवेचना मुख्यतः दो पक्षों में व्यवस्थित और परिपूर्ण होती है। इसमें प्रथम अनुभूति पक्ष है तथा दूसरा अभिव्यक्ति पक्ष है। पहले में सम्पूर्ण कथ्य और वर्ण्य-विषय सम्बन्धी योजनाओं को समाविष्ट किया जाता है और दूसरे में अभिव्यक्ति अर्थात् रचना शिल्प के विविध आयाम आते हैं। द्विजदेव की 'शृंगार लतिका' को इन दोनों पक्षों से देखना यहाँ अभीष्ट है–

अनुभूति पक्ष

इस कृति के अनुभूति पक्ष पर ध्यान देने से इसमें कृष्ण चरित का समावेश, वर्णन की विविधता, लोक तत्त्व की अवधारणा, रूप-वर्णन, प्रकृति वर्णन, भक्ति भावना तथा दार्शनिक दृष्टि आदि का गम्भीर वैशिष्ट्य दिखाई देता है। इनकी यथाक्रम गवेषणा यहाँ प्रस्तुत है–

(क) कृष्ण चरित का गहरा प्रभाव : 'शृंगार लतिका' में मुख्यतः कृष्ण की मधुर लीलाओं का ही वर्णन है। इसमें राधा-गोपिकाएँ सम्मिलित हैं। कृष्ण और गोपियों की शृंगार लीलाओं का चित्रण रीतिकालीन साहित्य से पहले हमें हरिवंश, पद्म, विष्णु भागवत आदि पुराणों के अलावा जयदेव, चण्डीदास, विद्यापति, सूरदास, नन्ददास आदि कवियों की वाणी में विशद् रूप में प्राप्त होता है। यह विश्वास के साथ कहा जा सकता है कि शृंगार का जिस सीमा तक वर्णन इन कवियों ने किया है, उतना किसी भी प्रसिद्ध रीतिकालीन कवि ने नहीं किया।

भक्त कवियों का शृंगार प्रायः स्वतन्त्र रूप से लिखा गया है, परन्तु रीतिकालीन कवियों का शृंगार नायिका भेद के साँचे में ढला हुआ है। इसी कारण भक्तिकालीन शृंगार को भक्तिपूर्ण तथा रीतिकालीन शृंगार को भक्तिरहित समझा गया है। रीतिकालीन कवियों ने राधा-कृष्ण की शृंगार लीलाओं का वर्णन नायिका भेद के ढाँचे में किया है। उन कवियों पर रूप गोस्वामी का प्रभाव पड़ा है। रूप गोस्वामी, चैतन्य महाप्रभु के शिष्य थे। इन्होंने सारे शास्त्र को वैष्णव शास्त्र का रूप दे डाला। उन्होंने अपने 'हरिभक्त रसामृत सिन्धु' नामक ग्रन्थ में पाँच प्रकार के भक्ति रसों को स्वीकार किया और उज्ज्वल अथवा शृंगार रस को इन पाँचों में सम्राट मानते हुए अपने दूसरे ग्रन्थ 'उज्ज्वल नीलमणि'

में उसका विस्तृत विवेचन किया है। इसमें गोस्वामी जी ने कृष्ण को नायक एवं गोपिकाओं को नायिका मानते हुए उनकी सम्पूर्ण लीलाओं का चित्रण किया है।

हिन्दी का नायक-नायिका भेद साहित्य इससे प्रभावित होने के बाद ही लिखा गया है। रीतिकालीन कवियों ने अपनी भक्ति भावना को राधा-कृष्ण के शृंगार वर्णन के रूप में अभिव्यक्त किया है। इस युग की अधिकांश रचनाओं में राधा-कृष्ण का एकछत्र साम्राज्य है। काव्यशास्त्र के आचार्यों ने कृष्ण को शृंगार रस का देवता भी माना है। द्विजदेव के शृंगार-साहित्य में कृष्ण और राधा को ही कविताओं का आधार माना गया है। इनकी 'शृंगार लतिका' आद्यान्त शृंगार रस के विवेचन से भरी पड़ी है। इसमें राधा-कृष्ण के शृंगार-वर्णन के अतिरिक्त भगवान कृष्ण की अन्य लीलाओं का भी वर्णन है। एक छन्द द्रष्टव्य है–

"ह्वाँ उन केसी हत्यौ इन ह्याँई सुकेसिन मारिकैं कीरति लीन्हीं।
दोऊ बिकास-भरे 'द्विजदेव' लखी करतूति दुहून की कीन्हीं।।
नाँहक ही बनि बैठे रसाल, सो काल की रीति परै नहिं चीन्हीं।
दूखन दीजे कहा विधि कौं, जु पैं रूखन के कर साहिबी दीन्हीं।।"

(शृं.ल.सौ., 223)

अर्थात् गोपियाँ यहाँ कृष्ण और आम दोनों को लांछन देते हुए कहती हैं कि ये दोनों व्यर्थ ही रसीले बन बैठे हैं। इनकी तो रीति ही समझ में नहीं आती, क्योंकि कृष्ण ने मथुरा में केशी नामक राक्षस को मारा और इस आम ने अनेक सुकेशियों (सुन्दर केश वाली स्त्रियों) को विरह सन्ताप दे मारा। दोनों ही अकीर्ति के भागी हुए, परन्तु फिर भी दोनों ही प्रसन्नता से भरे हुए हैं। अक्रूर जी के साथ भगवान कृष्ण के मथुरा गमन का चित्रण भी द्विजदेव जी ने गोपियों की उक्ति के रूप में इस प्रकार किया है–

"करिवौई तुम्हैं वह बीस-बिसै, हित जैसो कछूक अकूर करौ।
'द्विजदेव' जू तातैं बिचारि हिऐं मन के भ्रम-भायन दूर करौ।।
कहते सुनते जो भयौ हमसौं, वह माँफ हमारौ कसूर करौ।
इत प्रान पयान करैं न करैं, तुम कान्ह! पयान जरूर करौ।।"

(शृं.ल.सौ., 170)

भगवान कृष्ण तथा कुब्जा पर भी गोपियों ने उपालम्भ किया है–

"सबके हिय बादि हीं आइ अहो! सम जोग सबैं भुव भोग परौं।
सब बादि उसाँसिन बैठीं भरै, सबके उर बादि ही सोग परौ।।
'द्विजदेव' जू यामैं बिषा कहा, जुपैं गोपिन-सीस बियोग परौं।
अब ऊधौ! जू.कूबरी कौ वरिबौ, उन लाल त्रिभंगी पै जोग परौं।।"

(शृं.ल.सौ., 165)

कृष्ण के वंशीवादन का सम्पूर्ण वातावरण पर क्या प्रभाव पड़ता है इसका चित्रण इस प्रकार किया गया है–

"बाँसुरिया इक ओर कढी, त्यौं कढ़ीं इक ओर चबाइनै जूहन।
जाँई बड़े बड़े बंसन की पै कसाइनि की दुवौ ठाँनि रही प्रन।।
ए दुखदाई दोऊ ब्रज मैं, इन पैं नहिं व्यापै कछूक तियापन।
कानन लागि हरै सुख वे, हरि आनन-लागि हरैं यह प्रानन।।"

(शृं.ल.सौ., 134)

"जब राधा और कृष्ण नायक-नायिकाओं के रूप में चित्रित किये गये तो शृंगार रस के विवेचन में कृष्ण की बाँसुरी का विचित्र सम्मोहन साहित्य में आ गया। ...इस वंशी वादन के दोनों पक्ष समान रूप से शक्तिशाली हैं, लौकिक पक्ष और अलौकिक पक्ष। लौकिक पक्ष में नारी हृदय की संवेदना का एक चित्र देखिए।"[2] भगवान कृष्ण के वंशीवादन से मन्त्रमुग्ध होकर नायिका अपनी सखी से कहती है–

"खोइ कै सुबंस बसी ऐसैहीं कछूक दिन,
मारी फिरी ऐसैहीं कछूक दिन नाँगी री।
छेद करवाइ निज छाती मैं छ-सात गई,
कारीगर-हाथन अनेक-बिधि दागी री।।
ताहि मनमोहन किते दिन तैं राखी संग,
द्विजदेव की सौं है सुराग-अनुरागी री।।
ढीठ है-है क्यों न ब्रज बालनि सतावै सोई,
बाँसुरी सुन्यौ मैं अब हरि मुख लागी री।।"

(शृं.ल.सौ., 172)

कवि ने रासलीला और उद्धव-संवाद का संक्षिप्त वर्णन इस प्रकार किया है–

"खेलि रास हरि दुरैं, बहुरि बन कुंजन माँही।
ब्रज-जुबती बूझतीं जाइ, तरु पुंजन पाँही।।
लीला बस हरि बसि बिदेस, ऊधवै पठावैं।
तिन सौं सब मिलि जाइ, आपनौ बिरह सुनावैं।।"

(शृं.ल.सौ., 47)

इस प्रकार कवि द्विजदेव ने यत्र-तत्र कृष्ण कथा के कुछ प्रसंगों का वर्णन किया है, क्योंकि मुक्तक काव्य में सम्पूर्ण कथा का तो चित्रण हो नहीं सकता। इसलिए फुटकर प्रसंगों का ही वर्णन किया गया है। जैसे–रासलीला, माखन चोरी, मथुरा गमन, गोपियाँ-उद्धव संवाद, गोवर्धन पर्वत उठाने की कथा, राक्षस वध इत्यादि।

(ख) वर्णन वैविध्य : शृंगार लतिका के वर्ण्य-विषय में वर्णन की विविधता है। इसमें तीन प्रकार के वर्णन प्रमुख रूप से पाये जाते हैं–

(1) रूप वर्णन (2) वस्तु वर्णन (3) प्रकृति वर्णन।

रूप वर्णन के अन्तर्गत पुरुष एवं नारी का सौन्दर्य वर्णन आता है। वस्तु वर्णन में मृगया, सरोवर, भवनों, उद्यानों इत्यादि का वर्णन होता है तथा प्रकृति वर्णन में ऋतुओं, बारहमासा, हिंडोरा आदि का वर्णन आता है।

कवि द्विजदेव ने रूप वर्णन और वस्तु वर्णन तो परम्परागत रूप से ही किया है परन्तु प्रकृति वर्णन में बारहमासा एवं षट्ऋतु वर्णन नहीं मिलता। ऋतुओं में केवल बसन्त एवं वर्षा का ही वर्णन कवि ने किया है। यहाँ इनकी वर्णन प्रणाली के प्रभाव और सौन्दर्य का यथाक्रम चित्रण है–

(1) रूप वर्णन : द्विजदेव कृत 'शृंगार लतिका' रूप वर्णन तथा सौन्दर्य वर्णन बोध से अन्यतम कही जायेगी। रीतिकालीन कवियों ने नायक-नायिका के रूप सौन्दर्य का अत्यन्त सुन्दर निरूपण किया है। सौन्दर्य वर्णन की परम्परागत परिपाटी को रीतिकालीन कवि द्विजदेव ने ज्यों-का-त्यों अपनाया है।

रूप-वर्णन में प्रमुख रूप से नारी तथा पुरुष का सौन्दर्य वर्णन आता है। कवि द्विजदेव ने नायक तथा नायिका के सौन्दर्य का बड़े ही सुकुमार भाव से चित्रण किया है। नायक का चित्रण शृंगार मूर्ति के रूप में किया है। नायिका का सौन्दर्य विशेष विस्तार के साथ चित्रित किया गया है। इसमें सन्देह नहीं कि ये वर्णन परम्परागत हैं और अधिकतर नख-शिख के रूप में प्राप्त होते हैं, परन्तु इनमें प्रयुक्त उपमान रूढ़िगत ही हैं। कवि ने अपनी कल्पना के द्वारा स्थान-स्थान पर इन वर्णनों में विशेष चमत्कार उत्पन्न किया है, जिससे उनकी कला-कुशलता का परिचय मिलता है। "भक्तिकाल के आलम्बन श्रीकृष्ण रीतिकाल में 'नायक' कृष्ण हो गये। वे अपना समस्त भक्तिपरक रूप भूल गये और नायक रूप में विभिन्न नायिकाओं की उद्भावना के प्रेरक बने। ...श्रीकृष्ण की रसिकता देखकर ही वे शृंगार के अधिष्ठाता बनाये गये। ...उनकी भक्तिकालीन लीलाएँ महत्त्वहीन हो गयीं, उनका माधुर्य रूप प्रधान हो गया...उनके नायकत्व की महत्ता बढ़ी। नायक के रूप में श्री और किशोर रूप में हुआ है। इन सभी में कृष्ण की रसात्मकता का चित्रण, बाल, पौगण्ड शृंगार का स्वर प्रमुख था।"[3]

चूँकि कवि की भक्ति भावना शृंगार के माध्यम से अभिव्यक्त हुई है, अतः शृंगार लीला की सम्पूर्णता के लिए शृंगार-मूर्ति के रूप में नायक का वर्णन किया गया है। भगवान कृष्ण के आदर्शमय मोहक सौन्दर्य का आदर्श ग्रहण करके द्विजदेव ने अपने नायक को उसी रूप में चित्रित किया है।

भगवान कृष्ण के अलौकिक सौन्दर्य तथा उनकी मुग्धकारी मुस्कान पर मोहित होकर एक गोपिका अपनी सखी से कृष्ण की मधुर मुस्कान का अति मनोहर वर्णन करती है—

"मधुरी मुसुक्यानि मनोहर मैं, मति मेरी जु आनि ठगी सो ठगी।
गरुए-गहबीले गुलाब के पात से, गातन दीठि लगी सो लगी।।
जनी! यह नेह-मई बतियाँन तैं, काम की जोति जगी सो जगी।
अब कोऊ कितौऊ कहै किन री! जु हौं स्याम के रंग रँगी सो रँगी।।"

(शृं.ल.सौ., 76)

एक अन्य स्थान पर कवि ने अपने नायक भगवान कृष्ण को अद्भुत और मनोरम स्वरूप प्रदान किया है—

"कटि काछिनी काछैं पितंबर की, धरैं मोर पखान कौ मोर पखा।
'द्विजदेव' जू यौं दुपटी फहरैं, मनौ बोलत बिस्व-बिजै-करखा।।
वह कौन धौं माधुरी मूरति वारौ अली! छबि नैननि जाकी चखा।
बिहरै चहुँधा बन बीथिन बीच, मनोभव-भूप कौ मानौ सखा।।"

(शृं.ल.सौ., 85)

कवि द्विजदेव ने नायक का सौन्दर्य वर्णन आलम्बन रूप में किया है। परन्तु कहीं-कहीं उद्दीपन के माध्यम से भी नायक का सौन्दर्य-वर्णन परोक्ष रूप में मिलता है। जहाँ पर अप्रस्तुत विधान को प्रत्यक्षतः ग्रहण किया गया है, ऐसे स्थलों पर किसी प्रसिद्ध उद्दीपन का मानवीकरण किया गया है और आलम्बन के समान ही उसके रूप-सौन्दर्य तथा व्यापक प्रभाव का वर्णन किया गया है। एक स्थान पर नायिका कृष्ण की उपमा ऋतुराज बसन्त से देती है—

"राँचे पितंबर ज्यौं चहुँधा, कछु तैसिए लाली दिगन्तन छाई।
यौं मुसुकात प्रभात समैं, सजि आये जु कंत बसन्त निकाई।।
तातै सबे 'द्विजदेव' मनाइ, विनोद सौं बारती लौंन औ राई।
को न बिकात लखे बिन दाम, सखी! यह स्याम की सुन्दरताई।।"

(शृं.ल.सौ., 224)

ऋतुराज बसन्त ने नायक का स्थान ग्रहण किया है। महाराज द्विजदेव ने अपने 'बसन्त राज' में राजाओं के समस्त लक्षण सन्निहित कर दिये हैं, इसमें सन्देह नहीं है। उनके पधारने से सम्पूर्ण प्रजा सुखी होगी। इसमें क्या सन्देह है—

"सौंधे समीरन कौ सरदार, मलिन्दन कौ मनसा फलदायक।
किंसुक-जालन कौ कलपद्रुम, मानिनी बालन हूँ कौ मनायक।।

कंत अनन्त, अनन्तकालीन कौ, दीनन के मन कौ सुखदायक।
साँचौ मनोभव-राज कौ साज, सु आवत आज इतै ऋतुनायक।।"

(शृं.ल.सौ., 7)

इस प्रकार कवि द्विजदेव ने शृंगार लतिका के नायक भगवान कृष्ण का यत्र-तत्र सौन्दर्य वर्णन किया है।

रीतिकालीन लगभग सभी कवियों के काव्य में नायक कृष्ण तथा राधा का सौन्दर्य वर्णन मिलता है इस प्रकार यह कहा जा सकता है कि–

"रीतिकालीन काव्य में रस के प्रसंग में नायक-नायिका भेद का व्यापक विस्तार है यह विस्तार रसराज शृंगार के आलम्बन विभाव के रूप में राधा-कृष्ण के माध्यम से फूला, फला और पल्लवित हुआ।"[4]

(अ) नायिका का नख-शिख-सौन्दर्य : कवि द्विजदेव ने नायिका का सौन्दर्य वर्णन नख-शिख वर्णन की परम्परागत परिपाटी पर अपने ग्रन्थ 'शृंगार लतिका' के तृतीय सुमन में प्रस्तुत किया है। इसके अतिरिक्त प्रथम व द्वितीय सुमनों में भी नायिका भेद के अन्तर्गत अनेक प्रकार से नायिका का सौन्दर्य वर्णन किया गया है।

डॉ. रामकुमार वर्मा ने लिखा है, "कला काल में नख-शिख वर्णन कवियों का प्रिय विषय बना। जहाँ एक ओर नख-शिख रस के अन्तर्गत उद्दीपन विभाव का एक अंग बना दूसरी ओर कवियों की सौन्दर्य सम्बन्धी उद्दाम लालसा की अभिव्यक्ति के लिए एक शक्तिशाली माध्यम भी हो गया।"[5]

कवि द्विजदेव ने एक सुन्दरी नायिका की सुकुमारता का उत्कृष्ट वर्णन इस प्रकार किया है–

"जाबक के भार पग परत धरा पै मन्द,
गन्ध-भार कुचन परी हैं छुटि अलकैं।
'द्विजदेव' तैसिए विचित्र बरुनी के भार,
आधे-आधे दृगनि परी हैं अध पलकैं।।
ऐसी छबि देखि अंग-अंग की अपार बार-बार,
लोल लोचन सु कौंन के न ललकैं।
पानिप के भारन सँभारत न गात लंक,
लचि लचि जाति कच भारन के हलकैं।।"

(शृं.ल.सौ., 80)

द्विजदेव की नायिका इतनी सुकुमार है कि वह महावर के भार से अति मन्द चाल से चल रही है।

एक नायिका स्वयं अपने ही मुख से अपने सौन्दर्य का वर्णन करती हुई कहती है–

"ए अंग दीपति-पुंज-भरे, तिनकी उपमा छन-जौहन सौं दीजतु।
आरसी की छबि त्यौं 'द्विजदेव' सुगोल कपोल समान कहीजतु।।
चातुर स्याम कहाइ कहौ? उर अन्तर लाज कछूक तौ लीजतु।
राग मई अधराधर की, समता कहो कैसे प्रबाल सौं कीजतु।।"

(शृं.ल.सौ., 114)

कवि ने राधा का रूप चित्रण लौकिक तथा अलौकिक दोनों स्तरों पर किया है, पर बहुधा उसके अलौकिक वर्णन का पर्यवसान लौकिकता में हो गया है। महाराज 'द्विजदेव' राधा-कृष्ण के अनन्य भक्त थे। अतः उनकी लौकिकतापूर्ण राधा सम्बन्धी शृंगारमयी कल्पना में भी बड़ी सात्विकता है। कवि ने राधिका का चित्र इस प्रकार खींचा है—

"भूषन सारे सँवारे जराउ, जिन्हैं लखि तारे लगैं अति फीके।
त्यौं 'द्विजदेव' जू आनन की छबि, अंग सबै सरमाँइ ससी के।।
ताहू पैं भानु-प्रभा-निदरैं, लसैं चंचल कुण्डल कानन नीके।
मोह-मई-तम क्यौं न मिटै, इमि ध्यान धरैं वृषभानु-लली के।।"

(शृं.ल.सौ., 68)

आगे कवि द्विजदेव एक स्थान पर कहते हैं कि श्री राधा के रूप सौन्दर्य पर मोहित होकर प्रकृति उनसे छवि की भिक्षा माँगती है। सम्पूर्ण जड़-चेतन पर राधा के ही सौन्दर्य की आभा विद्यमान है—

"बाग-बिलोकनि आई इतै, वह प्यारी कलिन्द सुता के किनारे।
सो 'द्विजदेव' कहा कहिऐ, विपरीत जो देखति मो दृग हारे।।
केतकी-चम्पक-जाति-जपा, जग-भेद-प्रसूनन के जे निहारे।
ते सिगरे मसि पातन के छवि, वाही सौं माँगत हाथ पसारे।।"

(शृं.ल.सौ., 155)

कवि द्विजदेव ने एक अन्य स्थान पर राधा के यमुना-स्नान का वर्णन किया है और कहा है कि राधा के रूप में सौन्दर्य को देखते ही यमुना का प्रवाह ही थम गया—

"कातिकी के धौंस कहुँ आइ न्हाइबे कौं वह,
गोपिन के संग जऊ नैंसुक लुकी रही।
'द्विजदेव' दीह-द्वार ही तैं घाट बाट लगि,
खासी चन्द्रिका सी तऊ फैली बिधु की रही।।
घेरि वार-पार-लौं तमासे-हित ताही समै,
भारी भीर लोगन की ऐसिए झुकी रही।
आली उत आज 'वृषभाँनुजा' बिलोकिबे कौं,
भाँनु-तनयाऊ घरी द्वैक-लौ लुकी रही।।"

(शृं.ल.सौ., 213)

राधा के रूप सौन्दर्य का यह अलौकिक वर्णन कवि द्विजदेव के काव्य की विशेषता है।

नख-शिख वर्णन के अन्तर्गत कवि ने अनेक स्थानों पर राधिका के अंग-प्रत्यंगों का वर्णन किया है। इस छन्द में कवि ने राधा के नेत्रों की तुलना खंजन पक्षी के नेत्रों से की है—

"बसि कै जल-दुर्ग अहो अरबिन्द! सों आपु हिए कह हाले परे।
मनरंजन खंजन रावरेऊ, उर दाग कहा अति आले परे।।
'द्विजदेव' मलिंद रहौं दबि कैं तुम क्यों सब के सब काले परे।
दृग कानन आवत देखि तुम्हैं, मृग कानन हूँ मैं कसाले परे।।"

(शृं.ल.सौ., 157)

(ब) राधा का अप्रतिम सौन्दर्य : "रीति साहित्य में सामान्यतः वर्णन की दो शैलियाँ देखी जाती हैं। नख से शिख तक वर्णन का क्रम देवियों अथवा दिव्य नारियों का होता है। सामान्य नारियों अथवा पुरुषों की शोभा शिख से नख पर्यन्त की जाती है। जब सीता अथवा राधा का वर्णन नख से शिख तक किया जाता है, तो उन्हें दिव्य नारियों की संज्ञा ही कवियों द्वारा दी जाती है भले ही उनका शृंगार लौकिक दृष्टि से करने की कला में विश्वास रखते हैं।"[6]

कवि द्विजदेव ने शृंगार लतिका के तृतीय सुमन में नख-शिख वर्णन शीर्षक से राधा का रूप वर्णन किया है। यह वर्णन सौन्दर्य-चित्रण के अन्तर्गत रूप-वर्णन की पारम्परिक शैली का बोध कराने वाला है। इसमें कवि रूप-वर्णन के लक्ष्य से अंग-प्रत्यंग के सौन्दर्य को यथाक्रम चित्रित किया करते थे। इस प्रकार की वर्णन-परम्परा को ध्यान से देखने पर इसके दो प्रकार सामने आते हैं, पहला वह जिसमें वर्णन नख से शिख की ओर चलता है और दूसरा वह जिसमें वर्णन शिख से नख की ओर चलता है। अधिकांश कवियों ने नख-शिख वर्णन को इतनी सूक्ष्म दृष्टि से नहीं लिया है, और वे नख-शिख-वर्णन का शीर्षक देकर वर्णन को शीश से ही आरम्भ करते रहे। द्विजदेव का नाम भी ऐसे ही कवियों में है। शृंगार लतिका में राधा का सौन्दर्य वर्णन प्रस्तुत करने वाले छन्दों का जो क्रम प्राप्त होता है। उसमें वर्णन शीश भाग से ही प्रारम्भ होता है। सर्वप्रथम केशों का वर्णन कवि ने किया है। केशों के वर्णन से पूर्व कवि ने नख शिख वर्णन की प्रस्तावना की है—

जानि हिए मैं चाइ, नख सिख रचना को रुचिर,
तुरत आइ समुझाइ, श्री मुख सौ बानी कह्यौ।।

(शृं.ल.सौ., 247)

केश वर्णन :

चित चौंर की चाँह बृथाँ ही पग्यौ, मन लाग्यौ बृथाँ घन भारन मैं।
रति सौं मति ऐसी कहा सरसानी, सिखी पखवार सिवारन मैं।।
अपने मन सौं किन देति अहो! चित जोग अजोग बिचारन मैं।
'द्विजदेव' जू सूझि परैगी तुम्हैं, भटक्यौ मन 'बार' अँध्यारन मैं।।

(शृं.ल.सौ., 250)

वेणी वर्णन :

"मन अवगाहे तै जो होति गति यामैं,
तन-मन-धनहूँ तैं गति वामैं अनहौंनी सौं।
बाके ईस माधव बखानैं सब बेद ते तौ,
छबि अभिलाषी सदाँ याही छबि-सैंनी सौं।।
द्विजदेव की सौं तिल एकौ न तुलत,
बहु-भाँतिन विचारि देख्यौ अति मति-पैंनी सौं।
तेऊ कवि, कवि कहवाइ हैं दुनी मैं जे वे,
समता करत बाकी बेनी औ त्रिवेनी सौं।।"

(शृं.ल.सौ., 251)

कवि ने वेणी की उपमा त्रिवेणी से देते हुए कहा है कि त्रिवेणी से वेणी की समता नहीं हो सकती, क्योंकि इस वेणी में मन के मज्जन से जो मोक्ष फल प्राप्त होता है, वह त्रिवेणी संगम से सम्भव नहीं है, क्योंकि त्रिवेणी संगम के स्वामी माधव हैं, वे भी इस वेणी की छवि के लिए लालायित रहते हैं।

माँग वर्णन :

"वा मग आवत जोई सोई, ह्वै उदास तजैं जग जाल बखेड़ौ।
मोहन हूँ के बिलोचन या मग आवत ही लहैं मैंन-उँमैड़ौ।।
वा समता कौं कहा 'द्विजदेव' जू नाहक जात मनैं मन ऐड़ौ।
भाग सुहाग भरी यह माँग, सो क्यों तुलिहैं वह सातु की पैड़ौ।।"

(शृं.ल.सौ., 252)

भाल वर्णन : कवि ने लिखा है कि राधा के भाल की उपमा या समता किसी से नहीं की जा सकती क्योंकि–

"एकै मौज कीन्हीं हैं त्रिदेबन त्रिदेव दीन्हीं,
एकै मौज साहिबी सुरेसै देबतन की।
एकै कोर हेरिकै कुबेरहिं कुबेर कीन्हौं,
दीन्हीं बहु भाँति प्रभुताई घने धन की।।

'द्विजदेव' एकै बार पलक उठाइ अति,
दीपति बढ़ाइ दीन्हीं सूर ससि तन की।
जाइ किन गाई एती समरथताई बाल भाल,
के पटा पैं बसे लाल के दृगन की।।"

(शृं.ल.सौ., 253)

नेत्र वर्णन :

"चख रूखै लखैं पग पारत हीं, कर सौं हरि मीन धरे दरसैं।
'द्विजदेव' जू कंजन की पँखुरी, तौ परी तरवा के तरे दरसैं।।
लहि हैं उपमा तन नैनन की, जे सदाँ छबि-बृन्द-भरे दरसै।
मिसि नीलम-नुपूर के अलि-पुंज, अजौं तिय पाँइ परे दरसैं।।"

(शृं.ल.सौ., 254)

कवि ने राधा के नेत्रों को मीन के नेत्रों के समान चित्रित किया है। इसके अतिरिक्त अंजन लगे नेत्रों का वर्णन भी कवि ने किया है—

समता कहौ कैसैऊँ भाँखी परै, कबहूँ कुमुदामल, खंजन तैं।।
अलि जाचक है कै सकै सरि कैं, उन कंजन के मद-भंजन तैं।।
'द्विजदेव' कुरंग सकै समुहाइ, लला मन-मंजुल-रंजन तैं?
जब प्यारी सुधारति सूधे सुभाइनि, मोह-मई दृग अंजन तैं।।

(शृं.ल.सौ., 255)

नासिका वर्णन : परम्परागत रूप में नासिका की उपमा तूणीर, बिछुवा और तिल के फूल से दी जाती है परन्तु 'द्विजदेव' की दृष्टि में ये सारे उपमान व्यर्थ हैं—

"केहि भाँति तुनीर लहै समता, जन जाकहँ पीछैं रहे धरि कैं।
सुभ-सोभ मई बिछुवाँन के ब्याज, तरंग रहे तिय-प्राँ परि कैं।।
'द्विजदेव' मनोहर नासिका सौं, तिलहू तिल फूल सकैं सरि कैं।
जग जा लगि सौरभ-पुंज कर्‌यौ, कर तैं करतूति किती करि कैं।।"

(शृं.ल.सौ., 256)

श्रवण वर्णन : परम्परागत रूप में कानों की उपमा सीपी से दी जाती है कवि ने भी राधिका जी के कानों की उपमा सीपी से बड़े ही सुन्दर ढंग से की है कि सीपी ने राधा के कानों की समता प्राप्त करने के लिए सैकड़ों वर्षों तक साधना की—

"बसि वर्ष हजार पयोनिधि मैं, बहु भाँतिन सीति की भीति सही।
'द्विजदेव' जू ज्यौं चित चाहि घनी, सत संगति मुक्तनहूँ की लही।।
इन भाँतिन कीन्हौं सबै तप-जाल, सुरीति कछूक न बाक़ी रही।
अजहूँ लौं इते पर सीप सबै, उन कानन की समता न लही।।"

(शृं.ल.सौ., 257)

अधर वर्णन : अधरों की लाली का वर्णन करते समय कवि को उपमा देने के लिए कोई उपमान ही समझ में नहीं आता।

"तन स्वास लगाइ सुबास तरंग, रचैं नित पानन की पतियाँ।
'द्विजदेव' जू जे वे सवाँई भरैं, अनुरागन कौ पति की छतियाँ।।
जिन आछे अनूपम औठन है, बहु भाँतिन कीन्हौं करैं गतियाँ।
किन राग मई बिरचैं तिनकौं, अनुराग मई तिय की बतियाँ।।"

(शृं.ल.सौ., 258)

कपोल और ओष्ठ-वर्णन : 'द्विजदेव' की दृष्टि में कपोल तथा ओंठ के वर्णन के लिए सभी प्राचीन उपमान अनुपयुक्त हैं, क्योंकि इनका कोई उपमान हो ही नहीं सकता–

"दीपति-पुंज भरे तन सौ, छन-जौन्ह कहौ उपमा किमि पैहै।
त्यौं बिबि गोल-कपोल लखै, किन आरसी हूँ कहँ आरस ऐहैं।।
राग भरे उन ओठन के ढिंग, बेसरि-संग जो पैं समुहैं है।
चातुर हौ तो कहौ 'द्विजदेव' चुनीं की सु कौंन दसा तब ह्वै है।।"

(शृं.ल.सौ., 259)

ठोढ़ी और दन्त वर्णन : कवि कहते हैं कि ठोढ़ी की उपमा रसाल से तथा दन्तों की उपमा दाड़िम से और अंग-अंग की शोभा की उपमा कामदेव से दी जाती है, परन्तु ये उपमान अपने उपमेयों के गौरव तक नहीं पहुँच पाते–

"लखि ठोढ़ि रसाल रसालन कौ फल पीरौ परौ लरकौ तो कहा।
'द्विजदेव' जू आछे कटाच्छ चितै, छन-जौन्ह थरकौ तौ कहा।।
दुति दन्तन की इक बार लखें, उर दाड़िम कौ दरकौ तौ कहा।
अंग-अंग की ऐसी प्रभा अवलोकि, अनंग फिरै फरकौ तौ कहा।।"

(शृं.ल.सौ., 260)

मुखमण्डल वर्णन : कवि ने राधा के सम्पूर्ण मुखमण्डल का अत्यधिक उत्कृष्ट वर्णन किया है–

"आरसी की उपमा जो हुती, सु तौ वा मुख की छबि देख तैं लाजी।
सो तौं सदाँ बिकसौई रहै, कब सारसी ता समता कहँ छाजी।।
ए 'द्विजदेव' कहौ किन आज, रहे उपमान जु पैं हिय साजी।
ता सौं लहैगौ प्रभा द्विजराज, बिराजे जहाँ द्विजराज की राजी।"

(शृं.ल.सौ., 261)

राधा की मधुर मुस्कान का वर्णन कवि ने इस प्रकार किया है–

"बिकसेऊ प्रसूनन तैं रस के मिस, आँसू सदाँ ढरकेई रहैं।
'द्विजदेव' लखैं मन सन्तनहूँ के, अनन्त कुढ़े करकेई रहैं।।
'द्विजदेव' जू सारद-चन्द्रिका जानि, चकोर चहूँ परकेई रहैं।
मुसुकानि-बिलोकत व तिय की, मुकुता-लर मैं लरकेई रहै।।"

(शृं.ल.सौ., 262)

हास वर्णन : कवि ने राधा जी के अद्भुत हास का बड़ा ही सुन्दर वर्णन किया है–

"कलधौत, कपूर, कलानिधि, कुन्द, हँसी-ही-हँसी अति मन्द किए।
मुख बात तैं कंज-सुगन्ध-सनेऊ, पराजित पौंन दुचन्द किए।।
'द्विजदेव' कटाच्छ ही तैं छन-जौन्ह के, दूरि सबै छल छन्द किए।
पिक, चातक, मोर चकोरन के, इक बात ही तैं मुख बन्द किए।।"

(शृं.ल.सौ., 263)

ग्रीवा वर्णन : परम्परागत रूप से ग्रीवा की उपमा शंख से दी जाती है। परन्तु शंख तो एक कौड़ी मात्र है। अतः शंख सौन्दर्य से श्री राधा की उपमा नहीं दी जा सकती–

"पाँवरी पेवरी ता छिन तैं, दुति कंचन की मन रंच न लैहैं।
त्यौं 'द्विजदेव' जू सीप-हराऊ, जबाहिर हार के मोल बिकैहैं।।
एक बराटिका है वह कंबु, अमोल गरे की जु पैं सरि पैहैं।
काँच की पोतऊ तौ गरुऐ, गज-गौहर-आगै गुमान बढ़ैहैं।।"

(शृं.ल.सौ., 264)

बाहु वर्णन : राधिका की मनोहारी बाँहों का वर्णन कवि ने इस प्रकार किया है–

"मन बापुरो कौंन दसा लहि हैं, सुनि कैं नित हीं कौं उँमाह दई।
केहि-भौंन समाइ है जाइ अहो! दृग पंथिन की यह आह दई।।
'द्विजदेव' जू काहू के जीबहू कौं, अब का विधि है है निबाह दई।
यह कौन धौं बात बिचारि बली, बिधि नैं चित-चोरन बाँह दई।।"

(शृं.ल.सौ., 265)

अँगुली वर्णन : कवि द्विजदेव ने नायिका की अँगुलियों की समता कामदेव की लेखनी से की है–

"कुन्दन की पाँखुरी तुलैंगीं तिल एकऊ न,
बुन्द ना तुलैगी छबि चम्पक कलीन की।
तिन छबि-सामुहैं उदोत कौंन भाँति पैहें,
लाख-लाख लेखनी मनोज मति हीन की।।
'द्विजदेव' की सौं कित काके ढिंग जाइ अहो!
रीति यह सीखी कहौ कौन धौ प्रबीन की।

ढूँढि ढूँढ़ि अमित अनौखें उपमान जो पैं,
समता बिचारत असम-अँगुरीन की।।"

(शृं.ल.सौ., 266)

मेहँदी रचे हाथों का वर्णन : कवि द्विजदेव ने राधिका के मेहँदी लगे हाथों का वर्णन बड़े ही सुन्दर ढंग से किया है–

"कर कंकन साजि मयंक-मुखी, मुख कौन के पंक न लावति है।
'द्विजदेव' हलाइ कै पानि विभूषन, काकौ हियौ न हलावति है।।
उपमान वे कौन जिन्हैं सजि कैं अँगुरी, अँगुरी न दिखावति है।
मेंहदी निज हाथन लाइ कहौ, दुति कौंन की हाथ न लावति है।।"

(शृं.ल.सौ., 267)

कुच, रोमावली और उदर का अप्रत्यक्ष रूप से वर्णन : कवि द्विजदेव ने बड़ी ही शालीनता तथा संयम के साथ राधिका के इन अंगों का वर्णन किया है–

"दीन्हें जानि बराइ बुधि, कछूक आगिले गात।
चढ़ि पहार, असि धार पथ, कौ भौंरहिं तरि जात।।"

(शृं.ल.सौ., 268)

कवि ने पुनः राधिका के इन अंगों का संयुक्त रूप से वर्णन किया है–

"प्रथमै लखि द्वै-गिरि ऊँचें घने, फिरि जाते बन्यौं न सम्हातैं बन्यौं।
पुनि आगै लख्यौ तौ लखी इक नागिनि, ता डर तैं डरपातैं बन्यौं।।
बढ़ि आगै ही भौंर गम्भीर लखैं, 'द्विजदेव' हिऐ सकुचाते बन्यौं।
करतूति कितीक कितीक करी, पै बिरंचिहिं पीठि दै जातै बन्यौं।।"

(शृं.ल.सौ., 299)

जंघा, पद और पद-अँगुलियों का संयुक्त वर्णन : राधिका के इन अंगों का भी वर्णन कवि द्विजदेव ने बड़े ही मर्यादित रूप से किया है और कहा है कि राधिका की रचना के समय ब्रह्मा ने नख से शिख पर्यन्त सर्वांग के उपमानों को तिरस्कृत कर दिया है–

"जग-मोहन जाग-बिधान के काज, सुजंघ मनौं जुग जूप ठए।
'द्विजदेव' दोऊ पग वा तिय के, अरबिन्दन हूँ तैं अनूप ठए।।
जनु सोधि मनोभव आपनें हीं कर सौं पद आँगुरी रूप ठए।
रचि सुन्दरता सिगरे जग के, उपमान बिरंचि बिरूप ठए।।"

(शृं.ल.सौ., 270)

तन-द्युति वर्णन : कवि द्विजदेव ने राधा के शरीर की अनूठी कान्ति का बड़ा ही मनोहारी वर्णन किया है–

"है रजनी रज मैं रुचि केती, कहा रुचि रोचन रंक रसाल मैं।
त्यौं करहार मैं, केसर मैं, 'द्विजदेव' न है दुति दामिनी जाल मैं।।
चम्पक मैं रुचि रंचकऊ नहिं, केतकि है रुचि केतकी-माल मैं।
ती-तन कौं तन कौं लखिए, तौ कहा दुति कुन्दन, चन्द मसाल मैं।।"

(शृं.ल.सौ., 271)

चाल का वर्णन : अन्त में कवि द्विजदेव ने राधिका जी की मन्द गति की चाल के वर्णन के साथ ही नख-शिख वर्णन का यह प्रकरण समाप्त किया है—

"चित चाँहि अबूझ कहैं कितनें, छबि छीनी गयन्दन की टटकी।
कवि केते कहैं निज बुद्धि उदै, यहि सीखी मरालन की मटकी।।
'द्विजदेव' जू ऐसे कुतरकन मैं, सबकी मति यौं ही फिरै भटकी।
वह मन्द चलै किन भोरी भटू! पग लाखन की अँखियाँ अटकीं।।"

(शृं.ल.सौ., 272)

इस प्रकार नख-शिख वर्णन का यह क्रम इसलिए कुछ अधिक स्वाभाविक लगता है, क्योंकि शृंगार-भावना में रमी हुई सौन्दर्य दृष्टि प्रथमतः सुन्दर रूप के मुख भाग पर केन्द्रित होती है। अतः वर्णन का क्रम भी दृष्टि की स्वाभाविकता के अनुरूप होना चाहिए। कवि द्विजदेव ने राधिका जी के सुन्दर मुखमण्डल के साथ ही सभी अंगों का बड़ा ही मनोहारी एवं मर्यादित चित्रण किया है।

डॉ. राम कुमार वर्मा के अनुसार, "कला काल के कवियों ने इस नख-शिख वर्णन में अपनी-अपनी कल्पना शक्ति से शोभा के एक दूसरे ही संसार की सृष्टि कर डाली है। अलंकारों के प्रयोग से ये चित्रण अत्यन्त हृदयाकर्षक बन गये हैं। उपमा, रूपक और उत्प्रेक्षा से नायिका का सौन्दर्य वस्तु-जगत में ही नहीं, भाव-जगत में भी सीमाहीन विस्तार पा गया है।"[7]

शारीरिक सौन्दर्य का द्विजदेव द्वारा किया गया वर्णन अनूठा है। इसमें परम्परागत शैलियों तथा उपादानों का प्रभाव भी मिलता है और अनेक मौलिक सूझ तथा कल्पनाएँ भी दृष्टिगत होती हैं। कवि ने जो सौन्दर्यचित्र अपने छन्दों में उभारे हैं उनमें कलात्मक चमत्कार तो है ही, उससे भी अधिक उसमें सतोगुणी मनोहरता विद्यमान है।

(2) वस्तु-वर्णन : किसी सामान्य या विशिष्ट स्थान के विविध पक्षों का व्यवस्थित विवरण देने वाला वर्णन ही वस्तु-वर्णन कहा जाता है। इसका बोध अपेक्षाकृत सरल होता है। इसमें रीति-रिवाज, मानव जीवन की विशिष्ट क्रियाएँ, वन, त्योहार, आखेट, पर्यटन आदि का तो वर्णन होता ही है। प्राकृतिक क्षेत्र का वह अंश भी सम्मिलित रहता है जो मानव निर्मित है। जैसे—वाटिका, सरोवर, कृत्रिम झरने आदि।

मानवीय क्रियाकलापों में विवाह और अन्य संस्कारों के वर्णन, जन्मोत्सव, युद्ध आदि को वस्तु वर्णन में माना जाता है। यथा–

वाटिका और विहंग : कवि द्विजदेव कृत श्रृंगार-लतिका में यत्र-तत्र वाटिका, भवन एवं मृगया का वर्णन मिलता है। कवि ने अपने भवन में पालित शुकों की बोली और वाटिका का वर्णन यों किया है–

"सुर ही के भार सूधे-सबद सुकीरन के,
मन्दिरन त्यागि करैं अनत कहूँ न गौंन।
'द्विजदेव' त्यौं हीं मधु-भारन अपारन सौं,
नैकु झुकि-झूँमि रहे मौंगरे-मरुअदौंन।।
खोलि इन नैननि निहारौं-तौ निहारौं कहा,
सुखमा अभूत छाइ रही प्रति भौंन-भौंन।
चाँदनी के भारन दिखात उनयौं सौ चन्द,
गन्ध ही के भारन बहतु मन्द-मन्द पौंन।।"

(श्रृं.ल.सौ., 4)

कवि ने फुलवारी में लगे फूलों का अत्यन्त ही मनोरम चित्रण किया है–

"बाग-बिलोकनि आई इतै, वह प्यारी कलिन्द-सुता के किनारे।
सो 'द्विजदेव' कहा कहिए, विपरीत जो देखति मो दृग हारे।।
केतकी-चम्पक-जाति जपा, जग भेद प्रसूनन के जे निहारे।
ते सिगरे मिसि पातन के छबि, वाही सौं माँगत हाथ पसारे।।"

(श्रृं.ल.सौ., 155)

इस छन्द में नायिका द्वारा बाग़ बिलोकने का वर्णन है। नायिका पुष्पों की शोभा देखने आयी है, परन्तु पुष्प उसकी शोभा देखकर हाथ पसारकर भीख माँगने लगे। ऐसी नायिका रूप की शोभा थी।

मृगया वर्णन : कवि ने अपने मृगया का वर्णन स्वयं ही किया है। एक वर्ष तक कवि ने श्रृंगार लतिका के प्रथम एवं द्वितीय सुमन की रचना करके विश्राम किया। उसके बाद पुनः एक दिन प्रभात के समय वह मृग का पीछा करता हुआ सघन वन में जा पहुँचा, जहाँ उसने बसन्त की सुषमा देखकर पुनः काव्य रचना करने की इच्छा प्रगट की–

"हाँ की बँधी बकनि, नसा की बँधी मानौं मति,
ऊँचे नीचे बाट की न क्यौं हूँ सुधि गात है।
डीठि दीनैं मृग पैं न पीठि दीनैं ओटन पैं,
भूल्यौ राज काजहु न जान्यौ निसि प्रात है।।

बातहू तैं अधिक अनौखौं रथ जात तऊ,
चारि पैग आगैं हीं मनोरथ दिखात है।
जोर करि ज्यौं-ज्यौं मृग बन नजिकात त्यौं-त्यौं,
सुखमा-बिलोकि मेरौ मन नजिकात है।।"

(शृं.ल.सौ., 241)

मृगया के अतिरिक्त कवि द्विजदेव ने वन का भी बड़ी सुन्दरता के साथ वर्णन किया है कि वन में चहुँओर बड़ा ही शान्तिमय वातावरण व्याप्त है–

"सीतल समीर मन्द हरत मरन्द-बुन्द,
परिमल लीन्हैं अलि कुल छबि छहरत।
काम बन, नन्दन की उपमा न देत बनैं,
देखि कैं विभव जाकौ सुर तरु हहरत।।
त्यागि भय भाव चहूँ घूँमत अनन्द-भरे,
बिपिन-बिहारिन पैं सुख-साज लहरत।
कोकिल, चकोर, मोर करत चहूँधाँ सोर,
केसरी-किसोर बन चारों और बिहरत।।"

(शृं.ल.सौ., 10)

भवन अट्टालिकाएँ : कवि ने भवन एवं अट्टालिकाओं की चर्चा भी यत्र-तत्र की है। नायिका का सखियों के साथ अटारी पर बैठकर गायन करने वाले एक वर्णन में यह द्रष्टव्य है–

"चढ़ि चारु अटा पैं घटान बिलोकत, साथ सखीन के गाइ रही।
'द्विजदेव' जू औचक डीठि कहूँ, मनमोहन ऊपर जाइ रही।।
लखि लालन के कर चम्पकली, गहि चम्प-कली सकुचाइ रही।
धरि और ही की जनु देह घरीक, दरीचिका मैं मुरझाइ रही।।"

(शृं.ल.सौ., 198)

हाट-बाज़ार वर्णन : कवि ने हाट-बाज़ार का भी वर्णन किया है कि वृन्दावन में एक हाट लगा था जहाँ गोपियों का झुण्ड उमड़ा पड़ रहा है और कृष्ण दुकानदार बनकर बैठे हैं–

बृन्दाबन कुंजन मैं बंसीवट-छाँह तरै,
कौतुक अनौखौं एक आज लखि आई मैं।
लाग्यौ हुतो हाट एक मदन धनी कौ जहाँ,
गोपिन कौ बृन्द रह्यौ झूँमि चहुँधाई मैं।

'द्विजदेव' सौदा की न रीति कछु भाँखी जाइ,
ह्वै रही जु नैन, उनमत्त की दिखाई मैं।
लै लै कछु रूप मनमोहन सौं बीर!
वे अहीरिनैं गँवारी देति हीरन बटाई मैं।।

(शृं.ल.सौ., 206)

द्विजदेव के काल में वस्तु-वर्णन के ये कुछ नमूने हैं। सावधानी से देखने पर यह विश्वास होता है कि वस्तु-वर्णन के विस्तार का और समावेश भी यहाँ है।

(3) **प्रकृति वर्णन :** रीतिकाल के कवियों की एक अन्य प्रमुख विशेषता प्रकृति-वर्णन भी रही है। इस युग के कवियों ने प्रकृति का अधिकांशतः उद्दीपन रूप में ही चित्रण किया है। यहाँ प्रकृति मानव मनोभावों को उद्दीप्त करने वाली सहायिका के रूप में ही अधिक आयी है।

"हिन्दी के कुछ शृंगारी कवियों की रचनाओं में प्रकृति और भी संकुचित रूप में दृष्टिगोचर होती है। नायक-नायिका के क्रियाकलापों से इन कवियों का विशेष सम्बन्ध रहता था। अतएव केलि कुंज, पुष्प वाटिका, चन्द्रोदय, शीतल मन्द समीर, तथा विभिन्न ऋतुओं के स्थूल स्वरूपों तक ही इनकी दृष्टि जाती थी और वह भी नायक-नायिका के मन में उत्थित भावों को उद्दीप्त करने के विचार से। इन कवियों की दृष्टि के अनुसार यदि शीतल समीर चलता है, तो विरही जनों को जलाने के लिए, पुष्प खिलते हैं तो किसी नायिका के केशपाश को सजाने के लिए और कोयल बोलती है तो नायिका को प्रियतम का स्मरण दिलाने के लिए।"[8]

वस्तुतः इस काल के पूर्ववर्ती सभी साहित्यिक युगों में प्रकृति कवियों द्वारा इसी रूप में गृहीत होती आयी थी। प्राचीन संस्कृत काव्य में पाये जाने वाले प्रकृति के आलम्बन रूप के चित्रण का विकास शृंगारकाल तक साहित्य में नहीं हुआ था। प्रकृति के प्रति भक्तिकालीन कवियों का जो दृष्टिकोण रहा था, उसे ही इस काल के कवियों ने यथावत् अपना लिया।

इस काल में प्रकृति के उद्दीपन रूप की ही प्रधानता रही है। शृंगार वर्णन में तथा प्रेम के संयोग और वियोग दोनों पक्षों के चित्रण में प्रकृति का अलंकार रूप में तथा भावों को उद्दीप्त करने वाली शक्ति के रूप में चित्रण होना स्वाभाविक एव परम्परागत माना जाता है। द्विजदेव के प्रकृति-चित्रण में भी हमें प्रकृति का रूढ़ और परम्पराबद्ध रूप से वर्णन मिलता है। परन्तु कवि ने षट्ऋतु वर्णन एवं बारहमासा का चित्रण नहीं किया है। इन्होंने ऋतुओं में केवल वसन्त एवं वर्षा ऋतु का ही वर्णन किया है। इसके अन्तर्गत हिंडोरा-वर्णन प्रमुख है। कवि ने प्रकृति का अत्यन्त मनोहर, प्रभावोत्पादक और हृदयग्राही चित्रण किया है। इसकी **आचार्य शुक्ल जी** ने

भूरि-भूरि प्रशंसा की है—"ऋतु वर्णनों में इनके हृदय का उल्लास उमड़ पड़ता है। बहुत से कवियों के ऋतु वर्णन हृदय की सच्ची उमंग का पता नहीं देते, रस्म सी अदा करते जान पड़ते हैं। पर इनकी चकोरों की चहक के भीतर इनके मन की चहक भी साफ़ झलकती है एक ऋतु के उपरान्त दूसरी ऋतु के आगमन पर इनका हृदय अगवानी के लिए मानो आपसे आप आगे बढ़ता था।"[9]

आचार्य विश्वनाथ प्रसाद मिश्र ने लिखा है, "ये प्रकृति वर्णन में विशेष पटु थे। यह वर्णन इनके स्वतन्त्र निरीक्षण का परिचायक है। इनकी काव्य कुशलता इनके वर्णनों से सिद्ध है। शृंगार लतिका में बसन्त वर्णन के अतिरिक्त शिख-निख वर्णन भी है। दोनों वर्णन रीतिबद्ध नहीं है। उनमें क्रम स्थापना भी नहीं है। जब जैसी उमंग आयी तब तैसा लिख दिया।"[10]

(अ) बसन्त वर्णन : शृंगार-लतिका में बसन्त पर लिखे इनके तैंतीस छन्द हैं। शृंगार रस पर जितने कवियों ने रचना की है, उनकी प्रिय ऋतुएँ दो ही रही हैं—बसन्त एवं शरद। विशेषकर बसन्त ऋतु की मादकता पर तो सभी कवि मोहित रहे हैं। द्विजदेव जी ने अपने ग्रन्थ का प्रारम्भ ही बसन्त ऋतु के प्रभात वर्णन से किया है—

"आज सुख सोवत सलौनी सजी सेज पैं,
घरीक निसि बाकी रही पाछिले पहर की।
भड़कन लाग्यौ पौंन दच्छिन अलच्छ चारु,
चाँदनी चहूँधाँ घिरि आई निसिकर की।।
'द्विजदेव' की सौं मौहिं नैकऊ न जानि परी,
पलटि गई धौं कबै सुखमा नगर की।
औरें मैन गति, गति रैन की सु औरें भई,
औरें भई रति, मति औरें भई नर की।।"

(शृं.ल.सौ., 1)

इसके बाद कवि ऋतुराज बसन्त के आगमन पर उसके स्वागतार्थ वन को सुसज्जित करने का चित्रण करता है—

"बायु बहारि-बहारि रहे छिति, बीथीं सुगन्धनि जातीं सिंचाई।
त्यौं मधुमाँते मलिन्द सबै, जय के करषान रहे कछु गाई।।
मंगल पाठ पढ़ैं 'द्विजदेव' सबै बिधि सौं सुखमा उपजाई।
साजि रहे सब साज घने, बन मैं ऋतुराज की जानि अवाई।।"

(शृं.ल.सौ., 11)

इस प्रकार ऋतुराज के आगमन पर प्रकृति अनेक प्रकार से तैयारियाँ करती है—

"बन्दनवार बँधे सब कैं, सब फूल की मालन छाजि रहे हैं।
मैनका गाइ रही सब कैं, सुर-संकुल ह्वै सब राजि रहे हैं।।
फूल सबैं बरसै 'द्विजदेव', सबै सुख साज कौं साजि रहे हैं।
यौं ऋतुराज के आगम मैं, अमरावती कौं तरु लाजि रहे हैं।।"

(शृं.ल.सौ., 12)

पूर्ण रूप से ऋतुराज का आगमन होने के बाद उसकी शोभा देखने योग्य है–

"चँहकि चकोर उठे, सोर करि भौंर उठे,
बोलि ठौर-ठौर उठे कोकिल सुहावने।
खिलि उठी एकै बार कलिका अपार,
हलि-हलि उठे मारुत सुगन्ध सरसावने।।
पलक न लागी अनुरागी इन नैननि पैं,
पलटि गये धौं कबै तरु मन-भाँवने।
उँमगि अनँद अँसुवान लौं चहूँधाँ लागे,
फूलि-फूलि सुमन मरन्द बरसावने।।"

(शृं.ल.सौ., 15)

कवि ऋतुराज की स्तुति करता हुआ आगे लिखता है–

मन्द दुचन्द भए बुध-बैनहिं, भाँखि सकै कबि हूँ कबितान न।
आइ लजाइ चलेई गये गुरु, आपनौ सौ लिऐं आपनौ आनन।।
कौन प्रभा करतार! बखानिहैं, मंगल-खाँनि बिलोकि कैं कानन।
सीस हजार-हजार करैं, पैं न पार लहैंगे हजार जुबानन।।"

(शृं.ल.सौ., 31)

इसके बाद कवि ऋतुराज के दर्शन से उसकी अपनी क्या दशा होती है इसका वर्णन करता है–

"देखत हीं बन फूले पलास, बिलोकत ही कछु भौंर की भीरन।
बावरी सी मति मेरी भई, लखि बावरी-कंज-खिले घटे नीरन।।
भाजि गयौ कढ़ि ग्यान हिए तैं, न जानि पर्‌यौ कब छोड़ि कै धीरन।
अन्ध न कौन कै लोचन होइँ, पराग सने सरसात समीरन।।"

(शृं.ल.सौ., 32)

कवि ने ऋतुराज बसन्त की अनिर्वचनीय शोभा का वर्णन इस प्रकार किया है–

"औरें भाँति कोकिल, चकोर ठौर-ठौर बोले,
औरें भाँति सबद पपीहन के बै गये।
औरें भाँति पल्लव लिए हैं बृन्द-बृन्द तरु,
औरें छबि पुंज कुंज कुंजन उनै गये।।

औरें भाँति सीतल, सुगन्ध मन्द डोलै पौन,
'द्विजदेव' देखत न ऐसै पल द्वै गये।
औरें रति, औरें रंग, औरें साज, औरें संग,
औरें बन, औरें छन, औरें मन ह्वै गये।।"

(शृं.ल.सौ., 30)

कवि द्विजदेव ने महाराज ऋतुराज के आगमन से सहचरों को जो अतिशय आनन्द की प्राप्ति हो रही है, उसका वर्णन इस प्रकार किया है–

"पाँखुरी लै साजी सेज सेवती की बेलिन,
चमेलिन हूँ सरस बितान-छबि छाई है।
फैल्यौ चहूँ गहब गुलाबन कौ गन्ध धूरि,
धूँधरित सुरभि-समीर सुखदाई है।।
चारयौं ओर कोकिल-चकोर मोर-सोरन सौं,
और छिति-छोरन अनन्द अधिकाई है।
आज ऋतुराज के समागम के काज होत,
धाम-धाम बेलिन कैं आनँद-बधाई है।।"

(शृं.ल.सौ., 29)

इस प्रकार ऋतुराज बसन्त का बड़ा ही सुन्दर वर्णन शृंगार लतिका में मिलता है। महाराज ऋतुराज की सवारी का वर्णन कवि ने इस प्रकार किया है–

"हौंन लागे सोर चहुँ ओर प्रति कुंजन मैं,
त्यौंही पुंज पुंजन पराग नभ छाइ गौ।
फूल-फल साजन कौं आयसु बिपिन माँहि,
सीतल-सुगन्ध मन्द-पौन पहुँचाई गौ।।
'द्विजदेव' भूले भूले फिरत मलिन्दन की,
सुषमा बिलोकि हिऐं सुख सरसाई गौ।
आये हुते आगे तैं हरौलन के गोल इत,
आवत हमारे उत 'ऋतुपति' आइ गौ।।"

(शृं.ल.सौ., 16)

(ब) वर्षा वर्णन : ऋतुराज बसन्त के अतिरिक्त वर्षा ऋतु का भी उद्‌दीपन रूप में अत्यन्त मनोहारी चित्रण कवि ने किया है–

"मद भरे झूमै नभ भू मैं परसत आवैं,
भारे कजरारे कारे अति उनए नए।
'द्विजदेव' की सौं बक-पाँतिन के ब्याज बहु,
दन्तन सँवारे न्यारे-न्यारे छबि सौ छए।।

धीर धुनि बोलैं, डौलें दिगति-दिगन्तनि लौ,
ओज भरे अमित मनोज फमार ए।
पावस उठाए आये, धीर-तरु तोरिबे कौं,
नीरद न हौंहि मन मंथन मतंग ए।।"

(शृं.ल.सौ., 111)

एक अन्य स्थान पर नायिका और मेघों का आपस में संवाद दृष्टिगोचर है—

"घहरि-घहरि घन! सघन चहूँधा घेरि,
छहरि-छहरि विष बूँद बरसावै ना।
'द्विजदेव' की सौं अब चूकि मत दाँव,
अरे पातकी पपीहा! तू पिया की धुनि गावै ना।।
फेरि ऐसौ औसर न ऐहैं तेरे हाथ अरे,
मटकि-मटकि मोर! सोर तू मचावै ना।
हौं तौ बिन प्रान, प्रान-चाँहति तज्यौई अब,
कत नभ चन्द! तू अकास चढ़ि धावै ना।।"

(शृं.ल.सौ., 151)

वर्षा ऋतु के अन्तर्गत हिंडोरा वर्णन परम्परागत है। द्विजदेव का हिंडोरा वर्णन अनुपम है। "वह अपनी समता नहीं रखता। उसमें संयोग और वियोग दोनों की भावनाओं का एक साथ मिश्रण किया गया है।"[11]

"ज्यौं-ज्यौं तुम गाइ गहि-गुननि बिकासौ बन,
है-है अध ऊरध झलान के झकोरे मैं।
त्यौं-त्यौं सुख पाइ तुब गुननि गहीली बाम,
होती अध-ऊरध न केती चित-चोरे मैं।।
'द्विजदेव' याही बिधि झूलती किती की मति,
जाहि अवलोकि हिय हरख-हिलोरे मैं।
कैसी यह झूलनि तिहारी है तिहारी सौंह,
एहो ब्रजराज! आज रंग के हिंडोरे मैं।।"

(शृं.ल.सौ., 150)

एक स्थान पर दूती नायिका से वर्षा ऋतु की शोभा का वर्णन कर रही है—

"घूमि घने घुमरैं घनघोर, चहुँ चढ़ि नाँचत मोर अटारी।
त्यौं 'द्विजदेव' नई उनई, दरसाति कदंबन की छबि न्यारी।।
चूनरी सी छिति मानौं बिछी, इमि सोहति इन्द्र बधू की पत्यारी।
काहि न भावति ऐसे समैं, ठकुराइनि! या हरियारी तिहारी।।"

(शृं.ल.सौ., 86)

कवि द्विजदेव ने पावस में महाराजा का रूपक बाँधा है और उनके सेना द्वारा घिरने का वर्णन किया है—

"घूँमि के चहूँधाँ धाइ आवैं जलधर धार,
तड़ित-पताके बाँके नभ मैं पसरिगै।
'द्विजदेव' कालिन्दी समीपन के, नीपन के,
पात-जात जुगनू-जमातनि तै भरिगै।।
चातक, चकोर, मोर, दादुर सुभट जोर,
निज-निज दाँव ठाँव-ठाँवन मैं अरिगै।
बिन जदुराइ अब कीजे कहा माइ हाइ!
पावस महीप के चहूँधाँ घेरे परिगै।।"

(शृं.ल.सौ., 96)

(स) प्रकृति के अन्य आयाम : कवि ने वर्षा तथा बसन्त वर्णन के अतिरिक्त प्रकृति के अन्य रूपों का भी बड़ी सुन्दरता के साथ वर्णन किया है जैसे—

आलम्बन रूप में वर्णन : कवि द्विजदेव ने प्रकृति का आलम्बन रूप में बड़ा ही सुन्दर चित्रण किया है ऋतुराज बसन्त के आगमन पर बसन्त का प्रभाव जड़-चेतन सभी पर समान रूप से पड़ा है—

"सूर ही के भार सूधे-सबद सुकीरन के,
मन्दिरन त्यागि करैं अनत कहूँ न गौंन।
'द्विजदेव' त्यौं ही मधु-भारन अपारन सौं,
नैकु झुकि झूमि रहे मौंगरे-मरुअदौंन।।
खोलि इन नैननि निहारौं तौं निहारौं कहा,
सुखमा अभूत छाइ रही प्रति भौंन-भौंन।
चाँदनी के भारन दिखात उनयौ सौ चन्द,
गन्ध ही के भारन बहत मन्द-मन्द पौन।।"

(शृं.ल.सौ., 4)

ऋतुराज के आने पर स्वागत में कौन क्या-क्या कर रहा है, इसका वर्णन कवि ने इस प्रकार किया है—

"नागर से हैं खरे तरु कोऊ, लिऐ कर पल्लव मैं फल फूलन।
पाँवड़े साजि रहे हैं कोऊ, कोऊ बीथिन बीच पराग दुकूलन।।
फूल झरै 'द्विजदेव' कोऊ, पुर कानन माँहिं कलिन्दजा-कूलन।
आगम मैं ऋतुराज के आज सबै बिधि खोए सबै निज सूलन।।"

(शृं.ल.सौ., 26)

द्विजदेव ने सेनापति के बाद प्रकृति का आलम्बन रूप में उन्मुक्त चित्रण किया जिसमें पक्षी, गुल्म, लता का आँखों देखा चित्रांकन किया।

उद्दीपन रूप में वर्णन : काव्यशास्त्रों तथा शृंगार रस के कवियों में प्रकृति के उद्दीपन पक्ष को अत्यधिक महत्त्व दिया गया है। नायक और नायिका की संयोग और वियोग दोनों दशाओं में प्रकृति उद्दीपन का कार्य करती है। उद्दीपन में, संयोग शृंगार में प्रकृति भी हँसती हुई दिखाई देती है। द्विजदेव की नायिका वर्षा ऋतु में रंगीन चुनरी पहनकर आनन्द-विभोर हो उठती है, उसे सावन की बूँदें कितनी सुहावनी लगती हैं उसका एक वर्णन इस प्रकार है–

"चूनरी सुरंग सजि सोही अंग अंगनि,
उमंगनि अनंग-अंगना लौं उमहति है।
झुकि झुकि झाँकति झरोखन तैं कारी घटा,
चौहरे अटा पैं बिज्जु-छटा सी जगति है।।
'द्विजदेव' सुनि सुनि सबद पपीहरा के,
पुनि-पुनि आनँद-पियुष मैं पगति हैं।
चावन चुभी-सी मन भावन के अंक तिन्हैं,
सावन की बूँदें ए सुहावनी लगति हैं।।"

(शृं.ल.सौ., 91)

कवि द्विजदेव के राधा और कृष्ण का मान भी बसन्त और वर्षा के प्रभाव से स्वतः भंग हो जाता है।

"होते हरे नव अंकुर की छबि छार कछारन मैं अनियारी।
त्यौं 'द्विजदेव' कदंबन गुच्छ, नए इ नए उनए सुखकारी।।
कीजिए बेगि सनाथ उन्हैं, चलिए बन कुंजन कुंज बिहारी।
पावस काल के मेघ नए, नव नेह नई वृषभानु कुमारी।।"

(शृं.ल.सौ., 81)

इस प्रकार प्रकृति को मानवीय भावनाओं के आधार पर अंकित करते हुए उद्दीपन रूप में कवि ने वर्णन किया है।

"पावस का वर्णन भी द्विजदेव ने बड़ा ही भावात्मक और हृदयस्पर्शी किया है। दादुर, मयूर और चातक, पुरवा वायु, घनगर्जन, विद्युत घर्षण, झिल्ली, झंकार, पपीहे की पुकार, खद्योत, मल्लिका आदि इसके प्रमुख उद्दीपन हैं। इन उद्दीपनों के सहारे वियोगिनी नायिकाओं की नाज़ुक स्थिति का सजल चित्र आँकने में कवि को अपूर्व सफलता मिली है।"[12]

उपमान के रूप में वर्णन : परम्परागत रूप से प्रकृति का उपमान रूप में वर्णन होता आया है। कवि द्विजदेव ने भी प्रकृति को उपमान रूप में चित्रित किया है जैसे–

"ए नहिं वाके उरोज लसैं, कत श्रीफल के फल झूँमि झपेटत।
त्यौं 'द्विजदेव' जू नाँहक ही, मुख भौरें घने अरबिन्द धुरेटत।।
सो तड़िता सी मिलैगी तुम्हैं, किन लाजन आपनौं स्वाँग समेटत।
स्याम! प्रबीन कहाइ कहा तुम, फूल-छरीन भुजान सौं भेटत।"

(शृं.ल.सौ., 102)

प्राकृतिक उपमानों का प्रयोग 'द्विजदेव' ने प्रचुर मात्रा में किया है।

इन वर्णनों के अतिरिक्त भी कवि द्विजदेव ने प्रकृति के अन्य सुन्दर रूपों का चित्रण किया है जैसे–एक स्थान पर उद्धव-गोपी संवाद के माध्यम से ग्रीष्म ऋतु का चित्रण–

"दिन ही मैं वाके कहूँ दाहै चण्डबात तुम,
दिवस-निसाहू चण्ड बातन तचै रहे।
वाके मृग सीस एक आवै बीच ही मैं कहूँ,
तुम मृगछालन के बसन बनै रहे।।
'द्विजदेव' ऊधो जू! निहोरिऐ कहाँ लौ तुम्हें,
पाइ प्रभुताई आपनी-सी तुम कै रहे।
हरि के पठाए जी पैं आज ब्रज बासिन कै,
अधिक निदाघहू सौं दाघ उर दै रहे।।"

(शृं.ल.सौ., 217)

कवि द्विजदेव ने एक स्थान पर पाँचों ऋतुओं का एक साथ वर्णन किया है कि कोई सखी नायक से विरह निवेदन करती है कि कल ब्रज में ऋतुराज के आगमन पर आज प्यारी नायिका के शरीर पर पाँचों ऋतुओं शरद, हेमन्त, शिशिर, ग्रीष्म और पावस का प्रभाव प्रत्यक्ष दिखाई देने लगा है–

"स्वेद कढ़ि आयौ, बढ़ि आयौ कछु कंप,
मुखहू तैं अति आखर कढ़त अरसै लगे।
'द्विजदेव' तैसें तन तपत तदूँरन तैं,
तपत तँदूर से सशरीर झरसै लगे।।
एते पैं तिहारी सौं तिहारे बिन स्याम,
बाम नैननि तैं आँसू हू सरस बरसै लगैं।
एक ऋतुराज काल्हि आयौ ब्रज माँहि आज,
पाँचौं ऋतु प्यारी के सरीर दरसै लगै।।"

(शृं.ल.सौ., 221)

कवि द्विजदेव ने वियोगिनी नायिका के ऊपर बसन्त के प्रभाव तथा उसके पतझड़ से साम्य का अनूठा वर्णन किया है—

"आहि कै काँपि, कराहि उठी, दृग-आँसुन-मोचि संकोचि धरी द्वै।
लै कर कागद कोरो लला! लिखिबे कहँ बैठी बियोग कथास्वै।।
ऐसे मैं आँनि कहूँ 'द्विजदेव' बसन्त बयारि कढ़ी तितहीं है।।
बात की बात मैं बौरि तिया, अरु पीत है पाती परी कर सौंच्वै।।"

(शृं.ल.सौ., 233)

पलाश के फूल जो बसन्त ऋतु में ही फूलते हैं; उनके वर्णन में कवि ने नायिका की कारुणिक स्थिति का निरूपण किया है—

"हिय तोष कहा है, सरीर धरै तैं, सुदोष कहा अलि! देह गये।
बिधि आपने भाल लिखी जो कछू, अब तौ बनिहैं सोइ बात ठए।।
'द्विजदेव' निहोरति नाँहक हीं लखि किंसुक-जालन कोप लए।
बसिहैं तिनके हिए क्यौं करुना, जे पलासन हीं तैं पलास भए।।"

(शृं.ल.सौ., 229)

इस प्रकार कवि द्विजदेव का प्रकृति वर्णन सर्वथा अनूठा और मनोरम है। इनका बसन्त ऋतु वर्णन अत्यन्त ही सरस और प्रशंसनीय हुआ है।

डॉ. रामफेर त्रिपाठी के अनुसार, "द्विजदेव के काव्य की विशेषता रीतिमुक्त अन्य शृंगारी कवियों से भिन्न है। जहाँ आलम, बोधा, घनानन्द का अपनी काव्य रचना की प्रेरणा निजी प्रेमानुभूति एवं सौन्दर्य की गहरी चेतना के कारण मिली है, वहाँ द्विजदेव की रचना में प्रकृति की शोभा और छटा की वे बारीक सूक्ष्म तरंगे हैं, जो इनके हृदय में गहराई से उतर गयी थीं। कहा जा सकता है द्विजदेव मूलतः प्रकृति की संवेदना के कवि हैं। उसके सुकुमार क्रियाकलाप का जितना विशद् सूक्ष्म अंकन 'द्विजदेव' ने किया है, उतना केवल आगे चलकर छायावादी कवि ही कर सके हैं।"[13]

(ग) भक्ति भावना : रीतिकालीन कवियों का प्रधान कथ्य तो शृंगार ही रहा है, परन्तु इन कवियों के काव्य में यत्र-तत्र गहरी भक्तिभावना के भी दर्शन होते हैं। इन्हें शुद्ध रूप में भक्त कवि तो नहीं माना जा सकता, पर साथ ही इनकी भक्ति भावना की सच्चाई और गहराई पर सन्देह भी नहीं किया जा सकता। यद्यपि इन कवियों ने राधा-कृष्ण के माध्यम से शृंगार रस की अपूर्व सरिता प्रवाहित की थी, परन्तु साथ ही ये लोग भी नहीं भूले थे कि राधा-कृष्ण आराध्य और भक्ति के आलम्बन हैं।

ग्वाल कवि ने लिखा है—

"श्री राधा पद पदम को, प्रनमि प्रनमि कवि ग्वाल।
छमवत है अपराध को, किबो जु कथन रसाल।।"

इस दोहे में कवि राधा से अपने इस अपराध के लिए क्षमा माँग रहे हैं कि उनका रसीला अर्थात् शृंगारपूर्ण वर्णन किया है। यदि ग्वाल के हृदय में राधा के प्रति भक्ति भाव न होता तो वे उनसे क्षमा क्यों माँगते। बिहारी, देव, भिखारीदास आदि के काव्य में भी हमें अनेक ऐसे भक्ति भावपूर्ण छन्द मिलते हैं, जिसमें उनके मात्र प्रभु पर निर्भरता, आत्मग्लानि, कातरता, विनय आदि के वही भाव व्यक्त हुए हैं, जो भक्त कवियों की भक्ति-भावना की विशेषता समझी गयी है। भक्ति और शृंगारकाल के सन्धियुग के कवि सेनापति में जितना प्रबल शृंगार की भावना मिलती है, उतनी ही भक्ति-भावना भी। कुछ आलोचकों की इस सम्बन्ध में यह धारणा रही है कि जब शृंगारी कवि शृंगार के अतिशय चित्रण और मानसिक विलास से जर्जर मन हो जाते थे, तो वे आत्मग्लानिवश भगवान को अपने उद्धार के लिए पुकारने लगते थे। इसलिए इनकी यह भक्तिभावना परिस्थितियों से प्रभावित थी न कि हृदय की सहज भावना से प्रेरित।

डॉ. नगेन्द्र ने इस विषय में लिखा है, "यह भक्ति भी उनकी शृंगारिकता का अंग थी। जीवन की अतिशय रसिकता से जब ये लोग घबरा उठते होंगे, तो राधा-कृष्ण का यही अनुराग उनके धर्मभीरू मन को आश्वासन देता होगा। इस प्रकार रीतिकालीन भक्ति एक ओर सामाजिक कवच और दूसरी ओर मानसिक शरण भूमि के रूप में इनकी रक्षा करती थी। तभी तो ये किसी तरह उसका आँचल पकड़े हुए थे। रीतिकाल का कोई भी कवि भक्ति भावना से हीन नहीं है। हो ही नहीं सकता था क्योंकि भक्ति उसके लिए एक मनोवैज्ञानिक आवश्यकता थी। भौतिक रस की उपासना करते हुए, उनके विलास जर्जर मन में उतना नैतिक बल नहीं था कि भक्ति रस में अनास्था प्रकट करते या उसका सैद्धान्तिक निषेध करते। इसलिए रीतिकाल के सामाजिक जीवन और काव्य में हरि का आभास अनिवार्यतः वर्तमान है और नायक-नायिका के लिए बार-बार हरि-हरि और राधिका शब्दों का प्रयोग किया है।"[14]

हमें यह नहीं भूलना चाहिए कि शृंगार काव्य से पूर्व भक्ति की एक सशक्त और अविरल धारा प्रवाहित होती रही थी। इन शृंगारी कवियों ने उन्हीं भक्त कवियों के परवर्ती तथा उत्तराधिकारी के रूप में कृष्ण भक्तों से शृंगार भावना प्राप्त की थी तो उनकी भक्ति-भावना से ये कैसे अछूते रह सकते थे।

शृंगारकालीन कवि राधा-कृष्ण के मोहन रसिक रूप के आकर्षण में फँसे हुए थे, परन्तु उनके माध्यम से अपनी शृंगार भावना की अभिव्यक्ति करने में उन्हें संकोच होता था। इसी कारण एक तरफ़ तो उन्होंने राधा-कृष्ण के प्रति अपना भक्ति भाव प्रदर्शित किया और दूसरी ओर उन्हीं के माध्यम से अपनी शृंगार-भावना की उन्मुक्त अभिव्यक्ति करने लगे। भिखारीदास ने अपने काव्य के सम्बन्ध में स्पष्ट घोषणा कर दी थी–

"आगे के सुकवि रीझिहैं कविताई
न तु राधिका कन्हाई के सुमिरन को बहानौ है।।"[15]

'द्विजदेव' की भी यही भावना रही है–

"रसिक रीझिहैं जानि तौ ह्वै है कवितौ सुफल।
न तरु सदाँ सुखदानि, श्री राधा-हरि कौ सुजस।।"

(शृं.ल.सौ., 65)

इनके काव्य में आद्यान्त राधा और कृष्ण को आलम्बन बनाकर शृंगार वर्णन किया गया है। मंगलाचरण की प्राचीन परिपाटी का निर्वाह न करते हुए इन्होंने अपने काव्य के प्रथम सुमन के आरम्भ में मंगलाचरण का विधान नहीं किया है, वरन् द्वितीय एवं तृतीय सुमन का प्रारम्भ द्विजदेव जी ने मंगलाचरण से ही किया है–

"एकै ह्वै बिबि रूप, राधिका स्याम कहावैं।
ह्वै बस ब्रज जुबतीन, चतुर-चातुर मन भावै।।
पंचबान रति कोटि, अंग अंगनि पै वारैं।
छल बल करि ब्रज सुजस परम पावन बिस तारे।।
द्विजदेव सातहूँ भुवन मैं, अष्ट सिद्धि दाता विदित।
मन सेवहु नवधा-भक्ति-जुत, नवरस मय ब्रजराज नित।।

(शृं.ल.सौ., 66)

इस छप्पय में कवि ने राधा-माधव की वन्दना करते हुए **एकोऽहं द्वितीयो नास्ति** के सिद्धान्त को प्रतिपादित किया है। वह राधा-माधव को पृथक्-पृथक् न मानकर एक ही मानता है और नवधा भक्ति के द्वारा भगवान श्रीकृष्ण की वन्दना करता है।

भगवान श्रीकृष्ण एवं राधिका जी के युगल स्वरूप का वर्णन करते हुए कवि आगे केवल राधाजी की वन्दना करता है–

युगल स्वरूप वर्णन :

"उन्नत, पीन पयोधर की छवि, धारै मनोज के साँचे सहायक।
दीह सुकेसी कौ मान हरैं 'द्विजदेव' के भाए सदाँ सुखदायक।।
मोहिं प्रतीति परी अब तौ, बिबि रूप बिलोकि सबै बिधि लायक।
हौ मन सौं, तन सौं तुम एक, अहो! बलि राधिका-राधिका नायक।।"

(शृं.ल.सौ., 67)

राधिका जी की वन्दना :

"भूषन सारे सँवारे जराउ, जिन्हैं लखि तारे लगैं अति फीके।
त्यौं 'द्विजदेव' जू आनन की छबि, अंग सबै सरमाँइ ससी के।।

ताहू पैं भानु प्रभा निदरै, लसै चंचल कुण्डल कानन नीके।
मोह-मई-तम क्यौं न मिटै, इमि ध्यान धरै वृषभानु लली के।।"

(शृं.ल.सौ., 68)

अर्थात् श्री राधिका जी के दर्शन मात्र से ही हृदय से मोहरूपी अन्धकार का नाश हो जाता है। क्योंकि एक साधारण दीपक के प्रकाश से तम का नाश होता है, तो राधिका जी के निष्कलंक चन्द्रमुख जिसे देखकर चन्द्रमा भी लज्जित होता है और कानों में कुण्डल सूर्य की प्रभा को भी लज्जित कर रहे हैं तो तम के विद्यमान रहने की सम्भावना ही क्या है।

कवि एक स्थान पर भगवान कृष्ण की परम मनोहर रासलीला का वर्णन करता है। इस छन्द में उद्धव-संवाद की भी संक्षिप्त चर्चा है–

"खेलि रास हरि दुरै, बहुरि बन-कुंजन माँहीं।
ब्रज जुबती बूझती जाइ, तरु पुंजन पाँही।।
लीला बस हरि बसि बिदेस, उधवै पठावैं।
तिन सौ सब मिलि जाइ, आपनौं बिरह सुनावैं।।"

(शृं.ल.सौ., 47)

इसके आगे कवि माँ सरस्वती की वन्दना करता हुआ इस ग्रन्थ को लिखने के लिए आशीर्वाद प्राप्त करता है–

"जैसी कछु कीन्हीं द्विजदेव की बिनै के बस,
कीन्हीं अब सोई 'द्विजदेव' चित चाँहि तै।
मोहि तौ भरौसों नाँहि आपनी कुबुद्धि लखि,
निबहै हमारी अब तेरेई निबाहे तैं।।
कीन्हैं कण्ठ भूषन बिदूषन पैं दीन्हैं कर,
पग-पग पूरैं धुनि अमित उँमाहे तै।
तजि कमलासनै, जु आई हौ हुलासने,
तौ चित कमलासनै न भूषै देवि काहे तैं।।"

(शृं.ल.सौ., 54)

और अपने ग्रन्थ 'शृंगार लतिका' को भी माँ सरस्वती से आशीर्वाद दिला देता है–

"बैठी चित-हित चाँहि, मम बिनती सुनि भारती।
हिय सिंगार-लतिकाहि-भाँति अनेक असीस दै।।"

(शृं.ल.सौ., 55)

एक स्थान पर कवि ने भगवती के वचन ब्याज से राधिका जी की स्तुति की है–

"ऐसैं बिचारत ही मति मेरी, प्रबोधि कहे अखरा मन भाए।
हैं है कहा 'द्विजदेव' जू लाहु, इतौ उर अन्तर सोच बढ़ाए।।

राधिका जू को विहार के काज, सबै विधि सौं सुखमा उपजाए।
वे नित ही के सँघाती बसन्त, अपूरब बेस बनाइ कैं आये।।"

(शृं.ल.सौ., 35)

इस प्रकार कवि ने यत्र-तत्र राधिका जी की स्तुति, भगवान के युगल स्वरूप का वर्णन, उद्धव संवाद आदि का वर्णन किया है। इन सबके वर्णन में कवि को पर्याप्त सफलता भी पर्याप्त हुई है। ऐसे तो सम्पूर्ण ग्रन्थ में राधा-कृष्ण को आलम्बन बनाकर शृंगार रस का वर्णन किया गया है, पर कहीं-कहीं कवि का केवल भक्त रूप ही दृष्टिगोचर होता है। "राधा-कृष्ण की प्रेमाभक्ति में उनकी अनन्य आस्था थी तद्प्रणीति युगलोपासनापरक पदों में पूर्व मध्ययुगीन भक्तों के समान भावमयता के दर्शन होते हैं। श्री द्विजदेव ने कृष्ण को परब्रह्म परमात्मा का साक्षात् स्वरूप माना है। ...श्री द्विजदेव के कतिपय पदों में नवधा भक्ति की स्वीकृति दृष्टिगत होती है तथापि यह निर्विवाद रूप से कहा जा सकता है कि उन्होंने प्रेमाभक्ति का अनुसरण किया है।"[16]

(घ) लोक-संस्कृति का चित्रण : कवि द्विजदेव को लोक-संस्कृति का अच्छा ज्ञान था। 'शृंगार लतिका' में लोक-संस्कृति के विविध पक्षों का चित्रण हुआ है। इसके अन्तर्गत होली-दीवाली, हरियाली तीज जैसे विभिन्न त्योहारों, रस्मों-रिवाजों इत्यादि का चित्रण किया गया है, जो लोक-संस्कृति की ख़ास पहचान हैं।

(1) **पर्व एव त्योहार :** होली के सन्दर्भ में फाग वर्णन शृंगार रस का उद्दीपन भी माना जाता है। भगवान कृष्ण और गोपिकाओं की टोली का परस्पर रंग भरी होली खेलने का वर्णन इस कवित्त में द्रष्टव्य है–

"लै लै कर झोरि जुरि आईं इतै गोरी,
उतै होरी खेलिबे कौ ग्वाल-जालहूँ बनायौ कीच।
छाइगौ छिनै मै यौं गुलाल मेघ-माल ऐरौं,
'द्विजदेव' जासौं न जानयौ परै ऊँच नीच।।
ऐसी भई धूँधरि धँमारि की सु ताही समैं,
पावस के भोरैं मोर सोर कै उठै अपीच।
घन के समान ज्यौं-ज्यौं दौरें घनस्याम त्यौ-त्यौं,
सम्पा सी दुरति आली चम्पा-घन-बन-बीच।।"

(शृं.ल.सौ., 94)

एक अन्य स्थान पर कवि ने फाग की पावस ऋतु से तुलना की है–

"जहँ लालन की महि लाली परी, हरी बूँदन पन्नन हींकी बटी।
चपला-सी गुलाल-घटा मैं दिपै, जहँ दासी अनेक जराइ-जटी।।

'द्विजदेव' घनागम-भोरे तहाँ, भरि फाग मैं गायन कुंज तटी।
सखि! राधिका-संग चले बनि भींजन, एक पटीं-लिऐं ए कपटी।।"

(शृं.ल.सौ., 98)

होली की तरह कवि द्विजदेव ने दीपावली के त्योहार का भी वर्णन किया है। उन्होंने दीपावली के त्योहार के अवसर पर स्त्रियों द्वारा आलेख एवं कई प्रकार की शिल्प कलाओं के बनाने का उल्लेख किया है–

"आज बरसाने की नवेली अलबेली बनी,
पावन चरित बलि-बामन तयारी मैं।
लै लै कर लेखनी लगावन लगीं ही रंग,
आनँद-उमँग तैं सबीह न्यारी-न्यारी मैं।।
ताही समै बाँसुरी सुनाइ कहूँ कान्ह टेरि,
'द्विजदेव' की सौं या अनँद अधिकारी मैं।
चित्र लिखिवे की कौन चरचा चलावै जब,
चित्र की लिखी सी भई सारी चित्र सारी मैं।।"

(शृं.ल.सौ., 154)

हरियाली तीज के अवसर पर गोपिकाओं का अनेक प्रकार से शृंगार करके, नयी-नयी साड़ियाँ पहनकर भगवान कृष्ण को प्रसन्न करने का वर्णन कवि ने इस प्रकार किया है–

"सावनी के ब्याज आज आई गाँव गाँवन तैं,
भावन तैं लीन्हें छरी करन प्रसून की।
गुरु जन हूँ मैं गूढ़े मुननि रिझावैं स्याम,
गोरी गुनवती गाइ तानैं ठाह दून की।।
'द्विजदेव' साजैं सबै अंगन सुरंग चीर,
झालरैं झमाकैं लगीं कोरन कतून की।
इन्द्र की बधून की सुदेखी छवि तूने इत,
दूनी छवि देखि री! गुबिन्द की बधून की।।"

(शृं.ल.सौ., 146)

शृंगार लतिका में विभिन्न पर्वों एवं त्योहारों का यह वर्णन कवि के लोक परम्पराओं के प्रति गहरे रुझान का परिचायक है। ये वर्णन ऐसे नहीं है कि जिसको मात्र आभिजात्य वर्ग का ही कहा जा सकता है। कभी-कभी समीक्षकों ने यह बात कही है कि रीतिकाल के वर्ण्य-विषय जनसाधारण की जीवन चर्चा से कोई सम्बन्ध नहीं रखते, पर द्विजदेव के काव्य में लोक तत्त्व का यह स्वरूप इस धारणा को मिथ्या प्रमाणित करने वाला है।

(ख) गृहस्थ जीवन के रीति-रिवाज : त्योहारों के साथ-साथ गृहस्थ जीवन के विभिन्न रीति-रिवाजों का चित्रण भी हमें शृंगार-लतिका में मिलता है। इसके अन्तर्गत हमें विभिन्न रीति-रिवाज, शकुन-अपशकुन सम्बन्धी भावनाएँ तथा लोक हृदय में बसी हुई धारणाएँ, लोक नीतियों इत्यादि का परिदर्शन मिलता है।

कवि ने लोक-रीति मे जोग, टोना-टोटका आदि होने का वर्णन इस छन्द में किया है–

"न भयौ कछु रोग कौ जोग दिखात, न भूत लग्यौ न बलाइ लगी।
न कोऊ कहुँ टौनों-डिठौंनौ कियौ, नहिं काहू की कीन्हीं उपाइ लगी।।
'द्विजदेव' जू नाँहक ही सबके हिऐं, औषध मूल की चाइ लगी।
सखि! बीस बिसै-निसि याहि कहूँ, बन-बौरे-बसन्त की बाइ लगी।।"

(शृं.ल.सौ., 88)

गौने में आयी नयी-नयी दुल्हन को देखने के लिए पास-पड़ोसिनों की भीड़ लगी है इस नीति का वर्णन कवि ने यों किया है–

"चलि सौं आई नई दुलही, लखिबे कौं जबै कोउ चाउ बढ़ावति।
सूही सजी सिर सारी तबै-तब नाँइन आपने हाथ उठावति।।
भीतर भौंन तैं बाहिर लैं 'द्विजदेव' जुहाई की धार सी धावति।
साँझ समै ससि की-सी कला, उदयाचल तैं जनु घेरित आवति।।"

(शृं.ल.सौ., 110)

एक लोक-रीति है कि भादों की शुक्ल चतुर्थी को चन्द्रमा देखने से कलंक लगता है। कवि नियम में आधे घूँघट से खुले हुए मुख की उपमा चौथ के चन्द्र से दी जाती है। एक नायिका भगवान कृष्ण की लम्बी उम्र की कामना करते हुए कहती है कि–

"लहि जीवन-मूरि कौ लाहु अली! वै भली जुग चारि लौं जीवौ करैं।
'द्विजदेव' जू त्यौं हरखाइ हियें, बर-बैन-सुधा-मधु पीवौं करैं।।
कछु घूँघट खोलि चितै हरि ओरन चौथ ससी दुति लीवौ करैं।
हम तौ ब्रज कौ बसिवौई तज्यौ, अब चाव चबाइनैं कीवौं करैं।।"

(शृं.ल.सौ., 173)

कवि ने बसन्त पंचमी के अवसर पर पीले वस्त्रों को धारण करने का वर्णन इस प्रकार से किया है–

"आवत ही हहराइ हियौ, सुख अन्त कियौई हिमन्त कुचाली।
त्यौं 'द्विजदेव' या पाँचैं-बसन्त की, पीत करौ सिगरौ तन साली।।
जारती ज्वालिन होरी न क्यों, लखि सूनौं निकेत बिना बनमाली।
सीत के अन्त बसन्त के आगम, भाँवतौ जौ पैं न आवतो आली।।"

(शृं.ल.सौ., 179)

सौत के प्रति डाह की भावना एक लोक हृदय में बसी हुई धारणा है जिसका उल्लेख इस प्रकार किया गया है–

"बरुनीं के उघारत वे सिसिकैं, चहूँधाँ मुख जोवति अली चलै।
कनखैयन ताकि रहै ननदी, वे बदी करि सौति कुचालि चलै।।
'द्विजदेव' इते पर बावरे-लोग, सो डीठि जितै-तित डाली चलै।
बसिवौ तौ भयौ नित ही ब्रज मैं, कब लौं अलि! घूँघट घालि चलैं।।"

(शृं.ल.सौ., 185)

कार्तिक पूर्णिमा के दिन नदी स्नान करने का लोक जीवन में बहुत ही महत्त्व है। राधिका जी के कार्तिक स्नान का वर्णन कवि ने यों किया है–

"कातिकी के धौंस कहुँ आइ न्हाइवे कौं वह,
गोपिन के संग जऊ नैंसुक लुकी रही।
'द्विजदेव' दीह द्वार ही तैं घाट-बाट लगि,
खासी चन्द्रिका सी तऊ फैली विधु की रही।।
घेरि वार-पार लौं तमासे हित ताही समैं,
भारी भीर लोगन की ऐसिए झुकी रही।
आली उत आज 'वृषभानुजा' बिलोकिबे कौं,
भाँनु तनयाऊ घरी द्वैक लौं लुकी रही।।"

(शृं.ल.सौ., 213)

इस प्रकार शृंगार लतिका गृहस्थ जीवन के रीति-रिवाजों और लोक-रीतियों के वर्णनों से भरी हुई है। इसमें यत्र-तत्र इनका चित्रण किया गया है। जैसे एक स्थान पर कवि ने श्रीकृष्ण द्वारा मुहूर्त देखकर मथुरा मगन का वर्णन किया है–

"करिवौई तुम्हैं वह बीस बिसै, हित जैसौ कछूक अक्रूर करौ।
'द्विजदेव' जू तातैं बिचारि हिऐं, मन के भ्रम-भायन दूर करौ।
कहते सुनते जो भयौ हमसौं, वह माँफ हमारौ कसूर करौ।
इत प्रान पयान करै न करैं, तुम कान्ह! पयान जरूर करौ।।"

(शृं.ल.सौ., 170)

भगवान श्रीकृष्ण का वृषभानु के घर अतिथि-सत्कार का वर्णन कवि ने इस प्रकार किया है–

ओढ़नी तौ वौ बिछावे कहूँ, कहूँ और हीं ठौर पैं बैठे कन्हाई।
पाँइ के धोखे पसारैं भुजा, लकुटी वह धोवति सीस नवाई।।
आगत स्वागत के बदलैं 'द्विजदेव' दुहूँ दिसि होति ठगाई।
देखति ही अलि! आज बने, नए पाहुँन और नई पहुँनाई।।

(शृं.ल.सौ., 227)

कवि द्विजदेव ने कृष्ण पर गोपिका की नज़र लगने का वर्णन इस प्रकार किया है—

"राखत न काहू सौं सनेह कछु सपने हूँ,
भाँषत न काहू सौं अनँद उँमहिन मैं।
'द्विजदेव' की सौं खान-पान की बिसारि सुधि,
हारी लोक लाज एक वाही की रहनि मैं।।
साँची लगी दीठि मन-मोहनि की मोहन पै,
याही तै चकै से चित चाँही की चँहनि मैं।
नाँही के कहे तैं भए नाँही-मय स्याम तब,
है है कहा राम! बाम-बाँही की गहनि मैं।।"

(शृं.ल.सौ., 153)

इन वर्णनों के अतिरिक्त कवि ने बहुत-से लोक-संस्कृति के रीति-रिवाजों का वर्णन किया है जैसे—लावा फेंकने का वर्णन (28), मौर पहनने का वर्णन (132), आँख मुँदौवल के खेल का वर्णन (103), कन्दुक क्रीड़ा का वर्णन (196) आदि।

द्विजदेव द्वारा किये गये लोक-संस्कृति के चित्रण में एक विशेष बात यह दिखाई पड़ती है कि ब्रज भाषा और कृष्ण लीला को अपनाने के कारण इसमें बहुत-सी बातें ब्रज संस्कृति की भी आ गयी हैं और कवि अपनी क्षेत्रीय या आंचलिक संस्कृति अवध की संस्कृति का भी इसमें भरपूर योग करता है।

(ङ) दार्शनिकता : कवि द्विजदेव ने अपनी शृंगार-लतिका में अपनी दार्शनिक भावनाओं को भी अभिव्यक्ति दी है। "साहित्य या काव्य का दर्शन से घनिष्ठ सम्बन्ध है क्योंकि काव्य के आन्तरिक सत्य भी जीवन के आन्तरिक सत्यों की भाँति दर्शन तथा तत्त्व चिन्तन पर अवलम्बित हैं। हमारे जीवन का तथा भारतीय दर्शन का परस्पर घनिष्ठ सम्बन्ध है। ये दोनों ही एक लक्ष्य को सामने रखकर एक ही मार्ग पर चलने वाले दो पथिक हैं।"[17]

दर्शन का अर्थ है—देखना, वास्तविक रूप में तात्त्विक दृष्टि से देखना या बाहरी व भीतरी नेत्रों के सम्मिलित योग से चरम या वास्तविक तथ्य को देखना। कवि स्रष्टा होने के साथ-ही-साथ द्रष्टा या दार्शनिक भी होता है उसकी सर्जना में उसके दार्शनिक रूप के समावेश से वह अधिक गम्भीर, यथार्थ जीवन दृष्टि सम्मत अतः प्रमाणित हो जाती है। प्रत्येक कलाकार अपने कृतित्व को अधिक पुष्ट व टिकाऊ बनाने के लिए उसमें दार्शनिकता का समावेश उचित मात्रा में, जाने या अनजाने में कर ही देता है।

कवि 'द्विजदेव' ने भी अपने ग्रन्थ में अपनी दार्शनिक भावनाओं को ऐसी ही सहजता से अभिव्यक्त किया है। जैसे उन्होंने द्वितीय सुमन में पहला छप्पय

मंगलाचरण का दिया है, जिसमें कवि ने **"एकोऽहं द्वितीयो नास्ति"** के सिद्धान्त को समाविष्ट किया है—

एकै है बिबि रूप, राधिका-स्याम कहावैं।
हैं बस-ब्रज-जुबतीन, चतुर चातुर मन भावैं।।
पंचबान रति कोटि, अंग अंगनि पैं वारे।
छल बल करि ब्रज-सुजस, परम पावन बिसतारे।।
'द्विजदेव' सातहूँ भुवन मैं, अष्ट-सिद्धि-दाता विदित।
मन सेवहु नवधा-भक्ति-जुत, नवरस-मय ब्रजराजनित।।

(शृं.ल.सौ., 66)

इसके आगे कवि ने एक स्थान पर इस संसार, माया तथा जीव इत्यादि के बारे में भी तात्त्विक वर्णन प्रस्तुत किया है—

"प्रति पद जामैं होत, ध्यान राधा माधव कौ।
पढ़त, सुनत, चित्त गुनन, जाहि डर रहै न भव कौ।।
रसमैं अति सुख मॉनि, रसिक-जन सौं सुख मॉनो।
निज मति की अनुहारि, जाहि रचि दीन्हयौ बॉनी।।
'द्विजदेव' सींचिं मधु-बैन सौं, कियौ जासु परसकास भुव।
सुभ ता 'सिंगार-लतिका' विषै, तृतिय 'सुमन' अवतार हुव।।"

(शृं.ल.सौ., 240)

कवि द्विजदेव ने राधा-कृष्ण के निर्गुण स्वरूप के माध्यम से 'एक प्रान द्वै देह' के सिद्धान्त का वर्णन किया है कि वे कहने भर को ही दो रूप हैं अर्थात् माया ब्रह्म से पृथक् नहीं है और जब वे एक-दूसरे से पृथक् होती हैं, तो दोनों में क्या-क्या लीलाएँ होती हैं, इसका वर्णन यों किया है—

"एक-रूप-आनँद-मय, श्री राधा ब्रजचन्द।
करत बिबिध-लीला ललित, जेहि न जान स्त्रुति छन्द।।"

(शृं.ल.सौ., 37)

कवि द्विजदेव ने माया और ब्रह्म के विविध रूप धारण करने का वर्णन राधा और कृष्ण के माध्यम से इस प्रकार किया है—

"रचि रचि लीला कलह, कबहुँ राधा रिस ठानैं।
हरि मनाइ जब चलत, तबै मन में दुख आनैं।।
और रूप रचि कबहुँ, स्याम-सँग राधा बिहरै।
ताहि जानि वृषभॉनु-सुता, दुख ठानति हियरैं।।"

(शृं.ल.सौ., 43)

इस प्रकार कवि द्विजदेव के काव्य में यत्र-तत्र दार्शनिकता का प्रभाव दृष्टिगत होता है।

(च) पौराणिक आख्यानों का सांकेतिक प्रयोग : कवि द्विजदेव ने शृंगार लतिका में पौराणिक आख्यानों तथा पुरा कथाओं का प्रयोग भी किया है जैसे—भगवान कृष्ण ने मधु नामक राक्षस को मारा था, इसी से उनका नाम मधुसूदन पड़ा तथा ब्रज को बूड़ते देख अर्थात् जब इन्द्र ने कोप कर ब्रज में मूसलाधार वृष्टि कर उसे आप्लावित करना चाहा उस समय कृष्ण भगवान ने ही अपनी एक अँगुली पर गोवर्धन गिरि को उठाकर ब्रज के ऊपर छत्र-सा कर दिया था, इसी से उनका नाम गिरिधारी पड़ा, इस पौराणिक कथा का वर्णन कवि ने इस प्रकार किया है—

"देखि मधु-माँस की इतीन अनरीति,
मधुसूदन जु होते तौ न औते कहौ काहे कौं।
जानि ब्रज-बूड़त जु होते गिरिधारी तौं पैं,
ब्रज में बढ़ौते दुख-सोते कहौ काहे कौं।।
'द्विजदेव' प्यारे पिय-पीतम जु होते तौ पैं,
उधौ! इत तुमहिं पठौते कहौ काहे कौं।
बसिकैं बिदेस बीजुरि-सी ब्रज बालनि कौं,
होते घनस्याम तौ बरौते कहौ काहे कौं।।"

(शृं.ल.सौ., 77)

एक अन्य स्थान पर कवि ने समुद्र मन्थन के समय निकले हुए चौदह रत्नों में से एक रत्न चन्द्रमा का उल्लेख भी किया है कि समुद्र चन्द्रमा का पिता है—

"साँझ ही तैं आवत हलावत कटारी कर,
पाइ कैं कुसंगति कृसानु-दुखदाई कौं।
निपट निसंक ह्वै तजी तैं कुल-काँनि खानि,
औगुन की नैकऊँ तुले ने बाप-भाई कौ।।
ए रे! मतिमन्द चन्द! आवत न लाज तोहिं,
देत दुख बापुरे-बियोगी-समुदाई कौ।
ह्वै कैं सुधा धाम काम विष कौं बगारे मूढ!
ह्वै कैं द्विजराज काज करत कसाई कौ।।"

(शृं.ल.सौ., 84)

कवि ने एक पौराणिक मान्यता कि भाद्रपद शुक्ल चतुर्थी को चन्द्र-दर्शन करना कलंक का हेतु समझा जाता है, का वर्णन इस प्रकार किया है—

"लहि जीवन-मूरि को लाहु अली! वै भली जुग चारि लौं जीवौ करैं।
'द्विजदेव' जू त्यौं हरखाइ हिऐं, बर-बैन सुधा मधु पीवौं करैं।।
कछु घूँघट-खोलि चितै हरि ओरन, चौथ-ससी-दुति लीवौ करैं।
हम तौ ब्रज कौ बसिवौई तज्यौ, अब चाव चबाइनैं कीवौं करैं।।"

(शृं.ल.सौ., 173)

कवि ने समीर की उपमा एक स्थान पर यम के दूतों से दी है कि यह विरह ताप को उत्तेजित करके प्राण हरने में समर्थ होता है–

"कूकि-कूकि कोकिल चलाइ हैं अचूक चोट,
पातकी पपीहा ए विथा के गीत गाइहैं।
'द्विजदेव' तैसेई सरस सुख पाएँ वायु,
जम के पठाए छिति छोर लगि छाइहैं।।
ऊधौं! देखि ऊधम इते पर पलासन कौ,
वापुरी बियोगिनैं सुकैसै फल पाइहैं।
ऐसे मधु मास के समागम-समें मैं न जो,
प्यारे मधु सूदन हमारे घर आइहैं।।"

(शृं.ल.सौ., 212)

भगवान कृष्ण द्वारा केशी नामक दानव को मारने का वर्णन कवि ने इस प्रकार किया है–

ह्वाँ उन केसी हत्यौ इन ह्याँईं सुकेसिन मारिकैं कीरित लीन्हीं।।
दोऊ बिकास-भरे 'द्विजदेव', लखी करतूति दुहून की कीन्हीं।।
नाँहक ही बनि बैठे रसाल, सो काल की रीति परै नहिं चीन्हीं।।
दूखन दीजै कहा बिधि कौं, जु पैं रुखन के कर साहिबी दीन्हीं।।

(शृं.ल.सौ., 223)

इस प्रकार यह कहा जा सकता है कि द्विजदेव ने अपने काव्य में पौराणिक आख्यानों का भी बहुतायत के साथ प्रयोग किया है। शृंगार-लतिका में इसके उदाहरण यत्र-तत्र मिल जाते हैं। साहित्य पुरावृत्त या पुराकथाओं का बहुत ऋणी है। भारतीय साहित्य में प्राचीनकाल से पुरावृत्त का समावेश होता आया है। डॉ. राममूर्ति त्रिपाठी ने अपने एक लेख बिम्ब, प्रतीक और मिथक में लिखा है कि–"प्राचीन मानव जाति ने अपनी कल्पना, अपने अनुराग, अपने भय आदि को साकार प्रतीकों और रूपकों द्वारा पुरावृत्त कथाओं में निबद्ध किया। जो कुछ कथा में कहा गया उसी के क्रियात्मक रूप को यज्ञ (रिचुअल) कहते हैं। इन्हीं से मिलता-जुलता इन्द्रजाल (मैजिक टोटम) था जिसका प्राचीन मानव समाज में प्रचलन था इसमें वनस्पति आदि

बाहरी सजीव-निर्जीव पदार्थ को भी अनुप्राणित एवं प्रभावित करने की चेष्टा थी। इस प्रकार वह कष्ट निवारण तथा वरदान प्राप्ति की भी आशा करता था। इतिहास के प्रारम्भ से पूर्व मानव की कल्पना और रागात्मक प्रवृत्ति जाग्रत होकर कथा के रूप में प्रकट होने लगी। फलतः सर्वत्र पुरावृत्त की अपनी परम्परा मिलती है। ...वेदों में विभिन्न प्राकृतिक उपादानों और शक्तियों को सजीव और सक्रिय रूप में निरूपित किया गया है उसमें अनेक कथाएँ मिलती हैं ये हैं वैदिक पुरावृत्त। परिमाण और महत्त्व में पौराणिक पुरावृत्त कहीं अधिक वैशिष्ट्य युक्त हैं पुराणों में इतिहास का अंश कितना है यह कहना कठिन है—पर पुरावृत्तात्मक रूप कम या ज़्यादा सर्वत्र विद्यमान है—समुद्र मन्थन, इन्द्र तथा देवों का दानवों के साथ संघर्ष, मनु से सम्बद्ध कथाएँ, उर्वशी, मेनका आदि की कथाएँ। पुरावृत्त आदिम मानव समाज का दिवास्वप्न था। उसमें सामूहिक आकांक्षाएँ और प्रतिक्रियाएँ मुखरित हुईं थीं। पुरावृत्त केवल जनसाधारण के विश्वास और जनश्रुति में रहने और संचरित होने वाली वस्तु है। हर्बर्ट रीड का कहना है— "स्वतःचलित लेखन में पुरावृत्त, स्वप्न तथा कविता का अन्तर मिट जाता है।"[18] इस प्रकार पौराण्कि आख्यानों या कथाओं का साहित्य में बहुत अधिक महत्त्व है। कवि द्विजदेव ने भी इसका उल्लेख यत्र-तत्र किया है।

(छ) बहुज्ञता : बहुज्ञता से तात्पर्य साहित्य ज्ञान के अतिरिक्त शास्त्र, इतिहास, पुराण, लोक व्यवहार आदि के ज्ञान से भी है। काव्यशास्त्रीय भाषा में इसको निपुणता भी कहते हैं। भारतीय काव्याचार्यों ने कवि के लिए बहुज्ञ या निपुण होना आवश्यक माना है।

कवि द्विजदेव बहुज्ञ और निपुण थे। उनकी यह निपुणता उनकी रचनाओं में स्पष्टतः मुखरित हुई है। द्विजदेव को संगीत, ज्योतिष, योग, नक्षत्र ज्ञान, मनोविज्ञान तथा पक्षी मनोविज्ञान आदि का भी ज्ञान था। शृंगार लतिका में स्थान-स्थान पर यह द्रष्टव्य है। इसके कुछ उदाहरण इस प्रकार हैं—

1. संगीत का ज्ञान : द्विजदेव ने हरियाली तीज के अवसर पर गोपियों के गाने का वर्णन किया है जिससे उनके संगीत के ज्ञान का पता चलता है। ठाह, दुगुन, तान आदि संगीत के पारिभाषिक शब्दों का प्रयोग बड़ी कुशलता से कवि ने किया है—

सावनी के ब्याज आज आई गाँव गाँवन तैं,
भावन तैं लीन्हैं छरी करन प्रसून की।
गुरु-जन हूँ मैं गूढ़े गुननि रिझावैं स्याम,
गोरी गुनवती गाइ तानैं ठाह दून की।।

(शृं.ल.सौ., 146)

2. ज्योतिष का ज्ञान : द्विजदेव ने राधिका जी के चन्द्रिका (आभूषण) की तुलना चन्द्र की चन्द्रिका से की है क्योंकि चन्द्र की चन्द्रिका का प्रकाश भूगोल के

उसी अर्द्धभाग में जो उसके सामने पड़ता है फैलता है और इस चन्द्रिका का प्रकाश समस्त भूगोल में फैला हुआ है, कौन-सा ऐसा नराधम होगा जिसे भगवद्भक्ति भली न लगेगी। दूसरे चन्द्रमा का प्रकाश केवल गर्मी को हर लेता है और इनके ध्यान के प्रभाव से त्रिविध तापों (दैहिक, दैविक, भौतिक) का नाश होता है–

छबि चन्द्रिका की सरसाइ सबै बिधि, ताप हरैं छिति छोरन की।
सुभ सोम-कला सम आस-भरैं, मनमोहन-नैन चकोरन की।।
इहिं बानिक सौं वृषभाँनु-सुता, जब बाट गहैं बन ओरन की।
'द्विजदेव' जू काहि न चाँह बढ़ै, मन वारि घने-तृन तोरन की।।

(शृं.ल.सौ., 69)

3. नक्षत्र ज्ञान : कवि द्विजदेव ने ग्रीष्म के अन्त में मृगशिरा (नक्षत्र व मृग का सिर) केवल एक बार आने का वर्णन किया है जो उनके नक्षत्र ज्ञान का परिचायक है–

"दिन ही मैं वाके कहूँ दाहै चण्डबात तुम,
दिवस-निसाहू चण्ड बातन तचै रहै।
वाके मृगसीस एक आवै बीच ही मैं कहूँ,
तुम मृगछालन के बसन बनै रहै।।"

(शृं.ल.सौ., 217)

4. पक्षी मनोविज्ञान : द्विजदेव को पक्षी मनोविज्ञान का भी ज्ञान था उन्होंने इसका परोक्ष रूप से चित्रण किया है कि एक विरहणी नायिका अपनी सखी से कहती है कि कुसुमित वृक्ष समूह को देखकर स्वभावतः प्राणरूपी पक्षी सहमे हुए थे। फिर वे पलाश के लाल-लाल पुष्पों को वृक्षों पर लदे देखकर वन में आग लगने के भय से भ्रमवश उड़ भागे और आकाश में तो बाज सरीखे पक्षी भी उड़ते हैं तो अब क्या होगा और प्राण पक्षी कैसे बचेंगे? क्योंकि तीन ही स्थान पक्षियों के रहने के हैं पहला–स्थल, दूसरा–वृक्ष, तीसरा–अन्तरिक्ष। और यह तीनों ही शत्रुओं से घिर गये हैं।

"फूले घने तरु-जाल बिलोकि, हुते कछु सूधे सुभाइ ससे री।
आगि सी लागी पलासन देखि, तऊ भय सौं कहूँ भागि बचे री।।
छूटे सँचान से अब तौ, 'द्विजदेव' चहूँ दिसि कोकिल बैरी।
है है कहा सजनी! अब धौं, बचिहैं केहि भाँति सौं प्रान पखेरी।।"

(शृं.ल.सौ., 163)

इस प्रकार द्विजदेव के काव्य में विविध शास्त्रों का ज्ञान प्राप्त होता है जिससे उनके बहुज्ञ होने का पता चलता है जैसे–लोकव्यवहार का ज्ञान, पौराणिक ज्ञान, दर्शनशास्त्र का ज्ञान, ज्योतिष, संगीत आदि का ज्ञान उन्हें था।

अभिव्यक्ति पक्ष

काव्यानुशीलन के इस पक्ष में रस योजना, अलंकार-विधान, छन्द-प्रयोग, भाषा-दृष्टि, काव्य रूप-रचना तथा ऐसे अन्य कलात्मक अवयवों को देखा जाता है। क्योंकि इन्हीं के माध्यम से भावों की अभिव्यक्ति की जाती है। भाषा, रस, छन्द, अलंकार आदि भावाभिव्यक्ति के साधन हैं–

(क) **रस योजना : "आस्वाद्यते इति रसः"** अर्थात् व्यवहार में तो रस के कई अर्थ लिए जाते हैं, पर काव्य का काव्यानन्द ही रस है। रस जीवन का सार है।

काव्य रस का सबसे पहले शास्त्रीय विवेचन भरतमुनि ने अपने 'नाट्यशास्त्र' में किया–

"नहिं रसादृते कश्चिदर्थः प्रवर्तते।[19]
विभावानुभाव व्यभिचारि संयोगाद्रसनिष्पतिः।।"[20]

अर्थात् विभाव, अनुभाव, संचारी भावों के सहयोग से रस की निष्पत्ति होती है। इनके परवर्ती आचार्यों में विश्वनाथ कविराज की बड़ी प्रतिष्ठा है। आचार्य विश्वनाथ ने रसविहीन काव्य का कोई अस्तित्व नहीं माना है–

"रसएवात्मा साररूप तथा जीवनाधायको यस्य।
तेन बिना तस्य काव्यत्वाभावस्य-प्रतिपादित्वात्।।"[21]

इनका कहना है कि सहृदयों के मन में रति आदि स्थायी भाव वासना रूप में स्थित होते हैं। आचार्य विश्वनाथ रस के स्वरूप को बताते हुए लिखते हैं–

"विभावानुभावेन व्यक्तः संचारिणा तथा।
रसतामेति इत्यादिः स्थायिभावः सचेतसाम्।।"[22]

रसों की संख्या 9 मानी जाती है। शृंगार, करुण, शान्त, रौद्र, वीर, अद्भुत, हास्य, भयानक तथा बीभत्स। इन सभी रसों में शृंगार रस को रसराज माना गया है–

"शृंगाररसो ही संसारिणां नियमेनानूभय विषयत्वात्।
सर्वरसेभ्यः कमनीयतया प्रधानभूतः।।"[23]

शृंगार ही एक ऐसा रस है, जिसमें सभी संचारी भाव आ जाते हैं। हिन्दी के आचार्य कवि देव ने शृंगार रस का महत्त्व निम्न प्रकार से प्रतिपादित किया है–

"भूलि कहत नवरस सुकवि, सकल मूल सिंगार।
तेहि उछाह निर्वेद लै, वीर शान्त संचार।।"[24]

देव ने शृंगार को ही एकमात्र रस माना है द्विजदेव की रस योजना में भी शृंगार को ही सर्वाधिक महत्त्व मिला है।

1. **शृंगार रस :** कवि द्विजदेव ने शृंगार-लतिका में इसी रसराज शृंगार का सुन्दर परिपाक किया है। इसमें आद्यन्त शृंगार रस के ही भेदों-उपभेदों की चर्चा की गयी है,

जिसका विस्तृत विवेचन हम पिछले अध्याय में दे चुके हैं। यहाँ इसका संक्षिप्त विवेचन प्रस्तुत है–

शृंगार रस के दो भेद होते हैं– (अ) संयोग शृंगार, (ब) वियोग शृंगार। द्विजदेव कृत शृंगार लतिका में संयोग और वियोग दोनों का विस्तृत वर्णन मिलता है।

(अ) संयोग शृंगार : नायक-नायिका के परस्पर अवलोकन मिलन, आलिंगन तथा रति-क्रीड़ाओं के वर्णन को संयोग शृंगार कहते हैं। कवि का एक संयोग शृंगार वर्णन यहाँ द्रष्टव्य है–

"सजि सोही अंग अंगनि,
उमंगनि अनंग-अनंगा लौं उमहित है।
झुकि-झुकि झाँकति झरोखन तैं कारी घटा
चौहरे अटा पैं बिज्जु-छटा सी जगति है।।
द्विजदेव सुनि-सुनि सबद पपीहरा के,
पुनि-पुनि आनन्द पियुष मैं पगति हैं।
चावन चुभी सी मन भावन के अंक तिन्हैं,
सावन की बूँदें ए सुहावनी लगति हैं।।"

(शृं.ल.सौ., 9)

द्विजदेव की रचनाओं में संयोग शृंगार के छन्दों की अच्छी संख्या मिलती है। वास्तव में राधा-कृष्ण की मधुर लीलाओं का चित्रण बिना इस शृंगार का आश्रय लिए हो ही नहीं सकता। अतः कवि के वर्ण्य-विषय के अधिक अनुरूप होने के कारण इस रस को अधिक महत्त्व मिला है। इसमें रमणीय प्रकृति का यथोचित साहचर्य भी दिखाया गया है। कवि का शृंगार वर्णन, संयोग शृंगार चित्रण में अश्लीलता और मर्यादा भंग की दशाओं से मुक्त रहा है। विभावानुभाव, कल्पना, सादृश विधान और हास-विलास आदि दृष्टियों से द्विजदेव के संयोग वर्णन बड़े समृद्ध हैं। एक सवैये में प्रिया सहित घनश्याम का प्रेमालाप में डूबा हुआ एक चित्र द्रष्टव्य है–

"ज्यौं घनस्याम से स्याम बने, त्यौं प्रिया तड़िता सी हिए मैं परैं तकि।
आँनन-चँद्र की दीपति देखि, दुहूँन के नैन-चकोर रहे छकि।।
ऐसी बिनोद-कला निरखैं, 'द्विजदेव' न कौंन की डीठि रहै चकि।
ज्यौं बिकसी अरबिन्द की प्यारी, मलिन्द-सौं तैसोई प्यारो रह्यौ जकि।।"

(शृं.ल.सौ., 70)

(ब) वियोग शृंगार : प्रिय की वियुक्तावस्था में प्रेमी या प्रेमिका के हृदय की विह्वलताजनित स्थिति को विप्रलम्भ शृंगार कहते हैं। इसकी एकादश अवस्थाओं तथा

चार भेदों का वर्णन हम पिछले अध्याय में प्रस्तुत कर चुके हैं। यहाँ रस चर्चा में हम वियोग शृंगार के उदाहरणस्वरूप एक छन्द प्रस्तुत कर रहे हैं–

"लीबे कौ चली ती बहु भाँतिन कौं चैन बन,
ऊँची कै भुजान भरि अंचल लियाई लाज।
छीबे कौं चली ती वह पानिप-भरौई तन,
छ्वाइ-छ्वाइ आइ हियौ पावक-बियोग साज।।
भभरि रही-सी अभिलाषा मन ही की मन,
'द्विजदेव' की सौं कुछ भूलिहूँ भयौ न काज।
पीबे कौं चली ती ब्रजचन्द कौ अमन्द हास,
पाइ चली प्यारी विष-विरह-विथा कौं आज।।"

(शृं.ल.सौ., 95)

इसमें दिखाया गया है कि संयोग की ललक निष्फल हो जाने पर ब्रजांगना पर मानो वियोग का वज्रपात ही हो गया। उसे तृप्ति की कामना थी, पर लज्जा ही हाथ लगी। उसे शीतलता की कामना थी, पर दाहकता मिली। उसे अभिलाषा पूर्ति का विश्वास था, पर निराशा ही मिली और वह ब्रजचन्द के अमन्द हास का आस्वाद लेना चाहती थी, पर उसे विषमय विरहानुभूति ही मिली। सुखद अभिलाषा की समानान्तर चर्चा करने के कारण इस कवित्त में वर्णित विरहानुभूति और प्रभावशाली तथा मार्मिक बन गयी है। शृंगार रस के अतिरिक्त कवि 'द्विजदेव' ने भक्ति और अद्‌भुत आदि रसों का भी समावेश अपने काव्य में किया है।

2. भक्ति रस : जहाँ इष्टदेव विषयक प्रेम विभावादि से परिपुष्ट हो जाता है, वहाँ भक्ति रस की व्यंजना होती है। हमारे कवि द्विजदेव के आराध्य भगवान राधा-कृष्ण हैं। शृंगार-लतिका में आद्यन्त उन्हीं की विभिन्न लीलाओं की चर्चा है। राधा माधव के युगल स्वरूप के वर्णन में कवि ने भक्ति रस का प्रतिपादन किया है–

"छबि चन्द्रिका की सरसाइ सबै बिधि, ताप हरैं छिति-छोरन की।
सुभ सोम कला सम आस-भरैं, मनमोहन-नैन-चकोरन की।।
इहिं बानिक सौं वृषभाँनु-सुता, जब बाट गहैं बन ओरन की।
'द्विजदेव' जू काहि न चाँह बढ़ै, मन वारि घने तृन-तोरन की।।"

(शृं.ल.सौ., 69)

भगवान कृष्ण और राधिका के स्मरण के साथ ही कवि ने माँ सरस्वती की भी वन्दना की है, जो भक्ति रस के परिपाक का उदाहरण है–

"जैसी कछु कीन्हीं द्विजदेव की बिनै के बस,
कीन्हीं अब सोई 'द्विजदेव' चित चाँहि तैं।

मोहि तौ भरोसौ नाहिं आपनी कुबुद्धि लखि,
निबिहै हमारी अब तेरेई निबाहे तैं।।
कीन्हें कण्ठ भूषन विदूषन पै दीन्हें कर,
पग-पग पूरैं धुनि अमित उमाँहे तैं।
तजि कमलासनै, जु आई हो हुलासनै,
तौ चित- कमलासनै न भूषौ देवि काहे तैं।।"

(शृं.ल.सौ., 54)

इस प्रकार द्विजदेव के काव्य में यत्र-तत्र भक्ति रस के भी दर्शन होते है।

3. अद्भुत रस : किसी आश्चर्यजनक वस्तु के देखने से स्थायी भाव विस्मय, विभाव, अनुभाव और संचारी भाव के सहयोग से अद्भुत रस में परिणत हो जाता है।

शृंगार लतिका में कई स्थलों पर अद्भुत रस की भी योजना है। भगवान कृष्ण के चित्र को देखकर राधिका चकित हो जाती है। इस छन्द में उसका वर्णन अद्भुत रस की अनुभूति कराने वाला है–

"आज ब्रजराज के बिलोकी चित्र-मन्दिर मैं,
भाँनु के उदोत वृषभाँनु की दुलारी मैं।
ज्यौं-ज्यौं वह चोरत चलाकौ चित-बाकौ त्यौं-त्यौं,
सोऊ होत चित्र की लिखी सी चित्रसारी मैं।।
चित्र सौ न चेतन, सुचेतनौ सुन्यौ न चित्र,
'द्विजदेव' की सौं दोऊ बतियाँ निहारी मैं।
बीस बिसै तातैं या जगता-करता तै गुनी,
काम-करता की करतूति कछु न्यारी मैं।।"

(शृं.ल.सौ., 152)

दीपावली के अवसर पर भगवान कृष्ण द्वारा बजाई गयी वंशी की धुन सुनकर सारी गोपियाँ चकित-सी खड़ी रह गयीं। इसका परिचय कितना अद्भुत रहा–

"आज, बरसाने की नवेली अलबेली बनीं,
पावन चरित बलि-बामन की तयारी मैं।
लै लै कर लेखनी लगावन लगीं ही रंग,
आनँद-उमंग तैं सबीन्ह न्यारी-न्यारी मैं।।
ताही समैं बाँसुरी सुनाई कहूँ कान्ह टेरि,
'द्विजदेव' की सौं या अनँद अधिकारी मैं।
चित्र लिखिवे की कौन चरचा चलावै जब,
चित्र की लिखी सों भई सारी चितसारी मैं।।"

(शृं.ल.सौ., 154)

कवि द्विजदेव ने एक अन्य स्थान पर भी अद्‌भुत रस का ऐसा वर्णन किया है कि भगवान कृष्ण की बाँसुरी को सुनकर यमुना स्नान के लिए गयी राधिका स्तम्भित खड़ी रह जाती है। इस अवस्था का कवि ने अद्‌भुत वर्णन किया है–

"परम परब पाइ न्हाइ जमुना के नीर,
पूरि कैं प्रबाह अंगराग के अगर तैं।
'द्विजदेव' की सौं द्विजराज-अंजली के काज,
जौ लौं चँहैं पानिप उठायौ कंज कर तैं।।
तौ लौं बन-जाइ मनमोहन मिलापी कहूँ,
फूँकि-सी चलाई फूँकि बाँसुरी अधर तैं।
स्वाँसा कढ़ी नासा तैं, न बासा तैं भुजाहू कढ़ी,
अंजली न अंजली तैं, आखरौ न गर तैं।।"

(शृं.ल.सौ., 119)

इस प्रकार शृंगार लतिका में केवल तीन ही रसों का प्रयोग हुआ है। शृंगार, अद्‌भुत और भक्ति रस के अलावा और कोई अन्य रस यहाँ देखने में नहीं आता। इसमें भी प्रमुखता शृंगार की ही है।

(ख) अलंकार-विधान : रीतिकाल के कवियों की अलंकारों के प्रति विशेष अभिरुचि रही है। इसे 'अलंकार-काल' कहा जाना इसी कारण से है। ऐसा संस्कृत के अलंकारवादी आचार्यों के प्रभाव से है। उन अलंकारवादियों ने अलंकार को ही काव्य का मूल तत्त्व एवं आत्मा माना है। भामह, दण्डी और जयदेव आदि काव्याचार्य अलंकार रहित काव्य को काव्य नहीं मानते–

"न कान्तमपि निर्भूषं विभाति वनिता मुखम्।"[25]

दण्डी के अनुसार काव्य का शोभाकारकधर्म अलंकार है–

"काव्य शोभाकरान् धर्मानलंकारान् प्रचक्षते।"[26]

जयदेव का कथन है कि अनलंकृत रचना काव्य है ही नहीं, अलंकारों के बिना काव्य की स्थिति मानना अग्नि को उष्ण न कहना है–

"अंगी करोति यः काव्यं शब्दार्थावनलंकृति।
असौ न मन्यते कस्मादनुष्णमनलंकृती।।"[27]

अलंकारवादी आचार्यों ने अलंकारों को काव्य की आत्मा मानते हुए चमत्कार को ही प्रधानता दी है। परन्तु रसवादी आचार्यों ने सर्वत्र चमत्कार को महत्त्व नहीं दिया। वे रस को काव्य की आत्मा और अलंकारों को रस के उत्कर्ष में सहायक मानते हैं।

हिन्दी में आचार्य केशवदास ने काव्य में अलंकारों को ही प्रमुख तत्त्व मानते हुए कहा है कि–

"जदपि सुजाति सुलच्छनी, सुबरन सरस सुवृत्त।
भूषण बिनु न विराजहीं, कविता बनिता मित्त।।"[28]

अलंकारों की दृष्टि से द्विजदेव के काव्य की समीक्षा करने पर निष्कर्ष निकलता है कि अलंकारों के प्रायः सभी प्रकार–शब्दालंकार, अर्थालंकार तथा उभयालंकार आदि इनके काव्य में मिलते हैं। इनकी सोदाहरण चर्चा यहाँ वांछित है–

1. शब्दालंकार : 'शृंगार-लतिका' में शब्दालंकारों में सबसे अधिक प्रयोग अनुप्रासों का हुआ है। इसके अतिरिक्त यमक, श्लेष, वीप्सा आदि भी प्रयुक्त हुए हैं।

(अ) अनुप्रास :

"हौरें-हौरें डोलतीं सुगन्ध-सनीं डारन तैं,
औरें-औरें फूलन पैं दुगुन फबी है फाब।
चौथतें चकोरन सौं, भूले गये भौंरन सौं,
चार्‌यो ओर चम्पन पैं चौगुनौं चढी है आब।
'द्विजदेव' की सौं दुति देखत भुलानौ चित,
दस गुनी दीपति सौं गहब गछे गुलाब।
सौ गुने समीर ह्वै सहस गुने तीर भए,
लाख गुनी चाँदनी, करोर गुनौं महताब।।"

(शृं.ल.सौ., 5)

सम्पूर्ण शृंगार लतिका में अनुप्रास के सभी भेदों जैसे–छेकानुप्रास, वृत्यानुप्रास, लाटानुप्रास आदि का आद्यन्त चित्रण हुआ है। 'द्विजदेव' की अनुप्रास-योजना अत्यन्त ही सहज जान पड़ती है। इसके कारण भाषा मधुर एवं लालित्यपूर्ण हो जाती है।

(ब) यमक :

"धरे मोर पखान कौ मोर पखा।"

(शृं.ल.सौ., 85)

यहाँ 'मोर पखा' शब्द की आवृत्ति दो बार हुई है प्रथम का अर्थ है मयूर के पंख तथा द्वितीय का अर्थ 'मोर मुकुट' है।

"कहूँ कोक हूँ कोक की कारिका कौं"

(शृं.ल.सौ., 20)

यहाँ एक कोक का अर्थ 'चकई-चकवा' है तथा दूसरे का अर्थ कामशास्त्र की पुस्तक है।

(स) श्लेष :

"द्विजदेव की सौं कछु मित्र के बिछोह-काल,
देखि सकुचाँने दृग अंबुज अयान के।"

(शृं.ल.सौ., 74)

यहाँ पर मित्र शब्द के दो अर्थ हैं–मित्र तथा सूर्य।

एक अन्य स्थान पर श्लेष द्वारा राधा-माधव को एक ही तन-मन कहकर इस अलंकार का सुन्दर प्रयोग किया है–

"एक है बिबि-रूप, राधिका स्याम कहावैं।
है बस ब्रज-जुबतीन, चतुर चातुर मन-भावै।।"

(शृं.ल.सौ., 66)

'द्विजदेव' शब्द के भी दो अर्थ कवि ने दिये हैं पहला अर्थ है–ब्राह्मण और देवताओं को भाने वाला तथा दूसरा अर्थ कवि का नाम है–

"उन्नत पीन पयोधर की छबि, धारै मनोज के साँचे सहायक।
दीह सुकेसी कौ मान हरैं, 'द्विजदेव' के भाए सदाँ सुखदायक।।"

(शृं.ल.सौ., 67)

आवृत्ति :

"झूकि-झूकि झाँकति झरोखन तैं कारी घटा"

(शृं.ल.सौ., 91)

2. अर्थालंकार : कवि द्विजदेव ने अपने काव्य में अर्थालंकारों का भी प्रभावशाली प्रयोग किया है। इस कोटि के अलंकार अर्थकथन पर आधारित रहते हैं। जैसे–

(अ) भेदकातिशयोक्ति : यह कवि का अतिप्रिय अलंकार है। इसका एक मौलिकतापूर्ण प्रयोग द्रष्टव्य है–

"औरैं भाँति कोकिल, चकोर ठौर-ठौर बोले,
औरैं भाँति सबद पपीहन के बै गये।
औरैं भाँति पल्लव लिए हैं बृन्द-बृन्द तरु,
औरैं छबि पुंज कुंज कुंजन उनै गये।।
औरैं भाँति सीतल, सुगन्ध, मन्द डोलैं गौंन,
'द्विजदेव' देखत न ऐसैं पल द्वै गये।
औरैं रति, औरैं रंग, औरैं साज, औरैं संग,
औरैं बन, औरैं छन, औरैं मन, है गये।।"

(शृं.ल.सौ., 30)

(ब) भ्रान्तिमान :

"जानि-जानि आपने ही गेह कौ अराम,
हरि-इन्दिरा के आठौं जाम मन अटके रहैं।
'द्विजदेव' बन दुति दूनिए निहारि कछु,
माँख सौं मनोज मन माँहि भटके रहैं।।

मानसर ऐसी बनी बावरी बिलोकि तामैं,
सुरपति हू के लिए अति खटके रहैं।
नन्दन के धोखे है अनंदित, इहाँई देव,
वृन्दन के बृन्द नित भूले-भटके रहैं।।"

(शृं.ल.सौ., 13)

इस पद में कहा गया है कि 'नन्दनवन' के धोखे से या भ्रम से आनन्दमग्न होकर देवों के समूह प्रतिक्षण इस वन में भटकते फिरते हैं।

(स) उपमा : इस अलंकार का एक आकर्षक उदाहरण प्रस्तुत है–

"ज्यौं घनस्याम से स्याम बने, त्यौं प्रिया तड़िता सी हिए मैं परैं तकि।
आँनन चँद की दीपति देखि, दुहूँन के नैन चकोर रहे छकि।।
ऐसी बिनोद कला निरखै 'द्विजदेव' न कौन की डीठि रहै चकि।
ज्यौं बिकसी अरबिन्द सी प्यारी, मलिन्द-सौ तैसौई प्यारौ जकि।"

(शृं.ल.सौ., 10)

(i) पूर्णोपमा : द्विजदेव की रचना से इसका एक उदाहरण द्रष्टव्य है–

"लखि भाल पैं लाल प्रभा रबि की सी, सु न्यायन ही मुख चन्द तच्यौ।"

(शृं.ल.सौ., 93)

यहाँ नायक के मस्तक पर लगे हुए महावर की प्रभा प्रातःकालीन सूर्य के सदृश अरुण है। इस उक्ति में 'प्रभा' उपमेय 'रवि' उपमान 'सी' वाचक शब्द तथा 'लाल' साधारण धर्म होने के कारण पूर्णोपमा है।

(ii) लुप्तोपमा : इसका भी एक उदाहरण प्रस्तुत है–

"बसिकैं बिदेस बीजुरी सी ब्रज-बालनि कौं,
होते घनस्याम तौ बरौते कहौ काहे कौं।।"

(शृं.ल.सौ., 77)

(द) उत्प्रेक्षा : कदम्ब वृक्ष के सुन्दर वर्णन में कवि ने उत्प्रेक्षा का मनोहारी प्रयोग किया है–

"कदंब प्रसूनन सौं सरसात। बिलोकि प्रभा पुलके जनु गात।।
मरन्द झरैं चहूँधाँ सब फूल। बहाइकैं आँसु तजैं मनु सूल।।"

(शृं.ल.सौ., 21)

(i) वस्तुत्प्रेक्षा : इसके द्वारा भगवान कृष्ण की रूप माधुरी की अनुपम झाँकी प्रस्तुत की गयी है–

"कट काछिनी काछैं पितंबर की, धरैं मोर पखान कौ मोर पखा।
'द्विजदेव' जू यौ दुपटी फहरै, मनौं बोलत बिस्व-बिजै-करखा।।

वह कौन धौं माधुरी मूरतिवारौ अली! छबि नैननि जाकी चखा।
बिहरै चहूँधाँ बन बीथिन बीच, मनोभव-भूप कौ मानौ सखा।।"

(शृं.ल.सौ., 85)

मीलित : इस अलंकार के द्वारा नायिका के अपूर्व सौन्दर्य की व्यंजना यों की गयी है–

"तन राते अभूषन साजि सबै, कच राती-कलीन सौं बीनि रही।
'द्विजदेव' जू तैसिए केस छटा, कछु ओढ़नी-ऊपर भीनिं रही।।
लहिहौ केहि भाँति सौं लालन! आज, न जोग तिहारे अधीनि रही।
दुरि दीपि-सिखान मैं बैठी सु तौ, छबि दीप सिखान की छीनि रही।।"

(शृं.ल.सौ., 194)

नायिका ने अपने शरीर पर लाल रंग के आभूषण तथा केशों में लाल रंग के पुष्पों को धारण किया। ओढ़नी के ऊपर से वह दीपशिखा-सी प्रतीत होती है, अतः दीपशिखाओं के मध्य में बैठी हुई वह लक्षित नहीं होती, क्योंकि उसका रंग दीपशिखाओं के रंग में मिल गया है। इसी हेतु यहाँ मीलित अलंकार हुआ।

3. अन्योन्यालंकार : इसकी योजना कवि ने यों प्रस्तुत की है–

"ओढ़नी तौ वौ बिछावै कहूँ, कहूँ और हीं ठौर पैं बैठै कन्हाई।
पाँइ के धोखैं पसारैं भुजा, लकुटी वह धोवति सीस नवाई।।
आगत-स्वागत के बदलैं 'द्विजदेव' दुहूँ दिसि होति ठगाई।
देखत ही अलि! आज बनैं, नए पाहुँन और नई पहुँनाई।।"

(शृं.ल.सौ., 227)

यहाँ नया अतिथि और उसका नये प्रकार का आतिथ्य दोनों देखते ही बनते हैं। यहाँ दोनों पक्षों का उपकार-प्रत्युपकार वर्णित होने के कारण अन्योन्यालंकार हुआ।

कवि द्विजदेव ने शृंगार लतिका में अन्य अनेक अलंकारों का भी प्रयोग किया है इनका छन्द संख्या सहित उल्लेख यहाँ प्रस्तुत है जैसे–अवज्ञा (61), असंगति (154), असम्भव (59), उदात्त (143), उल्लास (3), उल्लेख (7), काव्यलिंग (80), तद्गुण (186), तुल्योगिता (131, 134, 157, 209, 215), निरुक्ति (229, 239), पर्याय (41, 186), पर्यायोक्ति (233), परिकर (184, 187, 206, 252, 202), परिकरांकुर(84, 202), परिणाम (234), परिवृत्ति (225), प्रतीप (118, 157), प्रस्तुतालंकार (126, 207), प्रत्यनीक (106), भ्रान्तिमान (94, 102), मुद्रा (74, 77, 81), रूपक (74, 91, 94, 95), ललित (73, 214), लेश (129), विभावना (134, 152, 164), लोकोक्ति (167, 169, 230 तथा 238), विरोधाभास (225), विशेषोक्ति (74, 124, 138, 148, 151), विषम (75,84, 127, 161), व्यतिरेक (97, 114, 130), व्याघात (115),

ब्याजनिन्दा (144), ब्याज स्तुति (108, 144, 147, 167), सम्भावना (129), सम (161, 165), समासोक्ति (245), समुच्चय (137, 212), स्वाभावोक्ति (109, 122) तथा सार (5), कारक-दीपक (40) आदि।

कवि द्विजदेव की प्रवृत्ति उभयालंकारों के प्रयोग में देखी जा सकती है—

उभयालंकार— उभयालंकारों के कुछ उदाहरण द्रष्टव्य हैं।

छेकानुप्रास तथा वृत्यानुप्रास की शब्दालंकार-संसृष्टि का एक उदाहरण इस प्रकार है—

"द्विजदेव तैसिए बिचित्र बरुनी के भार,
आधे-आधे दृगनि परीं हैं अधे पलकैं।।"

(शृं.ल.सौ., 80)

सम तथा ललित अर्थालंकारों की संसृष्टि इस प्रकार की गयी है—

" 'द्विजदेव' जू नैंक न मानी तबै, बिनती करी बार हजारन की।
इक माखनचोर के जोर लई, छबि-छीनि सिखी-पखवारन की।।
लहि उँची उसास बिसूरै कहा! बलि सैन घनी घन-भारन की।
दिन द्वैक मैं पैहै सकेलि सबै, फल बेलि बई जो अंगारन की।।"

(शृं.ल.सौ., 73)

मुद्रा, उपमा तथा रूपक नामक अर्थालंकारों के अंगागि भाव संकर का एक उदाहरण द्रष्टव्य है—

"दोऊ चन्द-चकोर से ह्वै है अली! फिरिहैं दोऊ आनँद मैं भटके।
दुनहूँन की बाढ़िहै प्रीति-लता, लहि प्रेम-पियुष दुहूँ घन के।।
'द्विजदेव' जू मोहिं प्रतीति परी, मिटिहैं सिगरे मन के खटके।
मुख ही जब चाँहैं मिलाप अली! तौ कहा भयौ लोयन के फटके।।"

(शृं.ल.सौ., 72)

इस पद में छेकानुप्रास और यमक का संकर है तथा तुलायोगिता, विशेषोक्ति, श्लेष, मुद्रा, रूपक और केतवापहुति अलंकारों का अंगागि भाव संकर है—

"बहि हारे सीतल सुगंधित समीर धीर,
कहि हारे कोकिल सँदेसे पंचबान के।
साधन अगाधन बिसानी ना कछूक जोपैं,
कौन गनैं भेद पग-सीस दान-मान के।।
'द्विजदेव' सी सौं कछु मित्र के बिछोह-काल,
देखि सँकुचाँने दृग अंबुज अयान के।
भाजौई भभरि सो तौ मान मधुकर आली!
अज ब्याज-कज्जल-कलित अँसुवान के।।"

निष्कर्षतः कहा जा सकता है कि कवि ने सभी प्रकार के अलंकारों का व्यापक और प्रभावशाली प्रयोग किया है।

डॉ. नगेन्द्र ने उपयुक्त ही लिखा है, "अलंकार योजना की दृष्टि से द्विजदेव के काव्य की सफलता अपने चरम बिन्दु पर है। सभी प्रकार के अलंकारों के परिपुष्ट उदाहरण इनके काव्य में भरे पड़े हैं।"[29]

"द्विजदेव के काव्य में अलंकारों का विपुल प्रयोग उनके पाण्डित्य का सूचक है। ऐसा कोई भी अलंकार नहीं है जो उनकी रचनाओं में खोजा न जा सके। उनके अलंकार प्रयोग के सम्बन्ध में हम संक्षेप में कह सकते हैं कि अलंकार-वृत्ति इनकी कृतियों में शास्त्रीयता की दृष्टि से इतनी नहीं आयी है जितनी कलात्मकता अथवा सौन्दर्य साधना की दृष्टि से...रसात्मकता, कला तथा सौन्दर्य के सुन्दर समन्वय से द्वि जदेव की अलंकारिता परिपूर्ण है, जिसके कारण उनका काव्य श्रेष्ठ कोटि का है।"[30]
डॉ. कृष्ण चन्द वर्मा ने अपने लेख 'द्विजदेव की कला विषयक दृष्टि' में लिखा है, "अभिव्यक्ति की आवश्यकतानुसार उन्होंने अलंकारों का भी विधान किया है तथा एक सीमा तक अलंकारों से काव्य में आने वाली सजावट की पूर्ति अपनी भाषा और शब्द-विधान द्वारा की है। अलंकारों को वे रसोत्कर्ष के सहायक रूप में ही मानते थे, इससे अधिक महत्त्व उन्होंने नहीं दिया है...उन्होंने भी आयासपूर्वक अलंकारों का विधान नहीं किया है। उनकी रीति निरपेक्ष स्वच्छन्द शैली की रचनाओं को देखकर उन्हें अलंकृत चमत्कारों में विश्वास रखने वाला कवि नहीं कहा जा सकता और न यही कहा जा सकता है कि उनके काव्य का कला-पक्ष कमज़ोर है। काव्य के कला-पक्ष के विकास का एक महत्त्वपूर्ण कारण उनकी भाषा है। विपुल परिमाण में उसमें आये हुए उनके विशेष प्रयोग हैं, जिन्होंने उनकी पदावली को अत्युत्कृष्ट बना दिया है। भाषा का सौष्ठव एक प्रकार से उनके काव्य-शिल्प की जान है। द्विजदेव अलंकारों के विधान में नयी सूझ-बूझ के कायल थे तथा उनके प्रयोग में नूतन पद्धतियों का आविष्करण एवं उपयोग करते चलते थे। रूपकादि के प्रयोग में तरह-तरह की नवीनता उन्होंने स्पष्ट की है तथा अलंकारों से काव्य को अधिकाधिक सरस बनाने का काम लिया है। परम्परा की लीक पीटना उन्हें कैसे पसन्द हो सकता था? नये रंग-ढंग की अलंकार योजना की ओर भी उनकी प्रवृत्ति देखी जा सकती है। ये सारी बातें ही मिलकर उनके काव्यादर्श का निर्धारण करती हैं।"[31]

(ग) छन्द योजना : कवि द्विजदेव की छन्द-योजना विविध प्रकार की है। इनके सभी छन्द शास्त्रानुकूल हैं। शृंगार-लतिका में कुल नौ प्रकार के छन्द प्रयुक्त हुए हैं—सवैया, घनाक्षरी, मौक्तिकदाम, भुजंगप्रयात, नाराच, छप्पय, दोहा, सोरठा तथा रोला। इसमें प्रमुखता सवैया तथा घनाक्षरी छन्दों की ही है। इनके उदाहरण इस प्रकार हैं—

1. सवैया : वर्णित वृत्तों में 22 से 26 तक वर्णों की संख्या के छन्दों को सवैया कहते हैं। कवि द्विजदेव ने सवैया के अनेक भेदों का प्रयोग किया है जैसे—किरीट सवैया, मत्तगयन्द सवैया तथा दुर्मिला सवैया, सुन्दरी सवैया, अरसात सवैया आदि। इनके उदाहरण प्रस्तुत हैं—

(अ) सुन्दरी सवैया :

"बिथुरै घनी धारैं परीं छिति पैं, तिन्हैं देखति हूँ नँहि ए कछु भीती।
उत स्यामैं लगी जक दौंहन की, इत राधिका मानौं चितेरन-चीती।।
'द्विजदेव' नये नये नेह के फन्द, तिन्हैं धारी चारक यौं ही बितीती।
हरि हारे जऊ दुही गाइ तऊ, रही मौंहनी के कर दौंहनी रीति।।"

(शृं.ल.सौ., 112)

(ब) किरीट सवैया :

"देखत ही बन फूले पलास, बिलोकत ही कछु भौंर की भीरन।
बावरी सी मति मेरी भई, लखि बावरी-कंज खिले-घटे-नीरन।।
भाजि गयौ कढ़ि ग्यान हिए तैं, न जानि पर्‌यौ कब छोड़ि कै धीरन।
अन्ध न कौंन के लोचन होइँ, पराग-सने सरसात समीरन।।"

(शृं.ल.सौ., 32)

(स) दुर्मिला सवैया :

"नख सौं भुँअ खोदत कोद चहूँ, अवलोकत हूँ नहिं जानि परैं।
कर कौ अवलंब कपोलन दै, भुज के अवलम्ब कौं जानु धरैं।।
इहिं भाँति सौं मौन ह्वै बैठो घरीक, सु जाइ कैं काहू तमाल तरैं।
तन और के जीव सजीव मनौं, मन मानहुँ और की देह धरैं।।"

(शृं.ल.सौ., 33)

(द) मत्तगयन्द सवैया :

"फूले घने, घने कुंजन माँहि, नये छबि-पुंज के बीज बए हैं।
त्यौं तरु जूहन मैं 'द्विजदेव' प्रसून नए-ई-नए उनए हैं।।
साँचौ किधौं सपनौं करतार! बिचारत हूँ नहिं ठीक ठए हैं।
संग नए, त्यौं समाज नए, सब साज नए, ऋतुराज नए हैं।।

(शृं.ल.सौ., 34)

कवि द्विजदेव ने मत्तगयन्द सवैया का प्रयोग सबसे अधिक किया है। उसके बाद किरीट सवैया और दुर्मिला सवैयों की मात्रा मिलती है।

2. घनाक्षरी : इसके प्रत्येक चरण से 16-15 वर्ण पर यति देकर 31 वर्ण होते हैं। अन्त का वर्ण गुरु होना आवश्यक है। 8-8-8-7 वर्णों पर यति रखने का विधान है।

शृंगार लतिका में छन्द शास्त्र में वर्णित घनाक्षरी के भेदों के अतिरिक्त भी कुछ नवीन भेद भी कवि ने प्रयोग किये हैं। जैसे—कलाधर घनाक्षरी, जलहरन घनाक्षरी। इनके अतिरिक्त मनहरन घनाक्षरी और रूप घनाक्षरी का प्रयोग तो है ही। जलहरन घनाक्षरी का एक उदाहरण देखें—

जलहरन घनाक्षरी :

"राती भई भूमि सो तौ जाबक की छाप,
चूनरी की दाप रंग ऐसौ बरसै असेष घन।
साखी पग-पातन गुलाल-गुंफ से हैं खिले,
ए हैं जरतारी जिन्हैं जानत अबीर-कन।।
'द्विजदेव' ऐसी छबि देखि-देखि दौरो कहा,
फागुन के भोरै ब्रज-मण्डल के सारे जन।
सहज सखीन-सँग राधा जू पधारीं आज,
सावन मैं सूधे ही सुभायन असोक-बन।।"

(शृं.ल.सौ., 139)

मनहरन घनाक्षरी :

"साजि नव अंबर मनोज-मद-माँती बाल,
साँझ ही समे तैं अभिसार की तयारी की।
'द्विजदेव' झीने-झीने बूँदनि सु ताही समै,
गरजि-बरसि धन सघन अंध्यारी की।।
मग ही मैं आइ ताहि मिलिगे गुबिन्द तहाँ,
देखा तैं भुलाने छबि रूप रसवारी की।
सूही सजी सारी की, जरी की, जरतारी की,
सुआनन, उँज्यारी मैं चलनि चारु प्यारी की।।"

(शृं.ल.सौ., 126)

रूप घनाक्षरी :

"फेरि वैसैं बेली मन्द डोलन चहूँधाँ लगी,
फेरि वैसैं फूलन मरन्द झरि लागी हौंन।
फेरि वैसैं भूमि भई बासित सुबासन सौ,
फेरि वैसैं पूरित परागन भए हैं पौन।
'द्विजदेव' फेरि वैसैं सोहे तरु-पुंज-कुंज-कुंजनमें,
फेरि वैसैं मोर है गये हैं मौन।

फेरि वैसी पलटि गई है ग्रह-बापिकाऊ,
फेरि वैसै पलटि गये हैं चारौं ओर भौंने।।"

(शृं.ल.सौ., 243)

3. भुजंगप्रयात : चार चरण के इस छन्द में चार यगण (।ऽऽ) मिलाकर 12 वर्ण होते हैं। शृंगार-लतिका में भुजंगप्रयात की सुन्दर योजना की गयी है–

"सबै फूल फूले, फबे चारु सोहैं। भँवें भौर भूले, भले चित्त-मौहैं।।
बहैं मन्द ही, मन्द ही, वायु रुरे। सुबासैं, सबैं भाँति-सौ-सोभ पूरे।।"

(शृं.ल.सौ., 17)

4. छप्पय : इसमें छह चरण होते हैं। प्रथम चार चरण रोला के तथा अन्तिम दो चरण उल्लाला के होते हैं। द्विजदेव ने द्वितीय तथा तृतीय सुमन के मंगलाचरण में छप्पय का प्रयोग किया है–

"एकै है बिबि-रूप, राधिका स्याम कहावैं।
है बस-ब्रज जुबतीन, चतुर चातुर मन-भावैं।।
पंचबान रति कोटि, अंग अंगनि पैं वारे।
छल-बल करि ब्रज-सुजस, परम पावन बिसतारे।।
'द्विजदेव' सातहूँ भुवन मैं, अष्ट सिद्धि-दाता विदित।
मन सेवहु नवधा-भक्ति-जुत, नवरस-मय ब्रजराज नित।।"

(शृं.ल.सौ., 66)

5. रोला : रोला में 24-24 मात्राओं के चार चरण होते हैं। प्रत्येक चरण में 11-7-6 पर यति रहती है। कुछ लोग चरणान्त में दो गुरु मानते हैं। परन्तु ये नियम अनिवार्य नहीं हैं। द्विजदेव के रोला छन्द अपनी समता नहीं रखते। एक उदाहरण द्रष्टव्य है–

"कबहुँक फागुन माँहि, दोऊ फगुवा मिलि खेलहिं।
लखि मदमाँते-स्याम, कबहुँ सखियाँ हँसि मेलहिं।।
है नबोढ कहुँ मुग्ध-तिया, मोहन-मन रोहै।
हरि-मुख सुनि कहूँ बैनु, सबै-बिधि राधा मोहैं।।"

(शृं.ल.सौ., 41)

6. सोरठा : यह दोहा का उल्टा होता है। इसके विषम अर्थात् प्रथम और तृतीय चरण में 11 तथा सम अर्थात् द्वितीय और चतुर्थ चरण में 13 मात्राएँ होती हैं। इस प्रकार प्रत्येक दल में 24 मात्राएँ होती हैं–द्विजदेव ने सोरठा का प्रयोग निम्नवत् प्रस्तुत किया है–

"रसिक छमैगें भूल, ग्रन्थ लिख्यौ जिनके हितै।
पढ़त-गुनत सूख-मूल, प्रति आखर सबकौं सुखद।।"

(शृं.ल.सौ., 64)

7. दोहा : इसके प्रथम और तृतीय (विषम) चरणों में 13 मात्राएँ, द्वितीय और चतुर्थ (सम) चरणों में 11 मात्राएँ होती हैं। इस प्रकार प्रत्येक दल में 24 मात्राएँ होती हैं। अन्त में लघु होना अनिवार्य है। द्विजदेव ने दोहा छन्द का बड़ी ही उत्कृष्टता के साथ प्रयोग किया है—

"आसिष पाइ, उपाइ-बिनु, लाख-भाँति अभिलाषि।
सफल कियौ जीवन मनौ, रंक पायी सुर-साखि।।"

(श्रृं.ल.सौ., 57)

डॉ. अम्बिका प्रसाद बाजपेयी के अनुसार, "द्विजदेव ने दोहा छन्द के अनेक भेदों का प्रयोग किया है उनके काव्य में निम्नांकित दोहा भेद उपलब्ध होते हैं— "नर, बानर, गयन्द (या मुदुकल), चल (या बल), त्रिकल तथा पयोधर।"[32] परन्तु कवि द्विजदेव ने श्रृंगार-लतिका में ऐसा कोई उल्लेख नहीं किया है, जिससे भेदों का पता चल सके।

8. मौक्तिकदाम : काव्य में इस छन्द का प्रयोग अधिक नहीं पाया जाता। प्रसंग जोड़ने के लिए कविगण इसका प्रयोग करते हैं। प्रायः प्रबन्ध काव्य में इस छन्द के उदाहरण मिलते हैं, पर कवि द्विजदेव ने इसका प्रयोग मुक्तक काव्य में ही किया है—

"पलास-प्रसून किधौ नख दाग। किधौं प्रगट्यौ छिति कौं अनुराग।
छए चहुँधाँ छबि मंजु पराग। जिन्हैं लखि भाँजि गयौ रवि राग।।"

(श्रृं.ल.सौ., 23)

9. नाराच : इस छन्द का प्रयोग वर्णनात्मक स्थलों पर किया जाता है। द्विजदेव ने भी इसका प्रयोग वर्णनात्मक स्थलों पर ही किया है—

"रचे बितान से घने, निकुंज-पुंज सोहई। प्रभा-निहारि हारि, हारि चित्त वृत्ति मोहई।
समीर मन्द-मन्द डोलि, द्वार पैं निकुंज के। पसारि पाँवड़े रहे, चहूँ प्रसून पुंज के।।"

(श्रृं.ल.सौ., 24)

अत्यन्त विश्वासपूर्वक यह कहा जा सकता है कि द्विजदेव की छन्द योजना विविधतापूर्ण तथा आकर्षक है। इसमें शास्त्रीय परिपक्वता भी है और यत्र-तत्र मौलिकता तथा नूतनता भी। "वर्णन के छन्द भी तत्तत् भावोद्बोधक चुने गये हैं।"[33]

डॉ. कृष्ण चन्द वर्मा के अनुसार, "छन्द विधान के क्षेत्र में अन्यान्य छन्दों की ओर अग्रसर होते हुए भी सिद्ध छन्दों—कवित्त, सवैया को ही उन्होंने अपनी कविता का वाहन बनाया।"[34]

सवैया छन्द रीतिकालीन कवियों का प्रिय छन्द रहा है। **डॉ. किशोरीलाल** ने अपनी पुस्तक 'रीति कवियों की मौलिक देन' में लिखा है, "इनके काव्य में सवैया के विशिष्ट स्वर और लय का समावेश इनकी असाधारण कलात्मकता और नैपुण्य को

प्रगट करता है। यही नहीं, भावों की सुकुमारता के साथ ही संगीत के सहज मार्दव के कारण, इनकी महत्ता अत्यधिक स्वीकार की गयी है...यों तुलसी आदि रीतिपूर्व काल के कवियों द्वारा सवैयों की अधिक रचना की गयी है, पर उसका परिष्करण और सम्यक् विकास रीतिकाल में हुआ और शृंगार तथा करुण रस के कोमल भावों को जिस कलात्मकता के साथ इस छन्द ने वहन किया है—कदाचित् अन्य छन्दों में वह गुण देखने को नहीं मिला।"[35]

द्विजदेव के शृंगार-लतिका में प्रयुक्त छन्दों की एक विस्तृत सूची छन्द संख्या समेत यहाँ प्रस्तुत है—मनहरन घनाक्षरी (1, 2, 3, 9, 13, 15, 16, 29, 56, 74, 75, 77, 78, 79, 80, 82, 84, 91, 96, 101, 106, 111, 116, 118, 119, 121, 126, 131, 141, 146, 150, 151, 152, 153, 154, 156, 161, 171, 175, 181, 188, 201, 206, 211, 212, 213, 214, 215, 216, 217, 218, 221, 226, 228, 230, 231, 232, 235, 237, 238, 239, 241, 242, 244, 245, 251, 253, 266); रूप घनाक्षरी (4, 5, 10, 94, 109, 115, 117, 136, 140, 143, 144, 187, 191, 243); दोहा (6, 8, 14, 37, 38, 39, 48, 49, 52, 53, 57, 58, 59, 60, 62, 63, 274, 275); किरीट सवैया (7, 26, 27, 31, 32, 61, 67, 70, 92, 102, 103, 104, 105, 107, 110, 114, 122, 123, 130, 133, 134, 135, 137, 138, 197, 248); मत्तगयन्द सवैया (11, 12, 34, 35, 68, 71, 81, 83, 86, 90, 99, 108, 128, 129, 132, 145, 148, 155, 163, 164, 168, 177, 179, 180, 184, 199, 200, 202, 207, 208, 209, 210, 223, 224, 227, 233, 234, 246, 249, 252, 259, 261, 264, 267, 269, 270, 271, 272); भुजंग प्रयात (17, 18, 19, 20); मौक्तिकदाम (21, 22, 23); नाराच (24, 25); दुर्मिला सवैया (28, 68, 72, 73, 76, 85, 88, 89, 93, 97, 98, 100, 113, 120, 125, 127, 147, 157, 158, 159, 160, 162, 165, 167, 169, 170, 173, 174, 178, 182, 183, 185, 189, 190, 192, 193, 194, 198, 203, 204, 205, 219, 220, 225, 229, 236, 250, 254, 255, 256, 257, 258, 260, 262, 263, 265); सोरठा (36, 50, 51, 55, 64, 247, 273); रोला (40, 41, 42, 43, 44, 45, 46, 47); कलाधर घनाक्षरी (54); छप्पय (66, 240); सुन्दरी सवैया (112); अरसात सवैया (124, 195); जलहरन घनाक्षरी (139, 149, 186, 196)।

(घ) भाषा-वैशिष्ट्य : भावाभिव्यक्ति का सबसे सशक्त माध्यम भाषा है। जिस कवि के पास शब्दों का जितना व्यापक भण्डार होता है, वह उसी अनुपात में भावों की सहज और बोधगम्य अभिव्यक्ति कर पाता है। कवि द्विजदेव की काव्य भाषा हिन्दी की 'ब्रज' बोली रही है। जबकि ये ठेठ अवधी भाषा-भाषी क्षेत्र के निवासी थे।

इन्होंने ब्रज भाषा के आदर्श रूप को प्रस्तुत किया है। सभी कृष्ण भक्त कवियों ने अपने काव्यों में प्रायः ब्रज भाषा का ही प्रयोग किया है। रीतिकाल में भी दरबारों में यह माना जाता था कि कविता की भाषा ब्रज रही है। द्विजदेव कृष्ण भक्त होने के साथ ही रीतिकाव्य परम्परा के अन्तिम कवि माने जाते हैं। इसलिए इनकी काव्य भाषा ब्रज ही रहना स्वाभाविक है।

(1) शब्द-भण्डार : कवि द्विजदेव की भाषा में कई प्रकार की भाषाओं के शब्द पाये जाते हैं–

(अ) संस्कृत के तत्सम शब्दों का प्रयोग : कवि ने संस्कृत के तत्सम शब्दों से अपनी भाषा को सजाया है, जैसे–ऋतुराज, ऋतुनायक, अम्बुज, अंजली, उपकार, कुंज, कन्दुक, कानन, कुमुद, कुरंग, कूल, कोकिल, कलधौत, क्रम, करहाट, कपोल, खंजन, घन, घनसार, चन्दन, चित्त, चित्र, जल, जाल, ज्वाल, ताप, तड़ित, दीन, द्वि220, देव, द्विजराज, निदाध, पंक, पावक, प्रसून, पुंज, प्रेम, पयोनिधि, प्रभा, बुद्धि, भूमि, रंक, रस, रुचि, रोचन, रसाल, रजनी, रज, ललित, लवंग, लता, लतिका, लीला, श्रीफल, सम्भ्रम, समीर, सुरभि, सुषमा, सुधा, सौरभ इत्यादि।

(ब) तद्भव शब्दों का प्रयोग : कवि ने शृंगार-लतिका में बहुत से तद्भव शब्दों का भी प्रयोग किया है उनके उदाहरण तत्सम रूपों के साथ प्रस्तुत हैं, जैसे–कान्ह (कृष्ण), उबटि (उदवर्त्य), दीहै (दीर्घ), लाह (लाभ), साँझ (सन्ध्या), लोयन (लोचन), नाह (नाथ), गय (गज), लोय (लोक), मीत (मित्र), आज (अद्य), नाच (नृत्य), सौति (सपत्नी), मीचु (मृत्यु), परोसिन (प्रतिवेशिनू), मोती (मौक्तिक), चोखी (चौक्ष), पयान (प्रयाण), सावन (श्रावण), घी (घृत), तथा हिय (हृदय) आदि।

(स) देशज शब्दों के प्रयोग : द्विजदेव की कविता में कुछ प्रान्तीय तथा ग्रामीण शब्दों का भी प्रयोग मिलता है, जैसे–अलबेली, अन्धाधंधि, उकबीक, कौंछ, चबाइन, चहूँधाँ, जूहन, छहरि, झरोखा, झलान, झकोर, घली, बरु, मजज, लखेई, नजिकात, उमाह, जलाहल, पिरात, बराइ, टटकी, भींति, पौढ़ि, पैड़े, पतौवा, जवैया, जूझन, पुरैनि तथा करिहा आदि।

(द) विदेशी शब्दों का प्रयोग : मुसलमानों के आगमन के साथ ही कुछ विदेशी भाषाओं के शब्द भी भारत की भाषा में घुल-मिल गये थे, जिनका प्रयोग कवियों के काव्यों में भी पाया जाता है। द्विजदेव ने भी अपने काव्य में इन विदेशी शब्दों का प्रयोग किया है। जैसे–

(i) अरबी के शब्द : अकस (अक्स), जरूर (ज़ुरूर), फते (फ़तह), लायक (लाइक), सबीह (शबीह), जाहिर (ज़ाहिर), मुदाम (मुदामा), नेफा (नफअ), मसाल (मिशअल),

अरजनि (अर्जी), साहिबी (साहिबी), खराब (ख़राब), माफ (मुआफ़), ख्याल (ख़याल), मौज (मौज) इत्यादि।

(ii) फ़ारसी के शब्द : कवि ने अनेक फ़ारसी शब्दों का भी प्रयोग किया है पर वे तद्भव रूपों में हैं–

जैसे–आब (आब), कागद (काग़ज़), बाग (बाग़), दाग (दाग़), सोर (शोर), चालाक (चालाक), परिन्द (परिन्दह), कारीगर (कारीगर), पनाह (पनाह), महताब (महताब), बदी (बदी), अपसोसा (अफ़सोस), जोर (ज़ोर), हजार (हज़ार), खाम (खाम), गौहर (गौहर) तथा सौदा (सौदा) आदि।

एक ही शब्द के अनेक रूपों का प्रयोग : द्विजदेव ने शब्द के अनेक रूपों का सफलतापूर्वक अनेक स्थानों पर प्रयोग किया है। जैसे–

नयौ(103), नव (126), नए (34), निरदई (144), निरदै (145), नीचे (241), नीचन (164), दून (146), दूनी (146), दुगुन (5), दुचन्द (31), दूजै (141), दूसरी (237), दूसरे (149), दूजें (235), दूजी (226), कुचालिनि (171), कुंचालि (185), चुचाली (180), लता (56), लतिका (63), लतानि (124), लतान (174), लतिकाहिं (55), लतिकान (75), बैरी (100), बैरिन (228), बैरिनि (211) बैरिनैं (222), बाँसुरी (119), बाँसुरिया (134), पियारे (239), प्यारे (166), प्यारौ (70), अभिलाषा (274, 95), कान्ह (82), कान (116), कन्हाई (227), कूजन (184), कूजनि (176), चहुँ (16), चहूँ (10), चहुँधाँ (21), चहूँधाँ (15), चहुँधाइ (205) इत्यादि।

कवि द्विजदेव ने प्राकृत के अनगढ़ शब्दों का परित्याग किया और चलताऊ सरल शब्दों का प्रयोग किया, जिसका प्रभाव भारतेन्दुकालीन कवियों पर पड़ा।

2. **मुहावरों का प्रयोग :** द्विजदेव ने अपने काव्य में ब्रज भाषा तथा खड़ी बोली के अनेक मुहावरों का प्रयोग किया है। जैसें–"बीस-बिसै" (56, 88)। 'बीस बिसवा' मुहावरा है। यह कवि का अत्यन्त प्रिय मुहावरा था, इसलिए उसने इसका प्रयोग अनेकों बार किया है। कवि द्वारा प्रयुक्त कुछ अन्य मुहावरे इस प्रकार हैं–

तृन तोड़ना (69), बलाइ लगना (88), नाक-सिकोड़ना (113), बीरा खाना (140), दुहाई देना (149), पाले पड़ना (158), गाज टूटना (99), मन के लड्डुवाँन के भोजन ठाने (321), बाँह गहना (153), लटू होना (209), मुँह लगना (172), पाँव पसार कर सोना (181), आपनी सौं लिए आपनी आनने (31), हाथ पसारकर जाना (155), आकाश में चढ़ना (151), हवाले पड़ुना (159), बाट गहना (69) इत्यादि।

3. **ध्वन्यात्मकता :** द्विजदेव की भाषा में ध्वनि का गुण भी है, यह बड़े ही स्वाभाविक ढंग से उनके काव्य में उपस्थित हो गया है–

"गुंजरन लार्गी भौंर-भींरैं केलि-कुंजन मैं,
क्वैलिया के मुख तैं कुहूँकनि कढ़ै लगी।
'द्विजदेव' तैसें कछु गहब गुलाबन तैं,
चहकि चहूँधाँ चटकाहट बढ़ै लगी।।
लाग्यौ सरसावन मनोजनित ओज रति,
बिरही सतावन की बतियाँ गढ़ै लगी।
हौंन लागी प्रीति-रींति बहुरि नई सी नव नेह,
उनई सी मति मोह सौं मढ़ै लगी।।"

(शृं.ल.सौ., 2)

इस प्रकार कवि द्विजदेव के प्रकृति वर्णन वाले छन्दों में ध्वन्यात्मकता बहुतायत के साथ देखने को मिलती है।

(4) **चित्रात्मकता :** कवि ने ऐसे वर्णन किये हैं कि आँखों के समक्ष सम्पूर्ण दृश्य का चित्र ही आ जाता है। फाग का एक वर्णन उदाहरणस्वरूप द्रष्टव्य है–

"ढोल-बजावति गावती गीत, मचावती धूँधुरि धूरि के धारन।
फैंटि फते की करैं 'द्विजदेव' जू, चंचलता, बस अंचल तारन।।
औचंक हीं बिजुरी सी जुरी, दृग देखत मूँदि लिए दिखवारन।
दामिनि-सी घनस्यामहिं भैटि, गई गहि गोरी गुपाल के हारन।।"

(शृं.ल.सौ., 122)

आ. विश्वनाथ प्रसाद मिश्र ने लिखा है–"द्विजदेव की भाषा प्रवाहपूर्ण ब्रजी है। चित्र-तत्त्व पर इन्होंने अधिक ध्यान दिया है।"[36]

(5) **बिम्ब-योजना :** काव्य कला की विशेषता का यह तत्त्व भी 'द्विजदेव' के अनेक छन्दों में प्राप्त है। उनके बिम्ब बड़े सजीव और प्रभावशाली हैं। उदाहरण के लिए यह छन्द सामने है–

"चढ़ि चारु अटा पैं घटान-बिलोकत, साथ सखीन के गाइ रही।
'द्विजदेव' जू औचक डीठि कहूँ, मनमोहन ऊपर जाइ रही।।
लखि लालन के कर चम्प-कली, गहि चम्प-कली सकुचाइ रही।
धरि और ही को जनु देह घरीक, दरीचिका मैं मुरझाइ रही।।"

(शृं.ल.सौ., 198)

इस प्रकार कहा जा सकता है कि द्विजदेव की भाषिक संरचना और बिम्बात्मक विधान बहुत ही सजग और सुन्दर है। कवि द्विजदेव के प्रकृति वर्णन में बिम्ब विधान का सुन्दर दृश्यांकन है जैसे–

"सुर ही के भार सूधे-सबद सुकीरन के,
मन्दिरन त्यागि करैं अनत कहूँ न गौंन।
'द्विजदेव' त्यौं ही मधु-भारन अपारन सौं,
नैकु झुकि-झूँमि रहे मौंगरे-मरुअदौंन।।
खोलि इन नैननि निहारौं-तौं-निहारौं कहा,
सुखमा अभूत छाइ रही प्रति भौंन-भौंन।
चाँदनी के भारन दिखात उनयौ सौ चन्द,
गन्ध ही के भारन बहत मन्द-मन्द पौन।।"

(शृं.ल.सौ., 4)

"कवि ने स्वर, मधु, चन्द्रिका और सुगन्ध के भार का कितना अनुभूतिपूर्ण वर्णन किया है कि एक साथ अनेक बिम्बों की सृष्टि हो जाती है।"[37]

इस प्रकार **डॉ. राममूर्ति त्रिपाठी** के शब्दों में यह कहा जा सकता है कि, "काव्य की चरितार्थता चित्त को प्रभावित करने में है। आकृष्ट करने में, सौन्दर्य पान करने में है अथवा रसोद्रेक में है। काव्य के सर्जक का उद्देश्य चूँकि सौन्दर्योद्रेक अथवा रसोद्रेक है अतः शब्द से सामान्य रूप में होने वाला अर्थग्रहण निष्प्रयोजन होगा। पाश्चात्यालोचन में इसे चित्रकला के समकक्ष रखा जाता है। और 'बिम्बग्रह' के नाम से बोधित किया जाता है। कहा जाता है कि काव्य भाषा चित्रभाषा है—उससे जो अर्थ प्रतिभा पटल पर उभरे, वह सामान्य नहीं विशेष रूप हो, बिम्बात्मक हो, असाधारण हो। ...एजरा पाउंड ने तो काव्य में बिम्बवाद की स्थापना ही कर दी। यह बिम्ब काव्य का प्रतिमान बन गया। इसी के आधार पर कवित्व के उत्कर्ष की घोषणा की जाने लगी।"[38]

बिम्ब के द्वारा कवित्व के उत्कर्ष में कवि द्विजदेव सफल रहे हैं। इन्होंने अपने काव्य में सुन्दर तथा अनूठे बिम्बों की योजना की है।

6. नाटकीयता : नाटकीयता भी द्विजदेव की भाषा की एक मुख्य विशेषता है। दो सखियों के वार्तालाप में नाटकीयता दृष्टिगोचर होती है। इसका बड़ा ही सूक्ष्म वर्णन कवि ने किया है—

"बैठी हुती आज दुरि-दीपनि मैं आयौ तहाँ,
जाहि तू कह्यौ करति बीर हलधर कौ।
भाजी हौं डराइ करि भवन अँधेरो लागे,
निपट छवान कान्ह आनि गह्यौ कर कौ।।
दीपति हमारी पैं हमारे साथ कीन्हौ छल,
दीन्हौं जो बताइ वाहि भेष घर-घर कौ।

दौरि दुरिबे के काज दीप न बुझायौ सो तौ,
गाहक भयौ री आली! आपने हीं गर कौ।।"

(शृं.ल.सौ., 82)

इनकी काव्य भाषा के सम्बन्ध में **शुक्ल जी** का यह कथन सर्वथा उपयुक्त है– "इसमें बड़ा भारी गुण है भाषा की स्वच्छता। अनुप्रास आदि शब्द चमत्कारों के लिए इन्होंने भाषा भद्दी कहीं नहीं होने दी है।"[39]

(ङ) काव्य रूढ़ियों का प्रयोग : जब किसी विशेष प्रकार की काव्य-परम्परा में दीर्घकालीन प्रयोगों के आधार पर कुछ निश्चित प्रथाएँ-सी बन जाती हैं, तो उन्हें काव्य रूढ़ियाँ कहते हैं। यों तो ये काव्य रूढ़ियाँ काव्य शिल्प के विभिन्न पक्षों में प्रत्यक्ष या परोक्ष रूप से देखी जा सकती हैं, पर इसके कुछ निश्चित और जाने-पहचाने रूप भी हैं। 'द्विजदेव' की कविता में प्रयुक्त कुछ काव्य रूढ़ियाँ इस प्रकार हैं–

1. छन्दों में नाम मुद्रा का प्रयोग : छन्दों में कहीं-न-कहीं अपना नाम अवश्य शामिल करने की परिपाटी मध्यकालीन कविता में यत्र-तत्र सर्वत्र देखी जाती है। इसे ही 'नाममुद्रा' कहते हैं। कवित्त, सवैया छन्दों में तथा भक्त कवियों के पदों में यह बहुत मिलती है। 'शृंगार-लतिका' में छोटे छन्दों को छोड़कर शेष प्रायः सब में यह नाममुद्रा है। कभी एक दूसरी पंक्ति में और कभी तीसरी-चौथी पंक्ति में सवैया में आती है। घनाक्षरी में प्रायः तीसरे चरण में और कभी-कभी पाँचवें या सातवें चरण में यह आती है। चतुर कवि यदा-कदा अपने नाम का द्वयर्थक प्रयोग करके काव्य चमत्कार भी पैदा करते हैं। पूर्व उद्धृत छन्दों में यह नाममुद्रा आयी ही है, पर यहाँ एक-दो उदाहरण और दिये जा रहे हैं–

"रावरे! आगम मैं '<u>द्विजदेव</u>' बिलंब कछू जो कहूँ सुनि पैहै।"

(शृं.ल.सौ., 199)

"<u>द्विजदेव</u> सौदा की न रीति कछु भाँखी जाइ"

(शृं.ल.सौ., 206)

"द्विजदेव जू त्यौं हरखाइ हिऐं, बर बैन-सुधा-मधु पीवौ करैं"

(शृं.ल.सौ., 173)

नाममुद्रा का प्रयोग काव्य-कौशल की माँग करता है, अन्यथा यह छन्द में विकार भी उत्पन्न कर सकता है। यह द्विजदेव की विशेषता है कि उनके एतद्विषयक प्रयोग बड़े सुरुचिपूर्ण और सार्थक हैं।

2. कवि प्रसिद्धियों का व्यवहार : कभी अर्थ में प्रभाववृद्धि के लिए और कभी सादृश्य विधान में कवि कुछ परम्परागत मान्यताओं का उपयोग करता है। यही मान्यताएँ 'कवि समय' या 'कवि प्रसिद्धि' के रूप में जानी जाती हैं। उदाहरण के

लिए—चकोर का चन्द्रिका के प्रति आकर्षण, चक्रवाक युग्म का निशा वियोग, हंस का नीर-क्षीर-विवेक, स्वातिघन की बूँद के प्रति चातक की अनन्य प्रीति आदि। कवि प्रसिद्धियों के इस तरह के सैकड़ों प्रकार हैं और पुरानी शैली की कविताओं में विशेष रुचि से इन्हें अपनाया जाता है। द्विजदेव के काव्य की कुछ ऐसी पंक्तियाँ यहाँ प्रस्तुत हैं जिनमें हुई भावाभिव्यक्तियों में कवि प्रसिद्धियों का आधार ग्रहण किया गया है—

"निरख्यौ जब तै इन नैन चकोरन, बीतत ज्यौं जुग एक पला।"

(शृं.ल.सौ., 178)

"छाँड़ि-कलंक कहौ अब या द्विजराज निलाज सौं लाभ कहा है।"

(शृं.ल.सौ., 208)

"वैसें ही बहुरि मोह-बान बरसन लागे,
वैसें ही सगुन फेरि मनसिज-चाप भौ।"

(शृं.ल.सौ., 245)

"त्यौं 'द्विजदेव' जू सूधे सुभाइ, सदाँ बिकसौ कछु लातन मारे।।"

(शृं.ल.सौ., 164)

इन पंक्तियों में चन्द्रमा का कलंक युक्त होना, चकोर का चन्द्र प्रेम तथा मनसिज का पुष्पायुध धारण करना, अशोक के वृक्ष का युवतियों के चरण प्रहार से कुसुमित होना आदि कवि-समय परक मान्यताओं का उल्लेख किया गया है।

3. वर्णकों का प्रयोग : वर्णन सम्बन्धी रूढ़ियों का कवि शिक्षा पर आधारित अनुसरण ही वर्णक-प्रयोग माना जाता है। रीतिकाव्य परम्परा में अनेकशः समादृत ये वर्णक संस्कृत के प्रसिद्ध प्राचीन ग्रन्थों के आधार पर गढ़े गये हैं। द्विजदेव की कविता में जो कुछ मुख्य वर्ण्य-विषय हैं, उसमें वर्णकों का कहीं-न-कहीं गहरा प्रभाव है। वर्णन सम्बन्धी ये रूढ़ियाँ शृंगार-लतिका में सबसे अधिक प्रकृति वर्णन में हैं और वह भी बसन्त वर्णन में हैं। पीछे इसके अनेक उदाहरण हम दे आये हैं। उन्हें देखकर इन बातों की पुष्टि की जा सकती है। काव्य-परम्परा में वर्णकों का अधिकतर प्रयोग वस्तु-वर्णन में हुआ करता था जहाँ कवि चली आ रही कविशिक्षा से सामग्री लेकर नगर, ग्राम, सरोवर, हाट, क़िला, सेना, सवारी आदि का वर्णन करते थे। द्विजदेव ने इन वर्णकों से प्रेरणा लेकर छन्द तो रचे हैं, पर प्रायः ये वर्णक प्रत्यक्ष वर्णन में न आकर परोक्ष या प्रासंगिक वर्णन में आये हैं जैसे—

(अ) हाट का वर्णन : कवि द्विजदेव ने नायक-नायिका के परस्पर हृदय व्यापार का लेन-देन एक हाट के परिप्रेक्ष्य में किया है—

"बृन्दाबन-कुंजन मैं बंसीबट-छाँह तरैं,
कौतुक अनोखौ एक आज लखि आई मैं।

लाग्यौ हुतौ हाट एक मदन-धनी कौ जहाँ,
गोपिन कौ बृन्द रह्यौ झूँमि चहुँधाई मैं।।
'द्विजदेव' सौदा की न रीति कछु भाँखी जाइ,
है रही, जु नैन-उनमत्त की दिखाई मैं।
लै-लै कछु रूप मनमोहन सौं बीर,
वै अहीरिनैं गँवारी देति हीरन बटाई मैं।।"

(शृं.ल.सौ., 206)

यहाँ एक सखी का दूसरी सखी से वार्तालाप है कि आज वृन्दावन में एक हाट लगा हुआ है। उसमें कामदेव से कृष्ण साहूकार के समान सौदे के लेन-देन में लगे हुए हैं। गँवार गोपियाँ साहूकार से उसका स्वरूप (चाँदी) देखने के बदले उसे अपना हृदय (हीरा) दे रही हैं अर्थात् वे हीरा देकर चाँदी ख़रीद रही हैं।

(ब) सेना वर्णन : कवि द्विजदेव ने प्रोषित पतिका नायिका द्वारा पावस ऋतु का वर्णन किया है। यहाँ पावस को एक राजा के समान बताया गया है और उसकी सेना का वर्णन किया गया है–

"घूँमि कै चहूँधाँ धाइ आवैं जलधर-धार
तड़ित-पताके बाँके नभ मैं पसरिगै।
'द्विजदेव' कालिन्दी समीपन के, नीपन के,
पात-पात जुगनू-जमातनि तैं भरिगै।।
चातक चकोर मोर, दादुर-सुभट जोर,
निज-निज दाँव ठाँव-ठाँवन मैं अरिगै।
बिन जदुराई अब कीजै कहा माइ हाइ!
पावस महीप के चहूँधाँ घेरे परिगै।।"

(शृं.ल.सौ., 96)

जैसे सेना के आने पर आकाश धुँधुरित होता है वैसे ही बादल चारों ओर से उमड़ अँधेरा करते चले आते हैं। जैसे सैनिक निरन्तर बाण छोड़ते हैं वैसे ही निरन्तर जलधारा बरसती है। जैसे सेना में स्थान-स्थान पर स्वर्ण पताका उड़ती है वैसे ही सेना रूपी बादलों के बीच में बिजली चमकती है। और यमुना के तटस्थ कदम्ब वृक्षों के पत्ते-पत्ते जुगनुओं से भरे हुए दिखाई देते हैं अर्थात् सायंकाल को सेनाओं में जैसे–स्थान-स्थान पर हज़ारों दीवट दिखाई देते हैं। चातक, चकोर, दादुर, मयूर आदि योद्धाओं ने मोरचा-सा लगा दिया है और चारों तरफ़ से घेरे डाल दिये हैं।

इस प्रकार इस छन्द में कवि द्विजदेव ने प्रकृति वर्णन के परिप्रेक्ष्य में सेना का वर्णन किया है।

(च) वैशिष्ट्य के अन्य आयाम : उपर्युक्त विशेषताओं के अतिरिक्त कवि द्विजदेव के काव्य में भाषागत कुछ अन्य विशेषताएँ भी हैं जैसे–शब्द-शक्तियाँ, काव्य गुण, मनोवैज्ञानिकता, उक्ति-वैचित्र्य तथा शब्द-मैत्री आदि। रचनाओं से प्राप्त इनके नमूने इस प्रकार हैं–

1. मनोवैज्ञानिकता : कवि द्विजदेव ने अपने काव्य में विविध मनोवैज्ञानिक दशाओं का समावेश किया है, जैसे–स्वप्न, स्मृति, चिन्ता, वातावरण आदि। इन मनोदशाओं का उन्होंने अपने काव्य में प्रयोग किया है। इसके कुछ उदाहरण इस प्रकार हैं–

कवि ने श्रृंगार लतिका के प्रारम्भ में ही अर्द्धजाग्रत अवस्था में नायिका में प्राकृतिक तथा मनोभावपरक परिवर्तन का वर्णन किया है–

"आज सुख सोवत सलौनी सेज पैं,
घरीक निसि बाकी रही पाछिले पहर की।
भड़कन लाग्यौ पौंन दच्छिन अलच्छ चारु,
चाँदनी चहूँधाँ घिरि आई निसिकर की।।
'द्विजदेव' की सौं मोंहि नैकऊ न जानि परी,
पलटि गई धौं कबै सुखमा नगर की।
औरैं मैन गति, जाति रैन की सुऔरैं भई,
औरैं भई रति, मति औरैं भई नर की।।"

(शृं.ल.सौ., 1)

कवि ने चिन्ता की अवस्था का वर्णन इस प्रकार किया है–

"नख सौं भुँअ खोदत कोद चहूँ, अवलोकत हूँ नहिं जानि परैं।
कर कौ अवलंब कपोलन दै, भुज के अवलंब कौं जानु धरैं।।
इहिं भाँति सौं मौन ह्वै बैठो घरीक, सु जाइ कैं काहू तमाल तरैं।
तन और के जीव सजीव मनौं, मन मानहुँ और की देह धरैं।।"

(शृं.ल.सौ., 33)

कवि ने भ्रम, उत्साह और भय की भावना की अभिव्यक्ति इस प्रकार की है–

"चाँहन करन प्रसिद्ध इत, उत डराइ रहि जाउ।
उर-अन्तर ता-छन पर्‌यौ, ऐसौ सम्भ्रम भाउ।।"

(शृं.ल.सौ., 58)

एक स्थान पर कवि ने स्वप्न का वर्णन इस प्रकार किया है–

"फूले घने, घने-कुंजन माँहि, नए छबि-पुंज के बीज बए हैं।
त्यौं तरु जूहन मैं 'द्विजदेव', प्रसून नए-इ-नए उनए हैं।।

साँचौ किधौ सपनौं करतार! बिचारत हूँ नहिं ठीक ठए हैं।
संग नए, त्यौं समाज नए, सब साज नए, ऋतुराज नए हैं।।"

(शृं.ल.सौ., 34)

कवि ने नायिका के ऊपर वातावरण के पड़ रहे प्रभाव का वर्णन इस प्रकार किया है–

"सोचि के सँकोचि अति लाजनि सँभारि तन,
आँगन के पास आइ आइ घूँमि-घूँमि जाति।
'द्विजदेव' तैसिए मलिन्दन की धुनि-सुनि,
बैठें हूँ बियोगिनी बिथा सौं झूमि-झूमि जाति।।
बाकी देखि ऐसी दसा बार-बार आप मींच,
बीच हीं बिचारि चौखटहिं चूँमि-चूँमि जाति।
लहलही-ललित-लवंग लतिका सी बाल,
ख्याल ही तें पौन के परी पैं दूँमि-दूँमि जाति।"

(शृं.ल.सौ., 117)

इस प्रकार द्विजदेव का काव्य मनोवैज्ञानिक वर्णन की प्रभावशाली विशेषताओं से परिपूर्ण है।

2. उक्ति-वैचित्र्य : द्विजदेव ने उक्ति-वैचित्र्य का प्रयोग तो किया है, पर वर्ण्य विषय को बिना ढँके हुए। इनमें भाषा का सहज प्रवाह है, क्लिष्टता का प्राधान्य नहीं है। इसी से वह अन्यों से अलग हैं। द्विजदेव में एक अनूठी बात है कि भावों के प्रवाह में बहने वाले कवि हैं। इनमें उक्ति-वैचित्र्य के साथ भावना का प्रभाव भी है। जैसे–

"'द्विजदेव' याही बिधि झूलती किती की मति,
जाही अवलोकि हिय हरख हिलोरै में।"

(शृं.ल.सौ., 150)

"कंज के उदर प्रगट्यौ है मुकुताहल सो,
बाहर के आवत भयौ है इन्द्रनील-सम।।"

(शृं.ल.सौ., 149)

"कढ़ी केसन के सुरझाइवे कौं, मनमोहन सौं उरझाइ चली।।"

(शृं.ल.सौ., 183)

"कानन-लागि हरैं सुख वे, हरि-आनन-लागि हरैं यह प्रानन।"

(शृं.ल.सौ., 134)

अधिकतर रीतिकालीन कवियों के काव्य में चमत्कार प्रदर्शन का प्राधान्य

मिलता है। "इस चमत्कार में 'उक्ति-वैचित्र्य' का भी विशिष्ट योगदान है"।[40] "कुछ विद्वान् रीतिकालीन कवियों की अतिशय-चमत्कारप्रियता अथवा अलंकरण प्रवृत्ति का विश्लेषण करते हुए 'उक्ति-वैचित्र्य' को 'बात की करामात' एवं 'दूर की कौड़ी' लाने का प्रयास-मात्र कहकर उनकी काव्य-कला को दूसरे दर्जे की सिद्ध करते हैं–इसका अभिप्राय यह है कि उन्हें रीति कवियों का लीक से हटकर कुछ नये-अनूठे ढंग से जीवन मर्म की अभिव्यंजना करना पसन्द नहीं; जबकि उनकी यही उक्ति-वैचित्र्य प्रवृत्ति, उन्हें सामान्य कवियों से कुछ विशिष्ट, हृदय की उन्मुक्त राग तरंगों को सफलतापूर्वक शब्दों में बाँधने में सक्षम कवि सिद्ध करती है।"[41]

इस प्रकार द्विजदेव के काव्य में भी उक्ति-वैचित्र्य की छटा देखते ही बनती है। इनका उक्ति-वैचित्र्य शृंगार के प्रसंगों में अधिक निखरा है।

डॉ. किशोरीलाल के अनुसार, "कभी-कभी इन रीति कवियों ने संस्कृत की मधुर एवं हृदयग्राहिणी उक्तियों को ग्रहण करते समय अपनी प्रतिभा का विनियोग ऐसी कुशलता से किया है कि लगता है, रीति कवियों का अभिनिवेश इस दिशा में अपेक्षाकृत अधिक है और अपनी उक्तिगत मौलिकता में वे निश्चय ही अप्रतिम हैं।"[42]

इस प्रकार उक्ति-वैचित्र्य विधान के कारण रीति कवियों द्वारा गृहीत परम्परागत प्रसंगों में भी उनकी स्वच्छन्दता द्वारा गृहीत परम्परागत प्रसंगों में भी उनकी स्वच्छन्दतावादी वृत्ति दिखाई देती है। इस दृष्टि से द्विजदेव का शृंगार रस का एक उदाहरण द्रष्टव्य है–

"आज सुभा इन हीं गई बाग बिलोकि प्रसून की पाँति रही पगि।
ताही समैं तहँ आए गुपाल, तिन्हैं लखि औरौं गयौ हियरौ ठगि।।
पैं 'द्विजदेव' न जानि पर्‌यौ धौं कहा, तिहिं काल परे अँसुवा जगि।
तू जो कहै सखि! लोनौं सरूप, सो मो अँखियान मैं लौंनी गई लगि।।"

(शृं.ल.सौ., 92)

"इसमें अन्तिम दो पंक्तियाँ अधिक मार्मिक और हृदयग्राहिणी हो गयी हैं। चतुर्थ पंक्ति का समस्त उत्कर्ष 'लौंनी गई लगि' शब्दावली के कारण स्वतः व्यंजित है। 'लोना' अपने विशिष्ट अर्थ के कारण अपूर्व चमत्कार के साथ ही भावातिरेक की अवस्था को भी द्योतित करने में पूर्ण सक्षम है। संस्कृत में 'लावण्य' सौन्दर्य अर्थ का बोधक है। हिन्दी में 'लोना' लवण के अतिरिक्त दीवार में लगने वाले लोने के अर्थ में भी गृहीत होता है। प्रायः देखा जाता है कि जिस दीवार में लोना लग जाता है, वह धीरे-धीरे कट-कट कर गिरने लगती है और लवण तत्त्व की अधिकता के कारण उसकी ईंटें शनैः शनैः गल जाती हैं। इसी प्रकार कृष्ण का लोना अर्थात् 'लावण्य' (लवण युक्त) स्वरूप आँखों में छा गया है, इस कारण

निरन्तर अश्रुपात होता रहता है। समस्त छन्द में उक्ति की रमणीयता केवल 'आँखों में लोनी लगना' के कारण आ सकी है। जो स्पष्टतया उक्ति-वैचित्र्य के चमत्कार पर आश्रित है।"[43]

इस प्रकार **डॉ. किशोरीलाल** के शब्दों में कहा जा सकता है कि "रीतिकाव्य धारा के प्रमुख कवियों के उक्ति-वैचित्र्य का उल्लेखनीय आयाम यह है कि उसमें वैषम्य, असंगति, विरोध एवं अतिशयतामूलक आलंकारिक विचित्रता होते हुए भी अनुभूति एवं संवेदना-स्तर की न्यूनता नहीं है। कहीं-कहीं उक्तियों के विधान में इन कवियों में सान्द्र अनुभूतियों और संवेदनाओं के ऐसे मर्मस्पर्शी रंगों का उपयोग किया है, जिनके कारण इनके ऐसे चित्र सहज ही प्रभावकारी और सर्वथा मौलिक हो गये हैं।"[44]

3. काव्य गुण : काव्यशास्त्रीय आचार्यों ने काव्य में गुण का होना आवश्यक माना है। काव्य के गुण तीन प्रकार के माने गये हैं—ओज, प्रसाद और माधुर्य। द्विजदेव के काव्य में इन तीनों गुणों का समोवश है। इसके उदाहरण इस प्रकार हैं—

(अ) ओज गुण : द्विजदेव ने ओज गुण का वर्णन महाराज पावस की सेना द्वारा घेरे जाने के वर्णन में किया है—

"घूँमि कैं चहूँधाँ धाइ आवे जलधर-धार,
तड़ित-पताके बाँके नभ मै पसरिगै।
'द्विजदेव' कालिन्दी समीपन के, नीपन के,
पात-पात जुगनू-जमातनि तै भरिगै।।
चातक, चकोर, मोर, दादुर-सुभट जोर,
निज निज दाँव ठाँव-ठाँवन मैं अरिगै।
बिन जदुराइ अब कीजै कहा माइ हाइ!
पावस महीप के चहूँधाँ घेरे परिगै।।"

(शृं.ल.सौ., 96)

(ब) प्रसाद गुण : कवि ने ऋतुराज बसन्त के दर्शन से अपनी दशा का वर्णन इस प्रकार किया है—

"देखत हीं बन फूले पलास, बिलोकत हीं कछु भौंर की भीरन!
बावरी सी मति मेरी भई, लखि बावरी-कंज, खिले-घटे नीरन।।
भाजि गयौ कढि ग्यान हिए तैं, न जानि पर्‌यौ कब छोड़ि कैं धीरन।
अन्ध न कौंन के लोचन होइँ, पराग सने सरसात समीरन।।"

(शृं.ल.सौ., 32)

द्विजदेव ने अपने काव्य में प्रसाद गुण का बहुत प्रयोग किया है।

(स) माधुर्य गुण : द्विजदेव के काव्य का वर्ण्य-विषय शृंगार प्रधान है और

उसमें माधुर्य गुण के समावेश का अधिक अवसर है। कवि ने माधुर्य गुण का प्रयोग अनेकशः किया है। यहाँ दो उदाहरण प्रस्तुत हैं–

"चहचही सेज चहूँ चहकि चमेलिन सौं,
बेलिन सौं मंजु-मंजु गुंजत मलिन्द जाल।
तैंसैंई मरीचिका दरीचिन के दीवे ही मैं,
छपा की छबीली छवि छहरति ततकाल।।
कवि 'द्विजदेव' सुनौं सारस नयन स्याम,
दीठि चकचौंधिं जैहै देखत मुकुर-माल।
ह्वै है यह सुखद सदाँ हीं रावरे कौं अब,
मनिमय मन्दिर कौ चलिवौ चतुर लाल।।"

(शृं.ल.सौ., 187)

"लावौ हमैं भोग के सिखावौ कछु जोग-कला,
लीन्हैं अंगराग कै परागन घने रहौ।
बिनती इतीक पैं हमारी प्रिय-पीतम सौं,
कहिवे कौं ऊधौ! उर आपने गने रहौ।।
अब उर अन्तर इतीए अभिलाष रही,
बसहु जहाँ-ई-तहाँ आँनद-सने रहौ।
याही तैं हमारे सुख पगन लगैगो तुम,
लगन लगैहूँ पिय मगन बने रहौ।।"

(शृं.ल.सौ., 214)

इस प्रकार कवि द्विजदेव ने ओज, प्रसाद, माधुर्य इन तीनों गुणों का अपने काव्य में प्रयोग किया है। इसमें मात्रा की दृष्टि से माधुर्य की प्रधानता है तथा प्रसाद और ओज अपेक्षाकृत न्यून मात्रा में हैं। अधिकांश छन्दों में माधुर्य और प्रसाद साथ-साथ प्रयुक्त हुए हैं।

4. शब्द-शक्तियाँ : भारतीय काव्याचार्यों ने शब्द-शक्तियों की मूल अवधारणा ध्वनि-सिद्धान्त के विवेचन में मानी है। इसके प्रवर्तक आचार्य आनन्दवर्धन ने सबसे पहले अपने 'ध्वन्यालोक' नामक ग्रन्थ में शब्द-शक्तियों की विवेचना की। शब्दों के माध्यम से अपने कथ्य को प्रकट करने की शैलियाँ ही शब्द-शक्तियों का निर्धारण करती हैं। प्रधानतः शब्द-शक्तियाँ तीन मानी गयी हैं–अभिधा, लक्षणा और व्यंजना। इनमें से अभिधा प्रत्यक्ष कथन पर पूर्णतः आधारित होती है, लक्षणा में उसका सहारा लेकर अप्रत्यक्ष कथन भी किया जाता है और व्यंजना में पूरी तरह अप्रत्यक्ष या परोक्ष कथ्य ही वांछित होता है। द्विजदेव ने तीनों प्रकार की शब्द-शक्तियों में अभिरुचि

दिखाई है, पर उनके काव्य में प्रधानता अभिधा की ही है इन तीनों शब्द-शक्तियों के परिचायक छन्द यहाँ प्रस्तुत हैं–

(अ) अभिधा-

"एकै है बिबि रूप, राधिका स्याम कहावैं।
है बस ब्रज-जुबतीन, चतुर-चातुर मन भावैं।।
पंचबान-रति कोट, अंग-अंगनि पैं वारे।
छल बल करि ब्रज सुजस, परम पावन बिसतारे।।
'द्विजदेव' सातहूँ भुवन मैं, अष्ट-सिद्धि-दाता-विदित।
मन सेवहु नवधा-भक्ति-जुत, नवरस मय ब्रजराज नित।।"

(शृं.ल.सौ., 66)

(ब) लक्षणा : लाक्षणिकता भाषा का एक आकर्षक गुण है। "रीतिकाल के कवियों में द्विजदेव ने लक्षणा और व्यंजना के महत्त्व को समझा है और उनका उचित रीति से पूर्ण मनोयोग के साथ प्रयोग किया है। वास्तव में कला–विशेषकर अभिव्यंजना की शक्ति बहुत कुछ लक्षणा और व्यंजना पर ही आश्रित रहती है।"[45]

लक्षणा को परिभाषित करते हुए **सेठ कन्हैयालाल पोद्दार** ने लिखा है, "मुख्य अर्थ का बोध होने पर रूढ़ि अथवा प्रयोजन के कारण जिस शक्ति के द्वारा मुख्यार्थ से सम्बन्ध रखने वाला अन्य अर्थ लक्षित हो, उसे लक्षणा कहते हैं।"[46]

द्विजदेव के काव्य से लक्षणा का एक उदाहरण इस प्रकार है–

"आज सुख सोवत सलौनी सजी सेज पैं,
घरीक निसि बाकी रही पाछिले पहर की।
भड़कन लाग्यौ पौन दच्छिन अलच्छ चारु,
चाँदनी चहूँधाँ घिरि आइ निसिकर की।।
'द्विजदेव' की सौं मोंहिं नैंकऊ न जानि परी,
पलटि गई धौं कबै सुखमा नगर की।
औरैं मैंन गति, जति रैन की सु औरैं भई,
औरैं भई रति, मति औरैं भई नर की।।"

(शृं.ल.सौ., 1)

प्रस्तुत छन्द में 'सलौनी सजी सेज' और 'भड़कन लाग्यौ' में लक्षणा है। सलौनी अर्थात् लुनाई के साथ। लवण ऐसा प्रधान रस है कि इसका दूसरा अर्थ 'सौन्दर्य' माना गया है, अतः 'सलौनी' अर्थात् साफ़-सुथरी। 'सलौनी' शब्द में रूढ़ि लक्षणा है। 'भड़कन लाग्यौ'–यह पद ही कहे देता है कि कैसे उस 'दक्षिण समीर' का मन्द-मन्द उत्थान हुआ–इस पद में 'प्रयोजनवती गौड़ी साध्यवसाना' लक्षणा है; क्योंकि भड़कना

शब्द पशु आदि के विषय में प्रसिद्ध है, यहाँ सदृश्य सम्बन्ध से सवेग चलते लगने के अर्थ में 'पवन' के प्रति प्रयुक्त हुआ है और अलक्षित रूप से धीरे-धीरे चलते चलना, लक्षित होने लगना प्रयोजन है। इसी का सुन्दर वर्णन कवि ने किया है।

(स) व्यंजना : लक्षणा से जहाँ भाषा में वैदग्धता और समृद्धता आती है, वहाँ व्यंजना से वक्रता और तीक्ष्णता आती है। द्विजदेव जी ने इसका ध्यान रखते हुए नायिकाओं की उक्तियों में प्रायः व्यंजना का प्रयोग किया है—

"बाँके संक-हीने, राते-कंज-छबि छीनें माँते,
झुकि-झुकि, झूँमि-झूँमि काहू कौं कछू गनै न।
'द्विजदेव' की सौं ऐसी बनक बनाइ,
बहु-भाँतिन-बगारै चित-चाँहन चहूँधाँ चैन।।
पेखि परे प्रात जौ पैं गातन उछाह-भरे,
बार-बार तातें तुम्हें पूँछती कछूक बैन।
एहो ब्रजराज! मेरे प्रेम-धन लूटिबे कौं,
बीरा खाइ आए किते आपके अनौखें नैन।।"

(शृं.ल.सौ., 140)

प्रस्तुत छन्द में मध्या धीरा-धीरा नायिका, नायक से उसकी लाल आँखों का रहस्य पूछती है कि क्या आपने कहीं अन्यत्र रात्रि जागरण किया है। आपके नयनों को देखकर पूछना ही पड़ा। मध्या धीरा-धीरा नायिका की यह उक्ति बड़ी ही सुन्दर बन पड़ी है।

इसी प्रकार एक अन्य छन्द में गोपियाँ उद्धव को उपालम्भ देती हैं। कवि ने उसका वर्णन इस प्रकार किया है।

"मंजु-मंजु गुंजत मंलिदन की प्यारी-धुनि,
सुनति सलौनी सुधि आवति न तन की।
'द्विजदेव' बनत बिलोकैं ही बनक कछु,
ललित-लवंग-लतिकान के सुमन की।।
सीरौ-धीर-सुरभि-समीर सरसात बन,
लखि रुकि जाति गति का के ना चखन की।
ऊधौ जू! न आवे लाज हिय मैं तिहारें आज,
आऐंहूँ बसन्त सीख देति उजरन की।।"

(शृं.ल.सौ., 75)

5. शब्द-मैत्री : शब्द-मैत्री को पद-मैत्री भी कहते हैं इसका तात्पर्य है कविता या गीत में स्वाभाविक रूप से की जाने वाली शब्द योजना में तुक या साम्य की योजना।

इसे छन्दों में पंक्तियों के अन्तिम शब्द और अक्षर में मुख्य रूप से देखा जाता है, पर कभी-कभी कुछ छन्द ऐसे भी होते हैं जिनमें शब्द-मैत्री पंक्तियों के बीच से भी आती है। छन्द व्यवस्था पर चलने वाले कवि के लिए शब्द-मैत्री योजित करने का अभ्यास अत्यावश्यक माना जाता है। यह जितनी अच्छी होती है कविता का लयात्मक पाठ और उसकी संगीतबद्धता आदि उतनी ही प्रभावशाली होती है। द्विजदेव ने अपने सभी छन्दों में स्तरीय कोटि की शब्द-मैत्री का निर्वाह किया है—

घनाक्षरी में शब्द-मैत्री :

"जकि-जकि जात गात लेखनी-लखत नैन,
थकि-थकि जात पेखि पंकज के पात री।
भरि-भरि आवै देह नेह के ढकोर जोर,
करि-करि आवत न क्यौं हूँ मुख बात री।।
ए री मेरी बीर! पीर बिरह बिथा की अंग,
कैसैहूँ न काहू सौं कछूक कहि जात री।
कीजे कहा राम! काम-बैरी की अकस मोहिं,
झूँठेहूँ संजोग कौन जोग दरसात री।।

(शृं.ल.सौ., 175)

सवैया में शब्द-मैत्री :

"उन्नत, पीन पयोधर की छबि, धारैं मनोज के साँचे सहायक।
दी सुकेसी कौ मान हरैं, 'द्विजदेव' के भाए सदाँ सुख-दायक।।
मोंहिं प्रतीति परी अब तौ, बिबि-रूप बिलोकि सबै विधि लायक।
हौं मन सौं, तन सौं, तन सौं तुम एक, अहो! बलि राधिका-राधिका नायक।।"

(शृं.ल.सौ., 67)

सोरठा में शब्द-मैत्री :

"बैठी चित-हित चाँहि, मम बिनती सुनि भारती।
हिय सिंगार-लतिकाहि, भाँति-अनेक असीस दै।।"

(शृं.ल.सौ., 55)

रोला में शब्द-मैत्री :

"खेलि-रास हरि दुरैं, बहुरि बन कुंजन माँहि।
ब्रज-जुबती बूझती जाइ, तरु पुंजन पाँहि।।
लीला-बस हरि बसि बिदेस, ऊधवै पठावैं।
तिन सौं सब मिलि जाइ, आपनौं बिरह सुनावैं।।"

(शृं.ल.सौ., 47)

दोहा में शब्द-मैत्री :

**"कबहुँक आपुस मैं रचैं, बहु-बिधि लौकिक-प्रीति।
एक-एक सन कहति हैं, सखि! लखि यह रस रीति।।"**

(शृं.ल.सौ., 38)

मौक्तिकदाम में शब्द-मैत्री :

**"कदम्ब प्रसूनन सौं सरसात। बिलोकि प्रभा पुलके जनु गात।
मरन्द झरैं चहुँधाँ सब फूल। बहाइकैं आँसु तजैं मनु सूल।।"**

(शृं.ल.सौ., 21)

नाराच में शब्द-मैत्री :

**"रचे बितान से घने, निकुंज-पुंज सोहंई। प्रभा-निहारि हारि, हारि, चित्त वृत्ति मोहई।
समीर मन्द मन्द डोलि, द्वार पैं निकुंज के। पसारि पाँवड़े रहे, चहूँ प्रसून पुंज के।।"**

(शृं.ल.सौ., 24)

भुजंगप्रयात में शब्द-मैत्री :

**"सबै फूल फूले, फबे चारु सोहैं। भँवे भौंर भूले, भले चित्त-मोहैं।
बहै मन्द-ही, मन्द ही वायु रूरे। सुबासैं, सबै भाँति-सौं सोभ-पूरे।।"**

(शृं.ल.सौ., 17)

छप्पय में शब्द-मैत्री :

**"प्रति पद जामैं होत, ध्यान राधा माधव कौ।
पढ़त, सुनत, चित गुनत, जाहि डर रहे न भव कौ।।
रसमैं अति सुख माँनि, रसिक जन सौं सुख माँनि।
निज मति की अनुहारि, जाहि रचि दीन्ह्यै बाँनी।।
'द्विजदेव' सींचि मधु बैन सौं, कियौ जासु परकास भुव।
सुभ ता 'सिंगार-लतिका' बिषै, तृतीय 'सुमन' अवतार हुव।।"**

(शृं.ल.सौ., 240)

इस प्रकार द्विजदेव के काव्य में शब्द-मैत्री का बड़े ही कलात्मक ढंग से प्रयोग किया गया है।

6. कल्पना तत्त्व का समावेश : काव्य में कल्पना के समावेश के सम्बन्ध में पहले दो तरह की धारणाएँ प्रचलित थीं। पहली धारणा के अनुसार कवि अपने वर्ण्य-विषय में कल्पना का समावेश करके अपने कथ्य को और अधिक बोधगम्य, हृदयग्राह्य, प्रभावशाली और रमणीय बनाता है। ऐसा करते हुए वह काव्य-कला के अनेक उपादानों में कल्पना तत्त्व का मिश्रण कर सकता है। इस धारणा के अन्तर्गत कल्पना के समावेश की महत्ता यहाँ तक मानी गयी है कि रचनाकार काल्पनिक

कथानकों की सृष्टि भी कर सकता है और सुविचारित उद्देश्यों के लिए ऐतिहासिक तथा पौराणिक कथाओं में काल्पनिक कथाओं का योग भी कर सकता है। यह पूरी की पूरी धारणा कल्पना तत्त्व को काव्य-रचना की गुणवत्ता का साधन बनाती है। प्रसिद्ध काव्य चिन्तक **आचार्य रामचन्द्र शुक्ल** ने काव्य की सर्जना में कल्पना के महत्त्व की ओर संकेत करते हुए लिखा है, "जिस प्रकार भक्ति के लिए उपासना या ध्यान की आवश्यकता होती है, उसी प्रकार और भावों के प्रवर्तन के लिए भी भावना या कल्पना अपेक्षित होती है। जिनकी भावना या कल्पना शिथिल या अशक्त होती है, किसी कविता या सरस उक्ति को पढ़-सुनकर उनके हृदय में मार्मिकता होते हुए भी वैसी अनुभूति नहीं होती। बात यह है कि उनके अन्तःकरण में चटपट वह सजीव और स्पष्ट मूर्ति-विधान नहीं होता जो भावों को परिचालित कर देता है। कुछ कवि किसी बात के सारे मार्मिक अंगों का पूरे ब्योरे के साथ चित्रण कर देते हैं, पाठक या श्रोता की कल्पना के लिए बहुत कम काम छोड़ते हैं और कुछ कवि कुछ मार्मिक खण्ड रखते हैं जिन्हें पाठक की तत्पर कल्पना आप-से-आप पूर्ण करती है। कल्पना दो प्रकार की होती है—विधायक और ग्राहक। कवि में विधायक कल्पना अपेक्षित होती है और श्रोता या पाठक में अधिकतर ग्राहक। अधिकतर कहने का अभिप्राय यह है कि जहाँ कवि पूर्ण चित्रण नहीं करता वहाँ पाठक या श्रोता को भी अपनी ओर से कुछ मूर्ति-विधान करना पड़ता है। योरोपीय साहित्य मीमांसा में कल्पना को बहुत प्रधानता दी गयी है।"[47]

एक अन्य धारणा यह भी है कि कल्पना कविता के कथ्य को सच्चाई से और यथार्थ से दूर ले जाती है तथा कथ्य की संवेदना में अस्वाभाविकता उत्पन्न करती है। यह धारणा वस्तुतः नकारात्मक है और इस पर उन्हीं लोगों का विश्वास टिक सकता है जो सहृदय कवि की रचनाधर्मिता से और काव्य के सत्य से वास्तविक परिचय नहीं रखते। रीतिवादी कवियों ने कविता के शिल्प पक्ष पर विशेष ध्यान देने वाली अपनी प्रवृत्ति के कारण काव्य सर्जना में कल्पना के योग के प्रति अनूठा रुझान दिखाया और कवि द्विजदेव भी उस परम्परा का समग्र प्रभाव रखते हुए अपनी कविताओं में कल्पना तत्त्व का भरपूर प्रयोग करते हैं। इसके कुछ उदाहरण इस प्रकार हैं—

"आज गई ती कलिन्दजा पैं, लखि कुंज लतानि कलोलति ही बन्यौं।
ठाढ़ी है त्यौं स्रम सीकर तैं, कछु भींगे-निचोल निचोलति ही बन्यौं।।
आइ गये जदुराइ तहीं, 'द्विजदेव' गुमान सौं डोलति ही बन्यौं।
कोरि उपाइ करे तेहिं काल पैं, आली! गुपाल सौं बोलति ही बन्यौं।"

(शृं.ल.सौ., 124)

इस छन्द में मानिनी नायिका का अपनी सखी से वार्तालाप है जिसमें वह भगवान कृष्ण के रूप सौन्दर्य का वर्णन करती है।

एक उदाहरण द्रष्टव्य है—

"अंग-अंग रागनि सौं सौंने सी भई है दुति,
फूले घने पादप नए हैं पारिजात बन।
टूटि परे हारन सौं रतनमइ है भूमि,
ती हैं घनी जाहि तुम जानत हौ देबी गन।।
पीरे परे जात कहा सुनौं हो सुमेरुगिरी!
'द्विजदेव' की सौं भ्रम नाँहक तिहारे मन।
या बिधि सौं आज वृषभाँनुजा पधारी इतै,
सोधन करत सबै गोधन-गिरीस तन।।"

(शृं.ल.सौ., 143)

इस छन्द में कवि की उत्कृष्ट कल्पना का परिचय प्राप्त होता है। प्रस्तुत छन्द में राधा के अभिसार का सुन्दर वर्णन है।

इस प्रकार कवि द्विजदेव ने अपने काव्य में कल्पना तत्त्व का सुन्दर समावेश किया है। और यह कहा जा सकता है कि—द्विजदेव काव्य—शिल्प प्रौढ़ता एवं प्रभाव से भरा है। उन्होंने मुक्तक काव्य रचना का ही क्षेत्र चुना, तो भी वे कला के निकष पर खरे-सँवरे पद्यों से हिन्दी के रीतिकाव्य में अपनी निराली पहचान छोड़ गये। उनके काव्य के समग्र प्रभाव का संकेत करते हुए **डॉ. ओंकार नाथ** त्रिपाठी ने लिखा है, "द्विजदेव के काव्य में भावना का उच्छल वेग, शृंगार की उदात्तता, भाषा की प्रभावमयता, शब्द-विधान की संयमशीलता, प्रकृति-चित्रण की स्वच्छन्दता तथा रीतिकालीन काव्य प्रवृत्तियों का ऐसा अद्‌भुत सम्मिश्रण हुआ है कि वे हिन्दी साहित्य के गौरव रत्न बन गये हैं।"[48]

हिन्दी रीति कवियों के रचना कर्म की सर्वाधिक सजगता भाषा पक्ष में है—"रीतिकाव्य की सबसे महत्त्वपूर्ण विशेषता कवियों की शब्द साधना में प्रस्फुटित हुई है शब्द को खोजना, उसका शोधकर-माँजकर प्रयोग करना, उसके भीतर नाद सौन्दर्य, अर्थ चमत्कार और उक्ति-वैचित्र्य भरना, यह सब रीति कवियों की सामान्य विशेषता है। ये कवि भाषा की ओर सचेत और जागरूक हैं, वर्ण मैत्री, शब्द-मैत्री, वृत्ति, गुण के समावेश द्वारा उक्ति वैचित्र्य और सहज स्मरणीयता का गुण अपने काव्य में भर देने में ही इन कवियों की सफलता, कुशलता और प्रभाव है।"[49]

डॉ. भगीरथ मिश्र का उपरोक्त कथन कवि द्विजदेव के काव्य पर भली-भाँति चरितार्थ है।

बहुमुखी कलात्मकता के मामले में रीति कवियों की बड़ी संख्या के बीच द्विजदेव की अनूठी पहचान है। **डॉ. कृष्ण चन्द वर्मा** के अनुसार, "द्विजदेव में कला

की चेतना अन्य कवियों की अपेक्षा कुछ अधिक थी और इस दृष्टि से वे आलम के अधिक निकट हैं। रीति की छाप भी उन पर कुछ अधिक थी, यद्यपि नाना रूपों में उन्होंने उनसे अपना प्रस्थान-भेद सूचित किया है। वे अपनी भाषा को वैशिष्ट्य प्रदान करने के अभिलाषी थे और इस दृष्टि से उन्होंने भाषा-सौन्दर्य के संवर्धक अनेक उपकरणों की विनियोजना अपने काव्य में की थी, जैसे—नाद-सौन्दर्य, अभिव्यक्ति-सज्जा, कुछ अलंकरण, लचीले एवं व्यंजक शब्दों का प्रयोग, शब्दों के निजी प्रयोग, निजी अभिव्यक्तियाँ, भाषा की स्वच्छता अथवा उसका परिमार्जन आदि। कोमलता, माधुर्य, चित्रमत्ता आदि कलात्मक उपकरणों पर भी उनकी दृष्टि थी, परन्तु इन सबके बावजूद वे रीति के घेरे में बँधने नहीं पाये। रीति की अँगुली पकड़कर वे नहीं चले, वरन् विषय-वस्तु, वर्णन-पद्धति आदि में उन्होंने स्वच्छन्दता का पूरा-पूरा प्रमाण दिया है। मुहावरेदानी इनमें जैसी है स्वच्छन्द प्रवृत्ति के अन्य कवियों में वैसी बहुत कम है। उनके शब्द-चयन में भी एक वैशिष्ट्य मिलेगा तथा संस्कृत, देशज, विदेशी सभी प्रकार के शब्दों के लिए उनकी भाषा का भण्डार खुला था। वे भाषा के सम्बन्ध में शुद्धता वाली संकीर्ण दृष्टि नहीं रखते थे तथा भाषा की शक्ति की अभिवृद्धि का आदर्श लेकर चलने वाले थे। भाषा को सौष्ठव प्रदान करने के प्रति उनका विशेष ध्यान था। अभिव्यंजना को भी वे मार्मिक ही बनाये रखना चाहते थे। अधिकाधिक उक्तियाँ स्वाभाविक, सरस और अर्थगर्भित हों, इस पर भी उनका ध्यान बराबर रहता था। इस प्रकार का काव्य सम्बन्धी स्वस्थ आदर्श लेकर चलने में उनका विश्वास था।"[50]

सन्दर्भ

1. डॉ. जगदीश गुप्त, रीतिकाव्य संग्रह, पृ. 241
2. डॉ. रामकुमार वर्मा, रीतिकालीन साहित्य का पुनर्मूल्यांकन, पृ. 138-130
3. डॉ. पुरुषोत्तमदास अग्रवाल, मध्यकालीन हिन्दी कृष्णभक्तिकाव्य में रूप सौन्दर्य, पृ. 278
4. सोमनाथ ग्रन्थावली, प्रथम खण्ड, सं. सुधाकर पाण्डेय, पृ. 36
5. डॉ. रामकुमार वर्मा, रीतिकालीन साहित्य का पुनर्मूल्यांकन, पृ. 139
6. वही, पृ. 141
7. वही, पृ. 147-148
8. सेनापति, कवित्त रत्नाकर, सं. पं. उमाशंकर शुक्ल, भूमिका, पृ. 28-29
9. डॉ. रामचन्द्र शुक्ल, हिन्दी साहित्य का इतिहास, पृ. 263
10. डॉ. विश्वनाथ प्रसाद मिश्र, हिन्दी साहित्य का अतीत, पृ. 763
11. डॉ. अम्बिका प्रसाद बाजपेयी, द्विजदेव और उनका काव्य, पृ. 161
12. डॉ. जय नारायण मिश्र 'हेम', द्विजदेव के काव्य का आलोचनात्मक अध्ययन, पृ. 94
13. डॉ. रामफेर त्रिपाठी, रीतिमुक्त कवि : नया परिदृश्य, पृ. 117

14. डॉ. नगेन्द्र, रीतिकाल की भूमिका तथा देव और उनकी कविता, पूर्वार्द्ध, पृ. 187
15. भिखारीदास, काव्य निर्णय, पृ. 2
16. डॉ. उषा पुरी, रीतिकालीन कविता में भक्ति तत्त्व, पृ. 275, 276
17. महामहोपाध्याय डॉ. उमेश मिश्र, भारतीय दर्शन, पृ. 6
18. हिन्दुस्तानी त्रैमासिक शोध पत्रिका, भाग 41, अंक-1, पृ. 73
19. भरतमुनि, नाट्यशास्त्र, श्लोक 6/ 31
20. वही, श्लोक 6/31
21. आचार्य विश्वनाथ कविराज, साहित्य दर्पण, 1/3
22. वही, 3/1
23. आनन्दवर्धन, ध्वन्यालोक, 3/29
24. देव कवि कृत भवानी विलास के प्रथम विलास से उद्धृत।
25. आचार्य भामह, काव्यालंकार, 1.37
26. आचार्य दण्डी, काव्यादर्श, 2.1
27. जयदेव, चन्द्रलोक, 1.8
28. आचार्य केशवदास, कविप्रिया, 5:1
29. डॉ. नगेन्द्र, हिन्दी साहित्य का वृहत् इतिहास, पृ. 412
30. डॉ. जय नारायण मिश्र 'हेम', द्विजदेव के काव्य का आलोचनात्मक अध्ययन, पृ. 143
31. आचार्य विश्वनाथ प्रसाद मिश्र अभिनन्दन ग्रन्थ, पृ. 136-162
32. डॉ. अम्बिका प्रसाद वाजपेयी, द्विजदेव और उनका काव्य, पृ. 206
33. आचार्य विश्वनाथ प्रसाद मिश्र, हिन्दी साहित्य का अतीत, पृ. 762
34. आचार्य विश्वनाथ प्रसाद मिश्र अभिनन्दन ग्रन्थ, पृ. 362
35. डॉ. किशोरीलाल, रीति कवियों की मौलिक देन, पृ. 531-532
36. आचार्य विश्वनाथ प्रसाद मिश्र, हिन्दी साहित्य का अतीत, पृ. 764
37. डॉ. रामफेर त्रिपाठी, रीतिमुक्त कवि : नया परिदृश्य, पृ. 117
38. हिन्दुस्तानी त्रैमासिक पत्रिका, भाग 41, अंक-1, पृ. 60
39. आचार्य रामचन्द्र शुक्ल, हिन्दी साहित्य का इतिहास, पृ. 273
40. डॉ. भगीरथ मिश्र, हिन्दी रीति साहित्य, पृ. 144
41. डॉ. सरला चौधरी, रीतिकाव्य में स्वच्छन्दतावादी तत्त्व, पृ. 198
42. डॉ. किशोरीलाल, रीति कवियों की मौलिक देन, पृ. 503
43. डॉ. सरला चौधरी, रीतिकाव्य में स्वच्छन्दतावादी तत्त्व, पृ. 208
44. डॉ. किशोरीलाल, रीति कवियों की मौलिक देन, पृ. 502
45. जय नारायण मिश्र 'हेम', द्विजदेव के काव्य का आलोचनात्मक अध्ययन, पृ. 121
46. सेठ कन्हैयालाल पोद्दार, रसमंजरी, पृ. 19
47. आचार्य रामचन्द्र शुक्ल, चिन्तामणि-भाग 1
48. डॉ. ओंकार नाथ त्रिपाठी, हिन्दी साहित्य का इतिहास, पृ. 120
49. डॉ. भगीरथ मिश्र, हिन्दी रीति साहित्य, पृ. 144
50. आचार्य विश्वनाथ प्रसाद मिश्र, अभिनन्दन ग्रन्थ, पृ. 361

प्रेरणा और प्रभाव

किसी कवि की श्रेष्ठता और सफलता का एक निकष यह भी होता है कि उसकी रचनाएँ साहित्य-परम्परा से प्रेरणा और प्रभाव की दृष्टि से कितनी जुड़ती हैं। ऐसा कहने का यह तात्पर्य नहीं है कि मौलिकता और नवीनता श्रेष्ठ कवि की विशेषता नहीं है। वह तो है ही फिर भी कवि यदि प्रबुद्ध और जाग्रत हो तो श्रेष्ठ रचनाकारों की रचनाओं से प्रेरणा अवश्य ग्रहण करता है। यदि उसकी काव्य-शैली भी आधुनिक न होकर पुरानी अथवा मध्यकालीन है, तब तो इसकी सम्भावना और भी अधिक रहती है। ऐसा होने से निरन्तर चलने वाले वर्ण्य-विषयों की भिन्न-भिन्न प्रस्तुतियों में भाव साम्य का गहरा प्रभाव दिखाई पड़ता है। ऐसा करना न तो अनुकरण है और न ही मौलिकता का अभाव, अपितु यह रचना-परम्परा से ईमानदारीपूर्वक जुड़ने का परिचायक है।

हिन्दी साहित्य के इतिहास ग्रन्थों में यह बात प्रायः कही गयी है कि द्विजदेव हिन्दी की रीतिकाव्य परम्परा के अन्तिम प्रतिष्ठित कवि हैं। अतः यह स्वाभाविक है कि उनके चित्र में अपनी काव्य-परम्परा की स्पष्ट अवधारणा रही होगी और उन्होंने पूर्ववर्ती कवियों से अधिक-से-अधिक प्रेरणा भी ग्रहण की होगी। इसी तरह इस प्रश्न को यदि हम पूर्ववर्ती रचनाकारों की ओर से देखें, तो यह भी उतना ही स्वाभाविक लगता है कि उन्होंने द्विजदेव पर सहज ढंग से प्रभाव डाला। 'प्रेरणा और प्रभाव' कहकर हम जिन दो पक्षों की ओर संकेत करते हैं, वे दोनों ही प्रेरणामूलक भी हैं और प्रभावमूलक भी। इसे और स्पष्ट शब्दों में कहना चाहें, तो यह कह सकते हैं कि द्विजदेव ने अपने पूर्ववर्ती कवियों से प्रेरणा ग्रहण की और द्विजदेव के परवर्ती अनेक कवियों ने द्विजदेव से प्रेरणा ग्रहण की। यह कथन प्रेरणामूलक हुआ इसी को यदि प्रभावमूलक कथन की तरह प्रस्तुत करना चाहें तो यह कह सकते हैं कि पूर्ववर्ती कवियों ने 'द्विजदेव' को प्रभावित किया और परवर्ती कवियों को 'द्विजदेव' ने प्रभावित किया। वस्तुतः यह एक स्वाभाविक प्रक्रिया है और साहित्य-परम्परा में इसके अपवाद प्रायः नहीं मिलते। 'द्विजदेव' एक चली आती हुई काव्य-शैली के अत्यन्त समर्थ रचना-शिल्पी अवश्य थे, परन्तु काव्य-चेतना में नूतनता का ऐसा कोई

आग्रह नहीं दिखाई देता, जो उन्हें युगीन काव्य-परम्परा से एकदम पृथक् स्वरूप में प्रस्तुत करे। उन्होंने अपने रचना-शिल्प में जहाँ कहीं विशेष सफलता प्राप्त की है, वहाँ वे रीति कवियों के मार्ग के भीतर ही रहते हुए विशिष्ट अभिव्यक्तियाँ करते पाये जाते हैं। प्रेरणा और प्रभाव की दृष्टि से उनकी रचनाओं का सर्वेक्षण उपर्युक्त परिस्थितियों में पाये जाने वाले भाव-साम्य के माध्यम से किया जा सकता है।

पूर्ववर्ती कवियों का द्विजदेव पर प्रभाव

भाव-साम्य की दृष्टि से कवि द्विजदेव के छन्द अपने पूर्ववर्ती कवियों से बहुत मिलते हैं। जैसे—देव, पद्माकर, सेनापति, बिहारी, हठी जी, भिखारीदास, ठाकुर, सूरदास, मतिराम इत्यादि कवियों से इनके छन्द बहुत मिलते हैं। इसके उदाहरण इस प्रकार हैं—

देव और द्विजदेव : बसन्त ऋतु के वर्णन में द्विजदेव का तथा देव का निम्नलिखित छन्द आपस में कितनी समता रखते हैं, यह विचारणीय है—

"डार द्रुम पलना, बिछौना नव पल्लव कौ,
सुमन झंगूला सोहै तन छबि भारी दै।
पवन झुलावैं, केकी-कीर बतरावैं 'देव',
कोकिल हलावैं हुलसावैं कर तारी दै।।
पूरित पराग सो उतारौ करै राई-लौन,
कंज कली नायिका लतानि-सिर-सारी दै।
मदन महीप जू कौ बालक-बसन्त ताहि,
प्रातहिं जगावत गुलाब चटकारी दै।।"

(देव ग्रन्थावली से)

"मिलि माधवी आदिक फूल के ब्याज, विनोद-लवा बरसायौ करैं।
रचि नाचि लतागन तानि बितान, सबै बिधि चित्त चुरायौ करैं।।
'द्विजदेव' जू देखि अनोखी प्रभा, अलि-चारन कीरति गायौ करैं।
चिरजीवौ बसन्त सदाँ 'द्विजदेव', प्रसूनन की झरि लायौ करैं।।"

(शृं.ल.सौ., 28)

भिखारीदास और द्विजदेव : काव्य-रचना के सम्बन्ध में भिखारीदास तथा द्विजदेव का भाव-जगत् कितना मिलता है, यह इन छन्दों में देखने योग्य है—

"आगे के सुकवि रीझिहैं तौ कविताई,
न तौ राधिका-कन्हाई के सुमिरन कौ बहानौ है।"

(काव्य निर्णय, भिखारीदास)

"रसिक रीझिहैं जानि, तौ ह्वै है कवितौ सुफल।
न तरु सदाँ सुखदानि, श्री राधा हरि कौ सुजस।।"

(शृं.ल.सौ., 65)

इन पंक्तियों में काव्य-प्रयोजन का स्पष्ट संकेत है, जो एक-सा है।

बिहारी तथा द्विजदेव : राधा-माधव के युगल स्वरूप के वर्णन में बिहारी तथा द्विजदेव का एक ही भाव दृष्टिगोचर होता है–

"नित प्रति एकत ही रहत, बैस-बरन-मन-एक।
चाँहियुत जुगल किसोर लखि, लोचन-जुगल अनेक।।"

(बिहारी सतसई से)

"मोहिं प्रतीत परी अब तौ, बिबि-रूप बिलोकि सबै बिधि लायक।
हौं मन सौं, तन सौ तुम एक, अहो! बलि राधिका-राधिका-नायक।।"

(शृं.ल.सौ., 67)

हठी जी तथा द्विजदेव : हठी जी रीतिकाव्य के सिद्ध कृती थे। राधिका जी की वन्दना का भाव दोनों कवियों ने एक समान ही चित्रित किया है–

"कर-कंजन जाबक दै रुचि सौं, बिछिया सजि कै ब्रज-माँड़िली के।
मखतूल गुहे घुँघुरू पहिराई, छला छिगुनी चित चाड़िली के।।
पगजेवै जराब जलूसन की, रबि की किरनैं छबि छाड़िली के।
जग बन्दत है, जिनकौं सिगरौ, पग बन्दत कीरति-लाड़िली के।।"[1]

× × ×

"भूषन सारे सँवारे जराउ, जिन्हैं लखि तारे लगैं अति फीके।
त्यौं 'द्विजदेव' जू आनन की छबि, अंग सबै सरमाँइ ससीके।।
मोह-मई-तम क्यों न मिटै, इति ध्यान धरैं वृषभाँनु-लली के।
ताहू पै भानु-प्रभा निदरै, लखैं, चंचल कुण्डल कानन नींके।।"

(शृं.ल.सौ., 68)

ठाकुर तथा द्विजदेव : परकीया नायिका वर्णन के इस छन्द में ठाकुर कवि तथा द्विजदेव जी ने एक ही सुमधुर भाव की व्यंजना की है–

"जब तैं दरसे मनमोहन जू, तब तैं अँखियाएँ लगी सो लगी।
कुल-काँनि गयी सखि! बाही घरी, जब प्रेम के फन्द पगी सो पगी।।
कहिं 'ठाकुर' नेह के नेजन की, उर मैं अनी आँनि खगी सो खगी।
तुमि गाँवरे, नाँवरे कोऊ धरौ, हम साँवरे-रंग रँगी सो रँगी।।"[2]

× × ×

"मधुरी मुसुक्यानि मनोहर मैं, मति मेरी जु आनि ठगी सो ठगी।
गरुए-गहबीले गुलाब के पात से, गातन दीठि लगी सो लगी।।
सजनी! यह नेह-मई बतियाँन तैं, काम की जोति जगी जो जगी।
अब कोऊ कितौऊ कहै किन री! जू हौं स्याम के रंग रँगी सो रँगी।।"

(शृं.ल.सौ., 76)

पद्माकर तथा द्विजदेव : संयोग शृंगार के उद्दीपन रूप में बसन्त वर्णन का यह छन्द पद्माकर तथा द्विजदेव में आपस में काफ़ी साम्य रखता है–

"औरैं भाँति कुंजन मैं गुंजरत भौरैं-भीर,
औरैं ठौर झौरन के बौरन के ह्व गये।
कहैं 'पद्माकर' सु औरैं भाँति गलियाँन,
छलिया-छबीले-छैल औरैं छबि छवै गये।।
औरैं भाँति बिहँग-समाज मैं अबाज होति,
ऐसे ऋतुराज के न आवत दिन द्वै गये।
औरैं रस, औरैं रीति, औरैं राम, औरैं रंग,
औरैं तन, औरैं मन, औरैं बन ह्वै गये।।"

(जगद्विनोद, छन्द-75)

"औरैं भाँति कोकिल, चकोर ठौर-ठौर बोले,
औरैं भाँति सबद पपीहन के बै गये।
औरैं भाँति पल्लव लिए हैं बृन्द-बृन्द तरु,
औरैं छबि-पुंज, कुंज-कुंजन उनै गये।।
औरैं भाँति सीतल, सुगन्ध, मन्द डोलै पौन,
'द्विजदेव' देखत न ऐसैं पल द्वै गये।
औरैं रति, औरैं रंग, औरैं साज, औरैं संग,
औरैं बन, औरैं छन, औरैं मन, ह्वै गये।।"

(शृं.ल.सौ., 30)

पजनेस एवं द्विजदेव : इन दोनों कवियों का फाग वर्णन अपना कुछ अलग ही अनोखा भाव साम्य रखता है–

"दुहूँ ओर सौं फागु मढ़ी उमड़ी, जहाँ श्री-चढ़ी भीर तैं भीर भिरी।
धधकी दै गुलाल की धूँधरि मैं, धरी गोरी लला मुख-मीड़ि सिरी।।
कुच कंचुकी कोर छुवैं छरकैं, 'पजनेस' फँदी फरकै ज्यौं चिरी।
झरपै, झँपै, कौधैं, कढ़ै तड़िता, तरपै मनौं लाल-घटा मैं घिरी।।"[3]

× × ×

"लै लै कर झोरि जुरि आई इतै गोरी,
उतै होरी खेलिबे कौं ग्वाल-जालहूँ बनायौ कीच।
छाइगौ छिनै मैं यौं गुलाल मेघ-माला ऐसौ,
'द्विजदेव' जासौं ना जानयौ परै ऊँच-नीच।।
ऐसी भई धूँधरि धँमरि की सु ताही समैं,
वास के भौरैं मोर सोर कै उठे अपीच।
घन के समान ज्यौ-ज्यौ दौरैं घनस्याम त्यौं-त्यौं,
सम्पा-सी दुरति आली चम्पा-घन-बन बीच।।"

(शृं.ल.सौ., 94)

मतिराम तथा द्विजदेव : मानिनी नायिका वर्णन का निम्नलिखित छन्द द्विजदेव तथा मतिराम का एक ही प्रतीत होता है—

"कोऊ नहीं बरजै 'मतिराम' रहो, तितही जितही मन भायो।
काहे कौ सौहैं हजार करौ, तुम तौ कबहूँ अपराध न ठायो।।
सोवन दीजै, न दीनै हमें दुख, यों ही कहा रसवाद बढायो।
मान रहोई नहीं मनमोहन, मानिनी होय सो गानैं मनायो।।"

('रीतिकाव्य-संग्रह' से)

"आँखिन के जल की जु है रीति, सदाँ तुम साँझ-हूँ-भोर निहारत।
तैं 'द्विजदेव' जू क्यौ कहि जाँई, परे छत जे हिय कौं करैं आरत।।
बात बिचारिबे की यह लाल! कहा बकवाद कै मो-तन जारत।
मान रहैगौ कितै बलि जाउँ, सो मानिनी! मानिनी!! काहि पुकारत।"

(शृं.ल.सौ., 104)

सोमनाथ और द्विजदेव : विप्रलब्धा नायिका वर्णन में सोमनाथ तथा द्विजदेव के छन्द की रागता वेखने योग्य है

"उज्जल सरद-चन्द-चन्द्रिका-अमन्द दुति,
सीतल सुगन्ध मन्द-मन्द पौन फहरैं।
मुकता अमन्द मकरन्द के-से बिन्दु चारु,
बदनारबिन्दु की छबीली-छटा छहरैं।।
साजि रंग रंगनि के अंगनि सिंगार प्यारी,
गई रति-भौंन दूजे जामिनी के पहरैं।
पेखि परजंक नँद-नँद बिन 'सोमनाथ'
लागी अंग उठन भुजंग की-सी लहरैं।।"[4]

× × ×

"लीबे कौं चली तो बहु भाँतिन कौ चैन बन,
उँची कै भुजान भरि अंचल लियाई लाज।
छीवे कौं चली ती वह पानिप-भरौई तन,
छूवाई-छूवाई आई हियौ पावक-वियोग साज।।
भभरि रही-सी अभिलाषा मन ही की मन,
'द्विजदेव' की सौं कछु भूलिहूँ भयौ न काज।
पीबै कौं चली ती ब्रजचन्द कौ अमन्द हास,
पाइ चली प्यारी विष-विरह-बिथा कौं आज।।"

(शृं.ल.सौ., 95)

सूरदास तथा द्विजदेव : नायक-नायिका के परस्पर प्रेम वर्णन वाले इस छन्द में सूरदास जी का प्रभाव द्विजदेव पर स्पष्ट दृष्टिगोचर है जैसे–

"मेरे नैन चकोर भुलाने।
अह-निसि रहत पलक-सुधि बिसरैं, रूप सुधा न अघाने।।
पल, घट, घरी, जाम, दिन, निसि सब जुग-ही-जुग बर जाने।
स्वाद पर्‌यौ निमिषौ नहिं त्यागत, ताहि माँझ समाने।।
हरि-मुख-विधु पीवत है व्याकुल, नैकहूँ नांहि थकाने।
'सूरदास' प्रभु निरखि ललित-तन, अंग-अंग अरुझाने।।"

('सूरसागर' से)

"ज्यौं घनस्याम से स्याम बनें, त्यौं प्रिया तडिता-सी हिएं मैं परै तकि।
आँगन-चन्द की दीपति देखि, दुहूँन के नैन-चकोर रहे छकि।।
ऐसी बिनोद-कला निरखैं, 'द्विजदेव' न कौन की डीठि रहै चकि।
ज्यौं बिकसी अरबिन्द-सी प्यारी, मलिन्द-सौ तै सौई प्यारौ रह्यौ जकि।।"

(शृं.ल.सौ., 70)

नन्ददास तथा द्विजदेव : विरह व्यथित ब्रजाङ्गनाओं द्वारा अशोक के वृक्ष को उपालम्भ देने का यह कथन नन्ददास जी तथा द्विजदेव का कितना सुन्दर भाव-साम्य रखता है यह द्रष्टव्य है–

"अहो असोक! हर सोक, लोक मनि पियहिं बतावहु।
अहो पनस! सुभ सरस, मरत तिय-अमिय पियावहु।।"[5]

× × ×

"ऊपर ही कछु राग लपेटे, अहो! उर अन्तर के अति कारे।
त्यौं 'द्विजदेव' जू सूधे सुभाइ, सदा बिकसौ कछु लातन मारे।।

आप सौं औ अति नीचन सौं, कहौ भेद कहा है बिचा-बिचारे।
जीवन-मूरि बताइ कै, बेगि, जु सोक असोक! हरौ न हमारे।।"

(शृं.ल.सौ., 164)

परमानन्ददास तथा द्विजदेव : प्रस्तुत छन्द में परमानन्ददास जी तथा द्विजदेव के भाव कितने मिलते हैं, यह देखने योग्य है–

"देखौ माई! भींजति रस-भरे दोऊ।
नन्द-नन्दन वृषभानु-नन्दनी, होड़ परी है जोऊ।।
सुरंग चूनरी स्यामा जू की, भींजति है रस भारी।
गिरधर-पाग उपरन भींज्यौ, या छबि ऊपर वारी।।
बातहिं-बात होड़ भई भारी ललितादिक समुझावैं।
दोउ मिलि झगरति मांनति नाहीी, सखी सब बूँद बचावैं।।
तब मौंहन हारे सिर-नाए, हँसी सकल ब्रज-नारी।
'परमानन्द' प्रभु इति बिधि क्रीड़ति, या सुख की बलिहारी।।"

('परमानन्द सागर' से)

"जहँ लालन की महि लाली परी, हरी बूँदन पन्नन हीं की बटी।
चपला सी गुलाल-घटा में दिपैं, जहँ दासी अनेक जराइ जटी।।
'द्विजदेव' घनागम-भोरे तहाँ, भरि फाग मैं गायन कुंज-तटी।
सखि! राधिका-संग चले बनि भींजन, एक पटी-लिऐं एक कपटी।।"

(शृं.ल.सौ., 98)

केशव और द्विजदेव : विरहिणी नायिका की उन्माद-दशा के वर्णन का यह छन्द केशव तथा द्विजदेव का आपस में भाव-साम्य दिखाता है–

"कहि 'केसब' जाचक के अरि चम्पक, सोक असोक भए हरि कैं।
लखि केतक केतकि, जाति, गुलाब, ते तीच्छन जानि तजे डरि कैं।।
सुनि साधु तुम्हैं हम बूझन आए, रहे मन-मौंन कहा धरि कैं।
सिय कौ कछु सोध कहौ करुनामय, रे करुना! करुना करिकैं।।"

('रामचन्द्रिका' से)

"मालती-कुंजनि त्यागि घने, अलि-पुंज करीलन मैं सुख पैहैं।
चन्द की चारु कलानि लखे तैं, सबैं अरबिन्द अनन्दित ह्वै हैं।।
देखि कैं ऐसी दसा 'द्विजदेव', जो आप ही सौं उपकार न ह्वै हैं।
ए बन-बौरी अहो करुना! करुनाकर कौ किन सोध बतैहैं।।"

(शृं.ल.सौ., 202)

घनानन्द एवं द्विजदेव : नायिका के विरह निवेदन के इस छन्द में घनानन्द तथा द्विजदेव के भाव एक समान हैं–

"बहुत दिनन की अबधि आस-पास परैं,
खरे-अरबरनि भरैं हैं उड़ि जान कौं।
कहि-कहि आवन सँदेसौ मनभावन कौ,
गहि-गहि राखत हौं दै-दै सनमान कौं।।
झूँठी-बतियान के पत्यान तैं उदास ह्वै कैं,
अब न घिरत 'घनआनँद' निदान कौं।
अधर लगे है आनि, करिकैं पयान प्रान,
चाँहत चलन ए संदेसौ लै सुजान कौ।।"

('रीतिकाव्य संग्रह' से)

"बुद्धि बिबेक सबै तजि कैं, मन की कछु रीति अपूरब ह्वै है।
सो तन तायौ कितौऊ रहै घर, जीवन जीवन ही ढिंग जैहै।।
रावरे! आगम मैं 'द्विजदेव' बिलम्ब कछू जो कहूँ सुनि पैहै।
ओठन लागी जो आसन सो, फिरि ओठन तै वह साँस न ऐहै।।"

(शृं.ल.सौ., 199)

रसलीन और द्विजदेव : दूती द्वारा श्रीकृष्ण के सम्मुख नायिका के विरह निवेदन के वर्णन का द्विजदेव का छन्द रसलीन के निम्नलिखित छन्द से भाव-साम्य रखता है यह द्रष्टव्य है–

"कहा कहौं वाकी दसा, जब खग बोलत राति।
'पीउ' सुनत ही जियति है, कहाँ सुनति 'मरि' जाति।।"[6]

× × ×

"सब ऐसैई अंग हुते तिय के, कछु प्रान-विहीन ह्वै बोले परे।
'द्विजदेव' जू ता पैं बियोग की झारि, हिए मैं हजार-फफोले परे।।
इक आज लौं वे अरबिन्द से नैनहुँ, ते कछु आनन-खोले परे।
चलिए बलि बेगि? न तौ अब नैनऊ, प्रान सौं चाँहत पोले परे।।"

(शृं.ल.सौ., 162)

बेनी प्रवीन एवं द्विजदेव : मुग्धा प्रोषित पतिका नायिका का वर्णन बेनी प्रवीन तथा द्विजदेव दोनों कवियों ने बड़ा विदग्धतापूर्ण किया है। दोनों छन्दों का भाव-साम्य द्रष्टव्य है–

"मिलि संग सखीन के बैठे कछू नहिं खेल-कहानिऊँ, रोचति-सी।
परि पीरी गई कहि 'बेनी प्रबीन' रहै निसि-बासर दोचति-सी।।

जब तैं परदेस सिधारे पिया, अँसुवा अँखियाँन विमोचति-सी।
वह सौंनजुही-सम मौंन भई, लुकि भौंन के कौंन मैं सोचति-सी।।"

(नवरसतरंग से)

"पति-प्रीति के भारन जातीं उनैं, मति स्वै दुख-भारन सालैं परीं।
मुख बात तै होती मलीन सदाँ, सोई मूरति पौंन के पालैं परी।।
'द्विजदेव' अहो करतार! कछू, करतूति न रावरी आलैं परी।
वह नाँहक गोरी गुलाब-कली सी, मनोज के हाइ! हवालैं परी।।"

(शृं.ल.सौ., 159)

ग्वाल कवि तथा द्विजदेव : गोपियों की उद्धव के प्रति उक्ति के छन्दों में ग्वाल कवि और द्विजदेव का भाव-साम्य देखने योग्य है–

"कैसें के कन्हाई की बखानें चतुराई कोऊ,
भेजहिं मिठाई तौ कभूँ न भरि है गरौ।
सारी-जरतारी, आँगी ओढ़िनी किनारी बारी,
धारि-धारि फारि हौं पैं न तनहिं है भरौ।।
'ग्वाल कवि' भूषन हूँ भेजिहैं तौ टूटि जैहैं,
ऐसे उर आँनि कैं बिचार कियौ है खरो।
भेजी मथुरा तैं नई जोग की सुगात आली!
खातिर जमा सौं खाउ, पहिरौ खुसी करौं।।"[7]

× × ×

"पायी बिभूति घनी तौ हमैं, चित-चाँहि पठाई बिभूति उहाँ तैं।
त्यौं 'द्विजदेव' जू कूबरियौ, पठई यह कूबरी-संगमनाते।।
ऊधौ जू! कीजै कहा इतनौं स्रम, यौं उपजाइ हिऐं बहुघातैं।
जाहिर है सिगरे ब्रज मैं, उन सुन्दर-स्याम-सनेह की बातैं।।"

(शृं.ल.सौ., 108)

मुबारक कवि एवं द्विजदेव : नायिका द्वारा दीपमालिका देखने के लिए झरोखे से झाँकने का बड़ा ही सुन्दर चित्रण द्विजदेव ने किया है जो मुबारक कवि के निम्नलिखित छन्द से बहुत समता रखता है–

"जाल की चूनरी चीकनौं गात, चकोर थके मनौं चन्द के धोखैं।
लाँबी-लटैं लटिकैं कटि-खीन, पयोधर द्वै मन-मोहन सोखैं।
बेधे 'मुबारक' के हिय मैं, सर एकौं परैं न कटाच्छ के ओखैं।
बाकी न राखी कजा की कछू, जब बाँकी-चितौन सौं झाँकी-झरोखैं।।"[8]

× × ×

"मन्द-भए दीपक बिलोकि क्यौं अनन्द होते,
भौरें चारु चन्द के चकोर-चित चोखे तैं।
होती समताई दिखवारन के भाँखें कब,
चिन्तामनि आरसी की आनन-अनोखे तैं।।
'द्विजदेव' की सौ एतौ हो तो उपहास कब,
मानसर हूँ के अरबिन्द-अति-ओखे तैं।
आलिन के संग दीपमाली के बिलोकिबे कौं,
औझकि उझकि जो न झाँकती झरोखे तैं।।"

(शृं.ल.सौ., 118)

बेनी कवि और द्विजदेव : मानिनी नायिका द्वारा यमुना तट पर वन-विहार के वर्णन के इस छन्द में **बेनी कवि** और **द्विजदेव** का भाव एक समान ही प्रतीत होता है–

**"बैनी जू या ब्रज मैं बसिकै, हँसिकै न चली, न मैं सीस उठायो।
काल्हि कालिन्दी के तीन गयौ गिरी टीकौ लिलार कौ नीकौ न पायौ।।
हेरि लियौ हरि, टेरि कहयौ, यह कौन को है अजू? मै पर्‌यौ पायौ।
माहि जंजाल पर्‌यौ री महा, नन्दलाल सौं बोलत ही बनि आयौ।।"[9]**

× × ×

**"आज गई तो कलिन्दजा पैं, लखि कुंज लतानि कलोलति ही बन्यौं।
ठाढ़ी है त्यौं स्रम-सीकर तैं, कछु भींगे-निचोल निचोलति ही बन्यौं।।
आइ गये जदुराई तहिं, 'द्विजदेव' गुमान सौ डोलत ही बन्यौं।
कोरि उपाइ करे तेहिं काल पैं, आली! गुपाल सौं बोलति ही बन्यौं।।"**

(शृं.ल.सौ., 124)

रघुनाथ कवि एवं द्विजदेव : नायिका के नख-शिख वर्णन के अन्तर्गत अँगुली वर्णन के छन्द में **रघुनाथ** कवि और **द्विजदेव** का भाव-साम्य इस प्रकार है–

**"कुन्दन की पाँखुरी तुलैंगी तिल एकऊ न,
बुन्द न तुलैगी छवि चम्पक-कलीन की।
तिन छबि-सामुहैं उदोत कौंन भाँति पैहैं,
लाख-लाख लेखनी मनोज मति हीन की।।
'द्विजदेव' की सौं कित काके ढिंग जाइ अहो,
रीति यह सीखी कहो कौन धौं प्रबीन की।
ढूँढ़ि-ढूँढ़ि अमित अनौखें उपमान जो पैं,
समता बिचारत असम अँगुरीन-की।।"**

(शृं.ल.सौ., 266)

करांगुलि पर रघुनाथ कवि की उक्ति इस प्रकार है—

“कैधों कल्पतऊ की साखा यह मोहनी हैं,
मन-ललचावनी सदाँ ही निज-बर की।
जगमग होति ज्योति ज्योतिं नख-मखतावलि की,
पदिक-प्रकास के मरीची हिमकर की।।
भनैं ‘रघुनाथ’ किधौ कुसुम कली है भली,
पुरद फली हैं कै पती के मनहर की।
कैधों यह अँगुरी तिहारे कर-पंकज की,
कैधों अनी काम के प्रसून पंचसर की।।”[10]

भाव साम्य के द्योतक इन उदाहरणों से स्पष्ट है कि द्विजदेव पर अपने पूर्ववर्ती अनेक कवियों का गहरा प्रभाव पड़ा है। पूर्ववर्ती कवियों से प्रेरणा ग्रहण कर इन्होंने अनेक छन्दों की रचना की है।

परवर्ती कवियों पर द्विजदेव का प्रभाव

द्विजदेव के परवर्ती कवियों जैसे—जगन्नाथदास रत्नाकर, भारतेन्दु हरिश्चन्द्र, रामनाथ ज्योतिषी आदि पर उनका प्रभाव स्पष्टतः देखा जा सकता है। यह प्रभाव काव्य शैली में भी है और प्रसंग कल्पनाओं में भी। इसके सहजता से प्राप्त कुछ दृष्टान्त ही यहाँ दिये जा रहे हैं—

द्विजदेव और रत्नाकर : नायक के वियोग वर्णन के इस छन्द के भाव को रत्नाकर जी ने ज्यों-का-त्यों अपनाया है—

“आधी लै उसास मुख आँसुन सौं धौवें कहूँ,
जोवैं, कहूँ आधे-आधे पलन पसारिकै।
नींद, भूख, प्यास ताहि आधीहू रही न तन,
आधेहू न आखार सकत अनुसारिकें।।
‘द्विजदेव’ की सौं ऐसी आधि अधिकानी जासौं,
नैकऊँ न तन-मन राखति सँभारिकैं।
जा दिन तैं जोरि मन-मोहन लला पै डीठि,
राधे ! आधे-नैननि तैं आई तू निहारिकै।।”

(शृं.ल.सौ., 78)

“देख्यौ बन-गैल आज छैल छर कील्यौ एकु,
लोटत धरा पैं पर्यौ धीरज न धारै हैं।
कहै ‘रतनाकर’ लकुट बनमाल कहूँ,
मुकुट सुढार कहूँ लुठति धुरारै है।।

काकौ कौन, नैकु निवारत न नीकै-बोलि,
खोलि कछू बेदन कौ भेद न उधारै है।
आँस-भरि आधौं नाम राम कौ उचारै,
पुनि साँस भरि आधे-बैन धैंनु कौं पुकारे है।।"

(रत्नाकर कृत 'स्फुट कवित्त' से)

द्विजदेव और भारतेन्दु :

"बहु-भाँतिन हारे सिखाइ सबै सखि! आतम भूत के दूत घने।
तब तौ 'द्विजदेव' जू ए मद माँते भले और बुरे न कछूक गने।।
घर आइ गये जब सौं जदुराइ, सुधाकर की कछू सोभ-सने।
अरबिन्द से जे वे हुते सजनी! अब चाहत नैन चकोर बने।।"

(शृं.ल.सौ., 125)

इस छन्द का भाव भारतेन्दु के इस छन्द में द्रष्टव्य है—

"पहिले बिन जाने-पिछाने बिना, मिलि धाइ कैं आगैं बिचारे बिना।
अपने सौं जुदी ह्वै गई तुरतैं, निज लाभ औ हानि बिचारे बिना।।
'हरिचन्द' जू दोष सबै इनकौ, जो कियौ सब पूँछि हमारे बिना।
बरि आई लखौ इनकी उलटी, अब रोवहिं आप निहारे बिना।।"

('आधुनिक ब्रज भाषा काव्य' से)

द्विजदेव और रामनाथ ज्योतिषी : प्रभाव के इस छन्द में घनाक्षरी की टेक की एकरूपता द्रष्टव्य है। एक में वर्ष वर्णन है और दूसरे में बसन्त वर्णन है—

"घहरि-घहरि घन! सघन चहूँधाँ घेरि,
छहरि-छहरि विष-बूँद बरसावे ना।"
'द्विजदेव' की सौं अब चूकि मत दाँव,
अरे पातकी पपीहा! तू पिया की धुनि गावै ना।।
फेरि ऐसौ औसर न ऐहै तेरे हाथ अरे,
मटकि-मटकि मोर! सोर तू मचावैं ना।
हौं तौ बिन-प्रान, प्रान-चाँहति तज्यौई अब,
कत नभ चन्द! तू अकास-चढ़ि धावै ना।।

(शृं.ल.सौ., 151)

द्विजदेव के वर्षा वर्णन के इस छन्द की शब्द रचना और लय का स्पष्ट प्रभाव पं. रामनाथ ज्योतिषी के बसन्त वर्णन सम्बन्धी इस छन्द पर देखा जा सकता है—

"कोकिला कलौंप कुंज पुंजन अलापे बैठि,
ग्रीषम की तापैं कहूँ रचक लखावैं ना।
पल्लवित लोनी लता फूलन सों लहराति,
गुजरत भौरें भीर अनत सिधावैं ना।।
सुरभित सधन निकुंजन मैं बैठि-बैठि,
पच्छी मृगमाला भूलि चित्त बिचलावै ना।
'ज्योतिसी' सोहाई या विदेह अमराई छाँड़ि,
भैया लखौ लषन बसन्त कहुँ जावै ना।।"

('रामचन्द्रोदय' से)

द्विजदेव और सेवक जी : प्रोषित पतिका नायिका के विरह वर्णन वाले छन्द में सेवक जी पर द्विजदेव का प्रभाव द्रष्टव्य है–

"मंजु-मंजु गुंजत मलिन्दन की प्यारी-धुनि,
सुनति सलौनी सुधि आवति न तन की।
'द्विजदेव' बनत बिलौकैं ही बनत कछु,
ललित-लवंग-लतिकासन के सुमन की।।
सीरौ-धीर सुरभि-समीर सरसात बन,
लखि रुकि जाति गति का के न चखन की।
उधौ जू! न आवै लाज हिय मैं तिहारे आज,
आएहूँ बसन्त सीख देति उजरन की।।"

(शृं.ल.सौ., 75)

"वेई दल फूल जिन्हैं बाढ़त बिलोकि फूल,
सूल सम ते भए समूल छवि सारी सौ।
'सेवक' बखाने तेई ठौर-ठौर झौरत हैं,
भौंरन के तौर और है गये महारी सौ।।
सीतल समीर सोई पीर कौं करत हाइ,
धाइ-धाइ परत पराग-राग धारी सौ।
जाइ न कहन्त कोऊ कौन तन्त राम।
कन्त बिना है गयौ वसन्त अन्तकारी सौ।।"[11]

द्विजदेव और मन्नालाल 'द्विज' : शृंगार के अधिपति नायक के सौन्दर्य वर्णन में द्विजदेव और मन्नालाल द्विज का भाव-साम्य देखने योग्य है–

"कटि काछिनी काछैं पितंबर की, धरैं मोर-पखान कौ मोर पखा।
'द्विजदेव' जू यौं दुपटी फहरैं, मनौं बोलत बिस्व-बिजैं करखा।।

**वह कौंन धौं माधुरी मूरतिवारौं अली! छबि नैननि जाकी चखा।
बिहरै चहुँधाँ बन बीथिन बीच, मनोभव-भूप कौं मानौं सखा।।"**

(शृं.ल.सौ., 85)

**आवत हो कुंजन तैं बाँसुरी बजावत,
पियूष बरसावत सघन-घन कारौ है।
पीत पट, बनमाल गुंजन कौ हार हिऐं,
कुण्डल-मकर मुख-सुधा-सिन्धु भारौ है।।
'द्विज' जू बिलोकत ही धीरज धँस्यौं-सौ जात,
हँस्यौ-सौ परत काम केतक बिचारौ है।
सखन के संग, उत मंग मोर-पाखन कौं,
कौंन को दुलारौ वह जुलफनवारौ है।।**

('शृंगार सुधाकर' से)

द्विजदेव के जिन अन्य परवर्ती कवियों पर उनका बहुत प्रभाव पड़ा है। उनमें पण्डित प्रवीन, बलदेव आदि अनेक कवि और भी हैं जिन पर दृष्टि डाली जा सकती है। प्रभाव ग्रहण को कवि द्विजदेव की वह विशेषता मान सकते हैं, जिसमें कोई कवि परम्परा के गुणधर्म से निष्ठापूर्वक जुड़ता है और प्रभाव डालना उनकी अपनी रचनाओं की गुणवत्ता और लोकप्रियता का प्रमाण है।

निष्कर्ष

द्विजदेव की काव्य रचनाओं के समग्र अनुशीलन से उनके कृतित्व की विशेषताओं का परिचय तो मिलता है, उसके साथ ही हिन्दी रीतिकाव्य की उत्तरकालीन समृद्धि का भी यथेष्ट बोध सम्भव हुआ है। पूर्ववर्ती सभी अध्यायों में जो विवेचन किया जा सका है, उसके निष्कर्ष सूत्र रूप में निम्नलिखित तथ्य दिये जा सकते हैं—

1. कवि द्विजदेव हिन्दी रीतिकाव्य परम्परा के अन्तिम समर्थ कवि थे। इनके पश्चात् इस काव्य-शैली के रचनाकार तो बहुत से मिलते हैं, किन्तु इनके जैसी सिद्धता और उपलब्धि बाद के कवियों में दिखाई नहीं पड़ती। द्विजदेव के बाद की परम्परा को हिन्दी साहित्य का इतिहास लिखने वाले विद्वानों ने रीतिकालीन न मान कर आधुनिककाल पर रीतिकाव्य के प्रभाव के रूप में ग्रहण किया है।

2. द्विजदेव राजपरिवार के समृद्ध परिवेश में जन्मे थे और उन्हें विशिष्ट राज्य का राजपद प्राप्त था। अपने उस दायित्व में वे अत्यधिक सफल भी थे। कवि-कर्म उन्होंने अपने साहित्यानुराग के कारण अपनाया था। रीति युग में ऐसे अनेक

साहित्यानुरागी राजा हो चुके हैं, जिन्होंने अपनी कारयित्री प्रतिभा से साहित्य-सेवा की तथा साहित्य-सेवी राजाओं की कड़ी में सम्मान के साथ स्मरण किये जाते हैं।

3. द्विजदेव की पाँच रचनाओं का उल्लेख हम दूसरे अध्याय में कर आये हैं। इनमें से चार—शृंगार लतिका, शृंगार बत्तीसी, शृंगार चालीसी तथा मानमयंक हिन्दी रचनाएँ है और पाँचवीं (अविमुक्तपंचदशी) संस्कृत रचना है। उनके कवित्व के वास्तविक क्षेत्र का परिचय हिन्दी रचनाओं से मिलता है, क्योंकि उसी में कवित्त की घनीभूत प्रेरणा है, और उन्हीं में उनका काव्य चिन्तन भी लक्षित हुआ है। यद्यपि इन चारों रचनाओं के प्रकाशन के निश्चित साक्ष्य हैं, पर इस बात की भी सम्भावना है कि ये उनके रचना कर्म के उत्तरोत्तर विकास के विभिन्न चरणों और विभिन्न नामों के अनुसार अलग-अलग कृतियों के रूप में प्रसिद्ध होते हुए भी मूलतः एक ही रचना हो, जिसे अब 'शृंगार-लतिका' के नाम से जाना जाता है, उनकी कवि-कीर्ति का मुख्य आधार यही रचना है।

रीतिकालीन काव्य रचना की जो अवधि साहित्य के इतिहास ग्रन्थों में मान्य है। उसमें रीतिगत प्रवृत्तियों से इतर साहित्य की रचना के छिटपुट साक्ष्य ही मिलते हैं। उसमें कुछ भक्ति भाव से अनुप्राणित रचनाएँ तथा कुछ लोक नीति से परिपूर्ण रचनाएँ ही उल्लेखनीय बन सकी हैं। रीतिकाव्य जो इस युग की काव्यधारा की मुख्य पहचान बना वह मूलतः राज्याश्रय से जुड़ा रहा, पर इसमें भक्ति तत्त्व का समावेश और सामान्य जनता की कठिन समस्याओं की चर्चा से दूरी दोनों ही अधिकतर प्राप्त हैं। इसीलिए भक्तिकाल और रीतिकाल की संश्लिष्ट चर्चाओं में इस काव्य के सम्बन्ध में कुछ-न-कुछ उभयनिष्ठता भी प्राप्त होती है। **डॉ. रामचन्द्र तिवारी** ने राज्याश्रयी काव्य को केन्द्र में रखकर कहा, "राज्याश्रयी काव्य (चाहे वह भक्तिकाल का हो चाहे रीतिकाल का) की मूल प्रवृत्ति प्रायः एक-सी रही है। यह जनजीवन से दूर रहा है। आश्रयदाता जब जन समर्थित और लोकप्रिय होता था तब कवि की वाणी जनता में भी गूँज उठती थी। अन्यथा वह दरबार में स्फुटित होकर रह जाती थी।"[12]

4. शृंगार लतिका उन रीतिकालीन कृतियों की अति आकर्षक कड़ी है, जो लक्ष्य-लक्षण काव्य-शैली पर रची गयी हैं। ऐसी रचनाएँ अपने रीतिवादी कृतिकारों की स्वतन्त्र प्रतिभा का भरपूर संकेत देती हैं, और ऐसे संकेत शृंगार-लतिका में भी मिलते हैं। इस कृति के अध्ययन से यह भी निष्कर्ष निकलता है कि **द्विजदेव** ने रीतिकाव्यों के परम्परागत काव्यांग विवेचन में से अपने लिए केवल रस-विवेचन का क्षेत्र ही चुना और उसमें भी केवल शृंगार रस को। किन्तु रसराज के रूप में प्रतिष्ठित इस शृंगार रस के दोनों पक्षों के व्यापक चित्रण के लिए आवश्यक माने जाने वाले किसी भी पक्ष को उन्होंने नहीं छोड़ा। रस-सामग्री के विविध भावात्मक उपादान जैसे—स्थायी भाव,

आश्रय, आलम्बन, उद्दीपन, अनुभाव तथा संचारी भाव अपने सभी प्रकारों और परिस्थितियों में शृंगार-लतिका के छन्दों में समाविष्ट हैं। इसके अतिरिक्त प्रेमोत्पत्ति के कारण, दूती की योजना, नायक-नायिका भेद, वियोग के भेदोपभेद और उसकी विभिन्न दशाएँ आज भी इस कृति में इतनी कुशलता के साथ अंकित की गयी हैं कि यह शृंगारी कविता का एक मानक सिद्धान्त ग्रन्थ बन गया है।

5. यद्यपि हिन्दी की रीतिकालीन कविता की तीन धाराओं की चर्चा की जाती है। पर इन धाराओं को रीतिकाव्य विशेषज्ञों ने सर्वसम्मत मान्यता प्रदान नहीं की। इसका कारण सम्भवतः यह है कि उनके बीच की भेदक रेखाएँ बहुत स्पष्ट नहीं हैं। रीतिसिद्ध धारा कही जाने वाली रीतिकाव्य परम्परा तो शेष दोनों धाराओं के समन्वय का प्रयास जान पड़ती है। इसे यदि रीतिबद्ध कविता का ही एक भिन्न प्रकार माना जाये, तो अधिक युक्तियुक्त होगा, क्योंकि द्विजदेव मतिराम और देव की तरह रीतिबद्ध नहीं हैं, किन्तु बिहारी की तरह रीतिसिद्ध भी नहीं हैं। इसी से ऐसा कहने की आवश्यकता प्रतीत होती है कि इनकी कविता का मार्ग रीतिकाव्य शैली के अन्तर्गत होते हुए भी कुछ निजी रुचि और सूझ-बूझ से सम्पन्न था।

6. द्विजदेव में रीतिकालीन कविता के प्रायः सभी लक्षण पाये जाते हैं। केवल आश्रयदाताओं की प्रशस्ति का लक्षण उनकी रचना में घटित नहीं होता, क्योंकि वे आश्रित न होकर स्वयं ही आश्रयदाता थे।

7. द्विजदेव की रचनाओं में भक्ति-भावना के परिचायक छन्द मिलते हैं, यद्यपि रीतिकाल के कवि राधा-माधव की भक्ति उनकी मधुर लीलाओं के वर्णन के बहाने से करते रहे हैं और उसे मूलतः 'कविताई' के लक्ष्य से तथा द्वितीयतः "राधिका कन्हाई के सुमिरन कौ बहानौ" के लक्ष्य से अपनाते रहे। द्विजदेव के भक्तिमूलक छन्द संख्या में कितने भी कम क्यों न हों, पर उनके कृष्ण-भक्ति सम्बन्धी उद्गार सच्चे मन से निकले हुए प्रतीत होते हैं और उनकी प्रौढ़ता यत्र-तत्र प्राप्त होने वाली दार्शनिक अभिव्यंजनाओं में देखी जा सकती है।

8. द्विजदेव की रचनाओं के अनुशीलन से यह पता चलता है कि द्विजदेव ने किसी बड़े मनीषी और विचारक कवि का बड़ा लोकव्यापी क्षेत्र अपने लिए नहीं चुना। सामाजिक जीवन से यह दूरी सम्पूर्ण रीतिकाल में पायी जाती है। अतः द्विजदेव भी इसके अपवाद नहीं है। कृष्ण-चरित का भी उन्होंने उतना ही भाग अपनाया, जो उनकी शृंगार व्यंजनाओं के अनुकूल था और जो शृंगार-लतिका के मुक्तक-काव्य-बंध में खप सकता था। पर, यह कहने में तनिक भी अतिशयोक्ति नहीं लगती है कि अपने वर्ण्य-विषय के अति सीमित क्षेत्र को उन्होंने अपनी असाधारण कला से जगमग कर दिया है। उनका यह काव्य कलावादी कविता के उत्कर्ष की अनूठी अवधारणा का परिचायक है।

9. द्विजदेव यों तो सभी काव्यांगों की चरितार्थता में अप्रतिम हैं, पर उन्हें सौन्दर्य व प्रकृति वर्णन में विशेष अभिरुचि तथा छन्द-रचना और भाषा-प्रयोग में विशेष क्षमता प्राप्त थी। आधुनिक काल की ब्रज भाषा काव्य परम्परा पर द्विजदेव की भाषा सामर्थ्य का गुणात्मक प्रभाव स्पष्ट रूप से देखा जा सकता है।

10. कवि द्विजदेव के सम्बन्ध में एक-दो आश्चर्यजनक तथ्य भी सामने आते हैं। उनमें पहला तो यह कि वे अवध क्षेत्र के निवासी होते हुए भी अवधी भाषा के उपयोग से सर्वथा असम्बद्ध रह गये और दूसरी बात यह कि समकालीन राष्ट्रीय चेतना से उनका तादात्म्य न होने की बात अधिकतर अनुभव की गयी है। इन दोनों के बारे में इतना ही कहा जा सकता है कि कृष्ण-काव्य का सहज सम्बन्ध ब्रज बोली से होने के कारण वह ब्रज बोली तक ही सीमित रह गये और राजपरिवार की स्वाभाविक परिस्थितियों ने उन्हें खुलकर राष्ट्रीय आन्दोलन से नहीं जुड़ने दिया। जीवन परिचय के विस्तृत विश्लेषण से यह तथ्य सामने आये हैं कि अपने जीवन के अन्तिम वर्षों में विदेशी सत्ता से उनका मोहभंग हो चुका था और वे भावना से राष्ट्रीय आन्दोलन के साथ हो गये थे। यदि उन्होंने अपनी कविता को शृंगारी-कविता की सीमाओं तक ही सीमित न रखा होता तो कदाचित् उनकी राष्ट्रीय भावना उनकी रचनाओं में अवश्य आयी होती।

11. उनकी कविता में शृंगार तथा भक्ति का योग है, वस्तुतः द्विजदेव के काव्य में शृंगार और भक्ति के स्थायी भाव इस प्रकार एकमेक हो गये हैं कि उन्हें पृथक कर पाना सहज ही सम्भव नहीं हैं।[13]

'शृंगार-लतिका' के प्रणेता 'द्विजदेव' उस युग के कलासिद्ध कवि हैं, जिनमें कविता के प्रति कलात्मक दृष्टि ही प्रधान थी और उसका क्षेत्र सामान्य जनजीवन की बातों से भिन्न समझा जाता था। कविता के इस स्वरूप के उत्कर्ष से भी साहित्य को अतीव उपयोगी समृद्धि मिली है, इसे नकारा नहीं जा सकता है। इसीलिए हिन्दी साहित्य के विकास में रीतिकालीन कविता के कलात्मक अवदान की मुक्त कण्ठ से सराहना की जाती है। यह अवदान जिन प्रसिद्ध कवियों की साहित्य-सेवा पर विशेषतः केन्द्रित है, निःसन्देह कवि द्विजदेव उनमें से एक हैं।

सन्दर्भ

1. शृंगार लतिका सौरभ में, पृ. 171 पर उद्धृत छन्द।
2. वही, पृ. 198 पर उद्धृत छन्द।
3. वही, पृ. 262 पर उद्धृत छन्द।
4. वही, पृ. 293 पर उद्धृत छन्द।

5. वही, पृ. 461 पर सन्दर्भित छन्द।
6. वही, पृ. 464 पर उद्धृत छन्द।
7. वही, पृ. 303 पर उद्धृत छन्द।
8. वही, पृ. 335 पर उद्धृत छन्द।
9. वही, पृ. 50 पर उद्धृत छन्द।
10. वही, पृ. 759 पर उद्धृत छन्द।
11. वही, पृ. 195 पर उद्धृत छन्द।
12. डॉ. रामचन्द्र तिवारी, 'मध्ययुगीन काव्य साधना, पृ. 7
13. साकेत सुधा, रजत जयन्ती अंक, पृ. 64

परिशिष्ट

(क) विवेच्य ग्रन्थ सूची

1. महाराजा मानसिंह 'द्विजदेव' : श्रृंगार-बत्तीसी, नवल किशोर प्रेस, लखनऊ।
2. महाराजा मानसिंह 'द्विजदेव' : श्रृंगार चालीसी, प्रकाशक—अमर यन्त्रालय, काशी।
3. महाराजा मानसिंह 'द्विजदेव' : श्रृंगार लतिका सौरभ, प्रकाशिका—महारानी जगदम्बा देवी, सं. रामशंकर शुक्ल 'रसाल' सन् 1934 वि.।
4. महाराजा मानसिंह 'द्विजदेव' : श्रृंगार लतिका सौरभ, प्रकाशिका, महारानी जगदम्बा देवी, सं. जवाहर लाल चतुर्वेदी, सं. 1993
5. महाराजा मानसिंह 'द्विजदेव' : अविमुक्तपंचदशी, भारत जीवन यन्त्रालय, सं. 1950 वि.।
6. महाराजा मानसिंह 'द्विजदेव' : मानमयंक, प्रकाशक—देव-सुकवि सुधा कार्यालय, कवि-कुटीर, लखनऊ।

(ख) सहायक ग्रन्थ सूची

1. अथर्ववेद संहिता : सं. श्रीराम शर्मा आचार्य, गायत्री प्रकाशन, मथुरा।
2. अम्बिका प्रसाद बाजपेयी : द्विजदेव और उनका काव्य, नागरी प्रचारिणी सभा, काशी 2024 वि.।
3. आचार्य वामन : काव्यालंकार सूत्र वृत्ति, बनारस संस्कृत सीरीज़, 1907 ई.।

4. आचार्य विश्वनाथ : साहित्य दर्पण, मोतीलाल बनारसीदास, दिल्ली, 2013 वि.।

5. आचार्य दण्डी : काव्यादर्श, मेहरचन्द लक्ष्मणदास, लाहौर, 1990 वि.।

6. आचार्य वैद्यनाथ सिंह : मानस में रीति-तत्त्व, हिन्दी साहित्य सम्मेलन, प्रयाग।

7. आचार्य रामचन्द्र शुक्ल : हिन्दी साहित्य का इतिहास, नागरी प्रचारिणी सभा, काशी, 2045 वि.।

8. आचार्य विश्वनाथ प्रसाद मिश्र : हिन्दी साहित्य का अतीत, वाणी-वितान प्रकाशन, ब्रह्मनाल, वाराणसी-1

9. आचार्य आनन्दवर्धन : ध्वन्यालोक, चौखम्भा, संस्कृत सीरीज़, वाराणसी।

10. आचार्य मम्मट : काव्य प्रकाश, दशम संस्करण समीक्षाकार–डॉ. श्रीनिवास शास्त्री, साहित्य भण्डार, मेरठ।

11. डॉ. आनन्द प्रकाश दीक्षित : रस सिद्धान्त : स्वरूप-विश्लेषण, राजकमल प्रकाशन, दिल्ली।

12. आचार्य भामह : काव्यालंकार, चौखम्भा, संस्कृत सीरीज़ बनारस, 1985

13. आचार्य रामचन्द्र शुक्ल : चिन्तामणि भाग-1, ना. प्र. सभा, काशी।

14. डॉ. ओंकार नाथ त्रिपाठी : हिन्दी साहित्य का इतिहास, भवदीय प्रकाशन, अयोध्या।

15. डॉ. ईश्वरी प्रसाद : मध्य युग का संक्षिप्त इतिहास, इंडियन प्रेस प्रा. लि., इलाहाबाद।

16. डॉ. उषा पुरी : रीतिकालीन कविता में भक्ति तत्त्व, नेशनल पब्लिशिंग हाउस, दरियागंज, नयी दिल्ली।

17. डॉ. उमेश मिश्र : भारतीय दर्शन, हिन्दुस्तानी एकेडमी, इलाहाबाद।

18. एस.एन. सेन : शब्दों में '1857'

19. ए. काल्विन : 'द लॉयल एण्ड बेनीवोलेंट महाराजाज़ ऑफ़ अयोध्या', नवल किशोर प्रेस, लखनऊ।

20. कर्नल जान बोन्हम, सी.बी. : अवध इन 1857

21. कुँवर दुर्गा प्रसाद : तारीख़े अजोध्या।

22. कुन्तकाचार्य : वक्रोक्ति जीवितम्, आत्माराम एण्ड सन्स, दिल्ली, 262 वि.।

23. कृष्ण शंकर शुक्ल : केशव की काव्य-कला, प्रकाशक—साहित्य ग्रन्थ माला कार्यालय, काशी।

24. कर्नल टाड : राजस्थान।

25. डॉ. कृष्ण लाल हंस : हिन्दी साहित्य का समीक्षात्मक इतिहास, प्रकाशक—ग्रन्थम् रामबाग़, कानपुर।

26. केशव ग्रन्थावली : खण्ड-1, प्रथम संस्करण, सं. विश्वनाथ प्रसाद मिश्र, हिन्दुस्तानी एकेडमी, इलाहाबाद।

27. कन्हैयां लाल पोद्दार : रसमंजरी

28. डॉ. किशोरी लाल : रीति कवियों की मौलिक देन, साहित्य भवन प्राइवेट लिमिटेड, इलाहाबाद।

29. केशवदास : रामचन्द्रिका, टीकाकार—डॉ. देशराज सिंह भाटी, अशोक प्रकाशन, दिल्ली।

30. केशवदास : कविप्रिया, नवल किशोर प्रेस, लखनऊ 1924

31. गज़ेटियर ऑफ़ अवध : बी. आर. पब्लिशिंग कॉरपोरेशन, दिल्ली।

32. गज़ेटियर ऑफ़ फ़ैज़ाबाद : राजकीय मुद्रणालय, इलाहाबाद।

33. डॉ. चन्द्रिका प्रसाद शर्मा : घनानन्द-चन्द्रिका, प्रकाशक—शिखा प्रकाशन, लखनऊ।

34. डॉ. जय नारायण मिश्र 'हेम' : द्विजदेव के काव्य का आलोचनात्मक अध्ययन, ओम प्रकाशन, दिल्ली।

35. डॉ. जयकिशन प्रसाद खण्डेलवाल : हिन्दी साहित्य की प्रवृत्तियाँ, हिन्दी साहित्य भण्डार, मेरठ।

36. जयदेव : गीत गोविन्द, ठाकुर प्रसाद बुक सेलर्स, वाराणसी, 1985 ई.।

37. डॉ. जगदीश गुप्त : रीतिकाव्य, प्रकाशक—वसुमति, 38, ज़ीरो रोड, इलाहाबाद-3

38. डॉ. जयकिशन प्रसाद खण्डेलवाल : केशवदास का आलोचनात्मक अध्ययन।

39. डॉ. जगदीश गुप्त : रीतिकाव्य संग्रह, साहित्य भवन प्रा. लिमिटेड, इलाहाबाद।

40. विश्वनाथ प्रसाद मिश्र : जसवन्त सिंह ग्रन्थावली, नागरी प्रचारिणी सभा, प्रथम संस्करण। वाराणसी।

41. जगन्नाथ प्रसाद 'भानु' : नायिका भेद शंकावली, प्रथम संस्करण, जगन्नाथ प्रेस, बिलासपुर, मध्य प्रदेश।

42. जयदेव : चन्द्रालोक, विश्वविद्यालय प्रकाशन, वाराणसी।

43. डॉ. देशराज सिंह भाटी : हिन्दी में शब्दालंकार विवेचन, साहित्य प्रकाशन, मालीवाड़ा, दिल्ली।

44. देव ग्रन्थावली : भाग-1, सं. डॉ. पुष्पा रानी जायसवाल, हिन्दुस्तानी एकेडमी, इलाहाबाद, प्रथम संस्करण।

45. महाकवि देव : भवानी विलास।

46. महाकवि देव : शब्द रसायन, हिन्दी साहित्य सम्मेलन, प्रयाग, संवत् 2004 ई.।

47. डॉ. नगेन्द्र : हिन्दी साहित्य का वृहत् इतिहास, षष्ठ भाग, नागरी प्रचारिणी सभा, काशी।

48. डॉ. नगेन्द्र : हिन्दी साहित्य का इतिहास, नेशनल पब्लिशिंग हाउस, नयी दिल्ली।

49. डॉ. नगेन्द्र : रीतिकाव्य की भूमिका, प्रकाशक—नेशनल पब्लिशिंग हाउस, अंसारी रोड, दरियागंज, दिल्ली।

50. नकछेदी तिवारी : कविराज लछिराम का जीवन चरित, भारत जीवन प्रेस, सन् 1964 ई.।

51. डॉ. नगेन्द्र	:	रीतिकाल की भूमिका तथा देव और उनकी कविता, गौतम बुक डिपो, दिल्ली, 1949
52. पी. कारनेगी सी. एस.	:	ए हिस्टोरिकल स्केच ऑफ़ फ़ैज़ाबाद तहसील।
53. परिपूर्णानन्द वर्मा	:	वाजिद अली शाह और राज्य का पतन।
54. पेपर्स रिलेटिंग टू द एडमिनिस्ट्रेशन ऑफ़ अवध	:	—
55. परमानन्द सुहाने	:	षट्ऋतु हजारा, नवल किशोर प्रेस, लखनऊ, सन् 1894 ई.।
56. प्रताप नारायण सिंह 'वीरेश'	:	रस कुसुमाकर, इंडियन प्रेस, इलाहाबाद, सन् 1894 ई.।
57. डॉ. वासुदेवशरण अग्रवाल	:	पोद्दार अभिनन्दन ग्रन्थ, अखिल भारतीय ब्रज साहित्य मण्डल, मथुरा, 2010 वि.।
58. पुरुषोत्तम दास अग्रवाल	:	मध्यकालीन हिन्दी कृष्ण भक्तिकाव्य में रूप सौन्दर्य, बोहरा प्रकाशन, बोरडी का रास्ता, जयपुर-3
59. पद्माकर	:	जगद्विनोद-पद्माकर ग्रन्थावली, सं. विश्वनाथ प्रसाद मिश्र, नागरी प्रचारिणी सभा, वाराणसी।
60. परमानन्ददास	:	परमानन्द सागर।
61. फॉरेन सीक्रेट कन्सल्टेशन नं. 226	:	नेशनल ऑर्काइव्स, नयी दिल्ली।
62. फ्रीडम स्ट्रगल इन उत्तर प्रदेश	:	वाल्यूम-1, 2
63. फॉरेन पॉलिटिकल कन्सल्टेशन	:	नेशनल ऑर्काइव्स, नयी दिल्ली
64. बनारसीदास सक्सेना	:	हिन्दी साहित्य, द्वितीय भाग।
65. बी. एन. लूनिया	:	इवोल्यूशन ऑफ़ इंडियन कल्चर, लक्ष्मी नारायण अग्रवाल, आगरा।
66. ब्रजरत्नदास	:	ब्रज-माधुरी सार, हिन्दी साहित्य सम्मेलन, प्रयाग।

67. बिहारी : बिहारी सतसई सटीक, नवल किशोर प्रेस, लखनऊ।

68. बृजकिशोर मिश्र : अवध के प्रमुख कवि, विश्वविद्यालय हिन्दी प्रकाशन, लखनऊ विश्वविद्यालय, लखनऊ।

69. बटलर : टोपोग्राफ़ी एंड स्टैटिस्टिक्स ऑफ़ सदर्न अवध।

70. विश्वनाथ प्रसाद मिश्र : बोधा ग्रन्थावली, नागरी प्रचारिणी सभा, काशी, प्रथम संस्करण

71. बेनी प्रवीन : नवरसतरंग, सं. कृष्ण बिहारी मिश्र, प्राचीन कवि माला कार्यालय, काशी, सन् 1925 ई.।

72. भगीरथ मिश्र : काव्यशास्त्र, विश्वविद्यालय प्रकाशन, वाराणसी।

73. भोजराज : सरस्वती-कण्ठाभरण, जीवानन्द विद्यासागर, कलकत्ता।

74. भगीरथ मिश्र : हिन्दी रीति साहित्य, राजकमल प्रकाशन, दिल्ली-पटना।

75. भिखारीदास : काव्य-निर्णय, भारत जीवन यन्त्रालय, काशी।

76. भरतमुनि : नाट्यशास्त्र, ओरियंटल इंस्टीट्यूट, बड़ौदा।

77. भारतेन्दु हरिश्चन्द : आधुनिक ब्रज भाषा काव्य।

78. महेन्द्र प्रताप सिंह : रीतिकालीन साहित्य की ऐतिहासिक व्याख्या, श्री पटल प्रकाशन, के 46, कैलास कॉलोनी, नयी दिल्ली।

79. मिश्र बन्धु : मिश्रबन्धु विनोद, तृतीय भाग, प्रकाशक—श्री दुलारे लाल भार्गव, गंगा पुस्तक माला कार्यालय, लखनऊ।

80. मनोहर लाल गौड़ : घनआनन्द और स्वच्छन्द काव्यधारा।

81. मेटकाफ : सोशल इफ़ेक्ट्स ऑफ़ ब्रिटिश लैंड पॉलिसी इन अवध।

82. कृष्ण बिहारी मिश्र : मतिराम ग्रन्थावली, स्व. बृजकिशोर मिश्र, नागरी प्रचारिणी सभा, वाराणसी, प्रथम संस्करण।

83. मध्यकालीन साहित्य सन्दर्भ : (डॉ. किशोरीलाल अभिनन्दन ग्रन्थ) सं. डॉ. किशोरी लाल गुप्त, डॉ. विजयपाल सिंह, प्रकाशक–स्टार पब्लिकेशन प्रा. लि., नयी दिल्ली।

84. यू. पी. डिस्ट्रिक्ट गज़ेटियर ऑफ़ फ़ैज़ाबाद : द्वारा राजस्व विभाग, उ. प्र. सरकार इंडियन प्रेस, इलाहाबाद।

85. डॉ. रामचन्द्र तिवारी : मध्ययुगीन काव्य साधना, भवदीय प्रकाशन, फ़ैज़ाबाद, अयोध्या।

86. रामकुमार वर्मा : रीतिकालीन साहित्य का पुनर्मूल्यांकन, साहित्य भवन प्रा.लि., के.पी. कक्कड़ रोड, इलाहाबाद।

87. रामशंकर शुक्ल 'रसाल' : हिन्दी साहित्य का इतिहास, हिन्दी मन्दिर, प्रयाग।

88. रमेश कुमार शर्मा : रीतिकाल और आधुनिक हिन्दी कविता, विनोद पुस्तक मन्दिर, आगरा।

89. रामनाथ ज्योतिषी : रामचन्द्रोदय, हिन्दी पुस्तक मन्दिर, प्रयाग।

90. राजकुमारी मित्तल : कृष्ण भक्तिकाव्य में रीतिकाव्य परम्परा।

91. राजनाथ शर्मा : हिन्दी साहित्य का विवेचनात्मक इतिहास, विनोद पुस्तक मन्दिर, आगरा।

92. रामफेर त्रिपाठी : रीतिमुक्त कवि : नया परिदृश्य, मधु प्रकाशन, 42-ताशकन्द मार्ग, इलाहाबाद।

93. राजशेखर : काव्य मीमांसा, अनु. केदारनाथ शर्मा सारस्वत बिहार, राष्ट्र भाषा परिषद्, पटना।

94. रामफेर त्रिपाठी : आचार्य कवि लछिराम जीवन और साहित्य, नेशनल पब्लिशिंग हाउस, नयी दिल्ली।

95. रत्नाकर : स्फुट कवित्त।

96. लछिराम भट्‌ट : प्रताप रत्नाकर, गोपीनाथ पाठक, द्वारा बाइट यन्त्रालय, बनारस संवत् 1937 ई.।

97. लाला सीताराम : अयोध्या का इतिहास, हिन्दुस्तानी एकेडमी, इलाहाबाद, 1932 ई.।

98. वै. वेंकट रमण राव : रीतिकालीन काव्य की सांस्कृतिक पृष्ठभूमि, जवाहर पुस्तकालय, सदर बाज़ार, मथुरा।

99. वाल्मीकि रामायण : गीताप्रेस, गोरखपुर

100. वीरेन्द्र देव पाण्डेय : मानसिंह ऑफ़ शाहगंज एण्ड द रिवोल्ट ऑफ़ 1857, भारत प्रेस, लखनऊ।

101. विश्वनाथ प्रसाद मिश्र अभिनन्दन ग्रन्थ : सं. विजयेन्द्र स्नातक, प्रकाशक—प्रेम पुस्तक भण्डार, सोहनगंज सब्जीमण्डी, दिल्ली।

102. सेनापति : कवित्त-रत्नाकर, छठा संस्करण, सं. पं. उमाशंकर शुक्ल, हिन्दी परिषद प्रकाशन, प्रयोग विश्वविद्यालय।

103. सरला चौधरी : रीतिकाव्य में स्वच्छन्दतावादी तत्त्व, प्रथम संस्करण, नचिकेता प्रकाशन, दिल्ली।

104. साम्ब पुराण : प्रकाशक—पं. श्री प्राण शंकर कुँवर जी शर्मा, शाकद्वीपीय ब्राह्मण बन्धु कार्यालय, 44, बाबुलनाथ चाल चौपाटी, बम्बई-7

105. सुरेन्द्रकान्त : बेगम हज़रत महल, पंचशील प्रकाशन जयपुर।

106. सोमनाथ ग्रन्थावली : प्रथम खण्ड, सं. सुधाकर पाण्डेय, नागरी प्रचारिणी सभा, वाराणसी, प्रथम संस्करण।

107. शिव सिंह सेंगर : शिवसिंह सरोज (पुरानी प्रति) नवल किशोर प्रेस, लखनऊ।

108. हकीम मुहम्मद नज़्मुलगनी ख़ाँ : तारीख़े अवध।

(ग) पत्रिकाएँ एवं कोश-ग्रन्थ

1. अवध विश्वविद्यालय शोध पत्रिका : अवध विशेषांक, अंक-3, सं. राधिका प्रसाद त्रिपाठी।
2. सरस्वती पत्रिका : अप्रैल 1905 ई., सं. आचार्य महावीर प्रसाद द्विवेदी, इंडियन प्रेस, प्रयाग।
3. साकेत-सुधा : रजत जयन्ती अंक, साकेत महाविद्यालय, 1977 फ़ैज़ाबाद।
4. हिन्दुस्तानी त्रैमासिक शोध पत्रिका : भाग-41, अंक-1, सं. डॉ. रामकुमार वर्मा, हिन्दुस्तानी एकेडमी, इलाहाबाद।
5. हिन्दी साहित्य कोश : भाग-1 व 2, सं. धीरेन्द्र वर्मा, ज्ञान मण्डल लिमिटेड, वाराणसी, 1986 ई.।
6. हिन्दी विश्व कोश (द एनसाइक्लोपीडिया ऑफ़ इंडिका) : एकादश भाग, नागेन्द्र नाथ बसु और विश्वनाथ बसु, ९ विश्वकोश लेन बाग़-बाज़ार, कलकत्ता।

(घ) द्विजदेव की लघुकाय रचनाओं की विवरणिका प्रारम्भिक पंक्ति तथा छन्द नाम सहित

शृंगार बत्तीसी

	विषय		छन्द
1.	एकै है बिबि-रूप राधिका (शृंगार-लतिका के द्वितीय सुमन का मंगलाचरण छन्द है)	:	छप्पय

2. अवध-ईस मण्डन-भुवन : दोहा
(शृंगार-लतिका का 274वाँ दोहा है)

3. तिन कौ सुत अति अल्प मति : दोहा
(शृंगार-लतिका का 275वाँ दोहा है, जिसमें शृंगार-बत्तीसी के स्थान पर शृंगार-लतिका प्रयोग हुआ है)

4. जा दिन तें सुधि आइ हिएं : मत्तगयन्द सवैया
(शृंगार-लतिका का 71वाँ छन्द है)

5. मधुरी मुसुक्यानि मनोहर : दुर्मिला सवैया
(शृंगार-लतिका का 76वाँ छन्द है)

6. घूँमि घने घुमरैं घन-घोर : मत्तगयन्द सवैया
(शृंगार-लतिका का 86वाँ छन्द है)

7. चूनरी सुरंग सजि सोही अंग : मनहरन घनाक्षरी
(शृंगार-लतिका का 91वाँ छन्द है)

8. सावन के दिवस सुहावने : रूप घनाक्षरी
(शृंगार-लतिका का 191वाँ छन्द है)

9. आज मनि-मन्दिर मनोज-मद : जलहरन घनाक्षरी
(शृंगार-लतिका का 196वाँ छन्द है)

10. साजि नव-अम्बर मनोज-पद : मनहरन घनाक्षरी
(शृंगार-लतिका का 126वाँ छन्द है)

11. कारौ नभ, कारी निसि, करिऐ : मनहरन घनाक्षरी
(शृंगार-लतिका का 131वाँ छन्द है)

12. दाबि-दाबि दन्तन अधर : रूप घनाक्षरी
(शृंगार-लतिका का 136वाँ छन्द है)

13. पाइलनि डारें कटि—किंकनी उतारें : मनहरन घनाक्षरी
(शृंगार-लतिका का 141वाँ छन्द है)

14. सावनी के ब्याज आज आई : मनहरन घनाक्षरी
(शृंगार-लतिका का 146वाँ छन्द है)

15. घहरि-घहरि घन सघन चहूँधाँ : मनहरन घनाक्षरी
(शृंगार-लतिका का 151वाँ छन्द है)

16. डारें कहूँ मथनि, बिसारैं कहूँ घी : मनहरन घनाक्षरी
(शृंगार-लतिका का 201वाँ छन्द है)

17. आयौ एक प्रथमहिं परिभृत—भाव : मनहरन घनाक्षरी
(शृंगार-लतिका का 235वाँ छन्द है)
18. बृन्दाबन-कुंजन मैं बंसीबट : मनहरन घनाक्षरी
(शृंगार-लतिका का 206वाँ छन्द है)
19. होते हरे नव अंकुर की छबि : मनहरन घनाक्षरी
(शृंगार-लतिका का 81वाँ छन्द है)
20. बूझैं हूँ न सूझत सुघाट-बाट : मनहरन घनाक्षरी
(शृंगार-लतिका का 156वाँ छन्द है)
21. वा दिन गयी ती ब्रज देखन : मनहरन घनाक्षरी
(शृंगार-लतिका का 211वाँ छन्द है)
22. घूँमि कैं चहूँधाँ धाई आवैं : मनहरन घनाक्षरी
(शृंगार-लतिका का 96वाँ छन्द है)
23. धूँधुरित धूरि धुखाँन की : मनहरन घनाक्षरी
(शृंगार-लतिका का 101वाँ छन्द है)
24. उँमड़ि घुँमड़ि घन छंडत : मनहरन घनाक्षरी
(शृंगार-लतिका का 106वाँ छन्द है)
25. कूकि-कूकि केकी हिय-हूकनि : मनहरन घनाक्षरी
(शृंगार-लतिका का 161वाँ छन्द है)
26. जा दिन तैं प्यारे-प्रिय पीतम : रूप घनाक्षरी
(शृंगार-लतिका का 166वाँ छन्द है)
27. मद भरे झूमैं, नभ भू मैं : मनहरन घनाक्षरी
(शृंगार-लतिका का 111वाँ छन्द है)
28. दीन्हौं मन रंचऊ न : मनहरन घनाक्षरी
(शृंगार-लतिका का 116वाँ छन्द है)
29. लीनैं लेत ग्यान कोऊ : मनहरन घनाक्षरी
(शृंगार-लतिका का 121वाँ छन्द है)
30. आवति चली है यह विषम-बयारि : मनहरन घनाक्षरी
(शृंगार-लतिका का 171वाँ छन्द है)
31. भूले-भूले भौंर बन भाँवरैं : मनहरन घनाक्षरी
(शृंगार-लतिका का 176वाँ छन्द है)
32. भूले-भूले भौंर बन भाँवरैं भरावैं कोक
(शृंगार-लतिका का 181वाँ छन्द है)

33. सीस-फूल सरकि सुहावने ललाट : जलहरन घनाक्षरी
(शृंगार-लतिका का 186वाँ छन्द है)
34. अब मति दै री कौंन कान्ह की : मनहरन घनाक्षरी
(शृंगार-लतिका का 238वाँ छन्द है)
35. सांझई समय ते दुरि बैठि : मनहरन घनाक्षरी
36. काहू काहू भाँति राति लागीती : मनहरन घनाक्षरी
(शृंगार-लतिका का 216वाँ छन्द है)
37. एहो ब्रज नागर बराय ब्रज : मनहरन घनाक्षरी
(शृंगार-लतिका का 231वाँ छन्द है)

शृंगार चालीसी

विषय **छन्द**

1. एकै ह्वै बिबि-रूप राधिका : छप्पय
(शृंगार-लतिका के द्वितीय सुमन का मंगलाचरण छन्द है)
2. अवध-ईस मण्डन-भुवन : दोहा
(शृंगार-लतिका का 274वाँ दोहा है)
3. तिन कौ सुत अति अल्प मति : दोहा
(शृंगार-लतिका का 275वाँ दोहा है, जिसमें शृंगार-बत्तीसी के स्थान पर शृंगार-लतिका प्रयोग हुआ है)
4. जा दिन तें सुधि आई हिएं : मत्तगयन्द सवैया
(शृंगार-लतिका का 71वाँ छन्द है)
5. मधुरी मुसुक्यानि मनोहर : दुर्मिला सवैया
(शृंगार-लतिका का 76वाँ छन्द है)
6. होते हरे नव अंकुर की छबि : मत्तगयन्द सवैया
(शृंगार-लतिका का 81वाँ छन्द है)
7. घूँमि घने घुमरैं घन-घोर : मत्तगयन्द सवैया
(शृंगार-लतिका का 86वाँ छन्द है)
8. चूनरी सुरंग सजि सोही अंग : मनहरन घनाक्षरी
(शृंगार-लतिका का 91वाँ छन्द है)

9. घूँमि कैं चहूँधाँ धाई आवैं : मनहरन घनाक्षरी
(शृंगार-लतिका का 96वाँ छन्द है)

10. धूधरति धूरि धुखाँन की : मनहरन घनाक्षरी
(शृंगार-लतिका का 101वाँ छन्द है)

11. उँमिड़ घुँमिड़ घन छंडत : मनहरन घनाक्षरी
(शृंगार-लतिका का 106वाँ छन्द है)

12. मद भरे झूमैं, नभ भू मैं : मनहरन घनाक्षरी
(शृंगार-लतिका का 111वाँ छन्द है)

13. दीन्हौं मन रंचऊ न : मनहरन घनाक्षरी
(शृंगार-लतिका का 116वाँ छन्द है)

14. लीनैं लेत ग्यान कोऊ : मनहरन घनाक्षरी
(शृंगार-लतिका का 121वाँ छन्द है)

15. साजि नव-अम्बर मनोज-मद : मनहरन घनाक्षरी
(शृंगार-लतिका का 126वाँ छन्द है)

16. कारौ नभ, कारी निसि, करिऐ : मनहरन घनाक्षरी
(शृंगार-लतिका का 131वाँ छन्द है)

17. दाबि-दाबि दन्तन अधर : रूप घनाक्षरी
(शृंगार-लतिका का 136वाँ छन्द है)

18. पाइलनि डारै कटि-किंकनी उतारें : मनहरन घनाक्षरी
(शृंगार-लतिका का 141वाँ छन्द है)

19. सावनी के ब्याज आज आई : मनहरन घनाक्षरी
(शृंगार-लतिका का 146वाँ छन्द है)

20. घहरि-घहरि घन सघन चहूँधाँ : मनहरन घनाक्षरी
(शृंगार-लतिका का 151वाँ छन्द है)

21. बूझैं हूँ न सूझत सुघाट-बाट : मनहरन घनाक्षरी
(शृंगार-लतिका का 156वाँ छन्द है)

22. कूकि-कूकि केकी हिय-हूकनि : मनहरन घनाक्षरी
(शृंगार-लतिका का 161वाँ छन्द है)

23. जा दिन तैं प्यारे-प्रिय पीतम : रूप घनाक्षरी
(शृंगार-लतिका का 166वाँ छन्द है)

24. आवति चली है यह बिषम-बयारि : मनहरन घनाक्षरी
(शृंगार-लतिका का 171वाँ छन्द है)

25. भूले-भूले भौंर बन भाँवरैं : मनहरन घनाक्षरी
(शृंगार-लतिका का 176वाँ छन्द है)
26. भूले-भूले भौंर बन भाँवरैं भरावैं कोक :
(शृंगार-लतिका का 181वाँ छन्द है)
27. सीतल समीर मन्द : मनहरन घनाक्षरी
(शृंगार-लतिका का 10वाँ छन्द है)
28. सीस-फूल सरकि सुहावने ललाट : जलहरन घनाक्षरी
(शृंगार-लतिका का 186वाँ छन्द है)
29. सावन के दिवस सुहावने : रूप घनाक्षरी
(शृंगार-लतिका का 191वाँ छन्द है)
30. आज मनि-मन्दिर मनोज-मद : जलहरन घनाक्षरी
(शृंगार-लतिका का 196वाँ छन्द है)
31. डारैं कहूँ मथनि, बिसारैं कहूँ घी : मनहरन घनाक्षरी
(शृंगार-लतिका का 201वाँ छन्द है)
32. बृन्दाबन-कुंजन मैं बंसीबट : मनहरन घनाक्षरी
(शृंगार-लतिका का 206वाँ छन्द है)
33. वा दिन गयी ती ब्रज देखन : मनहरन घनाक्षरी
(शृंगार-लतिका का 211वाँ छन्द है)
34. काहू काहू भाँति राति लागीती : मनहरन घनाक्षरी
(शृंगार-लतिका का 216वाँ छन्द है)
35. स्वेद कढ़ि आयौ, बढ़ि आयौ : कवित्त
(शृंगार-लतिका का 221वाँ छन्द है)
36. कुंज-गृह मंजु मधु-मधुप अमन्द : कवित्त
(शृंगार-लतिका का 226वाँ छन्द है)
37. ए हो ब्रज-नगर बराइ : मनहरन घनाक्षरी
(शृंगार-लतिका का 231वाँ छन्द है)
38. आयौ एक प्रथमहिं परिभृत-भाव : मनहरन घनाक्षरी
(शृंगार-लतिका का 235वाँ छन्द है)
39. बाँचत न कोऊ अब वैसिऐ : कवित्त
(शृंगार-लतिका का 237वाँ छन्द है)
40. अब मति दै री काँनि कान्ह की : मनहरन घनाक्षरी
(शृंगार-लतिका का 238वाँ छन्द है)

अविमुक्तपंचदशी

स जयति कोपि परायेल्लोको, यल्लोकवासिभिस्त्वनिशम्।
हास्यास्पदामिह नीता, ब्रह्माद्या लोककर्तारः।।1।।

को न पिपासति काशीमाकाशीयामपिश्रितो वृत्तिम्
मुक्तोप्यविमुक्ताशान्त्यकशरीरो न हि त्यजति।।2।।

त्वय्यपि वसन् मुमुक्षुः स्मरणीयः कोपि तत्वदर्शिवरः।
दृढ़तरभक्तिगुणौर्घर्मम तु सदा वन्धनं हि वरम्।। 3।।

परमिति चिन्तामूढ़े, मनसि न किश्चत्कथंचिदायाति।
नाहं काशि तमोन्धः, किमुत भवन्नाम्न्यसम्बन्धः।।4।।

किमु ते तरजनविषया, ह्यभि धेयं वा यद्यृच्छया वृत्त्या।
अविमुक्तादपि सहसा, कस्मात्कस्याद्विमुक्तोऽस्मि।।5।।

किमुपायः किं शरणं, को देवः का च साधना लोके।
अविमुक्तकमापितीर्थ, प्राप्य विमुक्तस्य मे मातः।।6।।

मुनरिह वदति मनोज्ञं वेदाः सन्त्विह साक्षिणो लोके।
ख्याते पितुराधिवसतौ, भगवति कस्मान्न मे दायः।।7।।

त्वां स्तुवते हे मात सत्यवतीनन्दनाय किं ब्रूयाम्।
कस्यापि वससि, भूमौ मम त्वासि त्रिदिवतोप्युच्चैः।।8।।

त्वमुदाराहङ्कृपणः, पतितोऽहं त्वञ्च तान्पवित्रयसि।
इति बहुतरसम्बन्धे, न, खुले परित्यागयोग्योहम्।।9।।

क्षणमपि नैव सहन्ते, मृतमिह धर्तुं स्वके गृहस्वजनाः
किन्तु मृतानाममृतं, त्वमेव यामीति कं शरणम्।।10।।

ब्रह्मज्ञोऽथ तपस्वी, वेदज्ञोपीह त्वत्प्रियो नान्यः
इति चेत्किमुत पतङ्गाः, शिवरूपा सन्ति वेदाविदः।।11।।

चिन्तातुरमपि जीवनमवलम्बयितुंत्वमप्यशक्ता भूः।
इति न तवास्ते दोषो, मातर्मे संस्कृतिः प्रबला।।12।।

निस्सारास्त्वक्सारा श्रीखण्डत्वं न यान्ति भाग्यै स्वैः।
स्मर्त्तुर्मे न हि शध्यति, त्दृदयं तत्तेन दोषाय।।13।।

जल्पन्नपि हि मुखाद्बहु नायं त्यागस्य योग्यतां धत्ते।
मुखरागिण शुकाः किम् महतां न भवन्ति मोदाय।।14।।

भवति भवेद्यदिपापो, नोपेक्ष्योयं तथापि हे मातः।
भगवन्तोपि जगत्यां, मान विहीना न शोभन्ते।।15।।

फ़ोटो एलबम

श्रृंगार लतिका सौरभ के प्रथम सुमन के आरम्भ से पहले लगा हुआ श्रृंगार रस के अधिपति राधा और कृष्ण का चित्र।

श्रृंगार लतिका सौरभ के प्रथम सुमन के अन्तर्गत छन्द संख्या 9 से सन्दर्भित चित्र, जिसमें कवि के ऋतुराज के दर्शनार्थ उत्सुकतापूर्वक गमन को चित्रित किया गया है।

शृंगार लतिका सौरभ के प्रथम सुमन के अन्तर्गत छन्द संख्या 33 से सन्दर्भित चित्र, जिसमें कवि की चिन्ता का अंकन है।

शृंगार लतिका सौरभ के द्वितीय सुमन के अन्तर्गत छन्द संख्या 85 से सन्दर्भित चित्र, जिसमें शृंगार रस के अधिपति नायक भगवान कृष्ण का सौन्दर्य दृश्य है।

श्रृंगार लतिका सौरभ के द्वितीय सुमन के अन्तर्गत छन्द संख्या 89 से सन्दर्भित चित्र, जिसमें लक्षिता नायिका वर्णन है।

शृंगार लतिका सौरभ के द्वितीय सुमन के अन्तर्गत छन्द संख्या 94 से सन्दर्भित चित्र, जिसमें फाग खेलने की मुद्रा प्रदर्शित है।

शृंगार लतिका सौरभ के द्वितीय सुमन के अन्तर्गत छन्द संख्या 150 से सन्दर्भित चित्र, जिसमें हिंडोरा का वर्णन है।

शृंगार लतिका के प्रणेता अयोध्या नरेश महाराजा मानसिंह 'द्विजदेव'
(लगभग 40 वर्ष की अवस्था में)

अयोध्या नरेश महाराजा मानसिंह 'द्विजदेव'

शृंगार लतिका सौरभ के टीकाकार महाराज प्रताप नारायण सिंह 'ददुआ साहब' तथा उनकी महारानी जगदम्बा देवी।

महाराजा मानसिंह 'द्विजदेव' की वंशावली

अद्यतन

लेखिका डॉ. अपर्णा मिश्र से द्विजदेव का सम्बन्ध

- सदासुख पाठक
  - गोपाल राम पाठक
    - पुरन्दर राम
      - राजा बख्तावर सिंह
      - शिवदीन सिंह
      - इच्छाराम सिंह
      - राजा दर्शन सिंह
        - रामाधीन सिंह
        - रघुवर दयाल सिंह
          - लाला त्रिलोकी नाथ सिंह
        - महाराजा मानसिंह
          - पुत्री : ब्रज विलास कुँवरि, पति : नरसिंह नारायण सिंह
            - महाराजा प्रताप नारायण सिंह (ददुआ साहब)
              - महारानी जगदम्बा देवी
                - राजा जगदम्बिका प्रताप नारायण सिंह, महारानी किशोरी देवी
                  - पुत्री : राजकुमारी विमला देवी, पति : डॉ. रमेन्द्र मोहन मिश्र
                    - ज्योत्स्ना पाठक, डॉ. ओंकारनाथ पाठक
                      - आशुतोष पाठक
                      - अंशुमान पाठक
                      - अनुराग पाठ
                    - बिमलेन्द्र मोहन प्रताप मिश्र, ज्योत्स्ना मिश्र
                      - यतीन्द्र मिश्र
                      - मंजरी मिश्र
                    - ज्वलन्ती मिश्र, डॉ. रवीन्द्र नाथ मिश्र
                      - शुभांगी मिश्र
                    - डॉ. शैलेन्द्र मोहन प्रताप मिश्र, ऊषा मिश्र
                      - स्वस्तीन्द्र मोहन प्रताप मिश्र
                      - ज्योतीन्द्र मोहन प्रताप मिश्र
                    - डॉ. अपर्णा मिश्र
      - देवी प्रसाद सिंह